Mike Simpson

THE
ENGLISH
THAI

DICTIONARY

The Thai English Dictionary
Edition 1999

Published by :

Rolf Staub Verlags GmbH
Industriestr.9
CH-6301 Zug
Schweiz

Copyright 1999 by :

Theta People Co., Ltd.
39/14 Mae Luan Road
Phuket 83000
Thailand

Author:
Mike Simpson

Information :
The Theta People Co.,Ltd.
315/430 Sathupradit 19 Rd.
Bangkok 10120
Thailand
Fax: 02 6741490
Email: bkk@thaiaktuell.com

1. Edition
ISBN 3-908246-05-9

CONTENTS

Preface

There are many English - Thai dictionaries available. Unfortunately there are very few dictionaries which give you the proper pronunciation of a Thai word in easy to speak English phonetics. Of those dictionaries and phrase books which do supply the English phonetics for Thai words they fail to provide the proper tones in their English phonetics.

English is not a language of tones, but Thai is a language consisting of five tones. Many Thai words change their meaning by simply changing the tone used within it, which can lead to misunderstandings. Such words have the same pronunciation and spelling when using a normal English phonetic system. The English phonetics used in this dictionary have been enhanced to indicate the tones used in Thai words. This will be explained in the following pages.

This dictionary is divided into three sections. The first section is English - Pronunciation - Thai. The second section is Pronunciation - Thai - English, and the third section is Thai - English - Pronunciation. This makes it very easy to find a word even if you are looking for a Thai word and you are not able to read the Thai writing. Just look into section two. Or if your Thai friend wants to tell you something, he will look in section three and show you the English word.

This dictionary will help you to learn the Thai language and help in communicating with your friends or wife.

Thai alphabet, tones and pronunciation

Thai is a very rich language. The sentence structure is like English - subject / verb / object. The Thai alphabet consists of 44 consonants, 32 vowels and vowel combinations, 4 tone indicators, and 4 special marks used in writing.

For the native English speaker the tones used in the Thai language can be difficult. Do not worry. Most times you can make yourself understood without tones; but, until your ears get conditioned to recognising the tones, do not be afraid to ask a Thai person how to pronounce a word.

The one letter that Thais have a problem with is the sound of the letter "r". Almost every Thai will mispronounce a Thai **or** English word which contains the "r" sound in one of two ways: If the "r" is within a syllable it may be dropped. A good example is a word used exclusively by the male speaker to formally end a sentence, or to say "Yes" in answer to a question. The word is *"khrap"* and Thais normally pronounce it without any sound of "r", whish will make *"khrap"* sounds like *"khap"*. To an English speaker the word sounds like the English word "cup".

The second mispronunciation of the "r" sound is that most Thais pronounce it like the letter "l". A good example is the Thai word used to identify a foreigner - "farang". Thais invariably say "falang". Even when using Thai phonetics to learn English. This is a common problem and it is often very hard for Thais to learn to pronounce the "r" sound correctly.

For an English speaker one of the hardest sounds to pronounce is "ng" at the beginning of a word. The sound is the same as the "ng" sound in the English word "ring". Practice by repeating the word "ring" several times, then drop the "r" sound and then drop the "i" sound . Finally, listen to how a Thai pronounces Thai words which begin with the "ng" sound.

Remember that your goal is **not** to speak Thai like an American, Englishman, Australian or Canadian. Your goal is to **speak Thai like a Thai**. Never be afraid to ask a Thai for help with a word. Thais are a kind and generous people. They are flattered when someone is sincerely attempting to learn a few words of their language.

The five tones

The Thai language has five different tones. Every syllable has its own tone which never changes. The tones are marked as follows.

The normal tone This tone is spoken in a normal voice. Syllables with this tone are written normal, without any marks.

The <u>low</u> tone This tone is spoken lower than normal. Syllables with this tone are <u>underlined</u>.

The **falling tone** This tone starts high and falls to an normal sound. Syllables with this tone are written **bold**.

The ***high tone*** This tone is higher than the normal tone. If the sound of the syllable is short, the tone is spoken high. If the sound of the syllable is long, the tone starts a little lower and rises high. Syllables with this tone are written ***bold and italic***.

The *rising tone* This tone starts low and rises to a normal sound. Syllables with this tone are written *italic*.

Consonants

Thai	letter	Name	Phonetic Initial / Final	
ก	ไก่	gaw: gai	g / k	Chicken
ข	ไข่	*khaw:* khai	kh / k	Egg
ค	ควาย	khaw: khwa:i	kh / k	Buffalo
ฆ	ระฆัง	khaw: ***ra***khang	kh / k	Bell
ง	งู	ngaw: ngoo:	ng / ng	Snake
จ	จาน	jaw: ja:n	j / t	Plate
ฉ	ฉิ่ง	*chaw:* ching	ch / -	Cymbals
ช	ช้าง	chaw: ***cha:ng***	ch / t	Elephant
ซ	โซ่	saw: **sO:**	s / -	Chain
ฌ	กะเฌอ	chaw: gacheuh:	ch / -	Tree
ญ	หญิง	yaw: y*ing*	y/ n	Girl
ฎ	ชฎา	daw: chada:	d / t	Crown
ฏ	ปฏัก	taw: patak	t / t	Javelin
ฐ	ฐาน	*thaw: tha:n*	th / t	Basis
ฑ	มณโฑ	thaw: mOnthO:	th / t	Monto (Name)
ฒ	ผู้เฒ่า	thaw: **phoo: thao**	th / t	Old man
ณ	เณร	naw: ne:n	n / n	Young monk
ด	เด็ก	daw: dek	d / t	Child
ต	เต่า	taw: tao	t / t	Tortoise
ถ	ถุง	*thaw: thung*	th / t	Bag
ท	ทหาร	thaw: tha*ha:n*	th / t	Soldier
ธ	ธง	thaw: thOng	th / t	Flag
น	หนู	naw: *noo:*	n / n	Mouse
บ	ใบไม้	baw: bai*ma:i*	b / p	Leaf
ป	ปลา	paw: pla:	p / p	Fish
ผ	ผึ้ง	*phaw:* **pheung**	ph / -	Bee
ฝ	ฝา	*faw: fa:*	f / f	Lid
พ	พาน	phaw: pha:n	ph / p	Vessel
ฟ	ฟัน	faw: fan	f / -	Tooth
ภ	สำเภา	phaw: *sam*phao	ph / p	Sailing ship
ม	ม้า	maw: ***ma:***	m / m	Horse
ย	ยักษ์	yaw: ***yak***	y / -	Giant
ร	เรือ	raw: reua	r / n / l	Boat
ล	ลิง	law: ling	l / n	Monkey
ว	แหวน	waw: *wae:n*	w / u (vowel)	Ring
ศ	ศาลา	*saw: sa:*la:	s / t	Pavillon
ษ	ฤาษี	*saw:* reu:*see*	s / t	Hermit
ส	เสือ	*saw: seua*	s / t	Tiger
ห	หีบ	*haw:* heep	h / -	Box
ฬ	จุฬา	law: jula:	l / n	Kite
อ	อ่าง	aw: a:ng	oo / oo	Basin
ฮ	นกฮูก	haw: ***nOk*** hoo:k	h / -	Owl

short		long	
...ะ / ...ั	a	...า	a:
...ิ	i	...ี	ee
...ึ	eu	...ื	eu:
...ุ	oo	...ู	oo:
เ...ะ / เ...็	e	เ...	e:
แ...ะ	ae	แ...	ae:
เ...อะ	euh	เ...อ / เ...ิ	euh:
โ...ะ	O	โ...	O:
เ...าะ	aw	อ	aw:
เ...ียะ	ia	เ...ีย	ia
เ...ือะ	eua	เ...ือ	eu:a
...ัวะ	ua	...ัว	ua
ฤ	reu	ฤา	reu:
...ำ	am		
ใ... / ไ...	ai		
เ...า	ao		

Pronunciation

Consonants not listed are pronounced like in English

Note: Vowels with ":" after are pronounced long.
      Vowels without ":" after are pronounced short.

a, a:	f<u>a</u>ther
ae, ae:	m<u>a</u>n, h<u>a</u>t (in American)
ai, ay, a:i, a:y	<u>I</u>, m<u>y</u>, Th<u>ai</u>
ao, a:o	c<u>ow</u>, n<u>ow</u>
aw, aw:	l<u>aw</u>, s<u>aw</u>
ch	<u>ch</u>urch
e, e:	g<u>e</u>t, l<u>e</u>t, s<u>e</u>t
ee	s<u>ee</u>, m<u>e</u>
eu, eu:*	leu:m - ลืม - forget *v.*; *reu;* - หรือ - or; **cheu:** - ชื่อ - name
euh, euh:*	deuh:n - ดิน - walk *v.;* <u>peuh:t</u> - เปิด - open *v.;* *yeuh* - เยอะ - a lot
g	g<u>e</u>t, g<u>o</u>
i	h<u>i</u>t, s<u>i</u>t
ia	v<u>ia</u>
j	<u>j</u>oke, <u>J</u>oe
k	bac<u>k</u>
kh	<u>k</u>ick, <u>k</u>iss (normal "k")
ng	ri<u>ng</u>, bri<u>ng</u>
O, O:	b<u>o</u>ne, h<u>o</u>me
oo, oo:	b<u>oo</u>k, b<u>oo</u>t
p	mix between p+b
ph	<u>p</u>ut, <u>p</u>an (normal "p", **not** like "f")
t	mix between t+d, like in six<u>t</u>y
th	<u>t</u>in, <u>t</u>ook, <u>Th</u>ai (normal "t", **not** "th" like in "the")
ua	K<u>ua</u>la

* no equivalent in English

a little bit	*nit* <u>naw:</u>i	นิด หน่อย
a little only	*nit* dio	นิด เดียว
a lot of	**ma:k** ma:i	มาก มาย
a lot of, many, lots of	*yeuh*	เยอะ
a lot, many, lots of	**ma:k**	มาก
abbreviate *v.*	**yaw:**	ย่อ
abbreviation	tua **yaw:**	ตัว ย่อ
abhor *v.*	kha<u>ya</u> kha*yae:ng*	ขยะ แขยง
abort *v.*	tham ***thae:ng***	ทำ แท้ง
about (approx.)	<u>prama:</u>n	ประมาณ
above	**kha:ng** bOn	ข้าง บน
above	bOn	บน
above, northern	*neua*	เหนือ
abscess *n.*	hua *fee*	หัว ฝี
absent	**mai** <u>yoo:</u>	ไม่ อยู่
absolutism	sOmboo: *ra*na:ya: si*thi* **ra:t**	สมบู รณาญา สิทธิ ราช
absolve *v.*	<u>ploi</u> tua	ปล่อย ตัว
abyss	*he:-oo*	เหว
academy	ban <u>dit</u> sa*ta:*n	บัณ ฑิต สถาน
accelerator	khan **reng**	คัน เร่ง
accent	ga:n *nen siang* phaya:ng	การ เน้น เสียง พยางค์
accept	yaw:m ***rap***	ยอม รับ
accessory	*khaw:ng* <u>a</u>rai	ของ อะไร
accident	<u>geuh:t</u> <u>oobatti</u>he:t	เกิด อุบัติเหตุ
account	banchee	บัญชี
account number	**le:k thee** banchee	เลข ที่ บัญชี
accumulator	**maw:** baetteree	หม้อ แบตเตอรี่
accuse	*faw:ng*	ฟ้อง
accused *v.*	**tawng** *ha:*	ต้อง หา
accused, the	**phoo: tawng** *ha:*	ผู้ ต้อง หา
accuser, plaintiff	<u>jO:t</u>	โจทก์
ace (in the pack of cards)	**tae:m** <u>io</u>	แต้ม เอี่ยว
ache *v.*, pain *v.*	<u>jep</u>	เจ็บ
ache *v.*, pain *v.*	<u>puat</u>	ปวด
acid *n.*	*nam* <u>grOt</u>	น้ำ กรด
acne *n.*	*sio*	สิว
acquaintance	khOn ***roo:*** <u>jak</u>	คน รู้ จัก
across	<u>pha:n</u> **kha:m**	ผ่าน ข้าม
activity, action, work	ga:n	การ
actor	*nak* satae:ng	นัก แสดง
acupuncture *n.*	ga:n *fang khem*	การ ฝัง เข็ม
add to *v.*	**pheuh:m**	เพิ่ม
add, sum	<u>buak</u>	บวก
addicted	<u>tit</u>	ติด

additional	**pheuh:m**	เพิ่ม
address (on an envelope)	ja: na: saw:ng	จ่า หน้า ซอง
address n.	thee yoo:	ที่ อยู่
address v., call v.	riak wa:	เรียก ว่า
adhesive, glue n.	ga:o	กาว
adjective	khoona sap	คุณ ศัพท์
admission charge	kha: pha:n pratoo:	ค่า ผ่าน ประตู
admit v.	rap	รับ
adopt	rap liang pen loo:k	รับ เลี้ยง เป็น ลูก
adorn v.	tOp taeng	ตบ แต่ง
adroit adj.	khlawng khlae:o	คล่อง แคล่ว
adult n.	phoo: yai	ผู้ ใหญ่
adulterer	choo:	ชู้
advance payment	chamra luang na:	ชำระ ล่วง หน้า
advance sale	ga:n seu: jaw:ng wai luang na:	การ ซื้อ จอง ไว้ ล่วง หน้า
adventure	siang phai	เสี่ยง ภัย
adverb	kham wise:t	คำ วิเศษณ์
advertise v.	khO: sana:	โฆ ษณา
advertise v.	praga:t khOtsana:	ประกาศ โฆษณา
advertisement	ga:n praga:t jae:ng khwa:m	การ ประกาศ แจ้ง ความ
advertising n.	khO: sana:	โฆ ษณา
advice n.	kham naenam	คำ แนะนำ
advise v.	hai khwa:m hen	ให้ ความ เห็น
advise v.	hai kham nae nam	ให้ คำ แนะ นำ
aerial	sa:i a:ga:t	สาย อากาศ
aeroplane	khreuang bin	เครื่อง บิน
affix v.	tit	ติด
afraid	glua	กลัว
after	lang ja:k	หลัง จาก
after that, later on	lang ja:k	หลัง จาก
aftermath, afterpains	a:ga:n puat langja:k khlaw:t loo:k	อาการ ปวด หลังจากคลอดลูก
afternoon, in the afternoon	taw:n ba:i	ตอน บ่าย
afterwards	lang ja:k nan	หลัง จาก นั้น
afterwards, after this	lang ja:k nee	หลัง จาก นี้
again	eek	อีก
age n.	a:yoo	อายุ
agency	ga:n tham na:thee pen tua thae:n	การ ทำ หน้าที่ เป็น ตัว แทน
agent (007)	sa:i lap	สาย ลับ
agent, selling agent	tua thae:n	ตัว แทน
agree v.	tOk lOng	ตก ลง
agree with	hen duay	เห็น ด้วย
agreement	sanya:	สัญญา
agriculture	gasigam	กสิกรรม
ahead, in front of	kha:ng na:	ข้าง หน้า

aim *v.* (with a weapon)	leng	เล็ง
air	a:**ga:**t	อากาศ
air bubble	faw:ng a:**ga:**t	ฟอง อากาศ
air filter	**maw:** graw:ng a:**ga:**t	หม้อ กรอง อากาศ
air pollution	a:**ga:**t *sia*	อากาศ เสีย
air pressure	khwa:m **g**O**t** dan *khaw:ng* banya: **ga:**t	ความ กด ดัน ของบรรยากาศ
air *v.*	**pheung** lOm	ผึ่ง ลม
air-condition	**khreuang** ae:r	เครื่อง แอร์
air-conditioned	mee ae:r	มี แอร์
airline	baw*ri*sat ga:n bin	บริษัท การ บิน
airline	*sa:i* ga:n bin	สาย การ บิน
airmail	praisanee a:**ga:**t	ไปรษณีย์ อากาศ
airplane	**khreuang** bin	เครื่อง บิน
airplane crash	**khreuang** bin **t**O**k**	เครื่อง บิน ตก
airport	sa*na:m* bin	สนาม บิน
alarm clock	na:*li*ga: **plook**	นาฬิกา ปลุก
alarm system	**khreuang** san ya:n phai	เครื่อง สัญ ญาณ ภัย
album	**alabam**	อัลบั้ม
albumen	**khai** *kha:o*	ไข่ ขาว
alcohol	**lao**	เหล้า
alcohol addicted	**tit lao**	ติด เหล้า
alcoholic *n.*	khOn **tit lao**	คน ติด เหล้า
algebra	*phee cha*kha*nit*	พี ชคณิต
alive	mee chee*wit* **yoo:**	มี ชีวิต อยู่
all	*thook*	ทุก
allege *v.*, accuse *v.*	glao *ha:*	กล่าว หา
alleged	*khao* **lao** gan **wa:**	เขา เล่า กัน ว่า
allow *v.*	**hai**	ให้
allow *v.*, permit *v.*	anooy**a:**t	อนุญาต
allure	**law:**	ล่อ
almond eyes	ta: rio	ตา เรียว
almost	**geuap**	เกือบ
alms	tha:n	ทาน
alone	khOn dio	คน เดียว
along	ta:m	ตาม
alphabet	phayan cha*na*	พยัญ ชนะ
already	**lae:o**	แล้ว
also	**gaw: ... duay**	ก็ ... ด้วย
also, with	**duay**	ด้วย
alternating current	gra*sae:* fai *sa*lap	กระแส ไฟ สลับ
altogether	ruam gan	รวม กัน
aluminium foil	**grada:**t faw:i	กระดาษ ฟอยล์
always	sa*meuh:*	เสมอ
amateur *n.*	*nak* sa*mak* **len**	นัก สมัคร เล่น

amazed *adj.*	<u>prala:t</u> jai	ประหลาด ใจ
ambassador	*nak* ga:n **thoo:t**	นัก การ ทูต
amber	am phan	อำ พัน
ambiguous	gamguam	กำกวม
ambitious *v.*	*tha*yeuh: *tha*ya:n	ทะเยอ ทะยาน
ammonium chloride	gleua ae:m mO:nia	เกลือ แอม โมเนีย
ammunition	a:*woot yoo*tha phan	อาวุธ ยุทธ ภัณฑ์
ampere	ae:mpae:	แอมแปร์
amphibious	seung<u>yoo</u>:**da:i***thang*nai*na:m*laebOn<u>bO</u>k	ซึ่งอยู่ได้ทั้งในน้ำและบนบก
amplifier *n.*	**khreuang** kha*ya:i siang*	เครื่อง ขยาย เสียง
amusing	sa<u>nook</u>	สนุก
analysis	*wi*jai	วิจัย
anarchy	ana:*thip* patai	อนาธิปไตย
anatomy	ga:i *wi* pha:	กาย วิ ภาค
ancestor	ban-pha-boo-root	บรรพบุรุษ
anchor *n.*	sa*maw:* reua	สมอ เรือ
anchor *v.*	**thaw:t** sa*maw:*	ทอด สมอ
and	*lae*	และ
and then	*lae:o* **gaw:**	แล้ว ก็
anemia	**rO:k** lO: <u>hit</u> ja:ng	โรค โล หิต จาง
anemic	leuat *naw:i*	เลือด น้อย
anesthetic *n.*	ya: sa<u>lOp</u>	ยา สลบ
anesthetize *v.*	wa:ng ya: sa<u>lOp</u>	วาง ยา สลบ
angel *n.*	**thoo:t** sa*wan*	ทูต สวรรค์
anger *n.*	khwa:m <u>grO:t</u>	ความ โกรธ
angle *n.*	moom	มุม
angle *v.*, fishing *v.*	<u>tOk</u> pla:	ตก ปลา
angry	mO: *hO:*	โม โห
angry *adj.*	<u>grO:t</u>	โกรธ
animal	<u>sat</u>	สัตว์
ankle	**khaw:** *tha:o*	ข้อ เท้า
anniversary *n.*	wan cha*law:ng*	วัน ฉลอง
announce *v.*	<u>gla:o</u> <u>praga:t</u>	กล่าว ประกาศ
announce *v.*	<u>praga:t</u>	ประกาศ
announcement (radio, TV)	ga:n <u>gla:o</u> <u>praga:t</u>	การ กล่าว ประกาศ
announcer	**phoo:** <u>gla:o</u> <u>praga:t</u>	ผู้ กล่าว ประกาศ
annoy *v.*	guan jai	กวน ใจ
annoy *v.*	**glae:ng**	แกล้ง
annoy *v.*,disturb *v.*	*rOp* guan	รบ กวน
annoy, to be annoyed with	kheuang	เคือง
annual	pee la	ปี ละ
anode	**khua** fai <u>buak</u>	ขั้ว ไฟ บวก
anonymous	**mai** <u>pra</u>*sOng* <u>baw:k</u> na:n	ไม่ ประสงค์ บอก นาม
anorak, parka	**seua** gan *na:o*	เสื้อ กัน หนาว

another	eu:n	อื่น
answer *n.*	kham taw:p	คำ ตอบ
answer *v.*	taw:p	ตอบ
ant	***mawt***	มด
ant hill	jaw:m pluak	จอม ปลวก
Antarctic	**khua lO:k ta:i**	ขั้ว โลก ใต้
antenna	*sa:i* a:ga:t	สาย อากาศ
antibaby pill	ya: khoom (gam neuh:t)	ยา คุม (กำ เนิด)
antibiotic	ya: pathicheewa***na***	ยา ปฏิชีวนะ
antidote	ya: **gae: *phit***	ยา แก้ พิษ
antique	*khaw:ng* bO:ra:n	ของ โบราณ
antiseptic *adj.*	**seung pawng** gan ***cheua*** **rO:k**	ซึ่ง ป้อง กัน เชื้อ โรค
anvil	**thang**	ทั่ง
apart from	**naw:k** ja:k	นอก จาก
apartment	khoo: *ha:*	คู หา
apostle	*sa:**wawk*** **phoo:** *pheuh:i* **phrae: *lathi***	สาวก ผู้ เผย แพร่ ลัทธิ
apparatus *n.*	**khreuang**	เครื่อง
appendicitis	**rO:k sai** ting agse:p	โรค ไส้ ติ่ง อักเสบ
appendix (med.)	**sai** ting	ไส้ ติ่ง
apple	*phOn* ae**pen**	ผล แอปเปิ้ล
application, motion	***ya***ti	ญัตติ
apply (for work)	samak (nga:n)	สมัคร (งาน)
apply *v.*	**yeu:n**	ยื่น
appropriate	maw *sOm*	เหมาะ สม
approve *v.*	anoo***mat***	อนุมัติ
approximately, about	prama:n	ประมาณ
April	me:*sa:* yOn	เมษา ยน
apron	**pha:** gan **peuan**	ผ้า กัน เปื้อน
aquarelle *n.* (painting)	**pha:p** *see* ***na:m***	ภาพ สี น้ำ
aquarium	*suan* sat ***na:m***	สวน สัตว์ น้ำ
aquarium, (fish-tank)	**too:** pla:	ตู้ ปลา
Aquarius	ra:*see* goom	ราศี กุมภ์
archeologist	***nak*** bO:ra:n khadee	นัก โบราณ คดี
architect	sa*tha:* pa***nik***	สถา ปนิก
arduous, difficult	lamba:k	ลำบาก
argue, dispute *v.*	*thiang*	เถียง
Aries	ra:*see* **me:t**	ราศี เมษ
arithmetic book	*nang seu:* re:*kha:* kha***nit***	หนัง สือ เรขา คณิต
arithmetical problem	jO:t	โจทย์
ark	reua *khaw:ng* nO:a:	เรือ ของ โนอา
arm (from a chair)	**thee** wa:ng *khae:n*	ที่ วาง แขน
arm (of the body)	*khae:n*	แขน
armband	plaw:k *khae:n*	ปลอก แขน
armoured *adj.*	**hoom** graw	หุ้ม เกาะ

armpit hairs	*khOn* ***rak rae:***	ขน รัก แร้
army	gaw:ng **thap**	กอง ทัพ
around	**raw:p raw:p**	รอบๆ
arrange *v.*	jat	จัด
arrange *v.*, sort *v.*	jat ***wai*** pen **phuak phuak**	จัด ไว้ เป็น พวกๆ
arrested	thoo:k jap	ถูก จับ
arrive *v.* (coming)	ma: *theung*	มา ถึง
arrive *v.* (reach)	*theung*	ถึง
arrogant *adj.*	*theu:* dee	ถือ ดี
arrogant *adj.*	uat dee	อวด ดี
arrow	**loo:k** *saw:n*	ลูก ศร
arsenic	*sa:n noo:*	สาร หนู
art	*sin*lapa	ศิลป
art exhibition	***nithat***sa ga:n sinlapa	นิทรรศ การ ศิลป
artery	**sen chee**pha jaw:n	เส้น ชีพ จร
artery	**sen leuat** dae:ng	เส้น เลือด แดง
artful, clever	chala:t	ฉลาด
artificial	thiam	เทียม
as	taw:n **thee**	ตอน ที่
as	**meua**	เมื่อ
ash	**khee thao**	ขี้ เถ้า
ashamed	*kha:i* **na:**	ขาย หน้า
ashtray	**thee** khia booree	ที่ เขี่ย บุหรี่
ask *v.* (question)	*tha:m*	ถาม
asparagus	naw: ***mai*** farang	หน่อ ไม้ ฝรั่ง
asphalt	ya:ng ***ma*** taw:i	ยาง มะ ตอย
aspirin	aespairin	แอสไพริน
ass *n.* (impolite), butt	too:t	ตูด
assassination attempt	khwa:m ***pha***ya:ya:m ja ao chee***wit***	ความ พยายาม จะ เอา ชีวิต
assign *v.*	**maw:p** *ma:i*	มอบ หมาย
assistant *n.*	**phoo: chuay**	ผู้ ช่วย
association	sama: khOm	สมา คม
association	saha gaw:n	สห กรณ์
assurance	pragan	ประกัน
asthma	**rO:k** heu:t	โรค หืด
asthma	heu:t	หืด
asthma attack	heu:t haw:p	หืด หอบ
astrologer	*hO:n*	โหร
astrology	hO:**ra:** sa:t	โหรา ศาสตร์
astronomer	***nak*** da:ra:sa:t	นัก ดาราศาสตร์
astronomy	da:ra: sa:t	ดารา ศาสตร์
at (a place, time)	**thee**	ที่
at (time)	taw:n	ตอน
at last, eventually	nai **thee** soot	ใน ที่ สุด

at, of, on *prep.*	***na***	ณ
athlete	***nak*** geela:	นัก กีฬา
atlas	*phae:n* **thee lO:k**	แผน ที่ โลก
atmosphere	ban ya: ga:t	บรร ยา กาศ
atom	parama:noo:	ปรมาณู
atomic bomb	***ra***beuh:t parama:noo:	ระเบิด ปรมาณู
atomic energy	phalang nga:n parama:noo:	พลัง งาน ปรมาณู
attach *v.*, stick *v.*	tit	ติด
attack *v.*	jO:m tee	โจม ตี
attack, assault *n.*	ga:n jO:m tee	การ โจม ตี
attain legal age	ban***loo ni***ti pha:***wa***	บรรลุ นิติ ภาวะ
attendant, warder	**phoo:** doo: lae:	ผู้ ดู แล
attitude	**tha:** tha:ng	ท่า ทาง
attorney	thana:i khwa:m	ทนาย ความ
attractive	**na:** doo:	น่า ดู
auction *n.*	ga:n pramoo:n ra:kha:	การ ประมูล ราคา
auction v.	pramoo:n ra:kha: *kha:i*	ประมูล ราคา ขาย
August	*singha:* khOm	สิงหา คม
aunt (older as father, mother)	**pa:**	ป้า
aunt (younger as father, mother)	***na:***	น้า
Australia	***aw:s***tre:lia	ออสเตรเลีย
Austria	***aw:s***tria	ออสเตรีย
author	**phoo:** taeng	ผู้ แต่ง
automat	adtanO:**mat**	อัตโนมัติ
automatic	adtanO:**mat**	อัตโนมัติ
autopsy	ga:n chana soo:t sOp	การ ชัน สูตร ศพ
autumn	***reu***doo: bai ***ma:i*** **ruang**	ฤดู ใบ ไม้ ร่วง
avaricious *adj.*	lO:p **ma:k**	โลภ มาก
average	chalia	เฉลี่ย
avoid *v.*	leek **liang**	หลีก เลี่ยง
avoid, to get out of the way	lOp leek	หลบ หลีก
awake *v.*	teu:n	ตื่น
away, not in, gone, absent	**mai** yoo:	ไม่ อยู่
axe	*khwa:n*	ขวาน
axis	gae:n	แกน

B

baboon	ling ***tha***mO:n	ลิง ทโมน
baby *n.*	tha: rOk	ทา รก
baby *n.*	**loo:k** aw:n	ลูก อ่อน
baby powder	**pae:ng** *sam*rap dek	แป้ง สำหรับ เด็ก

baby's napkin, diaper	**pha: aw:m**	ผ้า อ้อม
bachelor	*chai* sOt	ใช้ สด
back (of the body)	*lang*	หลัง
back and forth	pai ma:	ไป มา
backbone	gradoo:k *san lang*	กระดูก สัน หลัง
bacterium	*cheua* **rO:k**	เชื้อ โรค
bad *adj.*	le:-oo	เลว
bad, wild, rascally	**chua**	ชั่ว
bag, sack	*thoong*	ถุง
baht (currency)	ba:t	บาท
bail *n.*, security object	sing pragan	สิ่ง ประกัน
bait *n.*	yeu:a	เหยื่อ
bake *v.*	Op	อบ
baked	Op	อบ
baker	khOn tham kha*nOm* pang	คน ทำ ขนม ปัง
bakery	rO:ng tham kha*nOm* pang	โรง ทำ ขนม ปัง
balance *adj.*	*sOm* doon gan	สม ดุล กัน
balance *n.*	khwa:m *sOm* doon	ความ สม ดุล
balance *v.*	tham **hai** *sOm* doon	ทำ ให้ สม ดุล
balcony	*ra*biang	ระเบียง
bald head	*hua la:n*	หัว ล้าน
ball	**loo:k** baw:n	ลูก บอล
ball bearing	talap **loo:k leu:n**	ตลับ ลูก ลื่น
ball pen	pa:kga:	ปากกา
ballast	ap*chao*	อับเฉา
ballet	*ra*bam	ระบำ
Baltic Sea	baw:ltik	บอลติก
balustrade, railing, grating	**loo:k** grOng	ลูก กรง
bamboo	***ma:i*** phai	ไม้ ไผ่
ban, forbid *v.*	**ha:m**	ห้าม
banana	**gluay**	กล้วย
bandage *n.*	**pha:** phan *phlae:*	ผ้า พัน แผล
bandage *v.*	tham *phlae:*	ทำ แผล
bandage *v.*	phan *phlae:*	พัน แผล
Bangkok	groong**the:p**	กรุงเทพฯ
bangle *n.*	gamlai	กำไล
banish *v.*	ne: rathe:t	เน รเทศ
banister	ra:o bandai	ราว บันได
bank (for money)	thana:kha:n	ธนาคาร
bank account	banchee	บัญชี
bank robbery	ga:n plOn thana:kha:n	การ ปล้น ธนาคาร
bank, shore	fang	ฝั่ง
banker *n.*	na:i thana:kha:n	นาย ธนาคาร
banknote	thana:bat	ธนาบัตร

bankrupt	**chip** *ha:i*	ฉิบ หาย
bankruptcy	ga:n pen **phoo:** *lOm* ***la***la:i	การ เป็น ผู้ ล้ม ละลาย
bar (for a drink)	ba:	บาร์
bar, block (up)	**gan** tha:ng	กั้น ทาง
bar, bolt, fastener	glaw:n	กลอน
barefoot	***tha:o*** plao	เท้า เปล่า
bark *v.* (as a dog)	hao	เห่า
barn	***yoong*** *cha:ng*	ยุ้ง ฉาง
barometer	**khreuang** ***wat*** paraw:t	เครื่อง วัด ปรอท
barracks	rO:ng tha*ha:n*	โรง ทหาร
barrel *n.*	*thang*	ถัง
barren	ganda:n	กันดาร
barricade *v.*	**gan**	กั้น
barrier, to place a barrier	ga:n **tang khreuang** geet *khwa:ng*	การ ตั้ง เครื่อง กีด ขวาง
basement	**hawng ta:i** thoon	ห้อง ใต้ ถุน
basil *n.*	gaphrao	กะเพรา
basin	a:ng	อ่าง
basket *n.*	ta**gra:**	ตะกร้า
basketball	**ba:**sget baw:n	บาสเกต บอล
bat (animal)	***kha:ng*** kha:o	ค้าง คาว
bath *v.*, have a bath	a:p ***na:m***	อาบ น้ำ
bathroom, bath	**hawng** ***na:m***	ห้อง น้ำ
bathtub	a:ng a:p ***na:m***	อ่าง อาบ น้ำ
battery *n.*	baette**ree**	แบตเตอรี่
be *v.*	pen	เป็น
beach *n.*	ha:t	หาด
bean *n.*	thua	ถั่ว
bear (animal)	*mee*	หมี
bear *v.*, stand *v.*	thOn	ทน
bear, carry *v.*	bae:k	แบก
bear, carry *v.*	*ha:m*	หาม
beard *n.*	khrao	เครา
beast	di***rat*** *cha:n*	ดิรัจ ฉาน
beat (music)	jangwa	จังหวะ
beat *v.*	**thoob** tee	ทุบ ตี
beat, whip *v.*	bO:i	โบย
beat, win *v.*	ao cha***na***	เอา ชนะ
beautiful	*suay*	สวย
because	***phraw*** **wa:**	เพราะ ว่า
become friends	tee sanit	ตีสนิท
bed (in the garden)	**rawng** phak	ร่อง ผัก
bed *n.*	tiang	เตียง
bedroom	**hawng** naw:n	ห้อง นอน
bedside table	***tO*** *hua* tiang	โต๊ะ หัว เตียง

bed-wetting

bed-wetting	ga:n **yio** ***rOt*** **thee** naw:n	การ เยี่ยว รด ที่ นอน
bee	**pheung**	ผึ้ง
beef	***neua*** wua	เนื้อ วัว
beehive *n.*	rang **pheung**	รัง ผึ้ง
beekeeper	khOn ***liang*** **pheung**	คน เลี้ยง ผึ้ง
beer	bia	เบียร์
beer barrel	*thang* bia	ถัง เบียร์
beetle	malae:ng	แมลง
before, earlier	**meua** gaw:n	เมื่อ ก่อน
before, in front of	**na:**	หน้า
before, previous	gaw:n	ก่อน
beg *v.*	*khaw:* tha:n	ขอ ทาน
beggar *n.*	khOn *khaw:* tha:n	คน ขอ ทาน
begin *v.*, start *v.*	**reuh:m**	เริ่ม
beginner	**phoo: reuh:m tOn**	ผู้ เริ่ม ต้น
behead *v.*	tat *hua*	ตัด หัว
behind	**kha:ng** *lang*	ข้าง หลัง
beige	*see* ga:gee	สี กากี
belch *v.*	reuh:	เรอ
believe *v.*	**cheua**	เชื่อ
bell	***ra***khang	ระฆัง
bell, doorbell	grading	กระดิ่ง
belong to	pen *khaw:ng*	เป็น ของ
belonging, property	***sap*** *sOm* bat	ทรัพย์ สม บัติ
below	**kha:ng la:ng**	ข้าง ล่าง
below	**ta:i**	ใต้
belt	*khem* khat	เข็ม ขัด
belt buckle	*hua khem* khat	หัว เข็ม ขัด
bend (down)	ngaw: lOng	งอ ลง
bend *v.*	ngaw:	งอ
bend *v.*	dat	ดัด
bend *v.*, bow *v.*	**gOm**	ก้ม
beryl	maw:ragOt tawan tOk	มรกต ตะวัน ตก
beside, next to it	**kha:ng kha:ng**	ข้างๆ
bestow *v.*	**hai**	ให้
bet *n.*	ga:n phanan *khan* taw:	การ พนัน ขัน ต่อ
bet *v.*	***tha:*** phanan	ท้า พนัน
bet *v.*	phanan	พนัน
betel leaf	phloo:	พลู
betel nut	ma:k	หมาก
betray *v.*	thaw:ra ***yOt***	ทร ยศ
betrayed	hak *lang*	หัก หลัง
better	dee **kheun**	ดี ขึ้น
better than	dee gua:	ดี กว่า

beware v.	*ra*wang	ระวัง
bible	khamphee	คัมภีร์
big, large	yai	ใหญ่
bike	jakraya:n	จักรยาน
bill, receipt	bai set	ใบ เสร็จ
billion	jam nuan phan *la:n*	จำ นวน พัน ล้าน
binoculars	**glawng** saw:ng tha:ng glai	กล้อง ส่อง ทาง ไกล
biology	cheewa *wi*thaya:	ชีว วิทยา
bird n.	*nOk*	นก
bird's nest	rang *nOk*	รัง นก
birth certificate	bai geuh:t	ใบ เกิด
birth certificate	soo:tibat	สูติบัตร
birth place	**thee** geuh:t	ที่ เกิด
birthday	wan geuh:t	วัน เกิด
birthday present	*khaw:ng khwan* wan geuh:t	ของ ขวัญ วัน เกิด
birthmark	pa:n **thee** mee ma: tae: gam neuh:t	ปาน ที่ มี มา แต่ กำ เนิด
biscuit	kha*nOm* pang graw:p	ขนม ปัง กรอบ
bite v.	gat	กัด
bitter	*khOm*	ขม
black	*see* dam	สี ดำ
black hearted adj.	jai dam	ใจ ดำ
black market	tala:t meu:t	ตลาด มืด
blackboard	grada:n dam	กระดาน ดำ
bladder	graphaw passa:*wa*	กระเพาะ ปัสสาวะ
blade	bai **meet**	ใบ มีด
blanket	**pha:** hOm	ผ้า ห่ม
bleed v.	**leuat** *lai*	เลือด ไหล
blend v., mix v.	pha*sOm*	ผสม
bless someone with holy water	*rOt nam* mOn	รด น้ำ มนต์
blind v.	ta: baw:t	ตา บอด
blink v.	ga*phrip* ta:	กะพริบ ตา
block letters	tua phim	ตัว พิมพ์
block off	**gan**	กั้น
blond	*phOm* thaw:ng	ผม ทอง
blood	**leuat**	เลือด
blood clot	ga:n jap pen **gaw:n** *khaw:ng* lO: hit	การ จับ เป็น ก้อน ของ โลหิต
blood fat	khai man nai **leuat**	ไข มัน ใน เลือด
blood poisoning	a:ga:n lO: hit pen *phit*	อาการ โล หิต เป็น พิษ
blood pressure	khwa:m dan lO: hit	ความ ดัน โล หิต
blood pressure, too low	khwa:m dan lO: hit tam	ความ ดัน โล หิต ต่ำ
blood sample	ga:n truat **leuat**	การ ตรวจ เลือด
blood test	ga:n truat **leuat**	การ ตรวจ เลือด
blood transfusion	ga:n tha:i lO: hit	การ ถ่าย โล หิต
blood vessel	**sen leuat**	เส้น เลือด

bloodbath	ga:n naw:ng **leuat**	การ นอง เลือด
bloom *v.*	ba:n	บาน
blossom	<u>daw:k</u> ***ma:i***	ดอก ไม้
blotting paper	<u>grada:t</u> **khan**	กระดาษ คั่น
blouse	**seua**	เสื้อ
blow up, inflate	<u>pao</u> <u>pO:ng</u>	เป่า โป่ง
blow *v.*	<u>pao</u>	เป่า
blue	*see **fa:***	สี ฟ้า
blurred, indistinct	**mai *chat***	ไม่ ชัด
boa (snake)	ngoo: *leuam*	งู เหลือม
board *v.*	<u>gaw</u> <u>gio</u>	เกาะ เกี่ยว
boarder	***nak*** rian <u>prajam</u>	นัก เรียน ประจำ
boarding school	rO:ng rian gin naw:n	โรง เรียน กิน นอน
boat	reua	เรือ
body	tua	ตัว
body	**ra:ng** ga:i	ร่าง กาย
body odour *n.*	<u>glin</u> tua	กลิ่น ตัว
body, car body	tua *thang **rOt***	ตัว ถัง รถ
bog, moor	tOm	ตม
boil *v.*	**tOm**	ต้ม
boil *v.*	tham **hai** <u>deuat</u>	ทำ ให้ เดือด
boiling point	joot ***nam*** <u>deuat</u>	จุด น้ำ เดือด
bold *adj.*	**gla:** *ha:n*	กล้า หาญ
bolt *n./v.*	sa<u>lak</u>	สลัก
bomb *n.*	**loo:k** *ra*<u>beuh:t</u>	ลูก ระเบิด
bone *n.*	<u>gradoo:k</u>	กระดูก
bonnet (from a car)	*fa:* <u>graprO:ng</u> **na:**	ฝา กระโปรง หน้า
bonus	ngeuhn **kha:** tham niam	เงิน ค่า ธรรม เนียม
book *n.*	*nang seu:*	หนัง สือ
book *v.*	tee *tua*	ตี ตั๋ว
book, exercise book	sa<u>moot</u>	สมุด
bookbinder	**phoo:** *yep* <u>pOk</u>	ผู้ เย็บ ปก
bookkeeping	ga:n banchee	การ บัญชี
boot (shoe)	raw:ng *tha:o* **hoom khaw:**	รอง เท้า หุ้ม ข้อ
boot *v.*	<u>te</u>	เตะ
boot, trunk *n.* (of a car)	**thee** <u>gep</u> *khaw:ng **tha:i rOt***	ที่ เก็บ ของ ท้าย รถ
boring *adj.*	<u>beua</u>	เบื่อ
born *v.*	<u>geuh:t</u>	เกิด
borrow (money)	yeu:m (ngeuhn)	ยืม (เงิน)
borrow *v.*	yeu:m	ยืม
bosom, breasts	nOm	นม
boss	na:i **ja:ng**	นาย จ้าง
botany	<u>phreuk</u> <u>sa:t</u>	พฤกษ ศาสตร์
both	***thang*** saw:ng	ทั้ง สอง

bother *v.*	*rOp* guan	รบ กวน
bottle *n.*	khuat	ขวด
bottle-opener	**thee** peuh:t **khuat**	ที่ เปิด ขวด
bottom, anus	too:t	ตูด
bounce *v.*	**deng**	เด้ง
bound, boundary, border	khe:t	เขต
boundary	a:na: khe:t	อาณา เขต
boundary stone	lak khe:t	หลัก เขต
bouquet	**chaw:** daw:k *ma:i*	ช่อ ดอก ไม้
bow *n.* (of ribbon)	bO:	โบว์
bow, nose	*hua* reua	หัว เรือ
bowl *n.*	cha:m	ชาม
bowl, vessel *n.*	cha:m a:ng	ชาม อ่าง
bowling *n.*	bO:**ling**	โบลิ่ง
box	glawng	กล่อง
box (with lock)	heep	หีบ
boxing	muay	มวย
boxing gloves	nuam	นวม
boxing match, fight	ga:n khaeng *khan jOk* muay	การ แข่ง ขัน ชก มวย
boxing *v.*	**chOk** muay	ชก มวย
bracelet	**soi khaw: meu:**	สร้อย ข้อ มือ
bracket, parenthesis	wOng *lep*	วง เล็บ
brain	sa*maw:ng*	สมอง
brain concussion	*hua* sa*maw:ng* satheuan	หัว สมอง สะเทือน
brain death	man sa*maw:ng phi* ga:n	มัน สมอง พิ การ
brake *n.*	bre:k	เบรก
brake *v.*	tae bre:k	แตะ เบรก
branch (of a company)	*ra:n* sa:kha:	ร้าน สาขา
branch off (a way)	tha:ng **yae:k**	ทาง แยก
branch, bough (of trees)	ging	กิ่ง
brand, trade	yee haw:	ยี่ ห้อ
brass *n.*	thaw:ng *leuang*	ทอง เหลือง
brassiere, bra	*yOk* sOng	ยก ทรง
brave *adj.*	**gla: ha:n**	กล้า หาญ
bread *n.*	kha*nOm* pang	ขนม ปัง
bread rag	se:t kha*nOm* pang	เศษ ขนม ปัง
bread *v.*	**choop** kha*nOm* pang	ชุบ ขนม ปัง
break in	*ngat* khao ma:	งัด เข้า มา
break *v.*, burst *v.*	hak	หัก
breakable	tae:k **nga:i**	แตก ง่าย
breakdown (car)	*rOt* sia	รถ เสีย
breakfast	a:ha:n cha:o	อาหาร เช้า
breakfast *v.*, have breakfast	*rap* pratha:n a:ha:n cha:o	รับ ประทาน อาหาร เช้า
breastbone	*lin*pee	ลิ้น ปี่

breasts, bosom	nOm	นม
breath difficulty	*ha:i* jai khat	หาย ใจ ขัด
breath *n.*	*ha:i* jai	หาย ใจ
breathe *v.*	*ha:i* jai	หาย ใจ
breeze	lOm ***tha***le:	ลม ทะเล
bribe money	ngeuhn *sin* bOn	เงิน สิน บน
bribe *v.*	**hai** *sin* bOn	ให้ สิน บน
bribery	*sin* bOn	สิน บน
brick	it	อิฐ
bricklayer	**chang** gaw: **sa:ng**	ช่าง ก่อ สร้าง
bride	**jao** *sa:o*	เจ้า สาว
bride and bridegroom	**khoo:** ba:o *sa:o*	คู่ บ่าว สาว
bridegroom	**jao** ba:o	เจ้า บ่าว
bridge *n.*	sapha:n	สะพาน
briefs, slip	ga:ng ge:ng ling	กาง เกง ลิง
bright (light)	sawa:ng	สว่าง
bring *v.*, fetch *v.*	ao ma:	เอา มา
broad, wide	**gua:ng**	กว้าง
broken	*sia*	เสีย
broker	na:i **na:**	นาย หน้า
bronze *n.*	*sam**lit***	สัมฤทธิ์
brooch	*khem* glat	เข็ม กลัด
broom	***ma:i*** gua:t	ไม้ กวาด
brothel	**sawng** sO:phenee	ซ่อง โสเภณี
brother (older)	**phee** cha:i	พี่ ชาย
brother (younger)	***naw:ng*** cha:i	น้อง ชาย
brother-in-law (older)	**phee** *kheuh:i*	พี่ เขย
brother-in-law (younger)	***naw:ng*** *kheuh:i*	น้อง เขย
brown	*see* ***nam*** ta:n	สี น้ำ ตาล
bruise	***fOk cham***	ฟก ช้ำ
brush *n.*	prae:ng	แปรง
brush the teeth	prae:ng fan	แปรง ฟัน
brush *v.*	prae:ng	แปรง
brush, paint brush	phoo: gan	พู่ กัน
brutal	tha: roon	ทา รุณ
bubble	faw:ng	ฟอง
bucket *n.*	*thang* ***na:m***	ถัง น้ำ
bud *n.*	**chaw:** too:m	ช่อ ตูม
bud *n.*	daw:k too:m	ดอก ตูม
Buddha	***phra*** phoo***tha*** **ja:o**	พระ พุทธ เจ้า
Buddhism	sa:tsa*na:* ***phoot***	ศาสนา พุทธ
Buddhist	***phootha*** ma: ***ma***ga	พุทธ มา มกะ
Buddhist era	***phootha***sagara:t	พุทธศักราช
buffalo *n.*	khwa:i	ควาย

bug, bedbug	**reuat**	เรือด
build *v.*	gaw: **sa:ng**	ก่อ สร้าง
building (of stone)	a:kha:n	อาคาร
building contractor	**phoo:** ***rap*** *mao* gaw: **sa:ng**	ผู้ รับ เหมา ก่อ สร้าง
building material	**khreuang** gaw: **sa:ng**	เครื่อง ก่อ สร้าง
building unit	khoo: *ha:*	คู หา
building, brick building	teuk	ตึก
bull	wua tua **phoo:**	วัว ตัว ผู้
bullet *n.*	**loo:k** gra*soon* peu:n	ลูก กระสุน ปืน
bullet *n.*	**loo:k** peu:n	ลูก ปืน
bullfrog	eu:ng a:ng	อึ่ง อ่าง
bumblebee	malae:ng **phoo:**	แมลง ภู่
bump with the elbow	*thaw:ng*	ถอง
bump, bulge	ga:n noo:n reu: pawng aw:k ma:	การ นูน หรือ ป่อง ออก มา
bumper	ganchOn	กันชน
bumpy *adj.*	khroo khra	ขรุ ขระ
bunch, cluster *n.*	**chaw:**	ช่อ
bunker, shelter	**hawng da:i** din	ห้อง ใต้ ดิน
buoy	**thoon** reua	ทุ่น เรือ
burden *v.*	pha:ra nak	ภาระ หนัก
burglar, thief	**phoo:** ***rai*** **yawng** bao	ผู้ ร้าย ย่อง เบา
burial, funeral *n.*	ga:n *fang* sOp	การ ฝัง ศพ
Burma	phra**ma:**	พม่า
burn (wound)	*phae:* fai **mai**	แผล ไฟ ไหม้
burn ointment	ya: tha: fai **luak**	ยา ทา ไฟ ลวก
burn *v.i.*	**mai**	ไหม้
burn *v.t.*	*phao* **mai**	เผา ไหม้
burst *v.*	***ra***beuh:t	ระเบิด
bury *v.*	*fang*	ฝัง
bury *v.*	*fang* wai **ta:i** din	ฝัง ไว้ ใต้ ดิน
bus fare	**kha:** ***rOt*** me:	ค่า รถ เมล์
bus *n.*	***rOt*** me:	รถ เมล์
bus stop	**pa:i** ***rOt*** me:	ป้าย รถ เมล์
bus terminal	baw: khaw: saw:	บ ข ส
bus, tour coach	***rOt*** **thua**	รถ ทัวร์
bush *n.*	**phoom** ***ma:i***	พุ่ม ไม้
business	***thoora***git	ธุรกิจ
business	***thoora***	ธุระ
business partner	**phoo:** mee suan **ruam duay**	ผู้ มี ส่วน ร่วม ด้วย
business quarter	**ya:n** ***thoora***git	ย่าน ธุรกิจ
business woman	**mae:** ***kha:***	แม่ ค้า
businessman	***nak thoora***git	นัก ธุรกิจ
busy *adj.*	**yoong**	ยุ่ง
but	tae:	แต่

but, except that	tae: **wa:**	แต่ ว่า
butter	neuh:i	เนย
butterfly *n.*	*phee* **seua**	ผี เสื้อ
button, fastening	gradoom	กระดุม
buttonhole	rang doom	รัง ดุม
buy on installment	***seu:*** ngeuhn phawn	ซื้อ เงิน ผ่อน
buy *v.*	***seu:***	ซื้อ
buyer	**phoo:** ***seu:***	ผู้ ซื้อ
buying	***seu:***	ซื้อ
by chance	bang euh:n	บัง เอิญ
by-work, extra work	nga:n ***phi***se:t	งาน พิเศษ

C

C.O.D. collect on delivery	***phasa***doo gep ngeuhn pla:i tha:ng	พัสดุ เก็บ เงิน ปลาย ทาง
cabbage	galam plee	กะหล่ำ ปลี
cabin	**hawng** ***lek lek***	ห้อง เล็กๆ
cabinet	**too:**	ตู้
cable *n.*	*sa:i*	สาย
cactus	tabaw:ng ***phet***	ตะบอง เพชร
caffeine	kha:fe:een	คาเฟอีน
cage	grOng	กรง
cake	kha*nOm* ***khaek***	ขนม เค็ก
calcium	khae:l**siam**	แคลเซียม
calculate *v.*	kham nuan	คำ นวณ
calculate *v.*	kham nuan doo:	คำ นวณ ดู
calculate *v.*	***khit*** **le:k**	คิด เลข
calculator	**khreuang** ***khit*** **le:k**	เครื่อง คิด เลข
calendar	pathi thin	ปฏิทิน
calf	**loo:k** wua	ลูก วัว
calf (anat.)	**nawng**	น่อง
call back (telephone)	thO: glap	โทร กลับ
call *v.*	**riak**	เรียก
called	**riak wa:**	เรียก ว่า
calm, still	sangOp	สงบ
calorie	khae:law:**ree**	แคลอรี่
Cambodia	kha*me:n*	เขมร
camel	oo:t	อูฐ
camera	**glawng** tha:i **roo:p**	กล้อง ถ่าย รูป
camp, army camp	**kha:i**	ค่าย
can, be able to	**da:i**	ได้
can, tin	gra*pawng*	กระป๋อง
canal	khlaw:ng	คลอง

canary	***nOk*** khee ree boo:n	นก คี รี บูน
Cancer	ra:*see* gawragOt	ราศี กรกฎ
cancer	**rO:k** ***ma***re:ng	โรค มะเร็ง
candid, open, frank *adj.*	peuh:t *pheuh:i*	เปิด เผย
candidate	**phoo:** samak ***rap*** **leuang**	ผู้ สมัคร รับ เลือก
candle *n.*	thian	เทียน
candlelight	*sae:ng* thian	แสง เทียน
candlewick	**sai** thian	ไส้ เทียน
candy, bonbon	**loo:k** gua:t	ลูก กวาด
canister	***pip***	ปี๊บ
cannon	peu:n ya:i	ปืน ใหญ่
cannot	**mai da:i**	ไม่ ได้
canteen	rO:ng a:*ha:n*	โรง อาหาร
canvas	**pha:** bai	ผ้า ใบ
caoutchouc	ya:ng	ยาง
capable, able	*sa:***ma:t**	สามารถ
capital (money)	thoon	ทุน
capital, capital city	meuang *luang*	เมือง หลวง
Capricorn	ra:*see* mang gaw:n	ราศี มัง กร
capsule	khaepsoo:l	แค๊ปซูล
captain	gaptan	กัปตัน
car	***rOt*** yOn	รถ ยนต์
car accessories	**khreuang** alai ***rOt*** yOn	เครื่อง อะไหล่ รถ ยนต์
car accident	oobattihe:t ***rOt*** yOn	อุบัติเหตุ รถ ยนต์
car exhaust fume	khwan ***rOt***	ควัน รถ
car park	**thee** jaw:t ***rOt***	ที่ จอด รถ
car radio	**khreuang** *siang* ***rOt*** yOn	เครื่อง เสียง รถ ยนต์
caramel	galamae:	กะละแม
caramel *n.*	tang me:	ตัง เม
carat	garat	กะรัต
caravan of vehicles	khapuan ya:n pha: ha***na***	ขบวน ยาน พา หนะ
carcass	**sa:k** sOp	ซาก ศพ
cardboard, pasteboard	grada:t *khaeng*	กระดาษ แข็ง
cardiac insufficiency	*hua* jai aw:n	หัว ใจ อ่อน
care *v.*	***rak****sa:*	รักษา
careful *v.*	***ramat ra***wang	ระมัด ระวัง
careless, not interested	**mai** ao jai sai	ไม่ เอา ใจ ใส่
caricature *v.*	*khian* **pha:p** ***law:***	เขียน ภาพ ล้อ
caricature, a cartoon	**pha:p** ga:too:n ***law:*** lian	ภาพ การ์ ตูน ล้อ เลียน
carpenter	**chang** ***ma:i***	ช่าง ไม้
carpet	phrOm	พรม
carrion	**sa:k nao**	ซาก เน่า
carrot	khae:rawt	แครอท
carry *v.*	*theu:*	ถือ

carry, hold *v.*	**hio**	หิ้ว
cartilage	gradoo:k aw:n	กระดูก อ่อน
carton *n.*	glawng grada:t	กล่อง กระดาษ
case, box	glawng	กล่อง
case, story, subject	**reuang**	เรื่อง
cash	ngeuhn sOt	เงิน สด
cashbox	heep ngeuhn	หีบ เงิน
cashier	phanak nga:n gep ngeuhn	พนัก งาน เก็บ เงิน
cast *v.*	law:	หล่อ
castle *n.*	pra:sa:t	ปราสาท
castrate *v.*	taw:n	ตอน
cat, pussy	mae:o	แมว
catalogue	***khaet***ta:***lawk***	แคตตาลอก
catch *v.*	jap	จับ
caterpillar	**boong**	บุ้ง
catfish	pla: dook	ปลา ดุก
catholic	khathawlik	คาทอลิค
cattle	wua khwa:i	วัว ควาย
cauliflower	daw:k galam	ดอก กะหล่ำ
caution *n.*	khwa:m ***ramat ra***wang	ความ ระมัด ระวัง
cave *n.*	**tham**	ถ้ำ
CD-player	**khreuang len** seedee	เครื่อง เล่น ซีดี
ceiling	phe: da:n	เพ ดาน
celebration	nga:n cha*law:ng*	งาน ฉลอง
cement *n.*	poo:n	ปูน
cemetery, graveyard	pa: ***cha:***	ป่า ช้า
censor *v.*	truat kha:o	ตรวจ ข่าว
center	gla:ng	กลาง
centimetre	senti***me:t***	เซนติเมตร
centipede	takha:p	ตะขาบ
central part	**pha:k** gla:ng	ภาค กลาง
central station	sa*tha:*nee ***rOt*** fai gla:ng	สถานี รถ ไฟ กลาง
century	sata***wat***	ศตวรรษ
ceramics, pottery	**khreuang khleuap** din **phao**	เครื่อง เคลือบ ดิน เผา
certain *adj.*	**nae:**	แน่
certificate of marital status	bai ***rap*** raw:ng khwam sOt	ใบ รับ รอง ความ โสด
certificate, diploma	praga:sanee yabat	ประกาศนี ยบัตร
certify *v.*	***rap*** raw:ng	รับ รอง
chain *n.*	**sO:**	โซ่
chair *n.*	**gao ee**	เก้า อี้
chalk	**chawk**	ชอล์ก
chamber of commerce	***samnak*** nga:n phan***it*** jangwat	สำนัก งาน พาณิชย์ จังหวัด
chamber of commerce	haw: ga:n ***kha:***	หอ การ ค้า
chambermaid	*sa:o* ***cha:i*** prajam **hawng**	สาว ใช้ ประจำ ห้อง

champagne	chaempe:n	แชมเปญ
chance	O:ga:t	โอกาส
change clothes	plian seua pha:	เปลี่ยน เสื้อ ผ้า
change v.	plian	เปลี่ยน
change v.	phan prae:	ผัน แปร
change v. (bus, train, ...)	taw: rOt	ต่อ รถ
change v. (bus, train, ...)	plian rOt	เปลี่ยน รถ
change, exchange	lae:k plian	แลก เปลี่ยน
changing cubicle	hawng phlat pha:	ห้อง ผลัด ผ้า
chapter	bOt thee	บท ที่
character	nisai	นิสัย
character	lak sana	ลัก ษณะ
charge v. (battery)	at (baetteree)	อัด (แบตเตอรี่)
charge, fee	kha: tham niam	ค่า ธรรม เนียม
chase away (a person)	che:t	เฉด
chase away (an animals)	lai	ไล่
chase v.	lai	ไล่
chat v., talk v.	khooi	คุย
chatter	khOn chang phoo:t	คน ช่าง พูด
chauffeur	khOn khap rOt yOn	คน ขับ รถ ยนต์
cheap	thoo:k	ถูก
cheap adj.	yawm yao	ยอม เยา
cheat v.	gO:ng	โกง
cheat v.	chaw: gO:ng	ฉ้อ โกง
check v.	truat saw:p	ตรวจ สอบ
checkpoint	da:n	ด่าน
cheek	gae:m	แก้ม
cheer up	tham hai sanook	ทำ ให้ สนุก
cheer v.	chia	เชียร์
cheerful	ra: reuh:ng	ร่า เริง
cheese	neuh:i khaeng	เนย แข็ง
chemicals	khreuang khemee	เครื่อง เคมี
chemist	nak khe:mee	นัก เคมี
chemistry n.	khemee	เคมี
cheque	chek	เช็ค
cheque book	samoot chek	สมุด เช็ค
cherry	cheuh:ree	เชอรี่
chess	ma:k rook	หมาก รุก
chest	Ok	อก
chevalier	jao choo:	เจ้า ชู้
chew v	khio	เคี้ยว
chewing gum	ma:k farang	หมาก ฝรั่ง
chewing tobacco	khio ma:k	เคี้ยว หมาก
chick	loo:k gai	ลูก ไก่

chicken

chicken	gai	ไก่
chickenpox	ee sook ee *sai*	อี สุก อี ใส
child *n.*	dek	เด็ก
child *n.* (son or daughter)	**loo:k**	ลูก
children's disease	**rO:k** dek	โรค เด็ก
children's room	**hawng** dek	ห้อง เด็ก
chili	***phrik***	พริก
chili paste	***nam phrik***	น้ำ พริก
chimney	tao *phing*	เตา ผิง
chimney	plawng	ปล่อง
chin	kha:ng	คาง
chisel	sio	สิ่ว
chlorine	khlaw:reen	คลอรีน
chocolate	***chawk***gaw:***laet***	ช็อคโกแลต
cholera	a-hi wa:	อหิ วาต์
choose *v.*	**leu:ak**	เลือก
chopsticks	tagiap	ตะเกียบ
chorus	**loo:k khoo:**	ลูก คู่
Christ	***khris***	คริสต์
Christian (catholic)	***khris***tang	คริสตัง
Christian (evangelic)	***khris***tiyn	คริสเตียน
Christmas	***khri***sa**ma:d**	คริสต์มาส
Christmas tree	**tOn** ***khri***sa**ma:t**	ต้น คริสต์มาส
chrome	lO:ha khrO:**miam**	โลหะ โครเมี่ยม
chromium-plate *v.*	**choop** khrO:**miam**	ชุบ โครเมียม
chronological	**seung reua** rang	ซึ่ง เรื่อ รัง
church	bO:t	โบสถ์
cicada	***jaga*** jan	จัก จั่น
cigar	booree si**ga:**	บุหรี่ ซิการ์
cigarette	booree	บุหรี่
cigarette packet	saw:ng booree	ซอง บุหรี่
cigarette paper	grada:t muan booree	กระดาษ มวน บุหรี่
cinema	rO:ng **pha:p**phayOn	โรง ภาพยนตร์
cinematograph, projector	**khreuang** *cha:i nang*	เครื่อง ฉาย หนัง
circle *n.*	wOng glOm	วง กลม
circle *v.*	wOn	วน
circumspect *v.*	***ramat ra***wang	ระมัด ระวัง
circus	***la***khaw:n sat	ละคร สัตว์
city	meuang	เมือง
clamp, clip	sing **thee** chai neep *reu:* glat	สิ่ง ที่ ใช้ หนีบ หรือ กลัด
clap hands *v.*	tOp meu:	ตบ มือ
clarify *v.*	tham **hai khao** jai	ทำ ให้ เข้า ใจ
class	***chan***	ชั้น
classical	khla:sik	คลาสสิก

classroom	**hawng** rian	ห้อง เรียน
clean *adj.*	<u>sa-a:t</u>	สะอาด
clean *v.*	tham khwa:m <u>sa-a:t</u>	ทำ ความ สะอาด
cleaning lady	*ying* tham khwa:m <u>sa-a:t</u>	หญิง ทำ ความ สะ อาด
clear (no clouds)	<u>jaem</u> **jae:ng**	แจ่ม แจ้ง
clear (transparent)	*sai*	ใส
clear away	ao <u>aw:k</u> pai	เอา ออก ไป
clear *v.*, cut *v.* (trees etc.)	***tha:ng***	ถาง
clear, obvious, definite *adv.*	***chat***	ชัด
clearing, glade	ga:n *tha:ng*	การ ถาง
clever *adj.*	cha<u>la:t</u>	ฉลาด
clever, competent *adj.*	<u>geng</u>	เก่ง
client	**loo:k** khwa:m	ลูก ความ
cliff	**na:** pha:	หน้า ผา
climate	a:<u>ga:t</u>	อากาศ
climb *v.*	ta<u>ga:i</u>	ตะกาย
clinic	rO:ng *maw:*	โรง หมอ
clock *n.* (watch)	na:*li*ga:	นาฬิกา
close *v.* (shut)	<u>pit</u>	ปิด
close, near *adv.*	**glai**	ใกล้
closed *adj.*	<u>pit</u>	ปิด
cloth	**pha:**	ผ้า
clothes brush	prae:ng <u>pat</u> **seua**	แปรง ปัด เสื้อ
clothes *n.*	seua pha:	เสื้อ ผ้า
clothes peg	***ma:i*** <u>neep</u> ra:o **pha:**	ไม้ หนีบ ราว ผ้า
clothesline	ra:o <u>ta:k</u> pha:	ราว ตาก ผ้า
clothing	seua pha:	เสื้อ ผ้า
cloud *n.*	**me:k**	เมฆ
cloudless	pra:sa <u>ja:k</u> **me:k**	ปราศ จาก เมฆ
cloudy (water)	<u>khoon</u>	ขุ่น
clover	**tOn** ***ma:i*** bai *sa:m* <u>chae:k</u>	ต้น ไม้ ใบ สาม แฉก
clown	tua ta<u>lOk</u>	ตัว ตลก
club (in the pack of cards)	<u>daw:k jig</u>	ดอก จิก
coal	<u>tha:n</u> *hin*	ถ่าน หิน
coat *n.*	**seua naw:k**	เสื้อ นอก
cobra	ngoo: hao	งู เห่า
cobweb	<u>ya:k yai</u>	หยาก ไย่
cocaine	khO:khe:n	โคเคน
cock	<u>gai</u>	ไก่
cockatoo	***nOk*** <u>gratua</u>	นก กระตั้ว
cockfight	chOn <u>gai</u>	ชน ไก่
cockroach	malae:ng <u>sa:p</u>	แมลง สาบ
cocoa	gO: **gO:**	โก โก้
coconut	***maphra:o***	มะพร้าว

cocoon, larva *n.*	<u>dak</u> **dae:**	ดัก แด้
code *n.*	ra-<u>hat</u>	รหัส
code of law	*nang seu:* <u>gOt</u> *ma:i*	หนัง สือ กฎ หมาย
cod-liver oil	***nam*** man <u>tap</u> pla:	น้ำ มัน ตับ ปลา
coffee	ga:fae:	กาแฟ
coffee bean	ma*let* ga:fae:	เมล็ด กาแฟ
coffee set	***choot*** chOng ga:fae:	ชุด ชง กาแฟ
coffin	<u>heep</u> <u>sOp</u>	หีบ ศพ
coil *v.*	phan	พัน
coin	*rian*	เหรียญ
cold *adj.*	yen	เย็น
cold *adj.*	*na:o*	หนาว
cold *n.*, (have a cold)	pen <u>wat</u>	เป็น หวัด
collapse *v.*	phang lOng	พัง ลง
collar	khaw: **seua**	คอ เสื้อ
collar	<u>plaw:k</u> khaw:	ปลอก คอ
colleague	**pheuan ruam** nga:n	เพื่อน ร่วม งาน
collect *v.*	<u>gep</u>	เก็บ
collect *v.* (stamps ..)	sa*sOm*	สะสม
college	*wi*thaya:lai	วิทยาลัย
collide, knock *v.*	chOn	ชน
collision	ga:n chOn gan	การ ชน กัน
colloquial language	pha:*sa:* tala:t	ภาษา ตลาด
colony	meuang **kheun**	เมือง ขึ้น
colour	*see*	สี
coloured	*la:i see*	หลาย สี
colourless	**mai** mee *see*	ไม่ มี สี
comb *n.*	*wee*	หวี
comb *v.*	*wee*	หวี
come from	ma: *ja:k*	มา จาก
come inside!	cheuh:n **khao** ma:	เชิญ เข้า มา
come *v.*, arrive *v.*	ma:	มา
comedian	tua ta*lOk*	ตัว ตลก
comet	da:o *ha:ng*	ดาว หาง
comfort, appease, soothe *v.*	<u>plaw:p</u> jai	ปลอบ ใจ
comfort, calm *v.*	<u>plaw:p</u> yO:n	ปลอบ โยน
comfortable	<u>sa</u>ba:i	สบาย
comma	<u>joot</u> <u>loo:k</u> *na:m*	จุด ลูก น้ำ
commandment	kham <u>sang</u>	คำ สั่ง
commissar	sa:i ***rap***	สาย ลับ
commit, assign, entrust *v.*	**maw:p hai**	มอบ ให้
common, normal	thamma da:	ธรรม ดา
communism	*lathi* khaw:m mionis	ลัทธิ คอม มิวนิสต์
community, public *n.*	choom noom chOn	ชุม นุม ชน

company	baw*ri*sat	บริษัท
compartment (in a train)	hawng nai *rOt* fai	ห้อง ใน รถ ไฟ
compass *n.*	khem **thit**	เข็ม ทิศ
compasses *n.*	wOng wian	วง เวียน
compensate *v.*	tham *khwan*	ทำ ขวัญ
compensation *n.*	kha: tham *khwan*	ค่า ทำ ขวัญ
competitor	**phoo:** khaeng khan	ผู้ แข็ง ขัน
compile, edit, compose *v.*	*riap* riang	เรียบ เรียง
complain *v.*	**raw:ng thook**	ร้อง ทุกข์
complainant *n.*	**phoo: raw:ng** thook	ผู้ ร้อง ทุกข์
complete *adj.*	*khrOp*	ครบ
complete *adj.*	*khrOp* khran	ครบ ครัน
complete *v.*	**pheuh:m hai khrOp**	เพิ่ม ให้ ครบ
complicated	sa*lap* *sap saw:n*	สลับ ซับ ซ้อน
compound interest	daw:k *thOp* tOm	ดอก ทบ ต้น
compromise *v.*	praw:ng daw:ng	ปรอง ดอง
compulsory education	ga:n seuk sa: pha:k bang *khap*	การ ศึก ษา ภาค บัง คับ
computer	khawmphio**teuh:**	คอมพิวเตอร์
concave	**wa:o**	เว้า
conceal	ae:p tham	แอบ ทำ
conceal *v.*, hide *v.*	**ning ngiap**	นิ่ง เงียบ
concentrate *v.*	**khit**	คิด
conception, print	**pha:p** jam law:ng	ภาพ จำ ลอง
concert *n.*	ga:n satae:ng dawntree	การ แสดง ดนตรี
conclude	**sin** soot	สิ้น สุด
conclude (contract)	sen *san*ya:	เซ็น สัญญา
concrete	khaw:n greet	คอน กรีต
concubine, mistress	mia *naw:i*	เมีย น้อย
condom	*thoong* mee chai	ถุง มี ชัย
confer *v.*	**hai**	ให้
conference	ga:n prachoom	การ ประ ชุม
confess *v.*	*sa:ra* **pha:p**	สาร ภาพ
confession *n.*	ga:n sa:*ra* pha:p	การ สาร ภาพ
confessional *n.*	ga:n sa:*ra* pha:p ba:p	การ สาร ภาพ บาป
confidential *adj.*	*lap* cha*phaw*	ลับ เฉพาะ
confiscate *v.*, seize *v.*	**yeut sap**	ยึด ทรัพย์
confused *adj.*	jai *ha:i*	ใจ หาย
confusing	**yoong**	ยุ่ง
congratulate *v.*	satae:ng khwa:n yin dee	แสดง ความ ยิน ดี
congratulations card	bat sadae:ng yin dee	บัตร แสดง ยิน ดี
connect v. (phone)	taw: sa:i	ต่อ สาย
conscious	**roo:** tua	รู้ ตัว
consider *v.*	traw:ng doo:	ตรอง ดู
consignment note	bai **kha: ra**wa:ng	ใบ ค่า ระวาง

consonant	phayan cha***na***	พยัญ ชนะ
constellation	da:o moo:	ดาว หมู่
constipation	***thaw:ng*** phoo:k	ท้อง ผูก
construct *v.*	gaw: **sa:ng**	ก่อ สร้าง
consul	gOng*soon*	กงสุล
consultant	**thee** phreuk *sa:*	ที่ ปรึก ษา
consume *v.*	baw***ri*** **phO:k**	บริ โภค
contact lens	khawnthekle:n	คอนเทคเลนส์
contact *n.*	ga:n *sam*phat	การ สัมผัส
contact *v.*	tit taw:	ติด ต่อ
contact with	tit taw: gap ...	ติด ต่อ กับ ...
contagious disease	**rO:k** tit taw:	โรค ติด ต่อ
contaminate *v.*	tham **hai** geuh:t tit **rO:k**	ทำ ให้ เกิด ติด โรค
content *adj.* (satisfied)	phaw: jai	พอ ใจ
content, matter	***neua*** **leuang**	เนื้อ เรื่อง
contents	sing **thee** mee yoo: **kha:ng** nai	สิ่ง ที่ มี อยู่ ข้าง ใน
continent	tha**weep**	ทวีป
continue *v.*	taw: pai	ต่อ ไป
continue, to carry on	taw:	ต่อ
contraceptive	*khaw:ng* **pawng** gan	ของ ป้อง กัน
control *v.*	gamnOt	กำหนด
control *v.*	**khuap** khoom	ควบ คุม
contusion *n.*	**haw: leuat**	ห้อ เลือด
convenient *adj.*	saduak	สะดวก
convert *v.*	**lae:k** plian	แลก เปลี่ยน
convert, change	gla:i	กลาย
convertible	***rOt*** *lang*kha: peuh:t pit **da:i**	รถ หลังคา เปิด ปิด ได้
convex	noo:n	นูน
convince *v.*	tham **hai cheua**	ทำ ให้ เชื่อ
cook	**phaw:** khrua	พ่อ ครัว
cook (woman)	**mae:** khrua	แม่ ครัว
cook *v.*	tham gap **kha:o**	ทำ กับ ข้าว
cookery book	tamra: gap **kha:o**	ตำรา กับ ข้าว
cookies, biscuits	kha*nOm* pleuak **hoom** *khaeng* graw:p	ขนม เปลือก หุ้ม แข็ง กรอบ
cool off	yen lawng	เย็น ลง
cool-headed	jai yen	ใจ เย็น
copper *n.*	thaw:ng dae:ng	ทอง แดง
copy *n.*	*sam* nao	สำ เนา
copy *v.*	tha:i e:ka*sa:n*	ถ่าย เอกสาร
copy *v.*	**law:k**	ลอก
copy, issue	chabap	ฉบับ
copyright	***li***khasit	ลิขสิทธิ์
coral *n.*	praga: rang	ประกา รัง
cord, cable *n.*	*sa:i*	สาย

cord, rope *n.*	**cheuak**	เชือก
coriander	phak chee	ผัก ชี
cork *n.*	jook *ma:i gawg*	จุก ไม้ ก๊อก
corn-cob	fak kha:o phO:t	ฝัก ข้าว โพด
corner	moom	มุม
corpse	sOp	ศพ
correct *adj.*	thoo:k	ถูก
correct *adj.*	thoo:k tawng	ถูก ต้อง
correct *v.*	**gae:** *khai* **hai** thoo:k **tawng**	แก้ ไข ให้ ถูก ต้อง
correct *v.*	truat tha:n	ตรวจ ทาน
correct *v.*	plian plae:ng	เปลี่ยน แปลง
corridor	tha:ng deuh:n	ทาง เดิน
corrosive	gat grawn	กัด กร่อน
corruptible	**mai seu:** trOng **taw: na: thee**	ไม่ ซื่อ ตรง ต่อ หน้า ที่
cosmetic operation	ga:n *pha:* seuh:m suay	การ ผ่า เสริม สวย
cosmetics	**khreuang** prathin chO:m	เครื่อง ประทิน โฉม
cost, price *n.*	ra:kha:	ราคา
cotton bud	*ma:i khae hoo:*	ไม้ แคะ หู
cotton *n.*	**pha: fa:i**	ผ้า ฝ้าย
cotton wool	samlee	สำลี
cough *v.*	ai	ไอ
count *v.*	*nap*	นับ
counter, desk (at the bank)	*tO rap* ngeuhn	โต๊ะ รับ เงิน
counterfeit money	ngeuhn plaw:m	เงิน ปลอม
counterfeit *v.*	tham plaw:m	ทำ ปลอม
counterfeiter	**phoo:** tham plaw:m	ผู้ ทำ ปลอม
country	**prathe:t**	ประเทศ
country part	**pha:k**	ภาค
coupon	khoo:paw:ng	คูปอง
courageous *adj.*	**gla:** *ha:n*	กล้า หาญ
course	lak soo:t	หลัก สูตร
court	*sa:n*	ศาล
courting couple	**khoo:** *rak*	คู่ รัก
courtyard	la:n	ลาน
cousin	**loo:k phee loo:k** *naw:ng*	ลูก พี่ ลูก น้อง
cover *v.*	pOk khloom	ปก คลุม
cover, book cover *n.*	bai pOk	ใบ ปก
cow	khO:	โค
cowardly, craven, timid *adj.*	**khee** khla:t	ขี้ ขลาด
crab *n.* (insect)	lO:n	โลน
crab *n.* (shellfish)	poo:	ปู
crack *v.* (a nut)	khOp	ขบ
crack *n.*	raw:i tae:k	รอย แตก
crack *n.*	raw:i *ra:o*	รอย ร้าว

cradle	ple:	เปล
craftsman	**chang**	ช่าง
cramp	takhrio	ตะคริว
crane	**pan** jan	ปั้น จั่น
crankshaft	**khaw:** wiang	ข้อ เหวี่ยง
crash-helmet	muag gan *nawk*	หมวก กัน น็อค
crater *n.*	**chawng** phoo: *khao* fai	ช่อง ภู เขา ไฟ
craven, coward	khOn khla:t	คน ขลาด
crawl *v.*	khla:n	คลาน
crazy	**ba:**	บ้า
cream	khreem	ครีม
credit card	bat khre:dit	บัตร เครดิต
credit *n.*	*sin* **cheua**	สิน เชื่อ
creditor *n.*	**jao nee**	เจ้า หนี้
credulous	*hoo:* bao	หู เบา
creel	**khawng** sai pla:	ของ ใส่ ปลา
creep *v.*	deuh:n **yawng**	เดิน ย่อง
crematory	satha:n thee *phao* sOp	สถาน ที่ เผา ศพ
crew (ship)	**loo:k** reua	ลูก เรือ
cricket (insect)	**jing** reet	จิ้ง หรีด
crime, criminality	a:cha ya: gam	อาช ญา กรรม
criminal	a:cha ya: gaw:n	อาช ญา กร
croak *v.*	gOp *raw:ng*	กบ ร้อง
crocodile	jaw:*rakhe:*	จระเข้
crocodile farm	*suan* jaw:*rakhe:*	สวน จระเข้
crocodile leather	*nang* jaw:*rakhe:*	หนัง จระเข้
crooked, deformed	**bio**	เบี้ยว
cross (on questionnaires)	ga:	กา
cross *n.*	ga:ng *khe:n*	กาง เขน
cross out	kheet **kha:**	ขีด ฆ่า
cross *v.*	**kha:m**	ข้าม
crossroads	see **yae:k**	สี่ แยก
crossword	prisa*na:* agsaw:n **khwai**	ปริศนา อักษร ไขว้
crow (bird)	ga:	กา
crow *v.*	gai *khan*	ไก่ ขัน
crown	mOng goot	มง กุฎ
crumble *v.*	bi	บิ
crumble *v.*	bit pen *chin lek lek*	บิด เป็น ชิ้น เล็กๆ
crust (on a wound)	saget *phlae:*	สะเก็ด แผล
crutch	*ma:i* yan	ไม้ ยัน
cry *v.*	*raw:ng*	ร้อง
cry *v.*, weep *v.*	*raw:ng* ha:i	ร้อง ไห้
crystal	phleuk	ผลึก
cube	**loo:k** *ba:t*	ลูก บาศก์

cucumber	tae:ng gua:	แตง กวา
cul-de-sac	tha:ng tan	ทาง ตัน
culprit	**phoo:** *ra:i*	ผู้ ร้าย
cultivate v.	ploo:k	ปลูก
cultured pearl	khai **mook liang**	ไข่ มุก เลี้ยง
cup n.	**thuay**	ถ้วย
cup, trophy	**thuay** ra:ng wan	ถ้วย ราง วัล
cupboard	**too: thuay** cha:m	ตู้ ถ้วย ชาม
curable	*raksa:* **da:i**	รักษา ได้
curd	nOm **thee** chap tua *khaeng* pen **gaw:n**	นม ที่ จับ ตัว แข็ง เป็น ก้อน
cure n.	ga:n *rak sa:*	การ รัก ษา
cure v.	*raksa:*	รักษา
cure, medicine n.	ya: *raksa:* **rO:k**	ยา รักษา โรค
curious adj.	ya:k **roo:** ya:k hen	อยาก รู้ อยาก เห็น
current account	banchee grasae: ra:i wan	บัญชี กระแส ราย วัน
curry n.	gae:ng	แกง
curse n.	kham sa:p	คำ สาป
curse v.	**chaeng**	แช่ง
curse v.	sa:p **chaeng**	สาป แช่ง
curtain blinds, venetian blinds	**ma:n** glet	ม่าน เกล็ด
curtain n.	**ma:n**	ม่าน
cushion n.	bO	เบาะ
custom, tradition	khanOp tham niam	ขนบ ธรรม เนียม
customer	**phoo:** *seu:*	ผู้ ซื้อ
customs department	grOm soonlaga: gaw:n	กรม ศุลกา กร
customs fee	pha:see soonlaga: gaw:n	ภาษี ศุลกา กร
cut n. (injury)	ba:t *phlae:*	บาด แผล
cut off	tat aw:k	ตัด ออก
cut off (water, electricity)	tat taw:n	ตัด ตอน
cut v.	tat	ตัด
cut, slice v.	pha:	ผ่า
cute adj.	**na:** en doo:	น่า เอ็น ดู
cutlery	*choot* **khreuang** meu:	ชุด เครื่อง มือ
cuttlefish, squid	pla: meuk	ปลา หมึก
cycle v.	khee jagraya:n	ขี่ จักรยาน
cylinder	**loo:k** grabaw:k	ลูก กระบอก
cylinder	**loo:k** soo:p	ลูก สูบ
cymbal	ching	ฉิ่ง

dagger *n.*	grit	กริช
daily *adj.*	***thook*** wan	ทุก วัน
daily *adj.*	wan ***la***	วัน ละ
dam *n.*	kheuan	เขื่อน
dam *v.*, screen *v.*	**gan**	กั้น
damage *v.*	khwa:m *sia ha:i*	ความ เสีย หาย
damaged *adj.*	*sia ha:i*	เสีย หาย
damaged, dilapidated *adj.*	cham ***root***	ชำ รุด
dance *v.*	**ten** ram	เต้น รำ
dancer *n.*	***nak*** **ten** ram	นัก เต้น รำ
dandruff *n.*	**khee** rang khae:	ขี้ รัง แค
dangerous	antara:i	อันตราย
dark *adj.*	**meu:t**	มืด
dark blue	*see* ***nam*** ngeuhn	สี น้ำ เงิน
darken *v.*	tham **hai meu:t**	ทำ ให้ มืด
darling	**thee** ***rak***	ที่ รัก
dash	***ya***ti phang	ยติ ภังค์
dashboard	*phae:ng* **na:** path taw:n **na:** ***rOt***	แผง หน้า ปัทม์ ตอน หน้า รถ
date *n.*	wan **thee**	วัน ที่
date palm	intha phalam	อินท ผลัม
dated, outdated *adj.*	***la:*** sa*mai*	ล้า สมัย
daughter	**loo:k** *sa:o*	ลูก สาว
daughter-in-law	**loo:k** sa***phai***	ลูก สะใภ้
dawdle *v.*	tret tre:	เตร็ด เตร่
dawdle *v.*	**O:e:**	โอ้เอ้
dawn *n.*	***cha:o*** **meu:t**	เช้า มืด
dawn, twilight	tawan yaw: *sae:ng*	ตะวัน ยอ แสง
day	wan	วัน
day after tomorrow	***mareu:n nee***	มะรืน นี้
day before yesterday	**meua** wa:n seu:n	เมื่อ วาน ซืน
day off	wan yoot	วัน หยุด
dead *adj.*	ta:i	ตาย
deaf *adj.*	*hoo:* nuak	หู หนวก
death penalty	**thO:t** pra*ha:n* chee***wit***	โทษ ประหาร ชีวิต
debt, due	pen **nee**	เป็น หนี้
deceive *v.*	law:k luang	หลอก ลวง
December	thanwa: khOm	ธันวา คม
decency	ma:ra**ya:t**	มารยาท
decide *v.*	tat *sin* jai	ตัด สิน ใจ
decimal system	***thO***sani yOm	ทศนิ ยม
decimeter	de:si***me:t***	เดซิเมตร
deck *n.*	da:t ***fa:***	ดาด ฟ้า
deck-chair	**gao ee pha:** bai	เก้า อี้ ผ้า ใบ
declaration of love	*sa:**ra*** **pha:p** ***rak***	สาร ภาพ รัก

decorate v., garnish v.	pradap	ประดับ
decoy	nOk taw:	นก ต่อ
deep adj. (water)	leuk	ลึก
deep sleep	lap sanit	หลับ สนิท
deer	gua:ng	กวาง
defective	sia	เสีย
defensive	pen fa:i rap	เป็น ฝ่าย รับ
defer	phlat	ผลัด
deflation n.	ga:n mOt ra:kha:	การ หมด ราคา
deflower v.	tham la:i khwa:m bawrisoot	ทำ ลาย ความ บริสุทธิ์
deliberate	jOng jai	จง ใจ
delicious	araw:i	อร่อย
delicious, tasty	O:cha: rOt	โอชา รส
delight v.	yin dee	ยิน ดี
deliver v.	sOng	ส่ง
deliver v., supply v.	sOng hai	ส่ง ให้
delivery, birth	ga:n khlaw:t boot	การ คลอด บุตร
democracy n.	pracha: thippatai	ประชา ธิปไตย
dense, tight adj.	nae:n	แน่น
dentist	maw: fan	หมอ ฟัน
dentures	fan plaw:m	ฟัน ปลอม
deny v.	pathi se:t	ปฏิ เสธ
deodorant n.	ya: dap glin	ยา ดับ กลิ่น
depart v.	aw:k deuh:n tha:ng	ออก เดิน ทาง
department	grOm	กรม
department store	ha:ng sapa sin kha:	ห้าง สรรพ สิน ค้า
departure n.	ga:n aw:k deuh:n tha:ng	การ ออก เดิน ทาง
depend v.	pheuhng	พึ่ง
deposit n.	ngeuhn mat jam	เงิน มัด จำ
derailed	tOk ja:k ra:ng	ตก จาก ราง
describe v.	phan na na:	พรรณ นา
desert n.	thale: sa:i	ทะเล ทราย
desert v., abandon v.	la thing	ละ ทิ้ง
deserted adj.	ra:ng	ร้าง
deserter n.	phoo: thing na: thee	ผู้ ทิ้ง หน้า ที่
designate, call	riak wa:	เรียก ว่า
desire (a woman)	ya:k da:i (phoo: ying)	อยาก ได้ (ผู้ หญิง)
desk n.	tO khian nang seu:	โต๊ะ เขียน หนัง สือ
dessert n.	khaw:ng wa:n	ของ หวาน
destination	joot ma:i	จุด หมาย
destroy v.	tham la:i	ทำ ลาย
detective n.	nak seu:p	นัก สืบ
detour n.	tha:ng aw:m	ทาง อ้อม
detour v.	aw:m pai	อ้อม ไป

develop *v.*	***phat***thana:	พัฒนา
developing country	pra**the:t** gamlang ***phat***thana:	ประเทศ กำลัง พัฒนา
device *n.*	**khreuang**	เครื่อง
devil	sa:ta:n	ซาตาน
dew *n.*	***nam kha:ng***	น้ำ ค้าง
dextral	thanat meu: *khwa:*	ถนัด มือ ขวา
diabetes	bao *wa:n*	เบา หวาน
diagnose *v.*	lOng khwa:m *hen* **wa:** pen **rO:k**	ลง ความ เห็นว่า เป็น โรค
diagnosis	ga:n truat **rO:k**	การ ตรวจ โรค
dial *v.*	gOt	กด
dialect	pha:*sa:* ***thaw:ng*** thin	ภาษา ท้อง ถิ่น
diameter	**sen** pha: *soo:n* gla:ng	เส้น ผ่า ศูนย์ กลาง
diamond *n.*	***phet***	เพชร
diamond ring	*wae:n* ***phet***	แหวน เพชร
diamonds (in the pack of cards)	**kha:o** *la:m* tat	ข้าว หลาม ตัด
diarrhea	***thaw:ng*** *sia*	ท้อง เสีย
diary	samoot ban***theuk***	สมุด บันทึก
dice *n.*, die *n.*	**loo:k** *tao*	ลูก เต๋า
dice *v.*	**thaw:t loo:k** *tao*	ทอด ลูก เต๋า
dictatorship	***lathi*** phatet ga:n	ลัทธิ เผด็จ การ
dictionary *n.*	***phO***jana: noo grOm	พจนา นุ กรม
die *v.*	ta:i	ตาย
diet *n.*	ga:n ***lOt*** a:*ha:n*	การ ลด อาหาร
different	tang ta:ng	ต่างๆ
difficult	**ya:k**	ยาก
dig (up) *v.*, turn (over) *v.*	khoot	ขุด
dig *v.*	khoot	ขุด
digest *v.*	**yoi**	ยอย
digestion	ga:n ***yoi*** a:*ha:n*	การ ย่อย อาหาร
digger, excavator	**khreuang** khoot	เครื่อง ขุด
diligent *adj.*	kha*yan*	ขยัน
diligent *adj.*	kha*yan* khan *khaeng*	ขยัน ขัน แข็ง
dilute	phra*sOm* ***na:m***	ผสม น้ำ
dim, unclear	mua	มัว
dimple	***lak yim***	ลัก ยิ้ม
dinghy	reua bOt khana:t ***lek***	เรือ บด ขนาด เล็ก
dining car	***rOt*** sabiang	รถ เสบียง
dinner	tha:n a:*ha:n* yen	ทาน อาหาร เย็น
dip in	**jim**	จิ้ม
diphtheria	**khai** khaw: teep	ไข้ คอ ตีบ
diplomat *n.*	***nak*** ga:n **thoo:t**	นัก การ ฑูต
direct *adj.*	trOng pai	ตรง ไป
direct current	gra*sae:* fai trOng	กระแส ไฟ ตรง
director	**phoo:** jat ga:n	ผู้ จัด การ

director	**phoo:** am nuay ga:n	ผู้ อำ นวย การ
director (of a film)	**phoo:** gamgap **pha:pphayOn**	ผู้ กำกับ ภาพยนตร์
dirt n.	khaw:ng sOkaprOk	ของ สกปรก
dirty adj.	sOkaprOk	สกปรก
dirty, foul adj.	preuh peuan	เปรอะ เปื้อน
disappear v.	ha:i	หาย
disappoint v.t.	tham **hai** phit wang	ทำ ให้ ผิด หวัง
disappointed adj.	phit wang	ผิด หวัง
disarm v.	lOt a:woot	ลด อาวุธ
disaster	phi na:t	พิ นาศ
disaster	ha:iyana	หายนะ
disaster	he:t ra:i rae:ng	เหตุ ร้าย แรง
discharge v.	tha:i	ถ่าย
disciple, follower	sa: wOk	สา วก
disco	thek	เธค
discount v.	lOt ra:kha:	ลด ราคา
discourage v.t.	tham **hai** thaw: jai	ทำ ให้ ท้อ ใจ
discouraged adj.	yaw: thaw:	ย่อ ท้อ
discover v.	khOn phOp	ค้น พบ
discuss v.	thOk thiang	ถก เถียง
disease, illness n.	rO:k	โรค
disentangle v.	khla:i	คลาย
disguise v.	taeng tua plaw:m	แต่ง ตัว ปลอม
disgust v.	khleu:n sai	คลื่น ไส้
disgusting adv.	chua ra:i	ชั่ว ร้าย
dishes n.	thuay cha:m	ถ้วย ชาม
dishwasher	khreuang la:ng ja:n	เครื่อง ล้าง จาน
disinfect v.	kha: cheua rO:k	ฆ่า เชื้อ โรค
disinfectant	sing tham la:i cheua rO:k	สิ่ง ทำ ลาย เชื้อ โรค
disinherit v.	tat aw:k ja:k gaw:ng mOradOk	ตัด ออก จาก กอง มรดก
dislocate v.	khaw: khled	ข้อ เคล็ด
disloyal adj.	mai seu: sat	ไม่ ซื่อ สัตย์
dismantle v.	yae:k aw:k	แยก ออก
dismiss v.	lai aw:k	ไล่ ออก
disorderly	mai riap raw:i	ไม่ เรียบ ร้อย
dissatisfied	mai phaw: jai	ไม่ พอ ใจ
dissolve v.	la la:i	ละ ลาย
distance n.	raya ha:ng gan	ระยะ ห่าง กัน
distill v.	glan	กลั่น
distinguished	mee na: mee ta:	มี หน้า มี ตา
distress signal	sanya:n	สัญญาณ
distribute v.	jae:k	แจก
distributor (at the engine)	ja:n ja:i	จาน จ่าย
district	khe:t	เขต

district	tambOn	ตำบล
district	ampheuh:	อำเภอ
distrust *v.*	**mai *wai*** jai	ไม่ ไว้ ใจ
disturb *v.*	<u>yoot</u>	หยุด
dive in	<u>joom</u>	จุ่ม
dive *v.*	dam ***na:m***	ดำ น้ำ
diver *n.*	khOn dam ***na:m***	คน ดำ น้ำ
divide *v.*	*ha:n*	หาร
divide *v.*, share *v.*	<u>baenk</u>	แบ่ง
diving fins	teen <u>gOp</u>	ตีน กบ
diving gear	**khreuang** dam ***na:m***	เครื่อง ดำ น้ำ
diving mask	**waen** dam ***na:m***	แว่น ดำ น้ำ
divorce certificate	bai <u>ya:</u>	ใบ หย่า
divorce *n.*	ga:n <u>ya:</u> ***ra:ng***	การ หย่า ร้าง
divorce reason	<u>he:t</u> *phOn* **thee** <u>ya:</u>	เหตุ ผล ที่ หย่า
divorce *v.*	<u>ya:</u>	อย่า
dizzy, to feel giddy	wian *hua*	เวียน หัว
do it yourself	tham e:ng	ทำ เอง
do the hair	tham *phOm*	ทำ ผม
do *v.*	tham	ทำ
dock	<u>oo:</u> reua	อู่ เรือ
doctor	*maw:*	หมอ
document	e:ga*sa:n*	เอกสาร
documents (important-)	e:ga*sa:n* samkhan	เอกสาร สำคัญ
dog	<u>soo**nak**</u>	สุนัข
dog	*ma:*	หมา
doll	***took*ata:**	ตุ๊กตา
dolphin	pla: lO:ma:	ปลา โลมา
donate *v.*	baw*r**i**ja:k*	บริจาค
donation *n.*	*khaw:ng* baw*r**i**ja:k*	ของ บริจาค
donkey *n.*, ass *n.*	la:	ลา
don't have	**mai** mee leuh:i	ไม่ มี เลย
don't have the money	**mai** mee ngeuhn	ไม่ มี เงิน
Don't touch !	**ha:m** <u>jap</u>	ห้าม จับ
door, gate, goal *n.*	<u>pratoo:</u>	ประตู
doorhandle	**thee** <u>peuh:t</u> pratoo:	ที่ เปิด ประตู
doorhandle	**loo:k** <u>bit</u>	ลูก บิด
doormat	phrOm ***chet tha:o***	พรม เช็ด เท้า
double bed	tiang **khoo:**	เตียง คู่
double room	**hawng khoo:**	ห้อง คู่
doubt *v.*	*sOng sai*	สง สัย
dough	kha*nOm* pang **noom**	ขนม ปัง นุ่ม
dowel	deuai	เดือย
down, down stairs	**kha:ng la:ng**	ข้าง ล่าง

downy	*aw:n* **noom**	อ่อน นุ่ม
dowry	*sin sOm rOt*deuh:m *khaw:ng* fa:i *ying*	สิน สมรสเดิม ของ ฝ่าย หญิง
doze v.	**ngeep**	งีบ
dozen	*lO:*	โหล
draft bill	**ra:ng** *phra* **ra:cha** ban*yat*	ร่าง พระ ราช บัญญัติ
dragon	mang gaw:n	มัง กร
dragonfly	malae:ng paw:	แมลง ปอ
drain	*lai* aw:k ma:	ไหล ออก มา
drain cleaner	ya: **la:ng thaw: na:m**	ยา ล้าง ท่อ น้ำ
drain v.	*ra*ba:i **na:m**	ระบาย น้ำ
drainpipe	**thaw: nam thing**	ท่อ น้ำ ทิ้ง
draught	gra*sae:* lOm	กระแส ลม
draw v.	**wa:t** *khian*	วาด เขียน
drawer	**lin chak**	ลิ้น ชัก
drawing	**pha:p** *khian*	ภาพ เขียน
dream	*fan*	ฝัน
dress v.	taeng tua	แต่ง ตัว
dress v., put on	**noong**	นุ่ง
dress, clothing n.	**khreuang** taeng ga:i	เครื่อง แต่ง กาย
dressed	**noong pha:**	นุ่ง ผ้า
drill n. (tool)	sawa:n	สว่าน
drill v., bore v.	jaw	เจาะ
drink v.	deu:m	ดื่ม
drink, beverage n.	**khreuang** deu:m	เครื่อง ดื่ม
drinking straw	law:t doo:t	หลอด ดูด
drinking water	*nam* deu:m	น้ำ ดื่ม
drive a car	khap *rOt*	ขับ รถ
drive around	khap **aw:m** pai	ขับ อ้อม ไป
drive v.	khap	ขับ
driver n.	khOn khap *rOt*	คน ขับ รถ
driver's seat	**thee nang** khOn khap	ที่ นั่ง คน ขับ
driving license	bai khap khee	ใบ ขับ ขี่
driving school	rO:ng rian khap *rOt*	โรง เรียน ขับ รถ
drop n.	yOt	หยด
drop v.	yOt	หยด
drop v.	ya:t	หยาด
drought	*fOn* lae:ng	ฝน แล้ง
drown v.	jOm **na:m**	จม น้ำ
drug	ya: se:p tit	ยา เสพ ติด
drug store	**ra:n** *kha:i* ya:	ร้าน ขาย ยา
drug trafficking	ga:n **kha:** ya: se:p tit	การ ค้า ยา เสพ ติด
drum v.	tee glaw:ng	ตี กลอง
drum, tambour n.	glaw:ng	กลอง
drunk v.	mao	เมา

dry *adj.*	**haeng**	แห้ง
dry season	**na:** *lae:ng*	หน้า แล้ง
dry up	*chet* **hai haeng**	เช็ด ให้ แห้ง
duck (animal)	<u>pet</u>	เป็ด
duct cover	*fa:* **thaw:** *ra*ba:i ***na:m***	ฝา ท่อ ระบาย น้ำ
due	***khrOp*** gam <u>nOd</u>	ครบ กำ หนด
due to	**neuang** <u>ja:k</u>	เนื่อง จาก
duel	ga:n <u>taw:</u> **soo:** gan tua <u>taw:</u> tua	การ ต่อ สู้ กัน ตัว ต่อ ตัว
dull *adj.*	**da:n**	ด้าน
dumb *adj.*, mute *adj.*	bai	ใบ
dump, pour *v.*	the:	เท
dune	neuh:n sa:i	เนิน ทราย
durian	thoorian	ทุเรียน
during	nai *ra*<u>wa:ng</u>	ใน ระหว่าง
during the day	taw:n gla:ng wan	ตอน กลาง วัน
dusk *n.*	**yamkham**	ย่ำค่ำ
dust *n.*	<u>foon</u>	ฝุ่น
dust *v.*	<u>pat</u> <u>pao</u>	ปัด เป่า
dustpan	**thee** <u>tak</u> phOng	ที่ ตัก ผง
dutiable	**tawng** *sia* pha:*see* <u>soon</u>laga: gaw:n	ต้อง เสีย ภาษี ศุลกา กร
duty, responsibility	pha:***ra***	ภาระ
duty-free	**mai** *sia* pha:*see*	ไม่ เสีย ภาษี
dwarf	khOn ***khrae***	คน แคระ
dye *v.* (colour)	*yaw:m* *see*	ย้อม สี
dynamite	din *ra*<u>beuh:t</u>	ดิน ระเบิด
dynamo, alternator	**khreuang** <u>pan</u> fai	เครื่อง ปั่น ไฟ
dysentery	**rO:k** <u>bit</u>	โรค บิด

E

each other	gan	กัน
eagle	***nOk*** insee	นก อินทรี
ear (of the body)	*hoo:*	หู
ear (plant)	ruang **kha:o**	รวง ข้าว
eardrum	**gae:o** *hoo:*	แก้ว หู
earlobe	bai *hoo:*	ใบ หู
earn *v.*	**da:i** gamrai	ได้ กำไร
earnings	ra:i **da:i**	ราย ได้
earring *n.*	<u>ta:ng</u> *hoo:*	ต่าง หู
earth (planet)	**lO:k**	โลก
earthquake	<u>phaen</u> din *wai*	แผ่น ดิน ไหว
earthworm	**sai** deuan	ไส้ เดือน
earwax	**khee** *hoo:*	ขี้ หู

east	***thit*** <u>ta</u>wan <u>aw:k</u>	ทิศ ตะวัน ออก
east part	**pha:k** <u>ta</u>wan <u>aw:k</u>	ภาค ตะวัน ออก
Easter	wan ***ees*teuh:**	วัน อีสเตอร์
easy (convenient)	<u>saduak</u>	สะดวก
easy *adj.*	**nga:i**	ง่าย
eat noisily	<u>joo:p</u> **faw:t**	จูบ ฟอด
eat *v.*	gin	กิน
eat *v.*	gin **kha:o**	กิน ข้าว
eat *v.* (polite)	tha:n **kha:o**	ทาน ข้าว
eavesdrop on	<u>ae:p</u> fang <u>ma:</u>	แอบ ฟัง มา
ebb	***nam*** lOng	น้ำ ลง
ebony	***ma:i ma*** gleu:a	ไม้ มะ เกลือ
echo	*siang* <u>sa</u>***thaw:n***	เสียง สะท้อน
edge *n.*	<u>khaw:p</u>	ขอบ
edge *n.*	rim	ริม
editor	ban na:***thi***ga:n	บรร ณาธิการ
editorial *n.*	gaw:ng ban na:***thi***ga:n	กอง บรร ณาธิการ
education	seuk*sa:*	ศึกษา
eel	pla: *lai*	ปลา ไหล.
efficient *adj.*	<u>geng</u>	เก่ง
effusive	***lOn*** *leu:a*	ล้น เหลือ
egg *n.*	<u>khai</u>	ไข่
egg noodle	<u>ba</u>-<u>mee</u>	บะหมี่
egoist	khOn **thee** *hen* <u>gae:</u> tua	คน ที่ เห็น แก่ ตัว
egoistic *adj.*	jai **khae:p**	ใจ แคบ
egoistic *adj.*	*hen* <u>gae:</u> tua	เห็น แก่ ตัว
Egypt	eeyip	อียิปต์
Egyptian	cha:o eeyip	ชาว อียิปต์
eight	<u>pae:t</u>	แปด
ejaculation	asooji *lai*	อสุจิ ไหล
elastic	**yeu:t** <u>yoon</u>	ยืด หยุ่น
elbow	**khaw:** <u>saw:k</u>	ข้อ ศอก
election campaign	ga:n ***na***rOng **leuak tang**	การ ณรงค์ เลือก ตั้ง
election *n.*	ga:n **leuak tang**	การ เลือก ตั้ง
electric blanket	**pha:** <u>hOm</u> fai ***fa:***	ผ้า ห่ม ไฟ ฟ้า
electric circuit	wOng jOn	วง จร
electric power	phalang fai ***fa:***	พลัง ไฟ ฟ้า
electric power station	rO:ng fai ***fa:***	โรง ไฟ ฟ้า
electrical	<u>gio</u> <u>gap</u> fai ***fa:***	เกี่ยว กับ ไฟฟ้า
electrician	**chang** fai ***fa:***	ช่าง ไฟ ฟ้า
electricity	fai ***fa:***	ไฟ ฟ้า
electrode	**khua** fai ***fa:***	ขั้ว ไฟฟ้า
electron	<u>nuay</u> fai ***fa: lOp***	หน่วย ไฟฟ้า ลบ
elegant	**gO:**	โก้

element *n.*	**tha:t**	ธาตุ
elephant *n.*	***cha:ng***	ช้าง
eleven	sip et	สิบ เอ็ด
ell	saw:k	ศอก
elsewhere	***na*thee** eu:n dai	ณที่ อื่น ใด
elsewhere	**thee** eu:n	ที่ อื่น
embalm	daw:ng sOp	ดอง ศพ
embankment	kheuan	เขื่อน
embassy *n.*	sa*tha:n* **thoo:t**	สถาน ทูต
embellish *v.*	tham **hai** *suay*	ทำ ให้ สวย
embrace *v.*, hug *v.*	gaw:t	กอด
emerald *n.*	maw:ragOt	มรกต
emerge	phlO:	โผล่
emergency brake	**ha:m *law:*** we:la: chook *cheuh:n*	ห้าม ล้อ เวลา ฉุก เฉิน
emergency exit	tha:ng aw:k chook cheuh:n	ทาง ออก ฉุก เฉิน
emergency telephone	thO:rasap chook *cheuh:n*	โทรศัพท์ ฉุก เฉิน
emetic	ya: tham **hai** a:jian	ยา ทำ ให้ อาเจียน
emigrate *v.*	Opa***yOp***	อพยพ
emotion, feeling, mood	a:rOm	อารมณ์
emphasize *v.*	***nen***	เน้น
employ *v.*	**ja:ng**	จ้าง
employee *n.*	phanak nga:n	พนัก งาน
employer *n.*	na:i **ja:ng**	นาย จ้าง
empty *adj.*	**wa:ng** plao	ว่าง เปล่า
enamel *v.*	lOng ya:	ลง ยา
enchanting *adj.*	*chai* lai	ไฉ ไล
encourage *v.*	gra**toon**	กระตุ้น
encourage *v.*	***rao*** jai	เร้า ใจ
end *v.*	**leuh:k**	เลิก
end, close	jOp	จบ
endure, bear, patient *adj.*	Ot thOn	อด ทน
enemy	satroo:	ศัตรู
energy, power	phalang	พลัง
engaged	**man**	หมั้น
engagement *n.*	ga:n **man**	การ หมั้น
engagement ring	*wae:n* **man**	แหวน หมั้น
engine *n.*	**khreuang** yOn	เครื่อง ยนต์
engineer (colloq.)	na:i **chang**	นาย ช่าง
English	pha:*sa:* ankgrit	ภาษา อังกฤษ
engrave *v.*	salak	สลัก
enlarge *v.*	kha*ya:i*	ขยาย
enough, adequate	phaw:	พอ
enter *v.*	**khao**	เข้า
enter, go in to	**khao**(pai)	เข้า(ไป)

enterprise	wisa: hagit	วิสา หกิจ
entrance	tha:ng khao	ทาง เข้า
entrust v.	fa:k	ฝาก
envelope	saw:ng	ซอง
envelope	sOng jOtma:i	ส่ง จดหมาย
enviable	na: it cha:	น่า อิจ ฉา
envious , jealous	it cha:	อิจ ฉา
environment	sing wae:t law:m	สิ่ง แวด ล้อม
epidemic	rO:k raba:t	โรค ระบาด
epilepsy	ba: moo:	บ้า หมู
equal adj.	thao gan	เท่า กัน
equal to, (=)	thao gap	เท่า กับ
equator	sen soo:n soo:t	เส้น ศูนย์ สูตร
erase v., wipe out	lOp aw:k	ลบ ออก
eraser, rubber n.	ya:ng lOp	ยาง ลบ
erection	look	ลุก
erode	saw	เซาะ
erotic	pen reuang gio gap khwa:m khrai	เป็น เรื่อง เกี่ยวกับ ความ ใคร่
err v.	lOng phit	หลง ผิด
erupt v.	rabeuh:t kheun	ระเบิด ขึ้น
escalator	bandai leuan	บันได เลื่อน
escape v.	let law:t	เล็ด ลอด
escape v.	nee	หนี
especially	dO:i chaphaw	โดย เฉพาะ
essay n.	reuang raw:i gae:o	เรื่อง ร้อย แก้ว
estimate v.	kha:t khane:	คาด คะเน
etc.	pen tOn	เป็น ต้น
eternal, forever	niran daw:n	นิรัน ดร
Europe	yoorO:p	ยุโรป
European	farang	ฝรั่ง
evacuate	OpayOp	อพยพ
evaporate v.	raheuh:i	ระเหย
evaporate v.	raheuh:i gla:i pen ai	ระเหย กลาย เป็น ไอ
even, even when	mae:n granan	แม้ กระนั้น
evening	we:la: yen	เวลา เย็น
evening, in the evening	taw:n yen	ตอน เย็น
evening, this evening	yen wan nee	เย็น วัน นี้
event	he:t ga:n	เหตุ การณ์
everyone	thook khOn	ทุก คน
everything	thang mOt	ทั้ง หมด
everything	thook ya:ng	ทุก อย่าง
everytime	thook khrang	ทุก ครั้ง
everywhere	thua pai	ทั่ว ไป
everywhere	thook thee	ทุก ที่

evidence *n.* (proof)	<u>lak</u> *tha:n*	หลัก ฐาน
examination, test *n.*	ga:n saw:p **lai**	การ สอบ ไล่
examine *v.*	<u>truat</u>	ตรวจ
examine, test *v.*	<u>saw:p</u>	สอบ
example *n.*	tua *ya:ng*	ตัว อย่าง
excessive *adj.*	geuh:n khwa:n **tawng** kha:n	เกิน ความ ต้อง การ
exchange	<u>plian</u>	เปลี่ยน
exchange	**lae:k** gan	แลก กัน
exchange (money)	**lae:k** (ngeuhn)	แลก (เงิน)
excited *adj.*	<u>teu:n ten</u>	ตื่น เต้น
exclamation mark	**khreuang** *ma:i* <u>tOk</u> jai	เครื่อง หมาย ตก ใจ
exclusive, individual, single	dio	เดียว
excrement (colloq.)	**khee**	ขี้
excuse	**phoo:t** tha*lai*	พูด ไถล
Excuse me!	*khaw:* **thO:t**	ขอ โทษ
excuse *v.*	**hai** aphai	ให้ อภัย
execute *v.*	pra*ha:n* chee*wit*	ประหาร ชีวิต
executioner	*phet*cha **kha:t**	เพชฌ ฆาต
executive	amna:t baw*riha:n*	อำนาจ บริหาร
exercise (in school)	<u>bae:p</u> <u>feuk</u> <u>hat</u>	แบบ ฝึก หัด
exhale	*ha:i* jai <u>aw:k</u>	หาย ใจ ออก
exhaust	ai *sia*	ไอ เสีย
exhaust fume	ai *sia*	ไอ เสีย
exhaust pipe	**thaw:** ai *sia*	ท่อ ไอ เสีย
exhausted	<u>neuai</u>	เหนื่อย
exhibit, compete *v.*	<u>praguat</u>	ประกวด
exhibition	*nithat*sa ga:n	นิทรรศ การ
exile *v.*	ne: ra*the:t*	เน รเทศ
exit (and entry)	tha:ng **khao** tha:ng <u>aw:k</u>	ทาง เข้า ทาง ออก
exit *n.*	tha:ng <u>aw:k</u>	ทาง ออก
expel *v.*	<u>khap</u> **lai**	ขับ ไล่
expenditure, expense	ra:i *ja:i*	ราย จ่าย
expenses	**kha:** *chai ja:i*	ค่า ใช้ จ่าย
expensive	phae:ng	แพง
experience	<u>prasOp</u> ga:n	ประสบ การณ์
experiment *n.*	ga:n **thOt** law:ng	การ ทด ลอง
experiment *v.*	tham ga:n **thOt** law:ng	ทำ การ ทด ลอง
expert *n.*	**phoo:** **chio** cha:n	ผู้ เชี่ยว ชาญ
explain *v.*	a*thi*ba:i	อธิบาย
explode *v.*	*ra*beuh:t	ระเบิด
explosive	*wat*thoo *ra*beuh:t	วัตถุ ระเบิด
export *v.*	sOng <u>aw:k</u>	ส่ง ออก
exports *n.*	*sin* **kha:** <u>aw:k</u>	สิน ค้า ออก
expropriation *n.*	ga:n we:n kheu:n	การ เวน คืน

extend	**yeu:t**	ยืด
extend (time)	**yeu:t** we:la:	ยืด เวลา
extend *v.*	<u>taw:</u>	ต่อ
extension	ga:n **sa:ng pheuh:m** teuh:m	การ สร้าง เพิ่ม เติม
extinct	*soo:n* phan	สูญ พันธุ์
extinguish *v.*	<u>dap</u>	ดับ
extort *v.*	**reet** *thai*	รีด ไถ
extra work	tham nga:n *phi*<u>se:t</u>	ทำ งาน พิเศษ
extravagant *adj.*	**foong feuh:**	ฟุ้ง เฟ้อ
eye disease	<u>jep</u> ta:	เจ็บ ตา
eye *n.*	ta:	ตา
eye specialist, ophthalmologist	*maw:* ta:	หมอ ตา
eyeball *n.*	**loo:k** nai ta:	ลูก นัยน์ ตา
eyebrow	**khio**	คิ้ว
eyedrops	ya: <u>yaw:t</u> ta:	ยา หยอด ตา
eyeglass, glasses	**waen** ta:	แว่น ตา
eyelash	*khOn* ta:	ขน ตา
eyelid *n.*	*nang* ta:	หนัง ตา
eyewitness	<u>jak</u> <u>soo</u>*pha*ya:n	จัก ษุพะยาน

F

fable	*ni*tha:n	นิทาน
fabric *n.*	<u>sing</u> thaw:	สิ่ง ทอ
face	**na:**	หน้า
factory	rO:ng nga:n	โรง งาน
fail *v.*	*lOm le:-oo*	ล้ม เหลว
faint *v.*	pen lOm	เป็น ลม
fair *adj.*	yooti tham	ยุติ ธรรม
fairy	na:ng *fa:*	นาง ฟ้า
fairy tale	*the:p ni*ya:i	เทพ นิยาย
faithful	**seu:** trOng	ซื่อ ตรง
falcon	*yio*	เหยี่ยว
fall asleep	<u>lap</u> pai	หลับ ไป
fall down	*lOm* lOng	ล้ม ลง
fall off	<u>loot</u>	หลุด
fall *v.*	<u>tOk</u>	ตก
family affair	**reuang** *khaw:ng* **khraw:p** khrua	เรื่อง ของ ครอบ ครัว
family *n.*	**khraw:p** khrua	ครอบ ครัว
family name	na:m sagoon	นาม สกุล
famous	mee **cheu:** *siang* <u>dO:ng</u> dang	มี ชื่อ เสียง โด่ง ดัง
fan *v.*	*phat*	พัด
fan, electric fan *n.*	*phat* lOm	พัด ลม

fanatic (person)	**phoo: khlang**	ผู้ คลั่ง
fanatic *adj.*	**khlang** sa:tsa*na:*	คลั่ง ศาสนา
Far East	tawan aw:k glai	ตะวัน ออก ไกล
far, far away	glai	ไกล
fare	**kha:** dO:i *sa:n*	ค่า โดย สาร
farewell	am la:	อำ ลา
farewell letter	jOt*ma:i* la:	จดหมาย ลา
farm *n.*	**ba:n** *suan*	บ้าน สวน
farm *n.*	fa:rm	ฟาร์ม
farmer	cha:o **rai**	ชาว ไร่
farmer, rice farmer	cha:o na:	ชาว นา
farming	gasigam	กสิกรรม
fart *v.* (polite)	pha:i lOm	ผาย ลม
fart *v.* (slang)	tOt	ตด
fascinating	yuan tha:	ยวน ตา
fashion *n.*	fae: **chan**	แฟ ชั่น
fast *v.*	***lOt*** a:*ha:n*	ลด อาหาร
fast, quick *adj.*	re-oo	เร็ว
fat *adj.*	**uan**	อ้วน
fat *n.*	khai man	ไข มัน
fat paunch	phoong ***phlooi***	พุง พลุ้ย
father *n.*	**phaw:**	พ่อ
father-in-law	**phaw:** ta:	พ่อ ตา
fatten *v.*	*khoon* **hai uan** phee	ขุน ให้ อ้วน พี
fatty, greasy *adj.*	**peuan** ***nam*** man	เปื้อน น้ำ มัน
fear	glua	กลัว
feather	*khOn* ***nOk***	ขน นก
feather duster	***ma:i*** khOn gai	ไม้ ขน ไก่
February	goompha: phan	กุมภา พันธ์
federal government	***rat***tha ba:n sahaphan ta***rat***	รัฐ บาล สหพัน ธรัฐ
feeble-minded	panya: aw:n	ปัญญา อ่อน
feed *v.*	***liang***	เลี้ยง
feed *v.*	**hai** a:*ha:n*	ให้ อาหาร
feed *v.* (a baby)	**paw:n**	ป้อน
feeding *n.*	ga:n **hai** a:*ha:n* bam roong	การ ให้ อาหาร บำ รุง
feel	***roo:*** seuk	รู้ สึก
feel for	**loo:p** khlam	ลูบ คลำ
feeling, mood	a:rOm	อารมณ์
fell (tree)	**khO:n**	โค่น
female (animal)	tua mia	ตัว เมีย
feminine	*ying*	หญิง
fence *v.*	***law:m rua***	ล้อม รั้ว
fence *v.* (sport)	fan da:p	ฟัน ดาบ
fence, hedge *n.*	***rua***	รั้ว

fencer (athlete)	***nak*** fan da:p	นัก ฟัน ดาบ
ferment *v.*	deuat pen faw:ng	เดือด เป็น ฟอง
ferryboat	reua **ja:ng**	เรือ จ้าง
fertilizer *n.*	*poo:i*	ปุ๋ย
fetch *v.*	pai ao ma:	ไป เอา มา
fetch *v.*	ao ma:	เอา มา
fetter *n.*	**sO:**	โซ่
fetter *v.*	phoo:k **mat**	ผูก มัด
fever lowering	dap ***phit*** **khai**	ดับ พิษ ไข้
fever *n.*	**khai**	ไข้
fever thermometer	paraw:t ***wat*** khwa:m ***raw:n***	ปรอท วัด ความ ร้อน
fiancee	**khoo: man**	คู่ หมั้น
field *n.* (rice field)	**thoong** na:	ทุ่ง นา
fig	***ma***deu:a	มะเดื่อ
fight, struggle *n.*	ga:n taw: **soo:**	การ ต่อ สู้
fighting cock	gai chOn	ไก่ ชน
file (tool)	tabai	ตะไบ
file *v.*	ao tabai *thoo:*	เอา ตะไบ ถู
file, folder	***fae:m***	แฟ้ม
fill in (a form)	graw:k	กรอก
fill, fill in, add	teuh:m	เติม
filling	simen oot fan	ซิเมนต์ อุด ฟัน
filling *n.*	ga:n **yat sai**	การ ยัด ไส้
film, movie	*nang*	หนัง
filter *n.*	**khreuang** graw:ng	เครื่อง กรอง
filter *v.*	graw:ng	กรอง
fin	**khreep** pla:	ครีบ ปลา
final	**raw:p** soot ***tha:i***	รอบ สุด ท้าย
find *v.*	jeuh:	เจอ
finger	***nio***	นิ้ว
fingernail	***lep***	เล็บ
fingerprint	raw:i ***nio*** meu:	รอย นิ้ว มือ
fingertip	pla:i ***nio***	ปลาย นิ้ว
finish, complete *adj.*	set	เสร็จ
finished	***riap raw:i***	เรียบ ร้อย
finished, done, over *adj.*	***lae:o***	แล้ว
fire brigade	gaw:ng dap phleuh:ng	กอง ดับ เพลิง
fire extinguisher	**khreuang** dap phleuh:ng	เครื่อง ดับ เพลิง
fire *v.* (a gun)	ying	ยิง
fire, flame, light	fai	ไฟ
fire-alarm box	**khreuang jae:ng**phleuh:ng **mai**	เครื่อง แจ้งเพลิง ไหม้
firecracker	pra***that***	ประทัด
firewood	feu:n	ฟืน
fireworks	daw:k ***ma:i*** phleuh:ng	ดอก ไม้ เพลิง

first	**thee** <u>neung</u>	ที่ หนึ่ง
first name	**cheu:** tua	ชื่อ ตัว
first, former	**rae:k**	แรก
first, previous	<u>gaw:n</u>	ก่อน
fish *n.*	pla:	ปลา
fish sauce	*nam* pla:	น้ำ ปลา
fish *v.*	<u>jap</u> pla:	จับ ปลา
fish *v.* (angle)	<u>tOk</u> pla:	ตก ปลา
fishbone	**ga:ng** pla:	ก้าง ปลา
fisherman	cha:o <u>pramOng</u>	ชาว ประมง
fishing line	*sa:i* <u>bet</u>	สาย เบ็ด
fishing net	*hae:*	แห
fishing-rod	khan <u>bet</u>	คัน เบ็ด
fist *n.*	gam**pan**	กำ ปั้น
fit *adj.*	phaw: dee	พอ ดี
five	**ha:**	ห้า
five baht coin	*rian* **ha:** <u>ba:t</u>	เหรียญ ห้า บาท
flag *n.*	thOng	ธง
flame *n.*	ple:-oo	เปลว
flashlight *n.*	flaesch	แฟลช
flashlight *n.*, torch *n.*	fai *cha:i*	ไฟ ฉาย
flat (flat tyre)	ya:ng <u>tae:k</u>	ยาง แตก
flat, even *adj.*	**ra:p**	ราบ
flatter *v.*	yaw:	ยอ
flatulence	*thaw:ng feuh:*	ท้อง เฟ้อ
flavor *n.*	*rOt*	รส
flea *n.* (insect)	<u>mat</u>	หมัด
flee *v.*	*nee* pai	หนี ไป
flee *v.*, runaway	*nee*	หนี
flicker *v.*	*look* pheup phap	ลุก พึบ พับ
flight *n.*	ga:n bin	การ บิน
flirt *v.*	**gio**	เกี้ยว
flirt *v.*	**phoo:t** ja: <u>pa:k</u> *wa:n*	พูด จา ปาก หวาน
flock, herd	*foo:ng*	ฝูง
flood *n.*	*nam* **thuam**	น้ำ ท่วม
flood *v.*	*nam* **thuam**	น้ำ ท่วม
flood, tide	*nam* **kheun**	น้ำ ขึ้น
floor *n.*	**chan**	ชั้น
floor, surface	*pheu:n*	พื้น
flour *n.*	**pae:ng**	แป้ง
flow *v.*	*lai*	ไหล
flow, blow *v.*	plio	ปลิว
flower *n.*	<u>daw:k</u> *ma:i*	ดอก ไม้
flowerpot	grat*ha:ng*	กระถาง

flute *n.*	khlooi	ขลุ่ย
fly (animal)	malae:ng wan	แมลง วัน
fly *v.*, hover *v.*	bin	บิน
flying squirrel	ba:ng	บ่าง
foal	**loo:k *ma:***	ลูก ม้า
fob watch	na:*li*ga: **phOk**	นาฬิกา พก
fog, mist *n.*	maw:k	หมอก
fold *v.*	*phap*	พับ
follow *v.*	ta:m	ตาม
follow *v.*	tit ta:m	ติด ตาม
food	a:*ha:n*	อาหาร
fool, stupid person *n.*	**ngang**	งั่ง
foot (of the body)	***tha:o***	เท้า
football pitch	sa*na:m foot*baw:n	สนาม ฟุตบอล
football team	theem *foot*baw:n	ทีม ฟุตบอล
football, ball	**loo:k *foot*baw:n**	ลูก ฟุตบอล
football, soccer	***foot*baw:n**	ฟุตบอล
footlights	fai *cha:i* we:thee	ไฟ ฉาย เวที
footpath	tha:ng deuh:n	ทาง เดิน
footrest	**thee *phak tha:o***	ที่ พัก เท้า
for	*sam*rap	สำหรับ
for	**hai**	ให้
for a while	**chua** kha*na*	ชั่ว ขณะ
for example	**chen**	เช่น
for, in order to	**pheua**	เพื่อ
forbid *v.*	**ha:m**	ห้าม
force of gravity	khwa:m thuang	ความ ถ่วง
force *v.*	jam jai	จำ ใจ
force, troop	gaw:ng	กอง
forearm	pla:i ***khae:n***	ปลาย แขน
forecast *v.*	phaya: gaw:n	พยา กรณ์
forefinger	***nio chee***	นิ้ว ชี้
forehead	**na:** pha:k	หน้า ผาก
foreign country	ta:ng prathe:t	ต่าง ประเทศ
foreign currencies	ngeuhn tra: ta:ng prathe:t	เงิน ตรา ต่าง ประเทศ
foreign language	pha:*sa:* ta:ng prathe:t	ภาษา ต่าง ประเทศ
foreign word	kham ta:ng prathe:t	คำ ต่าง ประเทศ
foreigner	khOn ta:ng prathe:t	คน ต่าง ประเทศ
foreign-language teaching	ga:n *saw:n* pha:*sa:* ta:ng prathe:t	การ สอน ภาษา ต่าง ประเทศ
forensic medicine	***ni*ti we:t**	นิติ เวช
forest	pa:	ป่า
forest fire	fai pa:	ไฟ ป่า
forest way	tha:ng nai pa:	ทาง ใน ป่า
forever	ta*law:t* (pai)	ตลอด (ไป)

forged	plaw:m	ปลอม
forget *v.*	leu:m	ลืม
forget *v.*	lOng leu:m	หลง ลืม
forget *v.*, unlearn *v.*	leu:m mOt	ลืม หมด
forgetful *adj.*	**khee** *lOng* **khee** leu:m	ขี้ หลง ขี้ ลืม
forgive *v.*	*yOk* **thO:t**	ยก โทษ
forgive *v.*	*yOk* **thO:t hai**	ยก โทษ ให้
fork	**sawm**	ส้อม
form (a printed form)	bae:p faw:m	แบบ ฟอร์ม
formerly, previously	tae: gaw:n	แต่ ก่อน
formula	soo:t	สูตร
fortune-teller	*maw:* doo:	หมอ ดู
foster mother	**mae:** *liang*	แม่ เลี้ยง
foundation	**ra:k** tha:n	ราก ฐาน
fountain *n.*	*nam phoo*	น้ำ พุ
fountain pen	pa:kga: meuk seun	ปากกา หมึก ซึม
fountain, water well	baw: *na:m*	บ่อ น้ำ
four	see	สี่
fox	*ma:* **jing** jaw:k	หมา จิ้ง จอก
fracture (of a bone)	raw:i hak	รอย หัก
fragile	praw	เปราะ
frame	graw:p	กรอบ
frame, contour, outline	khrO:ng **pha:p ra:ng**	โครง ภาพ ร่าง
fraudulent *adj.*	**khee** gO:ng	ขี้ โกง
freckles	joot ta:m **na:**	จุด ตาม หน้า
free	free	ฟรี
free ticket	*tua* free	ตั๋ว ฟรี
free *v.*	plOt plaw:i	ปลด ปล่อย
free, empty	**wa:ng**	ว่าง
free, give away for free	**hai** pla:o	ให้ เปล่า
freeze to death	*na:o* jOn tua *khaeng*	หนาว จน ตัว แข็ง
freezing point	joot *nam khaeng*	จุด น้ำ แข็ง
freight, cargo *n.*	*ra*wa:ng	ระวาง
frequency	khwa:m thee	ความ ถี่
fresh (feeling)	sOt **cheu:n**	สด ชื่น
fresh *adj.*	sOt	สด
Friday	wan sook	วัน ศุกร์
fried	**thaw:t**	ทอด
fried egg	khai da:o	ไข่ ดาว
fried potatoes	man **thaw:t**	มัน ทอด
fried rice	**kha:o** phat	ข้าว ผัด
friend	**pheuan**	เพื่อน
friend, fan	fae:n	แฟน
friendly	jai dee	ใจ ดี

friendship	khwa:m pen ***mit***	ความ เป็น มิตร
frighten *v.*	tham **hai** tOk jai	ทำ ให้ ตก ใจ
frightened *adj.*	tOk jai	ตก ใจ
frog	gOp	กบ
front seat	**thee nang da:n na:**	ที่ นั่ง ด้าน หน้า
frost	***nam kha:ng*** *khaeng*	น้ำ ค้าง แข็ง
frozen *adj.*	pen ***nam*** *khaeng*	เป็น น้ำ แข็ง
fruit	*phOn*la***ma:i***	ผลไม้
fry *v.*	phat	ผัด
fuel oil	***nam*** man ***cheua*** phleuh:ng	น้ำ มัน เชื้อ เพลิง
full (after eating)	im	อิ่ม
full *adj.*	tem	เต็ม
full moon	***phra*** jan wan phen	พระ จันทร์ วัน เพ็ญ
full power	am**na:t** tem	อำนาจ เต็ม
fungus	ra:	รา
funny	sanook	สนุก
funny *adj.*	*kham*	ขำ
funny *adj.*	talOk	ตลก
fur *n.*	*khOn* sat	ขน สัตว์
furniture	feuh:ni**jeuh:**	เฟอนิเจอร์
further, continue	taw:	ต่อ
fuse	*sa:i* chanuan	สาย ชนวน
fuse box	prae:ng fai ***fa:***	แปรง ไฟ ฟ้า
fussy *adj.*	***yoop yip***	ยุบยิบ
future *n.*	ana:***khOt***	อนาคต

G

gag *v.*	***mat*** pa:k	มัด ปาก
gall bladder	dee	ดี
gallows	**thee** *khwae:n* khaw: ***nak*** **thO:t**	ที่ แขวน คอ นัก โทษ
gallstone	nio	นิ่ว
gambling *n.*	ga:n phanan	การ พนัน
game *n.*	ga:n **len**	การ เล่น
garage	rO:ng ***rOt***	โรง รถ
garbage *n.*	khaya	ขยะ
garden *n.*	*suan*	สวน
gardener	cha:o *suan*	ชาว สวน
garlic	grathiam	กระเทียม
garnet	gO: me:n	โก เมน
garuda	**khroot**	ครุฑ
gas	***gae:s***	แกส
gas lamp	tagiang ***gae:s***	ตะเกียง แก๊ส

gas mask	**na:** <u>ga:k</u> **paw:ng** gan ai *phit*	หน้า กาก ป้อง กัน ไอ พิษ
gas stove	tao *gae:s*	เตา แก๊ส
gasoline	*nam* man	น้ำ มัน
gasp *v.*	<u>haw:p</u>	หอบ
gatekeeper	khOn **fao** <u>pratoo:</u>	คน เฝ้า ประตู
gauze, bandage	**pha:** phan *phlae:*	ผ้า พัน แผล
gay	ge:	เกย์
gaze *v.*	**jawng**	จ้อง
gear	gia *rOt*	เกียร์ รถ
gearbox	feuang <u>jak</u> <u>khap</u> *moon*	เฟือง จักร ขับ หมุน
gear-change	khan gia	คัน เกียร์
gearwheel	feuang	เฟือง
gecko	**jing** <u>jOk</u>	จิ้ง จก
Gemini	ra:*see* me:*thoon*	ราศี เมถุน
general, universal *adj.*	**thua** pai	ทั่ว ไป
generation	ga:n gam <u>neuh:t</u>	การ กำ เนิด
generator	**khreuang** gam<u>nOt</u> fai *fa:*	เครื่อง กำหนด ไฟ ฟ้า
generous *adj.*	**eua** *feua* <u>pheua</u> **phae:**	เอื้อ เฟื้อ เผื่อ แผ่
genitals	awaiya*wa* <u>seu:p</u> phan	อวัยวะ สืบ พันธุ์
genitals	awaiya*wa* **phe:t**	อวัยวะ เพศ
genius	ajari*ya*	อัจฉริยะ
gently	**khoi khoi**	ค่อยๆ
genuine	*khaw:ng* *thae:*	ของ แท้
geography	phoo: mi <u>sa:t</u>	ภู มิ ศาสตร์
geometry	re:*kha:* kha*nit*	เรขา คณิต
German	yeuhraman	เยอรมัน
Germany	<u>prathe:t</u> yeuhraman	ประเทศ เยอรมัน
get back	**da:i** <u>glap</u> ma:	ได้ กลับ มา
get in, get on	**kheun**	ขึ้น
get lost	*lOng* tha:ng	หลง ทาง
get off (bus train)	lOng	ลง
get rid off	ao pai *thing*	เอา ไป ทิ้ง
get up (from sleeping)	<u>teu:n</u> naw:n	ตื่น นอน
gherkin	tae:ng gua: daw:ng	แตง กวา ดอง
ghost *n.*	*phee*	ผี
gibbon	*chanee*	ชะนี
gift *n.*	*khaw:ng khwan*	ของ ขวัญ
giggle *v.*	*hua* **raw khik khik**	หัว เราะ คิกๆ
gill	<u>ngeuak</u> pla:	เหงือก ปลา
ginger	*khing*	ขิง
giraffe	tua yeera:f khaw: ya:o	ตัว ยี ราฟ คอ ยาว
gird *v.*, wear *v.*	**kha:t**	คาด
girl	<u>dek</u> *ying*	เด็ก หญิง
give (medicine)	<u>ja:i</u> (ya:)	จ่าย (ยา)

give birth to	**khlaw:t**	คลอด
give up	yaw:m *phae:*	ยอม แพ้
give up	*la wen* hai	ละ เว้น ให้
give up, quit, end	**leuh:k**	เลิก
give *v.*	**hai**	ให้
give, bestow, devise *v.*	*yOk* hai	ยก ให้
glad	dee jai	ดี ใจ
gland	<u>tawm</u>	ต่อม
glass	**gae:o**	แก้ว
glass splinter	<u>se:t</u> <u>grajOk</u>	เศษ กระจก
glaze *v.*, enamel *v.*, coat *v.*	**khleuap**	เคลือบ
glide *v.*	**khleuan**	เคลื่อน
glimmering, flashing *adj.*	wa:o	วาว
globefish	pla: *pakpao*	ปลา ปักเป้า
glove compartment	**chawng** *gep* *khaw:ng* **na:** *rOt*	ช่อง เก็บ ของ หน้า รถ
gloves	*thoong* meu:	ถุง มือ
glow-worm	<u>hing</u> **haw:i**	หิ่ง ห้อย
glue *n.*	ga:o	กาว
glue *v.*	<u>tit</u>	ติด
gluttonous	<u>tagla</u>	ตะกละ
glycerin	gleeseuh:reen	กลีเซอรีน
gnaw *v.*	*thae*	แทะ
Go away!	pai hai *phOn*	ไป ให้ พ้น
go downwards	lOng	ลง
go for a walk	deuh:n **len**	เดิน เล่น
go up *v.,* to go up	**kheun**	ขึ้น
go *v.*	pai	ไป
goalkeeper	**phoo:** rak*sa:* <u>pratoo:</u>	ผู้ รักษา ประตู
goat	*phae*	แพะ
God	*phra* ja:o	พระ เจ้า
going out	pai **thio**	ไป เที่ยว
gold	thaw:ng	ทอง
gold-plated, gild	**choop** thaw:ng	ชุบ ทอง
goldsmith	**chang** thaw:ng	ช่าง ทอง
golf	*gawf*	กอล์ฟ
golf course	sa*na:m* *gawf*	สนาม กอล์ฟ
gondola	reua jaeo	เรือ แจว
gonorrhea	*naw:ng* nai	หนอง ใน
good, well, nice *adj.*	dee	ดี
goods *n.*	*sin kha:*	สิน ค้า
goof, idiot	khOn **ba: ba:**	คน บ้าๆ
goose	<u>ha:n</u>	ห่าน
gorge	*he:-oo*	เหว
gospel	kham *saw:n* *phra* ye:soo:	คำ สอน พระ เยซู

gout

gout	khaw: *haw:i* **phaw:k**	คอ หอย พอก
govern *v.*, rule *v.*	pOk khraw:ng	ปก ครอง
government	*rat*tha ba:n	รัฐ บาล
government department / bureau	grOm	กรม
grab *v.*	jap	จับ
graduate	jOp	จบ
graduate *v.*	rian jOp *chan..*	เรียน จบ ชั้น
grain *n.*	ma*let*	เมล็ด
grain *n.*	ma*let* **pheu:t**	เมล็ด พืช
grammar *n.*	waiya gaw:n	ไวยา กรณ์
gramme	gram	กรัม
grandchild	*la:n*	หลาน
grandfather (maternal)	ta:	ตา
grandfather (paternal)	poo:	ปู่
grandmother (maternal)	ya:i	ยาย
grandmother (paternal)	**ya:**	ย่า
grape	a-ngoon	องุ่น
grapefruit	**sOm** O:	ส้ม โอ
grass	**ya:**	หญ้า
grasshopper	*tak*atae:n	ตั๊กแตน
grater	sing khat *thoo:*	สิ่ง ขัด ถู
grave, tomb	*loom fang* sOp	หลุม ฝัง ศพ
gravel, grit	din gruat	ดิน กรวด
graze *v.*	gin **ya:**	กิน หญ้า
great-grandchild	*le:n*	เหลน
great-grandfather	poo: thuad	ปู่ ทวด
great-grandmother	**ya: thuat**	ยา ทวด
greedy *adj.*	**ngOk**	งก
greedy, selfish	*mak* **da:i**	มัก ได้
green	*see khio*	สี เขียว
greenhouse	ba:n grajOk	บาน กระจก
greet *v.*	**taw:n** *rap*	ต้อน รับ
greet v.	*thak* tha:i	ทัก ทาย
grey	*see* thao	สี เทา
grill *v.*	**ya:ng**	ย่าง
grilled	**ya:ng**	ย่าง
grin *v.*	ying fan	ยิง ฟัน
groan *v.*	khra:ng	คราง
ground, earth *n.*	din	ดิน
group (of people)	gloom	กลุ่ม
growl *v.*	kham ra:m	คำ ราม
guarantee, certify	ga:n *rap* pragan	การ รับ ประกัน
guard *v.*	**fao**	เฝ้า
guava	farang	ฝรั่ง

ENGLISH - THAI

guess *v.*	tha:i	ทาย
guitar	gee**ta:**	กีตาร์
Gulf of Thailand	a:o thai	อ่าว ไทย
gulf, bay	a:o	อ่าว
gum, glue	ga:o	กาว
gums	ngeuak fan	เหงือก ฟัน
gun, rifle	peu:n	ปืน
gunpowder	din peu:n	ดิน ปืน
gurgle, gargle	**glua**	กลั้ว
gutter	ra:ng ***na:m***	ราง น้ำ
gymnastics	ga:i baw***ri****ha:n*	กาย บริหาร
gynecologist	**phae:t** cha***phaw*** **rO:k** satree	แพทย์ เฉพาะ โรค สตรี
gypsum	khae:l**siam** sanfe:t	แคลเซียม ซัลเฟต
gypsy	***yip***see	ยิปซี

H

habit, custom	***ni****sai*	นิสัย
hail *n.*	**loo:k** hep	ลูก เห็บ
hail *v.*	**loo:k** hep tOk	ลูก เห็บ ตก
hair	*phOm*	ผม
hair stands on end	*khOn* ***look***	ขน ลุก
hairclip	***gip***	กิ๊บ
haircut *n.*	tat *phOm*	ตัด ผม
hairdresser	**chang** tham *phOm*	ช่าง ทำ ผม
hairstyle	sOng *phOm*	ทรง ผม
half	**khreung**	ครึ่ง
half-breed	**loo:k khreung**	ลูก ครึ่ง
half-moon	duang jan **khreung seek**	ดวง จันทร์ ครึ่ง ซีก
hall	**hawng** ***thO:ng***	ห้อง โถง
halve *v.*	baenk **khreung**	แบ่ง ครึ่ง
ham	haem	แฮม
hammer *n.*	***khaw:n***	ค้อน
hammer *v.*, nail *v.*	taw:k	ตอก
hammock	plae: yuan	แปล ยวน
hand grenade	**loo:k** ***ra***beuh:t meu:	ลูก ระเบิด มือ
hand *n.*	meu:	มือ
hand, back of the hand	*sanlang* meu:	สันหลัง มือ
handbag	gra*pao theu:*	กระเป๋า ถือ
handbreak	bre:k meu:	เบรก มือ
handicraft	*fee* meu:	ฝี มือ
handkerchief	**pha:** ***chet*** **na:**	ผ้า เช็ด หน้า
handle, ear	*hoo:*	หู

handle, hilt, haft	**da:m**	ด้าม
handsome	law:	หล่อ
handwriting	ga:n khat la:i meu:	การ คัด ลาย มือ
handwriting	la:i meu:	ลาย มือ
hang up	*khwae:n*	แขวน
hang *v.*	*khwae:n*	แขวน
happen *v.*, occur *v.*	geuh:t	เกิด
happy *adj.*	dee jai	ดี ใจ
happy *adj.*	saba:i jai	สบาย ใจ
hard	*khaeng*	แข็ง
hard of hearing	*hoo:* teung	หู ตึง
hare	grata:i	กระต่าย
harmless	**mai** pen phai	ไม่ เป็น ภัย
harmless	**mai** mee phai	ไม่ มี ภัย
harness *v.*	thiam	เทียม
harpoon	cha*muak*	ฉมวก
harvest festival	**rae:k** na: *khwan*	แรก นา ขวัญ
harvest rice	gio **kha:o**	เกี่ยว ข้าว
harvest *v.*	gio	เกี่ยว
hasty	jai re-oo	ใจ เร็ว
hat	**ngaw:p**	งอบ
hatch out	**phliang** *phlam*	เพลี่ยง พล้ำ
hatch *v.*	gOk	กก
hatchet, axe	*khwa:n*	ขวาน
hate *v.*	gliat	เกลียด
have	mee	มี
have never ...	**mai** ... leuh:i	ไม่ ... เลย
hay	**ya: haeng**	หญ้า แห้ง
he	*khao*	เขา
head	*hua*	หัว
head of department	*hua* **na:** gaw:ng	หัว หน้า กอง
head of the government	*hua* **na:** *rad*tha ba:n	หัว หน้า รัฐ บาล
headache	puat *hua*	ปวด หัว
headlight	fai **na:** *rOt*	ไฟ หน้า รถ
headphones, earphone	*hoo:* fang	หู ฟัง
heal *v.*	*raksa:*	รักษา
health certificate	bai *rap* raw:ng phae:t	ใบ รับ รอง แพทย์
health *n.*	sookhapha:p	สุขภาพ
healthy	saba:i dee	สบาย ดี
healthy	sook	สุข
hear *v.*	**da:i** yin	ได้ ยิน
hearing	ga:n fang	การ ฟัง
hearing aid	**khreuang** fang	เครื่อง ฟัง
heart attack	*hua* jai wa:i	หัว ใจ วาย

heart failure	*hua* jai yoot	หัว ใจ หยุด
heart *n.*	*hua* jai	หัว ใจ
heart sick person	**phoo:** pen **rO:k** *hua* jai	ผู้ เป็น โรค หัว ใจ
heart transplant	ga:n pha: tat *hua* jai	การ ผ่า ตัด หัว ใจ
heartless	**mai** mee *hua* jai	ไม่ มี หัว ใจ
hearts (in the pack of cards)	phO: dae:ng	โพธิ์ แดง
hearty, cordial	ja:k *hua* jai	จาก หัว ใจ
heat *v.*	tham **hai** ***raw:n***	ทำ ให้ ร้อน
heatstroke	***phit*** dae:t	พิษ แดด
heaven *n.*	sa*wan*	สวรรค์
heavy	nak	หนัก
hedge	***rua*** **tOn** ***ma:i***	รั้ว ต้น ไม้
hedgehog	**men**	เม่น
heel	**sOn** ***tha:o***	ส้น เท้า
heir, heiress	tha: **ya:t**	ทา ยาท
helicopter	**he:*li*khawpteuh:**	เฮลิคอพเตอร์
hell *n.*	na***rOk***	นรก
help *v.*, assist *v.*	**chuay**	ช่วย
Help!	**chuay duay**	ช่วย ด้วย
helper, co-operator	**phoo: ruam** meu:	ผู้ ร่วม มือ
hematoma	***fOk cham***	ฟก ช้ำ
hemisphere (of the world)	**seek lO:k**	ซีก โลก
hemorrhoids	***rit*** *see* duang	ริด สี ดวง
hemp *n.*	paw:	ปอ
hen	**mae:** gai	แม่ ไก่
herdsman	khOn ***liang*** sat	คน เลี้ยง สัตว์
here	**thee nee**	ที่ นี่
hermit	reu:*see*	ฤษี
hero	***phra*** e:k	พระ เอก
heron	***nOk*** graya:ng	นก กระยาง
hiccup	euk	อึก
hide *v.*	ae:p	แอบ
hide *v.* (one selfe)	**sawn** tua	ซ่อน ตัว
hide *v.*, keep away	**sawn**	ซ่อน
hideaway	**thee** gam bang	ที่ กำ บัง
high frequency	khwa:m thee *soo:ng*	ความ ถี่ สูง
high voltage	fai ***fa:*** rae:ng *soo:ng*	ไฟ ฟ้า แรง สูง
high, tall *adj.*	*soo:ng*	สูง
hike, tramp	**thawng thio**	ท่อง เที่ยว
hill *n.*	neuh:n	เนิน
hill *n.*	neuh:n *khao*	เนิน เขา
him	*khao*	เขา
hinge	ba:n **phap**	บาน พับ
hint	ga:n baw:k **bai**	การ บอก ใบ้

hip (of the body)	ta*phO:k*	ตะโพก
hippopotamus	*cha:ng na:m*	ช้าง น้ำ
hire, payment	**kha: ja:ng**	ค่า จ้าง
hit *v.*	tee	ตี
hoarse *adj.*	*siang* hae:p	เสียง แหบ
hobble *v.*	deuh:n gaphlO:k gaphle:k	เดิน กะโผลก กะเผลก
hoist *v.*	*chak*	ชัก
hold *v.* (in the hand)	*theu:*	ถือ
hold *v.*	**oom**	อุ้ม
hold *v.*, catch *v.*	jap	จับ
hole *n.*	roo:	รู
hole, pit, passage	**chawng**	ช่อง
holiday *n.*	*phak raw:n*	พัก ร้อน
holiday *n.*	wan yoot	วัน หยุด
hollow *adj.*	phrO:ng	โพรง
home	**ba:n** geuh:t	บ้าน เกิด
home for the elderly	**ba:n** *phak* khOn chara:	บ้าน พัก คน ชรา
home *n.*	**ba:n**	บ้าน
homeless person	jaw:n jat	จร จัด
homesickness	*khit theung* **ba:n**	คิด ถึง บ้าน
homework	tham nga:n **ba:n**	ทำ งาน บ้าน
homework	bae:p feuk hat	แบบ ฝึก หัด
honest *adj.*	**seu: sat**	ซื่อ สัตย์
honey *n.*	*nam* **pheung**	น้ำ ผึ้ง
honeymoon	*nam* **pheung** *phra*jan	น้ำ ผึ้ง พระจันทร์
honour *n.*	giad ti*yOt*	เกียร ติยศ
hood	**pha:** khloom *see*sa	ผ้า คลุม ศีรษะ
hook *n.*	ta*khaw:*	ตะขอ
hook, fishing hook	bet	เบ็ด
hook, gaff, clasp *n.*	*khaw:*	ขอ
hoot *v.*	beep trae:	บีบ แตร
hope that	*wang* **wa:**	หวัง ว่า
hopeless *adj.*	**yae:**	แย่
horizon	khaw:p *fa:*	ขอบ ฟ้า
hormone	haw:mO:n	ฮอร์โมน
horn	trae:	แตร
horn, (rhinoceros horn)	naw:	นอ
hornet	tae:n	แตน
horoscope	chO:k chata: ra:*see*	โชค ชะตา ราศี
horrible	sayOt sa*yaw:ng*	สยด สยอง
horse	**ma:**	ม้า
horsepower	rae:ng **ma:**	แรง ม้า
horseshoe	lek kheuak **ma:**	เหล็ก เกือก ม้า
hose	*sa:i* ya:ng	สาย ยาง

hospital	rO:ng phaya:ba:n	โรง พยาบาล
host	**jao pha:p**	เจ้า ภาพ
hostage	tua pragan	ตัว ประกัน
hot	**raw:n**	ร้อน
hot (taste)	phet	เผ็ด
hotel	rO:ng rae:m	โรง แรม
hothouse	**hawng** samrap phaw tOn ma:i	ห้อง สำหรับ เพาะ ต้น ไม้
hour	**chua** mO:ng	ชั่ว โมง
house number	le:k thee	เลข ที่
house register	thabian ba:n	ทะเบียน บ้าน
house search	khOn ba:n	ค้น บ้าน
house warrant	ma:i khOn	หมาย ค้น
house, home n.	**ba:n**	บ้าน
housekeeping money	ngeuhn kha: chai ja:i nai ba:n	เงิน ค่า ใช้ จ่าย ใน บ้าน
house-owner	jao khaw:ng ba:n	เจ้า ของ บ้าน
housewife	mae: ba:n	แม่ บ้าน
housework	nga:n ba:n	งาน บ้าน
how	yang ngai	ยัง ไง
how	ya:ng rai	อย่าง ไร
how long	na:n thaorai	นาน เท่าไร
how much costs	ra:kha: thaorai	ราคา เท่าไร
how much, how many	gee	กี่
how much, how many	**thaorai**	เท่าไร
how often	gee khrang	กี่ ครั้ง
human being	khOn	คน
humour	a:rOm khOp khan	อารมณ์ ขบ ขัน
hump	lang gO:ng	หลัง โกง
hundred	**raw:i**	ร้อย
hundred thousand	sae:n	แสน
hungry adj.	hio kha:o	หิว ข้าว
hunt v.	phra:n	พราน
hunt v.	**la: neua**	ล่า เนื้อ
hunter	**nak gla:** sat	นัก ล่า สัตว์
hurricane	pha:yoo rae:ng	พายุ แรง
hurry	**reep**	รีบ
hurt adj. (feeling)	naw:i jai	น้อย ใจ
husband	phua	ผัว
husband	sa:mee	สามี
hush money	kha: pit pa:k	ค่า ปิด ปาก
husk, hull n.	pleuak khaeng	เปลือก แข็ง
hydraulics	tha:la:sa:t	ธาราศาสตร์
hydrogen	haidrO:jen	ไฮโดรเจน
hygiene	ana:mai	อนามัย
hypertension, high blood pressure	khwa:m dan lO: hit soo:ng	ความ ดัน โล หิต สูง

hyphen *n.*	***ya***ti phang	ยติ ภังค์
hypnotist	***nak*** sagOt jit	นัก สะกด จิต
hypnotize *v.*	sagOt jit	สะกด จิต
hysteria *n.*	***his*** theeria	ฮิส ทีเรีย

I

I am sorry.	*sia* jai	เสีย ใจ
I, me	*chan*	ฉัน
I, me (for men)	*phOm*	ผม
I, me (for women)	di*chan*	ดิฉัน
I, me (impolite)	goo:	กู
ice cream	aisakhreem	ไอศครีม
ice *n.*	***nam*** *khaeng*	น้ำ แข็ง
iceberg *n.*	phoo:*khao* ***nam*** *khaeng*	ภูเขา น้ำ แข็ง
idea	khwa:m ***khit***	ความ คิด
ideal	oodOmkhati	อุดมคติ
identical	*meuan* gan	เหมือน กัน
identify *v.*	***phi*** soo:t lak *tha:n*	พิ สูจน์ หลัก ฐาน
identity card	bat praja: chOn	บัตร ประชา ชน
identity card	bai *sam* khan	ใบ สำ คัญ
id card for government officer	bat **kha: ra:*cha*** ga:n	บัตร ข้า ราช การ
idiot	khOn **ngO:**	คน โง่
idiotic	**theum**	ทึ่ม
if	khana	ขณะ
if	**tha:**	ถ้า
if	we:la:	เวลา
ignition lock	**chawng** goonjae: sa***ta:t rOt***	ช่อง กุญแจ สตาร์ท รถ
illegal	phit gOt *ma:i*	ผิด กฎ หมาย
illegal	***la*** **meuh:t** gOt *ma:i*	ละ เมิด กฎ หมาย
illiterate	**mai *roo:*** *nang seu:*	ไม่ รู้ หนัง สือ
illiterate (person)	khOn a:n *nang seu:* **mai** aw:k	คน อ่าน หนัง สือ ไม่ ออก
illumination advertisement	fai khO:sana:	ไฟ โฆษณา
image, statue	**roo:p pan**	รูป ปั้น
imitate *v.*, mimic *v.*	lian bae:p	เลียน แบบ
immediately	thanthee	ทันที
immigrate *v.*	Opa***yOp*** **khao** ma:	อพยพ เข้า มา
immoral	ooja:t	อุจาด
immortal	amata	อมต
immovable property	a*sang ha:* rim ma***sap***	อสัง หา ริม ทรัพย์
impartial	**mai** gio **khawng**	ไม่ เกี่ยว ข้อง
impede *v.*, hinder *v.*	geet *khwa:ng*	กีด ขวาง
imperfect tense	khwa:m **khreung khreung** gla:ng gla:ng	ความ ครึ่งๆ กลางๆ

impolite	**mai** soo**pha:p**	ไม่ สุภาพ
import duty	pha:*see sin* ***kha: khao***	ภาษี สิน ค้า เข้า
import *v.*	sang sin ***kha:*** **khao** ma:	สั่ง สิน ค้า เข้า มา
important *adj.*	*sam*khan	สำคัญ
imports	*sin* ***kha:*** **khao**	สิน ค้า เข้า
importunate	**seung** khaw:i ***sao see***	ซึ่ง คอย เซ้า ซี้
impossible	pen pai **mai da:i**	เป็น ไป ไม่ ได้
impossible	**mai da:i**	ไม่ ได้
impregnate, make pregnant	**tang** khran	ตั้ง ครรภ์
impregnation, insemination	ga:n tham **hai** geuh:t *phOn* **kheun**	การ ทำ ให้ เกิด ผล ขึ้น
impulsive	jai ***raw:n***	ใจ ร้อน
in front of	**kha:ng na:**	ข้าง หน้า
in the morning	taw:n ***cha:o***	ตอน เช้า
in two days	eek *saw:ng* wan	อีก สอง วัน
in, on, at	**thee**	ที่
in, on, at	nai	ใน
incapable	**mai** *sa:* **ma:t**	ไม่ สามารถ
inclusive	**ruam** yoo: **duay**	ร่วม อยู่ ด้วย
income statement	bai ***rap***raw:ng ngeuhn deuan	ใบ รับรอง เงินเดือน
income tax	pha:*see* ra:i**da:i**	ภาษี รายได้
increase (weight)	***nam*** nak **pheuh:m**	น้ำ หนัก เพิ่ม
increase tenfold	**pheuh:m** sip **thao**	เพิ่ม สิบ เท่า
increase *v.*	thawee	ทวี
increase *v.*, add to	**pheuh:m**	เพิ่ม
incredible	**mai na: cheua**	ไม่ น่า เชื่อ
incurable	***rak****sa:* **mai da:i**	รักษา ไม่ ได้
independent	isara	อิสระ
independent (political)	e:ga **ra:t**	เอก ราช
indescribable	leu:a **thee** ja phanana:	เหลือ ที่ จะ พรรณนา
indicator	fai ***lio***	ไฟ เลี้ยว
indictment	ga:n ***faw:ng raw:ng***	การ ฟ้อง ร้อง
indigestible	**yoi mai da:i**	ย่อย ไม่ ได้
individual, single, exclusive	dio	เดียว
indoor aerial	*sa:i* a:ga:t pha:i nai **ba:n**	สาย อากาศ ภาย ใน บ้าน
industry	oota sa:ha gam	อุต สาห กรรม
inexperienced	kha:t khwa:m cham na:n	ขาด ความ ชำ นาญ
infectious	tit taw:	ติด ต่อ
infectious disease	**rO:k** tit taw:	โรค ติด ต่อ
inferiority complex	pOm **doi**	ปม ด้อย
infertile	*man*	หมัน
inflamed (med.)	buam	บวม
inflammable *adj.*	wai fai	ไว ไฟ
inflammation *n.*	raw:i buam	รอย บวม
influence *n.*	i***thi*** phOn	อิทธิ พล

influential *v.*	mee i*thi* phOn	มี อิทธิ พล
influenza	**khai** <u>wat</u> <u>yai</u>	ไข้ หวัด ใหญ่
influenza pill	ya: *lOt* **khai**	ยา ลด ไข้
inform *v.*	.*saw:n* **hai** *roo:* <u>jak</u>	สอน ให้ รู้ จัก
information	<u>pra</u>cha: *sam*phan	ประชา สัมพันธ์
ingot	**thaeng**	แท่ง
ingredients	<u>suan</u> pha*sOm*	ส่วน ผสม
inhabit	a:*sai*	อาศัย
inhale *v.*	*ha:i* jai **khao**	หาย ใจ เข้า
inherit *v.*	***rap*** mawrad*Ok*	รับ มรดก
inheritance *n.*	maw:rad*Ok*	มรดก
inhuman	tha: roon	ทา รุณ
inject medicine	<u>cheet</u> ya:	ฉีด ยา
inject *v.*	<u>cheet</u>	ฉีด
injection	*khem* <u>cheet</u> ya:	เข็ม ฉีด ยา
injured *adj.*	<u>ba:t</u> <u>jep</u>	บาด เจ็บ
ink	***nam*** <u>meuk</u>	น้ำ หมึก
innocent	**mai** mee **thO:t**	ไม่ มี โทษ
inquiry *n.*	ga:n <u>seu:p</u> *suan*	การ สืบ สวน
insane	*sia* sa<u>ti</u>	เสีย สติ
inscribe	**pa:i**	ป้าย
inscription	ga:n ja: ***reuk***	การ จา รึก
insect bite	malae:ng <u>taw:i</u>	แมลง ต่อย
insect *n.*	malae:ng	แมลง
insecticide *n.*	ya: **kha:** malae:ng	ยา ฆ่า แมลง
inseminate *v.*	tham **hai** <u>geuh:t</u> *phOn*	ทำ ให้ เกิด ผล
inseparable	**yae:k** gan **mai da:i**	แยก กัน ไม่ ได้
inside	**kha:ng** nai	ข้าง ใน
insidious *v.*	talOp talae:ng	ตลบ ตะแลง
insipid	<u>jeu:t</u>	จืด
insipid *adj.*	***rai rOt*** <u>mOt</u> <u>glin</u>	ไร้ รส หมด กลิ่น
insolent	***tha*leung**	ทะลึ่ง
inspect *v.*	<u>truat</u> tra:	ตรวจ ตรา
install *v.*	<u>tit</u>	ติด
instead of	thae:n **thee** <u>ja</u>	แทน ที่ จะ
instinct	*san*cha:t taya:n	สัญชาต ญาณ
institute	sa*tha:* ban	สถา บัน
instruction *n.*	ga:n *saw:n*	การ สอน
instruction *n.*	ga:n *saw:n* **withee**	การ สอน วิธี
instructions, directions for use	*withee* **cha:i**	วิธี ใช้
insurance agent	**phoo:** *rap* <u>pragan</u> **phai**	ผู้ รับ ประกัน ภัย
insure *v.*	***rap*** <u>pragan</u>	รับ ประกัน
intelligent *adj.*	*wai***phrip**	ไหวพริบ
intelligent, clever, talented	cha<u>la:t</u>	ฉลาด

intend	jOng jai	จง ใจ
intend	**tang** jai	ตั้ง ใจ
interest	daw:k **bia**	ดอก เบี้ย
interest, to be interested in	sOn jai	สน ใจ
interfere v.	**sae:k** sae:ng	แทรก แซง
international	na: na: prathe:t	นา นา ประเทศ
interpreter	**la:m**	ล่าม
interrogative, silk	mai	ไหม
interrupt v.	khat khaw:	ขัด คอ
interrupt v.	khat jangwa	ขัด จังหวะ
interrupt v., object	khat khwa:ng	ขัด ขวาง
intestine	lam **sai**	ลำ ไส้
intimate	sanit sanOm	สนิท สนม
intravenous	**khao sen**	เข้า เส้น
introduce v.	**hai** roo: jak	ให้ รู้ จัก
inundation	**nam** thuam	น้ำ ท่วม
invalid	mOt a:yoo	หมด อายุ
invention	pradit gram	ประดิษฐ์ กรรม
inventor	**phoo:** pradit	ผู้ ประดิษฐ์
inventory	ra:i ga:n sing khaw:ng tang tang	ราย การ สิ่ง ของ ต่างๆ
invest v.	lOng thoon	ลง ทุน
investigate v.	tai suan	ไต่ สวน
investigate v.	saw:p suan	สอบ สวน
investigation n.	ga:n saw:p suan	การ สอบ สวน
invincible	**mai** sa:ma:t ao chana da:i	ไม่ สามารถ เอา ชนะ ได้
invisible	maw:ng **mai** hen	มอง ไม่ เห็น
invitation card	bat cheuh:n	บัตร เชิญ
invite v.	cheuh:n	เชิญ
invite v.	**liang**	เลี้ยง
invoice	bai sOng khaw:ng	ใบ ส่ง ของ
invulnerable	khOng gaphan	คง กะพัน
iodine	aiO:din	ไอโอดิน
iron n. (for clothes)	tao **reet**	เตา รีด
iron v., press v.(clothes)	**reet**	รีด
iron, steel	lek	เหล็ก
ironing board	tO **reet** pha:	โต๊ะ รีด ผ้า
irradiation	ga:n cha:i rang see	การ ฉาย รัง สี
irregular	**mai** samam sameuh:	ไม่ สม่ำ เสมอ
irrigate v.	**thOt na:m**	ทด น้ำ
irritable	prasa:t wai	ประสาท ไว
irritable, moody adj.	ngoot ngit	หงุด หงิด
Islam	isala:m	อิสลาม
island	gaw	เกาะ
isolation n.	ga:n **pawnk**gan grasae:fai fa:mihai rua	การป้องกันกระแสไฟฟ้ามิให้รั่ว

issue *n.*	cha<u>bap</u>	ฉบับ
italics	tua phim <u>bae:p</u> tua e:n	ตัว พิมพ์ แบบ ตัว เอน
itch *v.*	khan	คัน
ivory *n.*	nga: *cha:ng*	งา ช้าง

J

jack (in the pack of cards)	**phai** *pawk*	ไพ่ ป๊อก
jacket *n.*	**seua** *chan* **naw:k**	เสื้อ ชั้น นอก
jackknife	**meet** *phOk*	มีด พก
jade *n.*	<u>yOk</u>	หยก
jail *n.*	**khook**	คุก
jam	yae:m	แยม
January	magara: khOm	มกรา คม
Japanese	**yee**<u>poon</u>	ญี่ปุ่น
jaundice	dee **sa:n**	ดี ซ่าน
jaw *n.*	gra:m	กราม
jealous *v.*	*heung*	หึง
jeans	ga:ng ge:ng yeen	กาง เกง ยีนส์
jelly	**woon**	วุ้น
jellyfish *n.*	mae:ng <u>gaphroon</u>	แมง กะพรุน
jerk *v.*	<u>gradook</u>	กระตุก
Jesus	ye:soo:	เยซู
jet, jet plane	**khreuang** bin ai *phOn*	เครื่อง บิน ไอ พ่น
Jew	khOn yio	คน ยิว
jeweler	**phaw:** *kha:* *phet*	พ่อ ค้า เพชร
jewelry	**khreuang** <u>pradap</u>	เครื่อง ประดับ
jewelry box	<u>glawng</u> **khreuang** *phet*	กล่อง เครื่อง เพชร
job	nga:n	งาน
joiner	**chang** *ma:i*	ช่าง ไม้
joint (of the body)	**khaw:**	ข้อ
joint *n.*	**khaw:** <u>taw:</u>	ข้อ ต่อ
joint *v.*	<u>taw:</u> **hai** <u>tid</u> gan	ต่อ ให้ ติด กัน
joke	ta<u>lOk</u> **len**	ตลก เล่น
joke *v.*	*jO:k*	โจ๊ก
joke *v.*	**phoo:t len**	พูด เล่น
joss stick	**thoo:p**	ธูป
journalist	*nak* <u>kha:o</u>	นัก ข่าว
judge *n.*	toola: ga:n	ตุลา การ
judge *v.*	<u>tat</u> *sin*	ตัด สิน
judgment	kham <u>tat</u> *sin*	คำ ตัด สิน
judgment	kham <u>sang</u> khaw:ng *sa:n*	คำ สั่ง ของ ศาล
jug	khOn thO: *na:m*	คน โท น้ำ

juggle *v.*	**len** gOn	เล่น กล
July	garagada: khOm	กรกฎา คม
jump *v.*	gradO:t	กระโดด
June	mithoona: yOn	มิถุนา ยน
jungle	pa: yai	ป่า ใหญ่
junk	reua *sam* phao	เรือ สำ เภา
Jupiter	da:o pha***reu***hat	ดาว พฤหัส
juror	**loo:k** *khoon*	ลูก ขุน
jury	gamma ga:n tatsin ga:npraguat	กรรม การ ตัดสิน การประกวด
just now	**meua gee**	เมื่อ กี้
justice *n.*	yooti tham	ยุติ ธรรม
jute *n.*	paw: grajao	ปอ กระเจา

K

kangaroo	jing **jO:**	จิง โจ้
keel	gradoo:k ngoo: reua	กระดูก งู เรือ
keep an eye on	doo: lae:	ดู แล
keep *v.*	gep ***wai***	เก็บ ไว้
keep, hold *v.*	***rap*** gep ***wai***	รับ เก็บ ไว้
kerosene *n.*	***nam*** man ***ga:t***	น้ำ มัน ก๊าด
ketchup	saw:s makheua**the:t**	ซอส มะเขือเทศ
kettle	ga: **tOm** ***na:m***	กา ต้ม น้ำ
key *n.*	goonjae:	กุญแจ
key, push button	**pae:n** deet	แป้น ดีด
keyboard	**pae:n** agsaw:n bOn phim deet	แป้น อักษร ปน พิมพ์ ดีด
keyhole	**loo:k** goonjae:	ลูก กุญแจ
kick *v.*	te	เตะ
kidnap *v.*	***lak*** phai **riak kha:** thai	ลัก ไป เรียก ค่า ไถ่
kidnapper	**phoo:** ***lak*** pha: *nee*	ผู้ ลัก พา หนี
kidney	tai	ไต
kill *v.*	**kha: hai** ta:i	ฆ่า ให้ ตาย
kill *v.*, murder *v.*	**kha:**	ฆ่า
kilo	gilO:	กิโล
kilogramme	gilO:kram	กิโลกรัม
kilometre	gilO:***me:t***	กิโลเมตร
kind *adj.*	jai dee	ใจ ดี
kind *adj.*, to be kind	**eua** ***feua*** pheua phae:	เอื้อ เฟื้อ เผื่อ แผ่
kindergarten	rO:ng rian anoo ba:n	โรง เรียน อนุ บาล
kindhearted, generous *adj.*	jai boon	ใจ บุญ
king *n.*	gasat	กษัตริย์
kiss *n.*	joo:p	จูบ
kiss *v.*	joo:p	จูบ

kitchen	**hawng** khrua	ห้อง ครัว
kite *n.*	**wa:o**	ว่าว
knead *v.*	khayam	ขยำ
knee	*hua* khao	หัว เข่า
knee-cap	**loo:k** saba:	ลูก สะบ้า
knife *n.*	**meet**	มีด
knit, braid, crochet v.	thak	ถัก
knob, doorknob	**loo:k** bit	ลูก บิด
knock over	chOn **khwam**	ชน คว่ำ
knock *v.*	***khaw***	เคาะ
knock-knees	*kha:* neep	ขา หนีบ
knot	**ngeuan**	เงื่อน
know	***roo:***	รู้
know	***roo:*** jak	รู จัก
know (polite)	**sa:p**	ทราบ
known	pen **thee** ***roo:*** gan	เป็น ที่ รู้ กัน

L

lab	**hawng** lep	ห้อง แล็บ
label	sa***tik*****geuh:r**	สติ๊ก เกอร์
Labour Department	grOm rae:ng nga:n	กรม แรง งาน
labyrinth	*khao* wOng gOt	เขา วง กต
ladder, stair	bandai	บันได
ladybird	malae:ng tao thaw:ng	แมลง เต่า ทอง
lake	***tha***le: sa:p	ทะเล สาบ
lamb	**loo:k** gae	ลูก แกะ
lame	**ngoi plia** *sia kha:*	งอย เปลี้ย เสีย ขา
lamp, lantern	tagiang	ตะเกียง
lamppost	*sao* khO:m fai	เสา โคม ไฟ
land *n.*	din dae:n	ดิน แดน
land *v.* (an aeroplane)	jaw:t	จอด
landing	**rawn lOng**	ร่อน ลง
landing stage	**tha:** reua	ท่า เรือ
landslide	din thalOm	ดิน ถล่ม
lane, alley	traw:k	ตรอก
language	pha:*sa:*	ภาษา
lantern, lamp	khO:m fai	โคม ไฟ
Laos	la:o	ลาว
lap	tak	ตัก
larva	malae:ng tua aw:n	แมลง ตัว อ่อน

larynx	khaw: *haw:i*	คอ หอย
last name	na:m sagoon	นาม สกุล
late (not on time)	*sa:i*	สาย
lath	*fa: ra*nae:ng	ฝา ระแนง
lather	faw:ng ***na:m***	ฟอง น้ำ
Latin	pha:*sa:* latin	ภาษา ลาติน
laugh *v.*	*hua raw*	หัว เราะ
laundry basket	<u>ta**gra**</u>: <u>sai</u> **seua pha:**	ตะกร้า ใส่ เสื้อ ผ้า
lava	la:wa:	ลาวา
lavatory *n.*	**hawng *na:m***	ห้อง น้ำ
law *n.*	**gOt** *ma:i*	กฎ หมาย
lawn mower	**khreuang** <u>tat</u> **ya:**	เครื่อง ตัด หญ้า
lawn, grass	sa*na:m* **ya:**	สนาม หญ้า
lawyer *n.*	thana:i	ทนาย
lawyer *n.*	thana:i khwa:m	ทนาย ความ
laxative	ya: *ra*ba:i	ยา ระบาย
lay bricks	<u>gaw:</u> <u>it</u>	ก่อ อิฐ
layman	***nak*** sa<u>mak</u> **len**	นัก สมัคร เล่น
lazy *adj.*	**khee** <u>giat</u>	ขี้ เกียจ
lead *n.*	<u>tagua</u>	ตะกั่ว
leader	**phoo:** nam	ผู้ นำ
leaf (of a tree)	bai ***ma:i***	ใบ ไม้
leak *n.*	raw:i **rua**	รอย รั่ว
lean back	e:n *lang*	เอน หลัง
lean *v.*	*phing*	ผิง
lean *v.*	**pha:t**	พาด
leap year	pee a*thi*ga **ma:t**	ปี อธิก มาส
learn *v.*	rian	เรียน
lease, hire contract	*sany*a: **chao**	สัญญา เช่า
leather	*nang*	หนัง
leather	*nang* <u>sat</u>	หนัง สัตว์
leave a message	fa:k **khaw:** khwa:m	ฝาก ข้อ ความ
leave *v.*	<u>aw:k</u>	ออก
lecture *n.*	ga:n ban ya:i	การ บรร ยาย
lee	**da:n** <u>ab</u> lOm	ด้าน อับ ลม
leech	pling	ปลิง
left	*sa:i*	ซ้าย
leg *n.* (of the body)	*kha:*	ขา
legal adviser	**thee** phreuk *sa:* <u>gOt</u> *ma:i*	ที่ ปรึก ษา กฎ หมาย
legend	tam na:n	ตำ นาน
legislative power	am**na:t** *ni*ti ban<u>yat</u>	อำนาจ นิติ บัญญัติ
leisure	we:la: **wa:ng**	เวลา ว่าง
lemon	***mana:o***	มะนาว
lemon grass	ta*khrai*	ตะไคร้

lemonade	**nam** *wa:n*	น้ำ หวาน
lend	*khaw:* yeu:m	ขอ ยืม
lens	le:n	เลนส์
lens (for a camera)	grajOk len	กระจก เล็นซ์
leopard	*seua* da:o	เสือ ดาว
leprosy	**rO:k** *reuan*	โรค เรื้อน
lesson	bOt	บท
let v.	**hai**	ให้
letter (alphabetic character)	tua *nang seu:*	ตัว หนัง สือ
letter box	**too:** praisanee	ตู้ ไปรษณีย์
letter n.	jOt*ma:i*	จดหมาย
letter of recommendation	*nang seu:* **nae** nam	หนัง สือ แนะ นำ
letter paper	grada:t jOt*ma:i*	กระดาษ จดหมาย
lettuce	phak ga:t haw:m	ผัก กาด หอม
lever	**mae:** rae:ng	แม่ แรง
lexicon	*phO*jana: noo grOm	พจนา นุ กรม
liable for military service	**tawng** pen tha*ha:n*	ต้อง เป็น ทหาร
Libra	ra:*see* toon	ราศี ตุลย์
library	**hawng** samoot	ห้อง สมุด
license n.	bai anooya:t	ใบ อนุญาต
license plate	**pa:i** *tha*bian *rOt*	ป้าย ทะเบียน รถ
lick v.	lia	เลีย
licorice n.	*cha* ae:m	ชะ เอม
lid, cover n.	*fa:*	ฝา
lie detector	**khreuang** jap *thet*	เครื่อง จับ เท็จ
lie v., sleep v.	naw:n	นอน
lie v., tell a lie	gO: hOk	โก หก
life insurance	pragan chee*wit*	ประกัน ชีวิต
life jacket	**seua** choo: **cheep**	เสื้อ ชู ชีพ
life line	**sen** chee*wit*	เส้น ชีวิต
life n.	chee*wit*	ชีวิต
lifeboat	phae: choo:**cheep**	แพ ชูชีพ
lifelong, for life	talaw:t chee*wit*	ตลอด ชีวิต
lift (elevator)	*lif*	ลิฟต์
lift, lift up v.	*yOk* kheun	ยก ขึ้น
light adj. (not heavy)	bao	เบา
light blue	*see* **fa:**	สี ฟ้า
light bulb	law:t fai **fa:**	หลอด ไฟ ฟ้า
light n., flame n.	fai	ไฟ
light up v.	**look** sawa:ng **ja:**	ลุก สว่าง จ้า
light v., set on fire	joot fai	จุด ไฟ
light year	pee *khaw:ng sae:ng*	ปี ของ แสง
lighten v. (weight)	bao lOng	เบา ลง
lighter n.	fai *chaek*	ไฟ แช็ค

lighthouse	prapha: kha:n	ประภา คาร
lightning conductor	*sa:i* law: ***fa:***	สาย ล่อ ฟ้า
lightning *n.*	*sa:i* ***fa: laep***	สาย ฟ้า แลบ
lightning, flash *v.*	***fa:*** **laep**	ฟ้า แลบ
like (for example)	**chen**	เช่น
like *v.*	**chaw:p**	ชอบ
lily	**phlap** phleung	พลับ พลึง
lime (material)	poo:n *kha:o*	ปูน ขาว
lime, lemon	***mana:o***	มะนาว
limestone	*hin* poo:n	หิน ปูน
limited partnership	**hoon** suan jam gat	หุ้น ส่วน จำ กัด
limp *v.*	khaye:k	เขยก
line, row	*thae:o*	แถว
lineage, race	phao phan	เผ่า พันธุ์
linear measure	ma:tra: ***wat*** tha:ng ya:o	มาตรา วัด ทาง ยาว
linguist	***nak*** pha:*sa:* sa:t	นัก ภาษา ศาสตร์
link *v.*, to tie with a chain	***chai*** **sO:** phoo:k	ใช้ โซ่ ผูก
lion	*sing*tO:	สิงโต
Lion (horoscope)	ra:*see sing*	ราศี สิงห์
lips	rim *fee* pa:k	ริม ฝี ปาก
lipstick	***lip***satik	ลิปสติก
liquid *adj.*	*le:-oo*	เหลว
liquid *n.*	*khaw:ng* le:-oo	ของ เหลว
lisp *v.*, whisper *v.*	**phoo:t** *siang* ***soop sip***	พูด เสียง ซุบ ซิบ
list (of names)	ra:i **cheu:**	ราย ชื่อ
listen to the music	fang dOntree	ฟัง ดนตรี
listen *v.*	fang	ฟัง
listen!	fang **nee**	ฟัง นี่
little (not much)	***naw:i***	น้อย
little (small)	***lek***	เล็ก
live, reside	a: *sai*	อา ศัย
liver	tap	ตับ
liver sausage	**sai** graw:k ***neua*** tap	ไส้ กรอก เนื้อ ตับ
living room	**hawng** ***rap*** khae:k	ห้อง รับ แขก
lizard	**jing** jOk	จิ้ง จก
load *v.*	*khOn* sai	ขน ใส่
loan *n.*	*khaw:ng* **hai** yeu:m	ของ ให้ ยืม
loan *n.*	ngeuhn **goo:**	เงิน กู้
lobster	**goong**	กุ้ง
local, native	***pheu:n*** meuang	พื้น เมือง
lock up (a person)	khoon *khang*	คุม ขัง
lock up (animals)	gak *khang*	กัก ขัง
lock *v.*	***lawk*** goonjae:	ล๊อค กุญแจ
lock *v.*	sai goonjae:	ใส่ กุญแจ

locksmith	**chang** tham goonjae:	ช่าง ทำ กุญแจ
locust	*tak*atae:n	ตั๊กแตน
logical	gio gap he:d *phOn*	เกี่ยว กับ เหตุ ผล
lonely	*ngao*	เหงา
lonesome	*la* **haw:i** *ha:*	ละ ห้อย หา
long *adj.* (in size)	ya:o	ยาว
long *adj.* (in time)	na:n	นาน
long-distance call	thO:rasap tha:ng glai	โทรศัพท์ ทาง ไกล
look *v.*, look at	maw:ng doo:	มอง ดู
look *v.*, look at	doo:	ดู
look *v.*, look at	maw:ng	มอง
loom	hoo:k	หูก
loose *adj.*	*luam*	หลวม
lose *v.* (a game)	**phae:**	แพ้
lose *v.* (something)	*ha:i*	หาย
lose weight	**nam** nak *lOt*	น้ำ หนัก ลด
loss of blood	ga:n *sia* **leuat**	การ เสีย เลือด
loss of hair	*phOm* **ruang**	ผม ร่วง
lottery	**lawtteree**	ลอตเตอรี่
lotus	daw:k bua	ดอก บัว
loud *adj.*	dang	ดัง
loudspeaker	lamphO:ng	ลำโพง
louse *n.* (insect)	*hao*	เหา
louse poison powder	ya: *phOng* **kha:** malae:ng	ยา ผง ฆ่า แมลง
love letter	jOt*ma:i* **rak**	จดหมาย รัก
love nest	rang **rak**	รัง รัก
love *v.*	**rak**	รัก
love, in love	*lOng* **rak**	หลง รัก
lovely *adj.*	**na:** *rak*	น่า รัก
lovely *adj.*	**na:** *rak* **khrai**	น่า รัก ใคร่
loveplay	*phit*sawa:t	พิศวาท
lover	*nak rak*	นัก รัก
lovesickness	**khai** jai	ไข้ ใจ
lower jaw	gradoo:k *kha:* gan grai **la:ng**	กระดูก ขา กรร ไกร ล่าง
lower leg	**na:** khaeng	หน้า แข้ง
lower lip	rim *fee* pa:k **la:ng**	ริม ฝี ปาก ล่าง
lower social class	khOn *chan* tam	คน ชั้น ต่ำ
loyal, faithful	**seu:** trOng	ซื่อ ตรง
luck *n.*	khwa:m sook	ความ สุข
luck, good luck	chO:k dee	โชค ดี
luggage trolley	*rOt* khen	รถ เข็น
luggage, traveling bag	grapao deuh:ntha:ng	กระเป๋า เดินทาง
lukewarm	oon oon	อุ่นๆ
lunar eclipse	jan*tha* **khra:t**	จันทร คราส

lunch	a:*ha:n* gla:ng wan	อาหาร กลาง วัน
lunch break	***phak* thiang**	พัก เที่ยง
lung	<u>paw:t</u>	ปอด
lure *v.*	**law:**	ล่อ
luxury	*khaw:ng* **foom** feuai	ของ ฟุ่ม เฟือย
lye	***nam* <u>da:ng</u>**	น้ำ ด่าง
lymph gland	<u>tawm</u> ***nam* leuang**	ต่อม น้ำ เหลือง

M

machine, device	**khreuang**	เครื่อง
machinery	**khreuang** <u>jak</u> gOn	เครื่อง จักร กล
mad, insane	**ba:**	บ้า
maggot	tua *naw:n*	ตัว หนอน
magic *adj.*	**we:t** mOn	เวท มนต์
magician *n.*	*nak* satae:ng gOn	นัก แสดง กล
magnanimous	jai dee	ใจ ดี
magnet *n.*	**mae:** <u>lek</u>	แม่ เหล็ก
magnifying glass	**waen** kha*ya:i*	แว่น ขยาย
maiden	*sa:o*	สาว
maize	**kha:o phO:t**	ข้าว โพด
make an appointment (with ..)	*nat* (<u>gap</u>...)	นัด (กับ)
make mischief	tham *ra:i*	ทำ ร้าย
make up *v.*	tha: **na:** tha: <u>pa:k</u>	ทา หน้า ทา ปาก
make *v.*, do *v.*	tham	ทำ
Malaysia	ma:le:sia	มาเลเซีย
male (animal)	tua **phoo:**	ตัว ผู้
male prostitute	**phoo:** cha:i *kha:i* tua	ผู้ ชาย ขาย ตัว
malicious	jai *ra:i*	ใจ ร้าย
man *n.*	**phoo:** cha:i	ผู้ ชาย
manage *v.*	baw*riha:n*	บริหาร
manager, chief	**phoo:** <u>jat</u> ga:n	ผู้ จัด การ
mango	*ma*muang	มะม่วง
mangosteen	mang*khoot*	มังคุด
mangrove	samae:	แสม
manicure	tham *lep*	ทำ เล็บ
manual *n.* (book)	*nang seu:* khoo: meu:	หนัง สือ คู่ มือ
manure	moo:n <u>sat</u>	มูล สัตว์
manuscript, script	**tOn** cha<u>bap</u>	ตน ฉบับ
many *adj.*	**ma:k**	มาก
many *adj.*	*la:i*	หลาย
many people	*la:i* khOn	หลาย คน
many times	*la:i* **khrang**	หลาย ครั้ง

map *n.*	*phae:n* **thee**	แผน ที่
marble	*hin* <u>aw:n</u>	หิน อ่อน
marble (small ball)	**loo:k** *hin*	ลูก หิน
March	meena: khOm	มีนา คม
marihuana, marijuana	gancha:	กัญชา
marinate *v.*	daw:ng	ดอง
marionette	<u>hoon</u> <u>grabaw:k</u>	หุ่น กระบอก
mark (on exams)	*kha*nae:n	คะแนน
mark *v.*	tham **khreuang** *ma:i*	ทำ เครื่อง หมาย
mark, groove *n.*	raw:i <u>ba:k</u>	รอย บาก
mark, sign, symbol *n.*	tra:	ตรา
market *n.*	tala:t	ตลาด
marmot	**awn**	อ้น
marriage	khwa:m pen *sa:*mee phalaya:	ความ เป็น สามี ภรรยา
marriage certificate	bai *tha*bian *sOmrOt*	ใบ ทะเบียน สมรส
married couple	*phua* mia	ผัว เมีย
marry *v.*	<u>taeng</u> nga:n	แต่ง งาน
Mars	**lO:k phra** angkha:n	โลก พระอังคาร
marvel *v.*	<u>prala:t</u> jai	ประหลาด ใจ
marveled *v.*	<u>plae:k</u> jai	แปลก ใจ
masculine	cha:i	ชาย
mashed potatoes	man **the:t** <u>bOt</u>	มัน เทศ บด
mask *n.*	**na:** <u>ga:k</u>	หน้า กาก
mask *v.*, put on a mask	*suam* **na:** <u>ga:k</u>	สวม หน้า กาก
massage *v.*	**nuat**	นวด
master	na:i	นาย
masturbate *v.* (colloq.)	*chak* **wao**	ชัก ว่าว
mat	<u>seua</u>	เสื่อ
match *n.*, matchstick *n.*	*ma:i* <u>kheet</u>	ไม้ ขีด
material	*wat*thoo	วัตถุ
mathematics	kha*nit* ta<u>sa:t</u>	คณิต ศาสตร์
mating season	**na:** <u>seup</u> phan	หน้า สืบ พันธุ์
mattress *n.*	**thee** naw:n	ที่ นอน
mattress *n.*	**foo:k**	ฟูก
maximal	*soo:ng* <u>soot</u>	สูง สุด
May	<u>phreu</u>sapha: khOm	พฤษภา คม
maybe	<u>a:t</u> <u>ja</u>	อาจ จะ
mayonnaise	ma:yaw:ng*ne:s*	มายองเนส
mayor	na: <u>yOk</u> **the:t**sa mOntree	นา ยก เทศ มนตรี
me, I (for men)	*phOm*	ผม
meadow n.	sa*na:m* **ya:**	สนาม หญ้า
meal	a:*ha:n*	อาหาร
meanwhile	nai *ra*<u>wa:ng</u> *nan*	ใน ระหว่าง นั้น
measles	**rO:k** <u>hat</u>	โรค หัด

measure *v.*, gauge *v.*	***wat*** khana:t	วัด ขนาด
measuring instrument	**khreuang *wat***	เครื่อง วัด
meat *n.*	***neua***	เนื้อ
meatball	**loo:k *chin***	ลูก ชิ้น
mechanic	**chang** gOn	ช่าง กล
medal	*rian* tra:	เหรียญ ตรา
medication *n.*	ya: **gae:**	ยา แก้
medicinal herb	sa*moon* phrai	สมุน ไพร
medicine *n.*	ya:	ยา
meditate *v.*	**nang *wi***patsana:	นั่ง วิปัสสนา
meditation	***wi***patsana:	วิปัสสนา
meet (with...)	***phOp*** (gap...)	พบ (กับ)
meet *v.*	jeuh:	เจอ
meet *v.*	***phOp***	พบ
meeting	prachoom	ประชุม
meeting *n.*	ga:n preuk *sa:*	การ ปรึก ษา
megaphone	thO:ra khO:ng	โทร โข่ง
Mekong (river and whiskey)	**mae:** *khO:ng*	แม่ โขง
melodious, sweet-sounding	phai ***raw***	ไพ เราะ
melon	tae:ng mO:	แตง โม
melt *v.*	***la*** la:i	ละ ลาย
Member of Parliament	**phoo:** thae:n **ra:t**sataw:n	ผู้ แทน ราษฎร
membrane	**yeua**boo	เยื่อบุ
memory	khwa:m sOng jam	ความ ทรง จำ
memory day	wan **thee *raleuk***	วัน ที่ ระลึก
mend *v.*	**sawm** sae:m	ซ่อม แซม
menstruation	prajam deuan	ประจำ เดือน
menstruation	**leuat *ra*** doo:	เลือด ระ ดู
menstruation (colloq.)	men	เม็น
mental arithmetic	**le:k** kha***nit khit*** nai jai	เลข คณิต คิด ใน ใจ
mental disease	**rO:k** jit	โรค จิต
mentally disturbed	sati **fan** feuan	สติ ฟั่น เฟือน
mentally handicapped	panya: aw:n	ปัญญา อ่อน
menu	ra:i **cheu:** a:*ha:n*	ราย ชื่อ อาหาร
merchant	**phaw: *kha:***	พ่อ ค้า
merchant (woman)	**mae: *kha:***	แม่ ค้า
Mercury	da:o ***phra***phoot	ดาว พระพุธ
mercury	paraw:t	ปรอท
meridian	kheet *soo:ng* sood	ขีด สูง สุด
mermaid	na:ng **ngeuag**	นาง เงือก
message	**khaw:** khwa:m	ข้อ ความ
metal	lO:ha	โลหะ
meteor	da:o tOk	ดาว ตก
method of writing	***wi***thee *khian*	วิธี เขียน

metre	*me:t*	เมตร
microbe	joola chee wan	จุล ชี วัน
microphone	**khreuang** kha*ya:i siang*	เครื่อง ขยาย เสียง
microscope	**glawng** joola*that*	กล้อง จุลทรรศน์
microwave oven	tao maikhrO:we:p	เตา ไมโครเวฟ
middle	gla:ng	กลาง
middle finger	*nio* gla:ng	นิ้ว กลาง
midnight	**thiang** kheu:n	เที่ยง คืน
midwife	na:ng phad<u>oon</u>k khran	นาง ผดุง ครรภ์
mildew	ra:	รา
military	tha*ha:n*	ทหาร
military service	ga:n *rap ra:tcha* ga:n tha*ha:n*	การ รับ ราช การ ทหาร
milk *n.*	nOm	นม
milk *v.*	**reet** nOm	รีด นม
milkpowder	nOm *phOng*	นม ผง
Milky Way	tha:ng *cha:ng* <u>pheuak</u>	ทาง ช้าง เผือก
mill	rO:ng **mO: pae:ng**	โรง โม่ แป้ง
milligram	miligram	มิลิกรัม
millimetre	mili*me:t*	มิลิเมตร
million	*la:n*	ล้าน
millionaire	<u>se:t</u>*thee*	เศรษฐี
millipede	**ging** geu:	กิ้ง กือ
mineral	**rae:**	แร่
mineral oil	*nam* man pitrO:**liam**	น้ำ มัน ปิโตรเลียม
mineral resources	*sa*phaya: gaw:n	ทรัพยา กร
mineral water	*nam* **rae:**	น้ำ แร่
minibus	*rOt saw:ng thae:o*	รถ สอง แถว
mining industry	ga:n <u>khoot</u> *meuang* **rae:**	การ ขุด เหมือง แร่
minister	*rat*tha mOntree	รัฐ มนตรี
minister of finance	*rat*tha mOntree ga:n khlang	รัฐ มนตรี การ คลัง
minister of justice	*rat*tha mOntree **wa:** ga:n yooti tham	รัฐ มนตรี ว่า การ ยุติ ธรรม
Ministry of finance	<u>gra</u>soonang ga:n khlang	กระทรวง การ คลัง
minor, not of legal age	**mai** banloo *ni*ti pha:*wa*	ไม่ บรรลุ นิติ ภาวะ
minor, under age	yang yao	ยัง เยาว์
minus	*lOp*	ลบ
minute	na:thee	นาที
miracle, phenomenon	<u>sing</u> atsajan	สิ่ง อัศจรรย์
mirror image	ngao nai <u>grajOk</u>	เงา ใน กระจก
mirror *n.*	<u>grajOg</u>	กระจก
misappropriate, embezzle *v.*	bang biat	บัง เบียด
mislead *v.*, outwit *v.*	**law:** law:k	ล่อ หลอก
misprint	phim <u>phit</u>	พิมพ์ ผิด
Miss universe	na:ng nga:m <u>jagra</u> wa:n	นาง งาม จักร วาล
miss *v.* (bus, train ...)	**phla:t**	พลาด

miss v. (think of somebody)	*khit theung*	คิด ถึง
missing	kha:t pai	ขาด ไป
missing, to be incomplete	kha:t	ขาด
mistake	**khaw: bOk phrawng**	ข้อ บก พร่อง
mistaken, are mistaken	*khit phit*	คิด ผิด
mistress, concubine	mia *naw:i*	เมีย น้อย
misunderstand v.	**khao** jai phit	เข้า ใจ ผิด
mix v.	pha*sOm*	ผสม
mixed, assorted	*khla* gan	คละ กัน
mobile	**khlawng**	คล่อง
mock v.	law: **len**	ล้อ เล่น
mock v.	law: lian	ล้อ เลียน
model (doll)	hoon	หุ่น
model (human being)	na:ng bae:p	นาง แบบ
model, (house, car)	bae:p jam law:ng	แบบ จำ ลอง
model, photo-model	na:ng bae:p tha:i **roo:p**	นาง แบบ ถ่าย รูป
model, type n.	bae:p	แบบ
moderate, mediocre	pa:n gla:ng	ปาน กลาง
modern adj.	sa*mai mai*	สมัย ใหม่
modest	jiam tua	เจียม ตัว
modify v.	plian plae:ng	เปลี่ยน แปลง
moist adj.	ma:t	หมาด
mole (animal)	toon	ตุ่น
mole (beauty spot)	*fai*	ไฝ
moment!	*dio*	เดี๋ยว
moment, wait a moment	raw: sak**khroo:**	รอ สักครู่
Monday	wan jan	วัน จันทร์
money	ngeuhn	เงิน
mongoose	phang phaw:n	พัง พอน
monitor lizard	taguat	ตะกวด
monk	*phra*	พระ
monkey	ling	ลิง
monopoly	e:gasit	เอกสิทธิ์
month	deuan	เดือน
monthly ache	puat prajam deuan	ปวด ประจำ เดือน
monument, statue	anoosa:waree	อนุสาวรีย์
mood	a:rOm	อารมณ์
moody	**jao** a:rOm	เจ้า อารมณ์
moon	duang jan	ดวง จันทร์
moonlight	*sae:ng* jan	แสง จันทร์
morals	khwa:m mee *sinla* tham	ความ มี ศิล ธรรม
more	eek	อีก
morning	*cha:o*	เช้า
morning, in the morning	taw:n *cha:o*	ตอน เช้า

morning, late morning	taw:n *sa:i*	ตอน สาย
morning, this morning	**meua** *cha:o nee*	เมื่อ เช้า นี้
morphine	maw:feen	มอร์ฟีน
mosque	soorao	สุเหร่า
mosquito	yoong	ยุง
mosquito net	**moong**	มุ้ง
moss	takhrai	ตะไคร่
most	**thee** soot	ที่ สุด
moth	malae:ng **maw:t**	แมลง มอด
mothball	**loo:k** *men*	ลูก เหม็น
mother	**mae:**	แม่
mother-in-law	**mae:** ya:i	แม่ ยาย
motionless	**mai khleuang** *wai*	ไม่ เคลื่อน ไหว
motorcycle	jakraya:n yOn	จักรยาน ยนต์
motorcycle	maw:**teuh:**sai	มอเตอร์ไซค์
motorrace	khaeng *rOt*	แข่ง รถ
motorway	tha:ng *rOt* yOn	ทาง รถ ยนต์
mould	ra:	รา
mountain	phoo:*khao*	ภูเขา
mountain climber	khOn peen *khao*	คน ปีน เขา
mountain pass	**chawng** *khao*	ช่อง เขา
mountain peak	**yaw:t** *khao*	ยอด เขา
mountain station	**thee** *phak* bOn phoo:*khao*	ที่ พัก บน ภูเขา
mountains	**theuak** *khao*	เทือก เขา
mourn *v.*	**wai thook**	ไว้ ทุกข์
mouse, rat	*noo:*	หนู
moustache	nuat	หนวด
mouth	pa:k	ปาก
mouth odour *n.*	glin pa:k	กลิ่น ปาก
mouth organ	heep phle:ng pa:k	หีบ เพลง ปาก
move (house)	*ya:i* (**thee** yoo:)	ย้าย (ที่ อยู่)
move over	gratheuhb	กระเถิบ
move *v.*	**khleuan** *wai*	เคลื่อน ไหว
move *v.*	**leuan**	เลื่อน
mow *v.*, cut *v.* (grass)	da:i	ดาย
Mr.. ,Mrs.., Miss	khoon	คุณ
much, lots of	**ma:k**	มาก
mud, loam	khlO:n	โคลน
mud, sludge	**khee** khlO:n	ขี้ โคลน
mudguard	bang khlO:n	บัง โคลน
multimillionaire	ma*ha:* se:t*thee*	มหา เศรษฐี
multiplication table	soo:t khoo:n	สูตร คูณ
multiply *v.*	khoo:n	คูณ
mumble *v.*	**phoo:t** pheunm pham	พูด พึม พำ

mumble *v.*	**oo:-ee**	อู้อี้
mummy	sOp a:p ya: **mai hai nao** peuai	ศพ อาบ ยา ไม่ ให้ เน่าเปื่อย
murder *v.*	**kha:**	ฆ่า
murder, killing *n.*	**kha:** tagam	ฆา ตกรรม
murderer, killer	**kha:** tagOn	ฆา ตกร
muscle (of the body)	**gla:m**	กล้าม
muscle ache	khat **yaw:k**	ขัด ยอก
muscle ache	puat **meuai**	ปวด เมื่อย
museum *n.*	***phi phit***tha phan	พิ พิธ ภัณฑ์
mush, mud, slush	khlO:n	โคลน
mushroom	het	เห็ด
music instrument	**khreuang** dOntree	เครื่อง ดนตรี
music *n.*	dOntree	ดนตรี
must, have to	**tawng**	ต้อง
mustard	**mas**ta:t	มัสตาร์ด
mute *adj.*, dumb *adj.*	bai	ใบ
mutual	**duay** gan	ด้วย กัน
mysterious	***leuk lap***	ลึก ลับ

N

nail file	tabai ***lep***	ตะไบ เล็บ
nail *n.* (to hammer)	tapoo:	ตะปู
nail varnish	ya: tha: ***lep***	ยา ทา เล็บ
nail-scissors	tagrai tat ***lep***	ตะไกร ตัด เล็บ
nail-varnish remover	ya: ***la:ng lep***	ยา ล้าง เล็บ
naive *adj.* (foolish)	**ngO:**	โง่
naked	pleuai	เปลือย
name change certificate	bai plian **cheu:**	ใบ เปลี่ยน ชื่อ
name *n.*	**cheu:**	ชื่อ
napkin *n.*	grada:t	กระดาษ
narrow	**khae:p khae:p**	แคบๆ
nasal bone	gradoo:k jamoo:k	กระดูก จมูก
nation *n.*	**cha:t**	ชาติ
national anthem	phle:ng **cha:t**	เพลง ชาติ
national flag	thOng **cha:t**	ธง ชาติ
national park	wana oothya:n	วน อุทยาน
nationality	*san***cha:t**	สัญชาติ
native *n.*	khOn ***pheu:n*** meuang	คน พื้น เมือง
nature	thamma **cha:t**	ธรรม ชาติ
naughty	sOn	ซน
navel	sateu:	สะดือ

navy *n.*	na:wee	นาวี
Nazi	*phrak* na:see	พรรค นาซี
near, close *adv.*	**glai**	ใกล้
nearly, almost	geuap	เกือบ
neat, in order, tidy	*riap raw:i*	เรียบ ร้อย
neat, tidy	*riap raw:i*	เรียบ ร้อย
neck	khaw:	คอ
neck	**tOn** khaw:	ต้น คอ
necklace	**soi** khaw:	สร้อย คอ
nectar	*nam wa:n* nai daw:k *ma:i*	น้ำ หวาน ใน ดอก ไม้
need, want *v.*	**tawng** ga:n	ต้อง การ
needle, pin	*khem*	เข็ม
negative (photo)	ne:gateep	เนกาตีป
neglect *v.*	*la* leuh:i	ละ เลย
Negro	*ni*grO:	นิโกร
neighbour	**pheuan ba:n**	เพื่อน บ้าน
nephew	*la:n* cha:i	หลาน ชาย
Neptune	da:o *phra*ge:t	ดาว พระเกตุ
nerve	**sen** prasa:t	เส้น ประสาท
nervous	pen **rO:k sen** prasa:t	เป็น โรค เส้น ประสาท
nervous disease	**rO:k** prasa:t	โรค ประสาท
nest *n.*	rang	รัง
net price	kha:t tua	ขาด ตัว
net weight	*nam* nak *neua tae:*	น้ำ หนัก เนื้อ แท้
net, network	ta: kha:i	ตา ข่าย
nettle	**tOn** tam yae:	ต้น ตำ แย
neuter	khwa:m **mai** mee **phe:t**	ความ ไม่ มี เพศ
neutral *adj.*	pen gla:ng	เป็น กลาง
never	**mai** leuh:i	ไม่ เลย
never before	**mai** kheuh:i leuh:i	ไม่ เคย เลย
never mind	**mai** pen rai	ไม่ เป็น ไร
new *adj.*, fresh	mai	ใหม่
new year	pee mai	ปี ใหม่
New Year's Eve	sOng *tha:i* pee gao	ส่ง ท้าย ปี เก่า
news *n.*	kha:o	ข่าว
newsboy	dek *khai nang seu:* phim	เด็ก ขาย หนัง สือ พิมพ์
newspaper	*nang seu:* phim	หนัง สือ พิมพ์
newspaper supplement	bai **sae:k** *nang seu:* phim	ใบ แทรก หนัง สือ พิมพ์
next...	**na:**	หน้า
nibble *v.*	*thae*	แทะ
nice *adj.*	dee nga:m	ดี งาม
nickel	*nigeuhn*	นิเกิล
nickname	**cheu: len**	ชื่อ เล่น
nicotine	*ni*khO:tin	นิโคติน

niece *n.*	*la:n sa:o*	หลาน สาว
night *n.*	kheu:n	คืน
night, at night	taw:n gla:ng kheu:n	ตอน กลาง คืน
nightmare *n.*	*phee* am	ผี อำ
nine	**ga:o**	เก้า
nipple	*hua* nOm	หัว นม
nitric acid	grOt din pra*sio*	กรด ดิน ประสิว
no	**mai**	ไม่
no entry!	**ha:m khao**	ห้าม เข้า
no, not, do not	ya:	อย่า
nod *v.*	pha***yak***	พยัก
noise	*siang*	เสียง
noise	*siang* dang	เสียง ดัง
nomad	khOn phane: jaw:n	คน พเน จร
nominative	pratha:n *khaw:ng* prayO:k	ประธาน ของ ประโยค
non-stop	**mai** mee yoot	ไม่ มี หยุด
noon	**thiang** wan	เที่ยง วัน
normal *adj.*	thamma da:	ธรรม ดา
north	***thit*** *neua*	ทิศ เหนือ
North Pole	**khua lO:k** *neua*	ขั้ว โลก เหนือ
North Sea	***tha***le: *neua*	ทะเล เหนือ
northeast Thailand	**pha:k** ee*sa:n*	ภาค อีสาน
Northern region	**pha:k** *neua*	ภาค เหนือ
nose	jamoo:k	จมูก
nosebleed	gamdao	กำ เดา
nostril	roo: jamoo:k	รู จมูก
not	**mai**	ไม่
not yet	yang **mai**	ยัง ไม่
notary	thana:i khwa:m	ทนาย ความ
note *n.* (musical)	tua ***nO:t***	ตัว โน้ต
note, memo	ban ***theuk***	บัน ทึก
note, slip of paper	se:t grada:t	เศษ กระดาษ
notebook, exercise book	samoot	สมุด
notebook, notepad	samoot ban***theuk***	สมุด บันทึก
notice *v.*	sang ge:t *hen*	สัง เกต เห็น
noun	kham na:m	คำ นาม
novel	nawa niya:i	นว นิยาย
November	phreusajiga: yOn	พฤศจิกา ยน
now	*dio* ***nee***	เดี๋ยว นี้
now	taw:n ***nee***	ตอน นี้
now and then, sometimes	pen ***khrang*** pen khrao	เป็น ครั้ง เป็น คราว
nowadays *adv.*	patjooban	ปัจจุบัน
nuclear weapons	a:***woot*** parama:noo:	อาวุธ ปรมาณู
number	tua **le:k**	ตัว เลข

number	beuh:	เบอร์
number	*ma:i* **le:k**	หมาย เลข
number plate	**pa:i** *tha*bian *rOt*	ป้าย ทะเบียน รถ
number, figure	**le:k**	เลข
nun	**mae:** chee	แม่ ชี
nutmeg apple	jan **the:t**	จันทน์ เทศ

O

o 'clock	na:*li*ga:	นาฬิกา
o.k.	<u>tOk</u> lOng	ตก ลง
oar	pha:i	พาย
oath *n.*	kham *sa:* ba:n	คำ สา บาน
oats	**kha:o** *O:t*	ข้าว โอ๊ต
obesity	khwa:m **uan** *theuh tha*	ความ อ้วน เทอะ ทะ
obey	**cheua** fang	เชื่อ ฟัง
objection *n.*	kham *khat kha:n*	คำ คัด ค้าน
objet d'art	*wat*<u>thoo</u> sinlapa	วัตถุ ศิลป
obscene	<u>ooja:t</u>	อุจาด
observatory	haw: doo: da:o	หอ ดู ดาว
observe *v.*	sang <u>ge:t</u>	สัง เกต
obstacle	<u>geet</u> *khwa:ng*	กีด ขวาง
obstinate, stubborn	*hua* **deuh:**	หัว ดื้อ
obstruct *v.* (the view)	bang	บัง
ocean	ma*ha:* sa<u>moot</u>	มหา สมุทร
o'clock	mO:ng	โมง
October	toola: khOm	ตุลา คม
odd, uneven	**khee**	คี่
odour *n.*	<u>glin</u>	กลิ่น
of	*khaw:ng*	ของ
of, at, on *prep.*	***na***	ณ
off-duty	**naw:k ra:***cha* ga:n	นอก ราช การ
offer	**khaw:** sa*neuh:*	ข้อ เสนอ
office	*samnak* nga:n	สำนัก งาน
officer, soldier	tha*ha:n*	ทหาร
official, government official	**kha: ra:***cha* ga:n	ข้า ราช การ
often	*mak* <u>ja</u>	มัก จะ
often, frequent	<u>boi</u>	บ่อย
oil *n.*	***nam*** man	น้ำ มัน
oil painting	**pha:p** *see* ***nam*** man	ภาพ สี น้ำ มัน
oil tank	*thang* ***nam*** man	ถัง น้ำ มัน
ointment	ya: tha:	ยา ทา

old (human being)	<u>gae:</u>	แก่
old (thing)	<u>gao</u>	เก่า
old-fashioned	*la:* sa*mai*	ล้า สมัย
omelette	<u>khai</u> jio	ไข่ เจียว
on, at, of *prep.*	***na***	ณ
on, in, at	**thee**	ที่
once	***khrang*** <u>neung</u>	ครั้ง หนึ่ง
once	<u>neung</u> ***khrang***	หนึ่ง ครั้ง
one	<u>neung</u>	หนึ่ง
one hundred	<u>neung</u> ***raw:i***	หนึ่ง ร้อย
one side	**kha:ng** dio	ข้าง เดียว
one thousand	<u>neung</u> phan	หนึ่ง พัน
oneself	tua e:ng	ตัว เอง
oneself	e:ng	เอง
one-way street	wan we:	วัน เวย์
onion	*haw:m* <u>yai</u>	หอม ใหญ่
only	thao***nan***	เท่านั้น
only	phiang	เพียง
onyx	nin	นิล
opal	O:paw:l	โอปอล
open *v.*	<u>peuh:t</u>	เปิด
opener	**thee** <u>peuh:t</u>	ที่ เปิด
operation *n.* (med.)	ga:n <u>pha:</u> tat	การ ผ่า ตัด
opinion *n.*	khwa:m ***khit*** hen	ความ คิด เห็น
opium *n.*	<u>fin</u>	ฝิ่น
oppose *v.*	**kha:n**	ค้าน
oppose *v.*	**tO:**	โต้
opposite	trOng **kha:m**	ตรง ข้าม
optician	**chang** tham **waen** ta:	ช่าง ทำ แว่น ตา
or	*reu:*	หรือ
orange	**sOm**	ส้ม
orange (color)	*see* **sOm**	สี ส้ม
orange juice	***nam*** **sOm**	น้ำ ส้ม
orbit	tha:ng khO: jOn	ทาง โค จร
orchestra	wOng doori ya:ng	วง ดุริ ยางค์
orchid	**gluay** ***ma:i***	กล้วย ไม้
order *n.*	ga:n ***rap*** *mao*	การ รับ เหมา
order *v.*, command *v.*	<u>sang</u>	สั่ง
order, command *n.*	kham <u>sang</u>	คำ สั่ง
ordinary *adj.*	thamma da:	ธรรม ดา
ore *n.*	**rae:**	แร่
organ (of the body)	awaya*wa*	อวัยวะ
organism	insree	อินทรีย์
organize *v.*	<u>jat</u> jae:ng	จัด แจง

orgasm	*sio*	เสียว
original	pen **tOn** cha<u>bap</u> deuh:m	เป็น ต้น ฉบับ เดิม
orphan	<u>dek</u> gam***phra:***	เด็ก กำพร้า
orphanage	rO:ng *liang* <u>dek</u> gam***phra:***	โรง เลี้ยง เด็ก กำพร้า
ostrich	***nOk*** <u>grajaw:k</u> **the:t**	นก กระจอก เทศ
other	<u>eu:n</u>	อื่น
otherwise	mi chan ***nan***	มิ ฉะ นั้น
otter	**na:k**	นาก
ounce	aw:n	ออนซ์
our	*khaw:ng* rao	ของ เรา
outlet	*lai* <u>aw:k</u> ma:	ไหล ออก มา
outmoded	***la:*** sa*mai*	ล้า สมัย
outside	**kha:ng naw:k**	ข้าง นอก
oval	**roo:p** <u>khai</u>	รูป ไข่
ovary	rang <u>khai</u>	รัง ไข่
oven	tao <u>Op</u>	เตา อบ
overbid *v.*	<u>pramoo:n</u> *soo:ng* <u>gwa:</u>	ประมูล สูง กว่า
overexpose *v.*	**hai** *sae:ng* **khao ma:k** geuh:n pai	ให้ แสง เข้า มาก เกิน ไป
overripe	<u>sook</u> geuh:n pai	สุก เกิน ไป
oversalt	<u>sai</u> gleua **ma:k** geuh:n bai	ใส่ เกลือ มาก เกิน ไป
overslept	naw:n geuh:n we:la:	นอน เกิน เวลา
overstate *v.*	**phoo:t** geuh:n khwa:m pen ching	พูด เกิน ความ เป็น จริง
overtime, work overtime	tham nga:n **luang** we:la:	ทำ งาน ล่วง เวลา
overweight	***nam*** <u>nak</u> geuh:n	น้ำ หนัก เกิน
owl	***nOk*** **hoo:k**	นก ฮูก
own, of one's own *v.*	*khaw:ng* tOn e:ng	ของ ตน เอง
owner	**jao** *khaw:ng*	เจ้า ของ
owner, proprietor	**jao** *sap*	เจ้า ทรัพย์
ox	wua tua **phoo:**	วัว ตัว ผู้
oxygen	awgsije:n	ออกซิเจน
oyster	*haw:i* na:ng rOm	หอย นาง รม
ozone	a:<u>ga:t</u> O:sO:n	อากาศ โอโซน

P

pack of cards	ga:n **len phai**	การ เล่น ไพ่
pack *v.*	<u>gep</u> *khaw:ng*	เก็บ ของ
pack *v.*	ban <u>choo</u>	บรร จุ
paddle *v.*	pha:i	พาย
painkiller	ya: **gae:** <u>puat</u>	ยา แก้ ปวด
paint *n.*	*see*	สี
paint *v.*	tha: (*see*)	ทา (สี)

paint v.	*ra*ba:i	ระบาย
painter	**chang** *see*	ช่าง สี
painter (for pictures)	**chang** *khian*	ช่าง เขียน
painting	**pha:p** *see nam* man	ภาพ สี น้ำ มัน
pair	**khoo:**	คู่
palace (of the king)	tam<u>nak</u>	ตำหนัก
palace, royal palace	*phra rat*cha wang	พระ ราช วัง
palate	phe: da:n	เพ ดาน
pale *adj.*	**seet** sio	ซีด เซียว
palm	**tOn** pa:m	ต้น ปาล์ม
palm (of the hand)	<u>fa:</u> meu:	ฝ่า มือ
palpitation	*hua* jai **ten**	หัว ใจ เต้น
pan	ga*tha*	กะทะ
pancake	phae:n*khek*	แพนเค็ก
pancreas	<u>tap aw:n</u>	ตับ อ่อน
pane	graj<u>Ok</u>	กระจก
panic	khwa:m <u>teu:n</u> tan<u>Ok</u> t<u>Ok</u> jai	ความ ตื่น ตนก ตก ใจ
panther	*seua* dam	เสือ ดำ
papaya	*mala*gaw:	มะละกอ
papaya salad	s**Om** tam	ส้ม ตำ
paper bag	*thoong* <u>grada:t</u>	ถุง กระดาษ
paper *n.*	<u>grada:t</u>	กระดาษ
parachute *n.*	r**Om** choo: **cheep**	ร่ม ชู ชีพ
parade	ga:n deuh:n pha:<u>re:t</u>	การ เดิน พาเรด
paradise	sa*wan*	สวรรค์
parallel	kha*na:n*	ขนาน
parallel bars	ba: **khoo:**	บาร์ คู่
paralysis (by accident)	ama**pha:t**	อัมพาต
paralysis *n.*	**ngoi**	ง่อย
paralyzed *adj.*	**ngoi**	ง่อย
parasite	ga: <u>fa:k</u>	กา ฝาก
parcel, packet	<u>haw:</u>	ห่อ
pardon	ga:n *yOk* **thO:t** hai	การ ยก โทษ ให้
Pardon me!	*khaw:* **thO:t**	ขอ โทษ
pardon v.	*y*<u>O</u>k **thO:t** hai	ยก โทษ ให้
parents	**phaw: mae:**	พ่อ แม่
park *n.*	oo*tha*ya:n	อุทยาน
park v. (a vehicle)	<u>jaw:t</u>	จอด
parking fee	kha: <u>jaw:t</u> *rOt*	ค่า จอด รถ
parliament	*rat*tha sapha:	รัฐ สภา
parodontosis	ram *ma* na:t	รำ มะ นาด
parody	reuang thee *khian law:*	เรื่อง ที่ เขียน ล้อ
parrot	*nOk* gae:o	นก แก้ว
part *n.*	<u>suan</u>	ส่วน

parting (of the hair)	sae:k *phOm*	แสก ผม
partner	**khoo:** *kha:*	คู่ ขา
partner, associate	**hoon**	หุ้น
partridge	***nOk*** gratha:	นก กระทา
party (political)	***phrak***	พรรค
pass *v.*	pha:n	ผ่าน
passenger	**phoo:** dO:i *sa:n*	ผู้ โดย สาร
passionate	jai ***raw:n***	ใจ ร้อน
passive	**mai** mee pati gi***ri*** ya:	ไม่ มี ปฏิ กริ ยา
passport	*nang seu:* deuh:ntha:ng	หนัง สือ เดินทาง
past	adeeta ga:n	อดีต กาล
past perfect	ga:n *sOm* boo:n	กาล สม บูรณ์
paste *v.*	tha: ga:o	ทา กาว
pastor	***phra***	พระ
patch up *v.*	pa	ปะ
patent, copyright	***li***khasit	ลิขสิทธิ์
patient	khOn **khai**	คน ไข้
patient *adj.*	Ot thOn	อด ทน
patrol	ya:m truat	ยาม ตรวจ
patrol *v.*	aw:k truat	ออก ตรวจ
pattern	bae:p tat **seua**	แบบ ตัด เสื้อ
pavement, sidewalk	tha:ng deuh:n	ทาง เดิน
paw	**oong** ***tha:o***	อุ้ง เท้า
pawn *n.*	sing pragan	สิง ประกัน
pawn ticket	*tua* jam nam	ตั๋ว จำ นำ
pawn *v.*	jam nam	จำ นำ
pawnshop	rO:ng ***rap*** jam nam	โรง รับ จำ นำ
pay by installments	ja:i ngeuhn phawn pen **nguat**	จ่าย เงิน ผ่อน เป็น งวด
pay in	fa:k ngeuhn	ฝาก เงิน
pay *v.*	ja:i	จ่าย
pay *v.*	ja:i ngeuhn	จ่าย เงิน
paying off, compensation	ga:n ***chOt*** *chai* **kha:** *sia ha:i*	การ ชด ใช้ ค่า เสีย หาย
payment by installments	cham***ra*** pen nguat nguat	ชำระ เป็น งวดๆ
pea	thua	ถั่ว
peace *n.*	khwa:m sangOp	ความ สงบ
peach	***aep***pri***khawt***	แอปริคอท
peacock	***nOk*** yoo:ng	นก ยูง
peak	**yaw:t** *soo:ng* sood phoo:*khao*	ยอด สูง สุด ภูเขา
peal *v.*	paw:k	ปอก
peanut	thua ***lis****Ong*	ถั่ว ลิสง
pear	*sa:***lee**	สาลี่
pearl *n.*	***mook***	มุก
pearl necklace	**soi** khai ***mook***	สร้อย ไข่ มุก
pebble *n.*	gruat	กรวด

peck *v.*	jik	จิก
pedal *n.*	bandai *rOt*	บันได รถ
pedestrian	khOn deuh:n	คน เดิน
pedestrian crossing	tha:ng khOn deuh:n **kha:n**	ทาง คน เดิน ข้าม
pee *v.*	chee	ฉี่
peel *v.*	plaw:k	ปลอก
pelican	*nOk* grathoong	นก กระทุง
pen friend	**pheuan** *khian jOtma:i*	เพื่อน เขียน จดหมาย
pen *n.*	pa:kga:	ปากกา
penal code	pranuan *gOt ma:i* a:ya:	ประมวล กฎ หมาย อาญา
penalty *n.*	**thO:t**	โทษ
pencil *n.*	din*saw:*	ดินสอ
pendant	**jee**	จี้
pendulum	**loo:k toom**	ลูก ตุ้ม
penetrate, pierce *v.*	*thaloo*	ทะลุ
penguin	*nOk* phengooin	นก เพนกวิน
peninsula	*lae:m*	แหลม
penis	leung	ลึงค์
pension	bam na:n	บำ นาญ
people	khOn	คน
people	cha:o	ชาว
people, nation	pracha: chOn	ประชา ชน
pepper	*phrik* thai	พริก ไทย
pepper caster	khuat *phrik* thai	ขวด พริก ไทย
percent	*raw:i la*	ร้อย ละ
perfect	**mai** mee **thee** ti	ไม่ มี ที่ ติ
perforate *v.*	jaw roo:	เจาะ รู
perforated	raw:i **phap**	รอย พับ
perforator *n.*	**khreuang** jaw roo:	เครื่อง เจาะ รู
perfume	*nam haw:m*	น้ำ หอม
perhaps	khOng ja	คง จะ
perjury	khwa:m phit *tha:n* phaya:n *thet*	ความ ผิด ฐาน พยาน เท็จ
permission *n.*	anooya:t	อนุญาต
permit *v.*	anooya:t	อนุญาต
perpetually	talaw:t (pai)	ตลอด (ไป)
person *n.*	khOn	คน
personal	**duay** meu: e:ng	ด้วย มือ เอง
personality	*nisai*	นิสัย
personality	**phoo:** yai	ผู้ ใหญ่
persuade *v.*	*chak* joo:ng	ชัก จูง
perverse	*wi*ta *tha:n*	วิต ถาร
pestle *n.*	sa:k	สาก
pet name	**cheu: len**	ชื่อ เล่น
pet, domestic animal	sat *liang*	สัตว์ เลี้ยง

petition

petition	deega:	ฎีกา
petrol	***nam*** man ***cheua*** phleuh:ng	น้ำ มัน เชื้อ เพลิง
petrol station	***pam nam*** man	ปั๊ม น้ำ มัน
pharmacy *n.*	***ra:n*** *kha:i* ya:	ร้าน ขาย ยา
pheasant	gai ***fa:***	ไก่ ฟ้า
philanderer	**jao** ***choo:***	เจ้า ชู้
phone *v.*	thO:rasap	โทรศัพท์
phone *v.* (colloq.)	thO:	โทร
phonetic transcription	tua agsaw:n bae:p fO:ne:thik	ตัว อักษร แบบ โฟเนทิค
phosphorus	**tha:t** faw:sfaw:***rat***	ธาตุ ฟอสฟอรัส
photocopier	**khreuang** at *sam* nao	เครื่อง อัด สำ เนา
photocopy *n.*	tha:i e:ka*sa:n*	ถ่าย เอกสาร
photocopy *v.*	tha:i e:ka*sa:n*	ถ่าย เอกสาร
photograph *n.*	**roo:p** tha:i	รูป ถ่าย
photograph *v.*, take a photograph	tha:i **roo:p**	ถ่าย รูป
photographer	**chang** tha:i roo:p	ช่าง ถ่าย รูป
physically handicapped	***phi*** ga:n	พิ การ
physics	***wi***cha: ***fi***sik	วิชา ฟิสิกส์
piano	pianO:	เปียนโน
pick (one's teeth)	**jim** (fan)	จิ้ม (ฟัน)
pick off *v.*	plit	ปลิด
pick up	pai ao ma:	ไป เอา มา
pick up (phone)	***rap*** *sa:i*	รับ สาย
pick up (someone)	ma: ***rap***	มา รับ
pick up, lift *v.*	***yOk*** **kheun**	ยก ขึ้น
pick *v.*	gep	เก็บ
pickle *v.*, salt *v.*	mag khem	หมัก เค็ม
pickpocket	***nak luang*** gra*pao*	นัก ล้วง กระเป๋า
picture	**roo:p**	รูป
picture book	samoot **pha:p**	สมุด ภาพ
piece	an	อัน
pierce *v.*	thae:ng	แทง
pig	*moo:*	หมู
pigeon	***nOk phi*** ra:p	นก พิ ราบ
piglet	**loo:k** *moo:*	ลูก หมู
pill	ya: ***met***	ยา เม็ด
pillow	*maw:n*	หมอน
pillowcase	plaw:k *maw:n*	ปลอก หมอน
pilot *n.*	***nak*** bin	นัก บิน
pimp	**phoo:** cha:i mae:ng da:	ผู้ ชาย แมง ดา
pimple	*sio*	สิว
pin, pinhead	*khem* moot	เข็ม หมุด
pin, stick *v.*	treung	ตรึง
pinboard	baw:t praga:t	บอร์ด ประกาศ

Page 86 ENGLISH - THAI

pinch v.	yik	หยิก
pineapple	sapparOt	สับปะรด
pink	see chOm phoo:	สี ชม พู
pipe n.	thaw:	ท่อ
pirate	jO:n salat	โจร สลัด
Pisces	ra:see meen	ราศี มีน
piss v. (impolite)	yio	เยี่ยว
pistol	peu:n phOk	ปืน พก
pitiful	na: sia da:i	น่า เสีย ดาย
pity v.	sOng sa:n	สง สาร
pity, have pity	sOng sa:n	สง สาร
placard, poster	phaen praga:t	แผ่น ประกาศ
place	thee	ที่
place of occurrence	thee geuh:t he:t	ที่ เกิด เหตุ
plague	rO:k ha:	โรค ห่า
plain n.	thee ra:p	ที่ ราบ
plain v.	tham hai ra:p	ทำ ให้ ราบ
plait, pigtail	ha:ng pia	หาง เปีย
plan v.	wa:ng khrO:ng ga:n	วาง โครง การ
plan, scheme, plot v.	khrO:ng ga:n	โครง การ
plane n. (aeroplane)	khreuang bin	เครื่อง บิน
planet	da:o nOpphakhraw	ดาว นพเคราะห์
plank n.	ma:i grada:n	ไม้ กระดาน
plant n.	pheu:t	พืช
plant v.	ploo:k	ปลูก
plantation	suan	สวน
plaster	pla:steuh:	ปลาสเตอร์
plaster cast	poo:n pla:steuh:	ปูน ปลาสเตอร์
plastic bag	thoong phla:stik	ถุง พลาสติก
plastic n.	phla:stik	พลาสติก
plate n.	ja:n	จาน
plateau	thee ra:p soo:ng	ที่ ราบ สูง
play marble	len loo:k hin	เล่น ลูก หิน
play music v.	len dOntree	เล่น ดนตรี
play sport v.	len geela:	เล่น กีฬา
play v.	len	เล่น
please	garoona:	กรุณา
pleased with, to be pleased with	chaw:p jai	ชอบ ใจ
plot n. (land)	thee din	ที่ ดิน
plough n.	khan thai	คัน ไถ
plough v.	thai	ไถ
plug	hua siap	หัว เสียบ
plug v., cork v.	oot	อุด
plum	loo:k buay	ลูก บ๊วย

plumber	**chang** prapa:	ช่าง ประปา
plural	phahoo: ***phOt***	พหูพจน์
plus	buak	บวก
Pluto	da:o phloo:tO:	ดาว พลูโต
pneumatics	ya:ng ***rOt chanit*** chai at lOm	ยาง รถ ชนิด ใช้ อัด ลม
pneumonia	paw:t buam	ปอด บวม
PO box (post office box)	**too:** praisanee	ตู้ ไปรษณีย์
pocket	gra*pao*	กระเป๋า
pod, seed vessel	fak	ฝัก
poem	khlO:ng	โคลง
poet	gawee	กวี
point *v.*	***chee***	ชี้
point, dot, period, (.)	joot	จุด
pointer, needle	*khem* ***chee***	เข็ม ชี้
poison *n.*	ya: ***phit***	ยา พิษ
poison *v.*	wa:ng ya: ***phit***	วาง ยา พิษ
poisoned *adj.*	thoo:k ya: ***phit***	ถูก ยา พิษ
poisonous *adj.*	mee ***phit***	มี พิษ
polar bear	*mee kha:o*	หมี ขาว
Pole Star	da:o *neua*	ดาว เหนือ
police, policeman	tamruat	ตำรวจ
polish *v.*	khat ngao	ขัด เงา
polite *adj.*	***phraw***	เพราะ
polite *adj.*	soo**pha:p**	สุภาพ
politician *n.*	***nak*** ga:n meuang	นัก การ เมือง
politics *n.*	ga:n meuang	การ เมือง
pollen	re:noo:	เรณู
pond	baw:	บ่อ
poor *adj.*	jOn	จน
poor quarter	**ya:n** khOn jOn	ย่าน คน จน
pope	*santa* pa:pa:	สันตะ ปาปา
poppy	daw:k fin	ดอก ฝิ่น
popular *adj.*	***ni***yOm	นิยม
popular *adj.*	pen **thee *ni***yOm gan **thua** pai	เป็น ที่ นิยม กัน ทั่ว ไป
population *n.*	pracha: gaw:n	ประชา กร
population *n.*	phOnla meuang	พล เมือง
porcelain, china	din *phao*	ดิน เผา
pore	roo: *khOn*	รู ขน
pore *n.* (in the skin)	khoom khOn	ขุม ขน
porn magazine	*nang seu:* ***pO:***	หนังสือ โป๊
porn movie	*nang* ***pO:***	หนัง โป๊
porous	pen roo: phroon	เป็น รู พรุน
port *n.* (for shipping)	**tha:** reua	ท่า เรือ
porter	khOn **fao** pratoo:	คน เฝ้า ประตู

portion	**thee**	ที่
possessed	*phee* **khao**	ผี เข้า
possible *adj.*	pen pai **da:i**	เป็น ไป ได้
possibly	khOng <u>ja</u>	คง จะ
possibly	<u>a:t</u> <u>ja</u>	อาจ จะ
post office	**thee** tham ga:n praisanee	ที่ ทำ การ ไปรษณีย์
post, pole *n.*	*sao*	เสา
postage *n.*	**kha:** praisanee	ค่า ไปรษณีย์
postcard	praisanee *ya*<u>bat</u>	ไปรษณียบัตร
postcode	ra-<u>hat</u> praisanee	รหัส ไปรษณีย์
postman	boo<u>root</u> praisanee	บุรุษ ไปรษณีย์
postmark *v.*	<u>pit</u> satae:m	ปิด แสตมป์
pot, kettle	ga: *na:m*	กา น้ำ
potassium permanganate	<u>da:ng</u> *thap* thim	ด่าง ทับ ทิม
potato	man fa<u>rang</u>	มัน ฝรั่ง
poultry	**phuak** <u>pet</u> **gai**	พวก เป็ด ไก่
pound *n.*	paw:n	ปอนด์
pour *v.*	the:	เท
pour *v.*	*rOt*	รด
pour *v.*	rin	ริน
pour water *v.*	*rOt na:m*	รด น้ำ
powder *n.*	**pae:ng**	แป้ง
powder *v.*	rO:i **pae:ng**	โรย แป้ง
power *n.*	gamlang	กำลัง
power of attraction	am**na:t** khwa:m deung <u>doo:t</u>	อำนาจ ความ ดึงดูด
practice	<u>bae:p</u> <u>feuk</u> <u>hat</u>	แบบ ฝึก หัด
practice *v.*	<u>feuk</u> <u>hat</u>	ฝึก หัด
praise *v.*	chOm	ชม
prawn	**goong**	กุ้ง
pray *v.*	<u>suat</u>	สวด
prayer	ga:n <u>suat</u> mOn	การ สวด มนต์
precede *v.*	**luang na:**	ล่วง หน้า
precious stone	*phet* phlaw:i	เพชร พลอย
precise	**maen**	แม่น
precocious	<u>sook</u> <u>gaw:n</u> ha:m	สุก ก่อน ห่าม
preface	kham nam	คำ นำ
prefer *v.*	**chaw:p ma:k** <u>gua:</u>	ชอบ มาก กว่า
pregnant	mee *thaw:ng*	มี ท้อง
prejudice	*akha*ti	อคติ
premonition *v.*	*roo:* <u>seuk</u> *sang haw:n*	รู้ สึก สัง หรณ์
prepare for	triam tua	เตรียม ตัว
prepare oneself	triam *phraw:m*	เตรียม พร้อม
prepare *v.*	triam	เตรียม
prescription	bai <u>jiat</u> ya:	ใบ เจียด ยา

presence	patjooban	ปัจจุบัน
present *adj.* (not absent)	<u>yoo:</u>	อยู่
present *n.* (gift)	*khaw:ng khwan*	ของ ขวัญ
preserve *v.*	sa*nguan wai*	สงวน ไว้
preserved cucumber	tae:ng gua: daw:ng	แตง กวา ดอง
president (from a country)	<u>pra</u>tha:na: **thib**Odee	ประธานา ธิบดี
president (of a company)	<u>pra</u>tha:n baw*ri*<u>sat</u>	ประธาน บริษัท
press conference *n.*	ga:n **hai** sam**pha:t** *nang seu:* phim	การให้สัมภาษณ์หนังสือพิมพ์
press freedom	se:ree **pha:p** *khaw:ng nang seu:* phim	เสรี ภาพ ของ หนัง สือ พิมพ์
press *v.*	<u>gOt</u>	กด
pretend *v.*, dissemble *v.*	se: **sae:ng**	เส แสร้ง
pretty *adj.*	*suay*	สวย
prevent *v.*	**pawng** gan	ป้อง กัน
previous, before	<u>gaw:n</u>	ก่อน
previously, formerly	<u>tae:</u> <u>gaw:n</u>	แต่ ก่อน
previously, in the past	**meua** <u>gaw:n</u>	เมื่อ ก่อน
price *n.*	ra:kha:	ราคา
prick *v.* (with a needle)	**thim** (*khem*)	ทิ่ม (เข็ม)
prickle, bur	*na:m*	หนาม
primary school	rO:ng rian <u>pra</u>*thOm*	โรง เรียน ประถม
primeval forest	<u>pa:</u> <u>yai</u>	ป่า ใหญ่
prince	**jao** cha:i	เจ้า ชาย
princess	**jao** *ying*	เจ้า หญิง
principal	tua ga:n	ตัว การ
print *n.*, imprint *n.*	tra:	ตรา
print office	sam**nak** phim	สำนัก พิมพ์
print quantity	jam nuan phim	จำ นวน พิมพ์
print *v.*	phim	พิมพ์
printed matter	<u>sing</u> tee phim	สิ่ง ตี พิมพ์
printing office	rO:ng phim	โรง พิมพ์
prison, jail	***khook***	คุก
prisoner	***nak* thO:t**	นัก โทษ
private *adj.*, personal	<u>suan</u> tua	ส่วน ตัว
problem *n.*	pan*ha:*	ปัญหา
process *n.* (legal)	khadee	คดี
produce *v.*, manufacture *v.*	pha<u>lit</u>	ผลิต
producer	**phoo:** pha<u>lit</u>	ผู้ ผลิต
product	*sin **kha:** thee* pha<u>lit</u>	สิน ค้า ที่ ผลิต
profession	a:**cheep**	อาชีพ
professor	<u>sa:</u>ttra: ja:n	ศาสตรา จารย์
profit *n.*	gamrai	กำไร
prohibit *v.*	**ha:m**	ห้าม
projector	**khreuang** *cha:i*	เครื่อง ฉาย
promise *v.*	*san*ya:	สัญญา

pronoun	sapha na:m	สรรพ นาม
pronunciation	*sam* niang	สำ เนียง
proof *n.* (evidence)	lak *tha:n*	หลัก ฐาน
property *n.*	***sap*** *sin*	ทรัพย์ สิน
prophesy *v.*	tham na:i	ทำ นาย
prosthesis	*kha:* thiam	ขา เทียม
prostitute *n.*	na:ng bam reuh:	นาง บำ เรอ
prostitute *n.*	sO:phe:nee	โสเภณี
protect *v.*	***khoom*** khraw:ng	คุ้ม ครอง
protect *v.*	pOk **pawng**	ปก ป้อง
protector *n.*	**phoo: pawng** gan	ผู้ ป้อง กัน
protein	prO:teen	โปรตีน
protest *v.*	***thak thuang***	ทัก ท้วง
protest v.	pra***thuang***	ประท้วง
proud *adj.*	phoo:m jai	ภูมิ ใจ
proverb	soo pha:sit	สุ ภาษิต
province	jangwat	จังหวัด
provision	sabiang	เสบียง
provoke	**yua**yoo	ยั่วยุ
psalm	phle:ng suat	เพลง สวด
psychiatrist	jida **phae:t**	จิต แพทย์
pub	***ra:n*** *kha:i* **lao**	ร้าน ขาย เหล้า
puberty	wai **roon**	วัย รุ่น
pubic hair	*maw:i*	หมอย
public *adj.*	**seung** pen **thee** peuh:t ***pheuh:i***	ซึ่ง เป็น ที่ เปิด เผย
publish *v.*	*pheuh:i* **phae:**	เผย แพร่
publisher	**phoo:** phim khO:sana:	ผู้ พิมพ์ โฆษณา
puddle	baw: khlO:n	บ่อ โคลน
pull off, pull v.	deung	ดึง
pulpit	thamma:t	ธรรม มาสน์
pulse	**chee**pha jaw:n	ชีพ จร
pulse beat	**chee**pha jaw:n **ten**	ชีพ จร เต้น
pump *n.*	**khreuang** ***pam na:m***	เครื่อง ปั๊ม น้ำ
pump *v.*	soo:p (***na:m***)	สูบ (น้ำ)
pumpkin	***fak***	ฟัก
punch theater	hoon grabaw:k	หุ่น กระบอก
punctual *adj.*	trOng we:la:	ตรง เวลา
punctual *adj.*	than we:la:	ทัน เวลา
punish *v.*	tham **thO:t**	ทำ โทษ
punishment *n.*	**thO:t**	โทษ
pupil *n.* (of the eye)	**gae:o** ta: dam	แก้ว ตา ดำ
pupil, student	***nak*** rian	นัก เรียน
puppy, pup	**loo:k** *ma:*	ลูก หมา
purple	*see* **muang**	สี ม่วง

purse	gra*pao* sata:ng	กระเป๋า สตางค์
pus	*naw:ng*	หนอง
push away *v.*	phlak	ผลัก
put down	wa:ng lOng	วาง ลง
put on (clothing)	*suam*	สวม
put *v.*, place *v.*	wa:ng	วาง
putsch	ga:n jala: jOn	การ จราจร
puzzle *n.*	prisa*na:*	ปริศนา
pyjamas	**choot** naw:n	ชุด นอน
pyjamas	**seua** gang ge:ng naw:n	เสื้อ กาง เกง นอน
pyramid	**roo:p** gruay liam	รูป กรวย เหลี่ยม

Q

quack	*maw:* theuan	หมอ เถื่อน
quadruped	jatoo ba:t	จตุ บาท
quail	*nOk* gratha:	นก กระทา
qualify *v.*	satae:ng khoon na*woot*	แสดง คุณวุฒิ
quality *n.*	khoon na*woot*	คุณ วุฒิ
quality, property	khoona sOm bat	คุณ สม บัติ
quarantine	ga:n gak phoo: puay **rO:k** tit taw:	การ กัก ผู้ ป่วย โรค ติด ต่อ
quarrel	ga:n tha*law* wiwa:t	การ ทะเลาะ วิวาท
quarrel *v.*	***thalaw***	ทะเลาะ
quarter (1/4)	neung nai see	หนึ่ง ใน สี่
quarter (residential quarter)	**ya:n**	ย่าน
quartz	*hin* **khio** hanoo ma:n	หิน เขี้ยว หนุ มาน
queen	ra:*chi*nee	ราชินี
queen (in the pack of cards)	**phai** khween	ไพ่ ควีน
question mark	pradsanee	ปรัศนี
question *n.*	kham *tha:m*	คำ ถาม
question *v.*	*tha:m*	ถาม
questioning, interrogation	kham **hai** ga:n	คำ ให้ การ
queue	ree ree raw: raw:	รีๆ รอๆ
quiet *adj.*	bao	เบา
quiet, calm *adj.*	**ngiap**	เงียบ
quinine	*khwi*nin	ควินิน
quit	**jae:ng hai sa:p**	แจ้ง ให้ ทราบ
quit, stop	**leuh:k**	เลิก
quotation marks	anya praga:t	อัญ ประกาศ

rabbit	<u>grata:i</u>	กระต่าย
rabies	**rO:k** glua ***na:m***	โรค กลัว น้ำ
racial discrimination	ga:n *theu: phio*	การ ถือ ผิว
rack	**hing thee** wa:ng *khaw:ng*	หิ้ง ที่ วาง ของ
radar	re:**da:**	เรดาร์
radiator	**khreuang** tham khwa:m ***raw:n***	เครื่อง ทำ ความ ร้อน
radiator (at the engine)	**maw:** ***na:m***	หม้อ น้ำ
radio	**wi**tha**yoo**	วิทยุ
radio cassette recorder	**wi**tha**yoo** the:p	วิทยุ เทป
radio set	**khreuang** *rap* **wi**tha**yoo**	เครื่อง รับ วิทยุ
radio station	sa*tha:*nee **wi**tha**yoo**	สถานี วิทยุ
radio v., send out	<u>aw:k</u> a:<u>ga:t</u>	ออก อากาศ
radioactivity	rang *see*	รัง สี
radium	**rae:re:diam**	แร่เรเดี่ยม
radius	***ra***samee	รัศมี
raft *n.*	phae:	แพ
rag, cloth *n.*	<u>se:t</u> **pha:**	เศษ ผ้า
rail *n.*	ra:ng	ราง
railing *n.*	ra:ng	ราง
railway station	sa*tha:*nee ***rOt*** fai	สถานี รถ ไฟ
railway tracks	tha:ng ***rOt*** fai	ทาง รถ ไฟ
rain *n.*	*fOn*	ฝน
rain *v.*	*fOn* <u>tOk</u>	ฝน ตก
rainbow	***roong*** gin ***na:m***	รุ้ง กิน น้ำ
rainwater	***nam*** *fOn*	น้ำ ฝน
rainy season	*reu*doo: *fOn*	ฤดู ฝน
raise a hand	***yOk*** meu: **kheun**	ยก มือ ขึ้น
raise *v.*, lift *v.*	***yOk***	ยก
raisin	a-<u>ngoon</u> **haeng**	องุ่น แห้ง
rake	**khra:t**	คราด
rambutan	***ngaw***	เงาะ
ramp	tha:ng **la:t kheun**	ทาง ลาด ขึ้น
randy	**ba:** ga:m	บ้า กาม
ransom	ngeuhn **kha:** <u>thai</u>	เงิน ค่า ไถ่
rape *v.*	<u>khOm</u> *kheu:n*	ข่ม ขืน
rarity	khwa:m *ha:* **ya:k**	ความ หา ยาก
rash, skin rash	<u>phOt</u>	ผด
rat *n.*	*noo:*	หนู
rat poison	ya: <u>beua</u> *noo:*	ยา เบื่อ หนู
raven	***nOk*** <u>doo</u> <u>wao</u>	นก ดุ เหว่า
raw *adj.*	<u>dip</u>	ดิบ
raw material	*wat*<u>thoo</u> <u>dip</u>	วัตถุ ดิบ
ray, skate (animal)	pla: <u>grabe:n</u>	ปลา กระเบน
razor	**meet** gO:n <u>nuat</u>	มีด โกน หนวด

reach *v.*	**euam** *theung*	เอื้อม ถึง
read *v.*	a:n	อ่าน
ready *adj.*, prepared *adj.*	***phraw:m***	พร้อม
real *adj.*	jing	จริง
rearview mirror	grajOk maw:ng *lang*	กระจก มอง หลัง
re-build	**sa:ng** mai	สร้าง ใหม่
receipt	bai ***rap***	ใบ รับ
receipt	bai set	ใบ เสร็จ
receive *v.*	**da:i** ***rap***	ได้ รับ
received, accept	***rap***	รับ
recognize	***rap roo:***	รับ รู้
recommend *v.*	***nae*** nam	แนะ นำ
reconcile *v.*	praw:ng daw:ng	ปรอง ดอง
record (on tape)	at *siang*	อัด เสียง
record *v.*, write down	ban ***theuk***	บัน ทึก
record, disk *n.*	phaen *siang*	แผ่น เสียง
recover *v.*	***feu:n***	ฟื้น
recover *v.*	*ha:i*	หาย
rectangle	see liam pheu:n **pha:**	สี่ เหลี่ยม ผืน ผ้า
red	*see* dae:ng	สี แดง
reduce *v.*	***lOt***	ลด
reduce *v.*	***lOt*** lOng	ลด ลง
reduce *v.* (price)	***lOt*** ra:kha:	ลด ราคา
reduce *v.* (volume)	bao lOng	เบา ลง
reed	**aw:**	อ้อ
reef	*hin* sO: ***khrO:k***	หิน โส โครก
referee	**phoo:** tat *sin*	ผู้ ตัด สิน
reflector	fai sa***thaw:n*** *sae:ng*	ไฟ สะท้อน แสง
reformatory	rO:ng rian dat*san*da:n	โรง เรียน ดัดสันดาน
refrain *n.*	**loo:k khoo:**	ลูก คู่
refreshing *adj.*	**cheu:n** jai	ชื่น ใจ
refrigerator *n.*	**too:** yen	ตู้ เย็น
refuel (petrol)	teuh:m ***nam*** man	เติม น้ำ มัน
refugee	**phoo:** Opha***yOp***	ผู้ อพยพ
refugee camp	**kha:i** Opa***yOp***	ค่าย อพยพ
refuse an invitation	baw:k patise:t	บอก ปฏิเสธ
refuse *v.*	pathi se:t	ปฏิ เสธ
regatta	nga:n khaeng reua	งาน แข่ง เรือ
region, area	khe:t	เขต
register *n.*	***tha***bian	ทะเบียน
register *v.*	lOng ***tha***bian	ลง ทะเบียน
registered letter	jOt*ma:i* lOng ***tha***bian	จดหมาย ลง ทะเบียน
Registration Office	*sam****nak*** nga:n ***tha***bian	สำนัก งาน ทะ เบียน
regret	***roo:*** seuk *sia* jai	รู้ สึก เสีย ใจ

regret	*sia* jai	เสีย ใจ
regrettable *adj.*	**na:** *sia* jai	น่า เสีย ใจ
relatives	**ya:t**	ญาติ
relax *v.*	phawn khla:i	ผ่อน คลาย
release *v.*	ploi	ปล่อย
reliable *adj.*	*wai* jai **da:i**	ไว้ ใจ ได้
relief	**lO:ng** jai	โล่ง ใจ
relieve	ga:n banthao lOng	การ บรรเทา ลง
religion *n.*	sa:tsa*na:*	ศาสนา
religious *adj.*	**khreng** sa:tsa*na:*	เคร่ง ศาสนา
religious freedom	se:ree pha:p tha:ng sa:tsa*na:*	เสรี ภาพ ทาง ศาสนา
remain	leu:a yoo:	เหลือ อยู่
remain *adj.*	khOng **thee**	คง ที่
remember *v.*	jOt jam	จด จำ
remember, recall	jam **da:i**	จำ ได้
remember, recognize	jam	จำ
remove *v.*	ao aw:k	เอา ออก
remove *v.*, clear *v.*	khOn **ya:i**	ขน ย้าย
renovate *v.*	plian plae:ng mai	เปลี่ยน แปลง ใหม่
rent *n.*	**kha: chao**	ค่า เช่า
rent out	**hai chao**	ให้ เช่า
rent *v.*	**hai chao**	ให้ เช่า
rent *v.*, hire *v.*	**chao**	เช่า
repair *v.*	**sawm**	ซ่อม
replace *v.*	sap plian	สับ เปลี่ยน
replacement *n.*	*khaw:ng* thae:n	ของ แทน
replant *v.*	ploo:k **kheun** mai	ปลูก ขึ้น ใหม่
report (to the police)	**jae:ng** khwa:m	แจ้ง ความ
report *n.*	ra:i nga:n	ราย งาน
repress *v.*	**glan**	กลั้น
reprint, new edition	ga:n jat phim **kheun** mai	การ จัด พิมพ์ ขึ้น ใหม่
request *v.*	khaw: **raw:ng**	ขอ ร้อง
rescue *v.*	**chuay** chee*wit*	ช่วย ชีวิต
researcher	**phoo:** saw:p *suan*	ผู้ สอบ สวน
reserve (a room)	jaw:ng **hawng**	จอง ห้อง
reserve (a seat)	jaw:ng **thee**	จอง ที่
resign *v.*	la: aw:k	ลา ออก
resin	ya:ng *nio*	ยาง เหนียว
responsibility *n.*	ga:n **rap** phit **chaw:p**	การ รับ ผิด ชอบ
responsible	*rap* phit **chaw:p**	รับ ผิด ชอบ
rest *v.*	**phak**	พัก
restaurant (large)	**phat**ta:kha:n	ภัตตาคาร
restaurant *n.*	*ra:n* a:*ha:n*	ร้าน อาหาร
restore *v.*	plian plae:ng	เปลี่ยน แปลง

result *n.*	*phOn lap*	ผล ลัพธ์
retail *n.*	ga:n *kha:i* pleek	การ ขาย ปลีก
retailer	**phaw: kha: yaw:i**	พ่อ ค้า ย่อย
retrieve *v.*	kha:p	คาบ
return home	glap **ba:n**	กลับ บ้าน
return, back	glap	กลับ
return, bring back	ao gap ma:	เอา กลับ มา
revenge *v.*, avenge *v.*	**gae: khae:n**	แก้ แค้น
reverse	trOng gan **kha:m**	ตรง กัน ข้าม
reverse gear	gia *thoi lang*	เกียร์ ถอย หลัง
revolution counter	*khemwat* **raw:p khreuang** yOn	เข็มวัด รอบ เครื่อง ยนต์
reward *n.*	ra:ng wan	ราง วัล
reward *n.*	sing taw:p *thae:n*	สิ่ง ตอบ แทน
reward *v.*	**hai** ra:ng wan	ให้ ราง วัล
rheumatism	**rO:k** puat tha:m **khaw:**	โรค ปวด ตาม ข้อ
rhinoceros *n.*	**rae:t**	แรด
rib	see khrO:ng	ซี่ โครง
ribbon *n.*	**rip** bin	ริบ บิ้น
rice (normal cooked)	**kha:o** *suay*	ข้าว สวย
rice bird	*nOk* graja:p	นก กระจาบ
rice cooker	**maw:** *hoong* **kha:o** fai *fa:*	หม้อ หุง ข้าว ไฟ ฟ้า
rice field	na:	นา
rice grain	ma*let* kha:o	เมล็ด ข้าว
rice in bamboo	**kha:o** *la:m* tat	ข้าว หลาม ตัด
rice *n.*	**kha:o**	ข้าว
rice noodle	*guay tio*	ก๋วย เตี๋ยว
rice soup	**kha:o tOm**	ข้าว ต้ม
rich *adj.*	ruay	รวย
riddle *n.*	prisa*na:*	ปริศนา
ride *v.* (a horse)	khee (*ma:*)	ขี่ ม้า
right *n.* (direction)	*khwa:*	ขวา
right *n.* (to do something)	sit*thi*	สิทธิ
right, correct *adj.*	thoo:k	ถูก
rim *n.* (of a wheel)	khaw:p wOng *law:*	ขอบ วง ล้อ
rind	pleuak	เปลือก
ring a bell	san	สั่น
ring *n.* (for the finger)	*wae:n*	แหวน
ring *v.* (at the door)	gOt grading	กด กระดิ่ง
ripe *adj.*	sook	สุก
rise (from the dead)	kheu:n **cheep**	คืนชีพ
risk *n.*	khwa:m siang	ความ เสี่ยง
risk *v.*	**gla:**	กล้า
risk *v.*	siang	เสี่ยง
river *n.*	**mae:** *na:m*	แม่ น้ำ

rivet	<u>tapoo</u>: *hua* bae:n ***khO:ng***	ตะปู หัว แบนโค้ง
road *n.*	tha*nOn*	ถนน
roam about	deuh:n **thaw:t nawng**	เดิน ทอด น่อง
roast chicken	<u>gai</u> **ya:ng**	ไก่ ย่าง
roast *v.*	**ya:ng**	ย่าง
rob *v.*, steal *v.*	**plOn**	ปล้น
robber *n.*	jO:n	โจร
robbery *n.*	jO:nra gram	โจร กรรม
robot	<u>hoon</u> yOn	หุ่น ยนต์
rock, stone	*hin pha:*	หิน ผา
rocket	ja<u>ruat</u>	จรวด
rocket, missile *n.*	***phloo***	พลุ
roe deer	**gua:ng** <u>khana:t</u> **lek**	กวาง ขนาด เล็ก
roll up	***phap*** kheun	พับ ขึ้น
roll up	***muan***	ม้วน
roll up *v.*	muan	มวน
roll *v.*, slide *v.*	**gling**	กลิ้ง
roof, housetop *n.*	*lang* kha:	หลัง คา
roofer *n.*	khOn moong *lang* kha:	คน มุง หลัง คา
room	**hawng**	ห้อง
root *n.*	**ra:k**	ราก
rope *n.*	**cheuak**	เชือก
rope *v.*	***mat***	มัด
rose *n.*	goo<u>la:p</u>	กุหลาบ
rot *v.*	**nao**	เน่า
rotate *v.*	*moon*	หมุน
rotten *adj.*	**nao**	เน่า
rotten *adj.*	phoo phang	ผุ พัง
roulette	roo:<u>let</u>	รูเล็ต
round *adj.*	glOm	กลม
round the clock	ta<u>law:t</u>	ตลอด
round trip	pai <u>glap</u>	ไป กลับ
route, line	*sa:i*	สาย
row, line	*thae:o*	แถว
rub in *v.*	tha:	ทา
rub off *v.*	*thoo:*	ถู
rubber	ya:ng	ยาง
rubber plantation	*suan* ya:ng	สวน ยาง
rubbish *n.*	kha<u>ya</u>	ขยะ
ruby	<u>thap</u> thim	ทับ ทิม
rucksack	**khreuang** *lang*	เครื่อง หลัง
rule *v.*, govern *v.*	<u>pOk</u> khraw:ng	ปก ครอง
ruler *n.*	***ma:i*** ban ***that***	ไม้ บรร ทัด
rules, regulations	**khaw:** gam <u>nOt</u>	ข้อ กำ หนด

rum (alcohol)	**lao** ram	เหล้า รัม
rumour	*khao* leu:	เขา ลือ
run after	**wing** ta:m	วิ่ง ตาม
run aground (a ship)	**laen** geuh:i fang	แล่น เกย ฝั่ง
run into	chOn	ชน
run over (with a car)	thap	ทับ
run *v.*	**wing**	วิ่ง
runaway *v.*	*nee* pai	หนี ไป
runway	la:n bin	ลาน บิน
rush *v.*	tham ya:ng **reep *raw:n***	ทำ อย่าง รีบ ร้อน
rush *v.*	**reep** duan	รีบ ด่วน
rust *n.*	sa*nim*	สนิม
rust *v.*	tham **hai** geuh:t pen sa*nim*	ทำ ให้ เกิด เป็น สนิม
rust *v.*	pen sa*nim*	เป็น สนิม
rusty *adj.*	pen sa*nim*	เป็น สนิม

S

sack, bag *n.*	grasaw:p	กระสอบ
sad *adj.*	**sao** jai	เศร้า ใจ
saddle	a:n	อาน
sadist	sa:tit	ซาดิตส์
safe *adj.*, secure *adj.*	plaw:t phai	ปลอด ภัย
safe *n.*	***se:f***	เซฟ
safety belt	*khem* khat niraphai	เข็ม ขัด นิรภัย
sagging breasts	nOm ya:n	นม ยาน
Sagittarius	ra:*see* thanoo:	ราศี ธนู
sail *n.*	bai reua	ใบ เรือ
sail *v.*	**laen** reua	แล่น เรือ
sailing boat	reua bai	เรือ ใบ
sailor, seaman	gala: *see* reua	กลา สี เรือ
salad	yam salat	ยำ สลัด
salary *n.*	ngeuhn deuan	เงิน เดือน
sales *n.*	jam nuan **thee** *kha:i* **da:i**	จำ นวน ที่ ขาย ได้
saliva *n.*	***nam*** la:i	น้ำ ลาย
salivary gland	tawm ***nam*** la:i	ต่อม น้ำ ลาย
salmon	pla: sae:l**mawn**	ปลา แซลมอน
salt *n.*	gleua	เกลือ
salt shaker	khuat gleua	ขวด เกลือ
salt *v.*	sai gleua	ใส่ เกลือ
salty *adj.*	khem	เค็ม

sand *n.*	sa:i	ทราย
sandal	raw:ng ***tha:o*** tae	รอง เท้า แตะ
sandpaper	grada:t sa:i	กระดาษ ทราย
sanitary towel	**pha:** ana: mai	ผ้า อนา มัย
sapphire	phai lin	ไพ ลิน
Satan	peesa:t ga:lee	ปีศาจ กาลี
satellite	da:o thiam	ดาว เทียม
satellite dish	ja:n da:o thiam	จาน ดาว เทียม
satisfied	dee jai	ดี ใจ
satisfied *adj.*	phaw: jai	พอ ใจ
satisfy *v.*	tham **da:i** pen **thee** phaw: jai	ทำ ได้ เป็น ที่ พอ ใจ
Saturday	wan *sao*	วัน เสาร์
Saturn	***phra*** *sao*	พระ เสาร์
sauce	saw:s	ซอส
sauce	***nam*** **jim**	น้ำ จิ้ม
saucer	ja:n raw:ng **thuay**	จาน รอง ถ้วย
sausage	**sai** graw:k	ไส้ กรอก
save money	gep ngeuhn	เก็บ เงิน
save *v.*	prayat	ประหยัด
saving *n.*	prayat	ประหยัด
savings account	banchee ngeuhn fa:k	บัญชี เงิน ฝาก
savings bank	thana:kha:n aw:m *sin*	ธนาคาร ออม สิน
savings bank book	samoot aw:m *sin*	สมุด ออม สิน
saw off	***chai*** **leuai** tat	ใช้ เลื่อย ตัด
saw *v.*	**leuai**	เลื่อย
saw *v.*	**leuai** aw:k	เลื่อย ออก
saxophone	pee ***saek***sO:fO:n	ปี่ แซ็กโซโฟน
say *v.*	**phoo:t**	พูด
scabies	**rO:k** *phio nang*	โรค ผิว หนัง
scales, balance *n.*	ta: **chang**	ตา ชั่ง
scalp *n.*	*nang hua*	หนัง หัว
scar *n.*	raw:i *phlae:* pen	รอย แผล เป็น
scare *v.* (frighten)	tham **hai** tOk jai	ทำ ให้ ตก ใจ
scarf *n.*	**pha:** phan khaw:	ผ้า พัน คอ
scene of accident	sa*tha:n* **thee** geuh:t oobattihe:t	สถาน ที่ เกิด อุบัติเหตุ
schedule *n.*	ta:ra:ng baw:k we:la:	ตาราง บอก เวลา
scholarship	thoon **lao** rian	ทุน เล่า เรียน
school	rO:ng rian	โรง เรียน
school book	bae:p rian	แบบ เรียน
school leaving certificate	bai soo*thi*	ใบ สุทธิ
science *n.*	***wi***thaya: ga:n	วิทยการ
scientist *n.*	***nak witha***ya: sa:t	นัก วิทยา ศาสตร์
scissors *n.*	grangrai	กรรไกร
scold *v.*, chide *v.*	da: **wa:**	ด่า ว่า

score *n.* (point on an exam)	*kha*nae:n	คะแนน
Scorpio	ra:*see phreut*sa jik	ราศี พฤศ จิก
scorpion	mae:ng pawng	แมง ป่อง
scrap metal	se:t lek	เศษ เหล็ก
scratch *v.*	gao	เกา
scratch *v.*	khuan	ข่วน
scrawl *v.*	*khian* wat	เขียน หวัด
screen *n.*	jaw:	จอ
screen *v.*, dam *v.*	**gan**	กั้น
screw (marine propeller)	bai *phat*	ใบ พัด
screw *n.*	tapoo: grio	ตะปู เกรียว
screw off	*khan* ao sagroo: aw:k	ขัน เอา สะกรู ออก
screw on	*khan* glio	ขัน เกลียว
screw up, bolt	*khan* glio	ขัน เกลียว
screw *v.*	*khai* sagroo:	ไข สกรู
screwdriver	*khai* khuang	ไข ควง
scrotum	*thoong* an*tha*	ถุง อัณฑะ
scrub *n.*	gaw:	กอ
scrub *v.*	khat *thoo:*	ขัด ถู
scum of the society	se:t ma*noot*	เศษ มนุษย์
scurvy	**rO:k** *la*ga pit *la*ga peuh:t	โรค ลัก ปิด ลัก เปิด
scythe	*phra:* huat	พร้า หวด
sea *n.*	*tha*le:	ทะเล
sea weed, alga	*sa:* ra:i	สา หร่าย
seabed	**gOn** *tha*le:	ก้น ทะเล
seafood	a:*ha:n tha*le:	อาหาร ทะเล
seagull	*nOk* na:ng nuan	นก นาง นวล
sea-horse	*ma: na:m*	ม้า น้ำ
seal *n.* (animal)	mae:o *na:m*	แมว น้ำ
seal *v.*	pit phaneuk	ปิด ผนึก
seaplane	**khreuang** bin thale:	เครื่อง บิน ทะเล
search *v.*	**khOn**	ค้น
search *v.*	ha:	หา
seasick *adj.*	mao **khleu:n**	เมา คลื่น
season *n.*	*reu*doo:	ฤดู
season ticket	*tua* phoo:k	ตั๋ว ผูก
seat *n.*	**thee nang**	ที่ นั่ง
sebaceous gland	tawm *khai* man	ต่อม ไข มัน
second (1/60 of a minute)	*wi*na:thee	วินาที
secondary	*ma*thayOm	มัธยม
secondary school	rO:ng rian *matha*yOm	โรง เรียน มัธยม
secret *adj.*	*lap*	ลับ
secret *n.*	khwa:m *lap*	ความ ลับ
secret service	**ra:**cha ga:n *lap*	ราช การ ลับ

section *n.*	taw:n	ตอน
secure *adj.*	**man**	มั่น
seduce (a woman)	law:k luang **phoo:** *ying*	หลอก ลวง ผู้ หญิง
seduce (to a crime)	pha: **hai** *sia* khOn	พา ให้ เสีย คน
seductive	**yua**yuan	ยั่วยวน
see *v.*	*hen*	เห็น
seed *n.*	ga:n wa:n	การ หว่าน
seed *n.*	ma*let*	เมล็ด
seize *v.* (hold *v.*)	jap **nen**	จับ แน่น
select *v.*	**leu:ak** *ha:*	เลือก หา
self-defense	ga:n **pawng** gan tOn e:ng	การ ป้อง กัน ตน เอง
self-service	**chuay** tOn e:ng	ช่วย ตน เอง
sell *v.*	*kha:i*	ขาย
seller, vendor	**phoo:** *kha:i*	ผู้ ขาย
Sellotape	***the:p*** *sai*	เทป ใส
semester	**pha:k** rian	ภาค เรียน
semicircle	**khreung** wOng glOm	ครึ่ง วง กลม
seminar *n.*	*sam*mana:	สัมมนา
send to	sOng *theung*	ส่ง ถึง
send to	sOng pai	ส่ง ไป
send to	sOng pai **hai**	ส่ง ไป ให้
send *v.*	sOng	ส่ง
sender	**phoo:** sOng	ผู้ ส่ง
sensible *adj.*	***roo:*** seuk wai	รู สึก ไว
sentence *n.* (of words)	prayO:k	ประโยค
sentence *v.*	tat *sin*	ตัด สิน
sentence *v.*	lOng **thO:t**	ลง โทษ
separate *v.*	**yae:k**	แยก
separate *v.*	**yae:k** aw:k ja:k gan	แยก ออก จาก กัน
separated	**yae:k**	แยก
separated *adj.*	**phlat pra:k**	พลัด พราก
September	ganya: yOn	กันยา ยน
serious *adj.*	*khreum*	ขรึม
serum	se:**room**	เซรุ่ม
servant	khOn ***rap chai***	คน รับ ใช้
serve *v.*	baw***ri***ga:n	บริการ
serve *v.*	***rap chai***	รับ ใช้
service *n.*	baw***ri***ga:n	บริการ
service *v.*	baw***ri***ga:n	บริการ
sesame	nga:	งา
settlement *n.*	***ni***khOm	นิคม
seven	jet	เจ็ด
several *adj.*, many	*la:i*	หลาย
sew on	choon	ชุน

sew up v.	*yep* tit gan	เย็บ ติด กัน
sew v.	*yep*	เย็บ
sewing machine	jak *yep* **pha:**	จักร เย็บ ผ้า
sex	ga:ma:rOm	กามารมณ์
sex n.	**phe:t**	เพศ
sexual	gio gap **phe:t**	เกี่ยว กับ เพศ
sexual intercourse	ga:n naw:n **duay** gan	การ นอน ด้วย กัน
sexual intercourse	ga:n **ruam**pra we:nee	การ ร่วมประ เวณี
sexual intercourse	**phe:t** *sam*phan	เพศ สัมพันธ์
shadow n.	ngao	เงา
shadow play n.	*nang* taloong	หนัง ตะลุง
shake off	salat aw:k	สลัด ออก
shake v.	khayao	เขย่า
shake v.	tua san	ตัว สั่น
shall (will)	ja	จะ
shallow	**teu:n**	ตื้น
shameless	**na: da:n**	หน้า ด้าน
share n. (fin.)	**hoon**	หุ้น
share v.	jae:k	แจก
share, participation	suan baeng	ส่วน แบ่ง
shareholder	**hoon**	หุ้น
shark	cha*la:m*	ฉลาม
shark fin	**khreep** pla: cha*la:m*	ครีบ ปลา ฉลาม
sharp *adj.* (knife)	khOm	คม
sharp *adj.* (photograph)	*chat*	ชัด
sharp, pointed *adj.*	*lae:m*	แหลม
sharpen point v.	lao **hai** *lae:m*	เหลา ให้ แหลม
sharpen v.	*lap*	ลับ
shave v.	gO:n nuat	โกน หนวด
shaver	**khreuang** gO:n nuat	เครื่อง โกน หนวด
she	*khao*	เขา
she	theuh:	เธอ
sheep	gae	แกะ
sheet n.	**pha:** poo: **thee** naw:n	ผ้า ปู ที่ นอน
sheet steel	lO:ha	โลหะ
shelf	*chan*	ชั้น
shell n.	pleuak *haw:i*	เปลือก หอย
shell, carapace	gradaw:ng	กระดอง
shelter v., cover v., protect v.	gambang	กำบัง
shift v., push v.	*khen*	เข็น
shin n.	**na: khaeng**	หน้า แข้ง
shine v.	cha:i	ฉาย
shine v.	sawng sawa:ng	ส่อง สว่าง
shine v.	sawng *sae:ng*	ส่อง แสง

ship *n.*	reua	เรือ
shipowner	na:i ***tha:i***	นาย ท้าย
ship's boy	dek reua	เด็ก เรือ
shipwreck	reua ap pa:ng	เรือ อับ ปาง
shipyard	oo: taw: reua	อู่ ต่อ เรือ
shirt *n.*	**seua**	เสื้อ
shit	**khee**	ขี้
shoe, footgear	raw:ng ***tha:o***	รอง เท้า
shoelace *n.*	**cheuak** phoo:k raw:ng ***tha:o***	เชือก ผูก รอง เท้า
shoot *v.*	ying	ยิง
shooting star, meteor	*phee* phoong **ta:i**	ผี พุง ไต้
shop *n.*	***ra:n***	ร้าน
shop window	**too: chO:**	ตู้ โชว์
shopping centre	***chawp*ping** phla:**sa:**	ชอปปิ้ง พลาซา
shore, coast	fang	ฝั่ง
short cut	tha:ng ***lat***	ทาง ลัด
short, brief	**san**	สั้น
short, low	**tia**	เตี้ย
shorten *v.*	**yaw:** lOng	ย่อ ลง
shortsighted	*sa:i* ta: **san**	สาย ตา สั้น
should *v.*, ought	khuan	ควร
shoulder blade	sabak	สะบัก
shoulder *n.*	lai	ไหล่
shout *v.*, yell *v.*	tagO:n	ตะโกน
shout, scold *v.*	et tarO:	เอ็ด ตะโร
shovel *n.*	**phlua**	พลั่ว
show *v.*, demonstrate *v.*	satae:ng **hai** doo:	แสดง ให้ ดู
shower *n.*	fak bua	ฝัก บัว
shower *v.*, have a shower	a:p ***na:m***	อาบ น้ำ
shrink *v.*	hOt	หด
shrubbery	**phoom**	พุ่ม
shuffle along	deuh:n **la:k *tha:o***	เดิน ลาก เท้า
shut out	**gan**	กั้น
shuttlecock	**loo:k** *khOn* gai	ลูก ขน ไก่
shy *adj.*	**khee** a:i	ขี้ อาย
shy, ashamed *adj.*	**na:** a:i	น่า อาย
siblings	**phee *naw:ng***	พี่ น้อง
siblings (older)	**phee**	พี่
siblings (younger)	***naw:ng***	น้อง
sick, ill	puay	ป่วย
sickbed	tiang khOn **khai**	เตียง คน ไข้
side by side	**kha:ng** khiang gan	ข้าง เคียง กัน
side effect	a:ga:n **sae:k**	อาการ แทรก
side mirror	grajOk **kha:ng**	กระจก ข้าง

side *n.*	**kha:ng**	ข้าง
side *n.*	**na:**	หน้า
side street	saw:i	ซอย
side-car	***rOt*** **phuang kha:ng**	รถ พ่วง ข้าง
sidewalk *n.*	tha:ng deuh:n	ทาง เดิน
sieve *n.*	tagrae:ng	ตะแกรง
sieve *v.*	tagrae:ng **rawn**	ตะแกรง ร่อน
sigh *v.*	*thaw:n* jai	ถอน ใจ
sightseeing *v.*	**thio** chOm	เที่ยว ชม
sign *n.*	**pa:i**	ป้าย
sign *n.*, mark *n.*	**khreuang** *ma:i*	เครื่อง หมาย
sign of the zodiac	chO:k chata: ra:*see*	โชค ชะตา ราศี
sign *v.*	lOng **cheu:**	ลง ชื่อ
signal *n.*	*san*ya:n	สัญญาณ
signal *v.*	sOng san ya:n	ส่ง สัญ ญาณ
signature, autograph	la:i sen	ลาย เซ็น
silent	**ning**	นิ่ง
silent *adj.*	**ngiap**	เงียบ
silk *n.*	**pha:** *mai*	ผ้า ไหม
silkworm	tua *mai*	ตัว ไหม
silly	***bawng***	บ๊อง
silver *n.*	ngeuhn	เงิน
silver-plate *v.*	**choop** ngeuhn	ชุบ เงิน
similar *adj.*	***khlai*** khleung	คล้าย คลึง
similar *adj.*	doo: ***khlai*** khleung	ดู คล้าย คลึง
simple (not difficult)	**nga:i**	ง่าย
simulate *v.*	**sae:ng**	แสร้ง
simultaneous	nai we:la: dio gan	ใน เวลา เดียว กัน
sin *n.*, evil *n.*	ba:p	บาป
since	**tang** tae:	ตั้ง แต่
sincere, honest *adj.*	jing jai	จริง ใจ
sinful	jai ba:p	ใจ บาป
sing to	***raw:ng*** phle:ng **hai** fang	ร้อง เพลง ให้ ฟัง
sing *v.*	***raw:ng phle:ng***	ร้อง เพลง
singer	***nak raw:ng***	นัก ร้อง
single (alone)	ta:m lamphang	ตาม ลำพัง
single *adj.*, unmarried	sO:t	โสด
single room	**hawng** dio	ห้อง เดี่ยว
single, exclusive, individual	dio	เดียว
singular	e:ga ***phOt***	เอก พจน์
sink *v.*	jOm	จม
sink *v.*	**lOm**	ล่ม
sink *v.* (go under water)	jOm ***na:m***	จม น้ำ
sip *v.*	jip	จิบ

sister (older)	phee *sa:o*	พี่ สาว
sister (younger)	***naw:ng*** *sa:o*	น้อง สาว
sister-in-law (older)	phee s<u>a</u>*phai*	พี่ สะใภ้
sister-in-law (younger)	***naw:ng*** s<u>a</u>*phai*	น้อง สะใภ้
sit *v.*	**nang**	นั่ง
situation	sa*tha:n*a ga:n	สถาน การณ์
six	<u>hOk</u>	หก
skate, ice-skate	raw:ng *tha:o* **wing** *nam khaeng*	รอง เท้า วิ่ง น้ำ แข็ง
skating, ice-skating	**wing** bOn *nam khaeng*	วิ่ง บน น้ำ แข็ง
skeleton	khrO:ng	โครง
skewer	***ma:i*** <u>siap</u>	ไม้ เสียบ
ski	sagee	สกี
skilled worker	**chang**	ช่าง
skin *n.*	*phio*	ผิว
skip *v*, omit	***wen***	เว้น
skirt *n.*	<u>gra</u>prO:ng	กระโปรง
skull *n.*	*hua* <u>gralO:k</u>	หัว กระโหลก
sky *n.*	***fa:***	ฟ้า
skyscraper	<u>teuk</u> *ra fa:*	ตึก ระ ฟ้า
slate *n.*	*hin* chanuan	หิน ชนวน
slaughter *v.*	**kha:**	ฆ่า
slave	**khee kha:**	ขี้ ข้า
slave	**tha:t**	ทาส
sledge	*rOt* **leuan**	รถ เลื่อน
sleep *v.*	naw:n	นอน
sleep *v.*	<u>lap</u>	หลับ
sleeping pill	ya: naw:n <u>lap</u>	ยา นอน หลับ
sleepless *adj.*	naw:n *mai* <u>lap</u>	นอน ไม่ หลับ
sleepy *adj.*	**nguang** naw:n	ง่วง นอน
sleeve *n.*	*khae:n*	แขน
slice, piece	**chin**	ชิ้น
slim *adj.*	*phaw:m*	ผอม
slime, mucus	sa<u>le:t</u>	เสลด
slip *v.*	**leu:n**	ลื่น
slipper	raw:ng *tha:o* <u>tae</u>	รอง เท้า แตะ
slippery *adj.*	**leu:n**	ลื่น
slope	***pheu:n*** la:t	พื้น ลาด
slope *v.*	iyang pai	เอียง ไป
slow *adj.*	***cha:***	ช้า
slum	<u>laenk</u> <u>seuam</u> sO:m	แหล่ง เสื่อม โทรม
slurp *v.*	**lim**	ลิ้ม
small *adj.*	**lek**	เล็ก
smallpox	*fee* <u>da:t</u>	ฝี ดาษ
smart-money	ngeuhn **kha:** tham *khwan*	เงิน ค่า ทำ ขวัญ

smell

smell *n.*	glin	กลิ่น
smell *v*	*haw:m*	หอม
smell *v.*, sniff *v.*	dOm	ดม
smelt *v.*	law: *law:m*	หล่อ หลอม
smile *v.*	***yim***	ยิ้ม
smock *n.*	**seua** gan **peuan**	เสื้อ กัน เปื้อน
smoke cigarettes	soo:p booree	สูบ บุหรี่
smoke *n.*	khwan	ควัน
smoke *v.*	soo:p	สูบ
smooth *adj.*, even	***riap***	เรียบ
smuggle *v.*	**law:p** nam	ลอบ นำ
smuggler	**phoo:** ***lak*** **law:p** *nee* pha:*see*	ผู้ ลัก ลอบ หนี ภาษี
snack	a:*ha:n* **wa:ng**	อาหาร ว่าง
snail *n.*	*haw:i* khO:ng	หอย โข่ง
snake *n.*	ngoo:	งู
sneak in	***let*** **law:t khao** pai	เล็ด ลอด เข้า ไป
sneeze *v.*	ja:m	จาม
snooker	sanook-**geuh:**	สนุกเกอร์
snore *v.*	grO:n	กรน
snore *v.*	naw:n grO:n	นอน กรน
snorkel *n.*	**thaw:** *ha:i* **jai**	ท่อ หาย ใจ
snout	pa:k	ปาก
snow *n.*	hi***ma***	หิมะ
snow *v.*	hi***ma*** tOk	หิมะ ตก
snowflake	glet hi***ma***	เกล็ด หิมะ
snowstorm	pha:***yoo*** hi***ma***	พายุ หิมะ
snuff *n.*	ya: ***nat***	ยา นัตถุ์
so (therefore)	dang ***nan***	ดัง นั้น
so that, for that	**pheua wa:**	เพื่อ ว่า
soap *n.*	saboo:	สบู่
sob *v.*	sa-euk-sa-**eu:n**	สะอึกสะอื้น
sober *adj.*	*khreum*	ขรึม
socket, wallsocket	***plak*** tua mia	ปลั๊ก ตัว เมีย
socks	*thoong* ***tha:o***	ถุง เท้า
soda	sO:da:	โซดา
sofa *n.*	sO:fa:	โซฟา
soft *adj.*	**noom**	นุ่ม
soft *adj.*	aw:n	อ่อน
soft *adj.*, gentle	aw:n **noom**	อ่อน นุ่ม
soften	tham **hai** aw:n **noom**	ทำ ให้ อ่อน นุ่ม
soil *v.*	**peuan** sOkaprOk	เปื้อน สกปรก
soiled *adj.*	**peuan**	เปื้อน
solar eclipse	soo***ri***ya **khra:t**	สุริย คราส
sold out	*kha:i* mOt ***lae:aw***	ขาย หมด แล้ว

solder *v.*, weld *v.*	<u>bat</u>gree	บัดกรี
soldering iron	<u>sing</u> **thee cheuam** *reu:* <u>bat</u>gree	สิ่ง ที่ เชื่อม หรือ บัดกรี
soldier	tha*ha:n*	ทหาร
sole (fish)	*lin tha*le:	ลิ้น ทะเล
sole (of the foot)	<u>fa: **tha:o**</u>	ฝ่า เท้า
solve *v.*, answer *v.*	cha*leuh:i*	เฉลย
some *adj.*	ba:ng	บาง
some, a few	*saw:ng sa:m*	สอง สาม
someone, somebody	ba:ng khOn	บาง คน
sometime	ba:ng **khrang**	บาง ครั้ง
son *n.*	**loo:k** cha:i	ลูก ชาย
song *n.*	phle:ng	เพลง
son-in-law	**loo:k** *kheuh:i*	ลูก เขย
soon *adj.*	nai pha:i **na:**	ใน ภาย หน้า
sore throat	<u>jep</u> khaw:	เจ็บ คอ
sorry	*sia* jai	เสีย ใจ
sort *v.*	ga:n baeng pen **phuak phuak**	การ แบ่ง เป็น พวกๆ
sound *n.*	*siang*	เสียง
sound of laughter	*siang* euga*theuk*	เสียง อึกทึก
soundproof	**seung** gan mi **hai** *siang* **law:t da:i**	ซึ่ง กัน มิ ให้ เสียง ลอด ได้
soup *n.*	**soop**	ซุป
sour	**prio**	เปรี้ยว
source	<u>baw: geuh:t</u>	บ่อ เกิด
south	*thit* **ta:i**	ทิศ ใต้
South	**pha:k ta:i**	ภาค ใต้
South Pole	**khua lO:k ta:i**	ขั้ว โลก ใต้
souvenir	*khaw:ng* **thee ra***leuk*	ของ ที่ ระลึก
sow *n.*, hog	*moo:* tua mia	หมู ตัว เมีย
sow *v.*	<u>wa:n</u>	หว่าน
soy sauce	see-**io**	ซีอิ๊ว
soybean sprouts	<u>thua</u> **ngaw:k**	ถั่ว งอก
space station	sa*tha:*nee awa*ga:t*	สถานี อวกาศ
space travel	ga:n deuh:n tha:ng awa*ga:t*	การ เดิน ทาง อวกาศ
spacecraft, spaceship	ya:n awa*ga:t*	ยาน อวกาศ
spade (in the pack of cards)	phO: dam	โพธิ์ ดำ
spade *n.*	*siam*	เสียม
spanner *n.* (tool)	goonjae: *pa:k* **ta:i**	กุญแจ ปาก ตาย
spare part	<u>alai</u>	อะไหล่
spare *v.* (life)	*la* **wen**	ละ เว้น
spark *n.*	<u>praga:i</u>	ประกาย
spark plug *n.*	*hua* thian	หัว เทียน
sparkle *adj.*	<u>praga:i</u>	ประกาย
sparrow *n.*	*nOk* grajaw:k	นก กระจอก
speak *v.*	**phoo:t**	พูด

special

special *adj.*	***phise:t***	พิเศษ
special offer	*sin* ***kha:*** ra:kha: ***phi***se:t	สิน ค้า ราคา พิเศษ
specific gravity	thuang jam ***phaw***	ถ่วง จำ เพาะ
specimen	tua ya:ng	ตัว อย่าง
spectator *n.*	khOn doo:	คน ดู
speech *n.*	kham pra:*sai*	คำ ปราศรัย
speechless	**phoo:t mai** aw:k	พูด ไม่ ออก
speed *n.*	khwa:m re-oo	ความ เร็ว
speed up	**reng**	เร่ง
speedometer	*khem*___wat___ khwa:m re-oo	เข็มวัด ความ เร็ว
spell *v.*	sagOt	สะกด
spend time	***chai*** we:la:	ใช้ เวลา
spent *v.*	***chai*** ja:i	ใช้ จ่าย
sperm	asooji	อสุจิ
spice *n.*	**khreuang the:t**	เครื่อง เทศ
spice *v.*	sai **khreuang the:t**	ใส่ เครื่อง เทศ
spider *n.*	mae:ng moom	แมง มุม
spinal cord	jai gla:ng gradoo:k	ใจ กลาง กระดูก
spirit *n.* (soul)	jit	จิต
spit *n.*	***nam*** la:i	น้ำ ลาย
spit out	kha:k sale:t	ขาก เสลด
spit *v.*	kha:k	ขาก
spit *v.*	*thooi* ***nam*** la:i	ถุย น้ำ ลาย
spittoon	grathO:n	กระโถน
spleen disease	**rO:k** ***ma:m***	โรค ม้าม
spleen *n.*	***ma:m***	ม้าม
spoiled *adj.*	jai tae:k	ใจ แตก
spoiled *adj.*	*sia*	เสีย
spoke *n.*	**see** ***law: rOt***	ซี่ ล้อ รถ
sponge *n.*	faw:ng ***na:m***	ฟอง น้ำ
sponsor *v.*	sanap sa*noon*	สนับ สนุน
spoon	***chaw:n***	ช้อน
sport *n.*	geela:	กีฬา
spot *n.*	raw:i **peuan**	รอย เปื้อน
spot, point *n.*	joot	จุด
spotlight	spaw:t ***lai***	สปอต ไลท์
spouse, couple	**khoo:** chee***wit***	คู่ ชีวิต
spray *v.*	**phOn**	พ่น
spread out	ga:ng	กาง
spread, expand *v.*	phae:	แผ่
spring *n.* (of a river)	**tOn** ***na:m***	ต้น น้ำ
spring *n.* (season)	***reu***doo: bai ***ma:i*** phli	ฤดู ใบ ไม้ ผลิ
spring roll	***paw pia***	เปาะ เปี๊ยะ
sprinkle *v.* (with water)	phrOm ***na:m***	พรม น้ำ

sprout *v.*	<u>phli</u>	ผลิ
spy	**sai** <u>seuk</u>	ไส้ ศึก
spy *v.*	<u>saw:t</u> nae:m	สอด แนม
sq. km	ta:ra:ng gilO:***me:t***	ตาราง กิโลเมตร
sq. m	ta:ra:ng ***me:t***	ตาราง เมตร
square	ta:ra:ng	ตาราง
squeeze *v.*	***khan***	คั้น
squint *v.*	ta: khe:	ตา เข
squirrel	<u>gra</u>**raw:k**	กระรอก
squirt *v.*	<u>cheet</u>	ฉีด
stage *n.*	**khan**	ขั้น
stage *n.* (for acting)	we:thee	เวที
stagefright	<u>teu:n</u> we:thee	ตื่น เวที
stagger *v.*, lurch *v.*	se:	เซ
stained *adj.*	***leuhtheuh***	เลอะเทอะ
stair	**khan** bandai	ขั้น บันได
stairs	bandai	บันได
stalactite	*hin* ***yaw:i***	หิน ย้อย
stamp *n.*	satae:m	แสตมป์
stamp *n.* (for stamping)	tra:	ตรา
stamp *v.*	<u>pra</u>***thap*** tra:	ประทับ ตรา
stand up (from the chair)	***look*** **kheun** yeu:n	ลุก ขึ้น ยืน
stand *v.*	yeu:n	ยืน
star *n.* (in the sky)	da:o	ดาว
stare at, gaze *v.*	**jawng**	จ้อง
stark naked	<u>pleuai</u> **lawn jawn**	เปลือย ล่อน จ้อน
start *v.* (begin)	**reuh:m**	เริ่ม
starter (at the motorcycle)	khan sa***ta:t rOt***	คัน สตาร์ท รถ
starter (for car, motorbike)	maw:**teuh:** *moon* **khreuang** yOn	มอเตอร์ หมุน เครื่อง ยนต์
starve *v.*	<u>Ot a:ha:n</u>	อด อาหาร
state *n.*	***rat***	รัฐ
station *n.*, stop	sa*tha:*nee	สถานี
stay	khOng <u>yoo:</u>	คง อยู่
stay over night	***kha:ng*** kheu:n	ค้าง คืน
stay, live	***phak*** <u>yoo:</u>	พัก อยู่
stay, to be	<u>yoo:</u>	อยู่
steal *v.*	khamO:i	ขโมย
steam *adj.*	pen ai	เป็น ไอ
steam engine	**khreuang** <u>jak</u> ai ***na:m***	เครื่อง จักร ไอ น้ำ
steam *n.*	ai ***na:m***	ไอ น้ำ
steamer	reua gOn fai	เรือ กล ไฟ
steamroller	***rOt*** <u>bOt</u> tha*nOn*	รถ บด ถนน
steel	<u>lek</u> **gla:**	เหล็ก กล้า
steep *adj.*	*soo:ng* chan	สูง ชัน

steering wheel	phuang ma:lai	พวง มาลัย
stench *n.*	glin *men*	กลิ่น เหม็น
stencil *n.*	bae:p	แบบ
stepbrother	**phee** boon tham	พี่ บุญ ธรรม
stepfather	**phaw:** ***liang***	พ่อ เลี้ยง
stepmother *n.*	**mae:** ***liang***	แม่ เลี้ยง
stepson / daughter	**loo:k** boon tham	ลูก บุญ ธรรม
stewardess	ae:hO:sthe:t	แอร์โฮสเตส
stick *v.*, attach *v.*	tit	ติด
stick, pin, *v.*	treung	ตรึง
sticky *adj.*	*nio*	เหนียว
sticky rice	**kha:o** *nio*	ข้าว เหนียว
stiff *adj.* (not soft)	*khaeng* **theu:**	แข็ง ทื่อ
still *adj.*, yet	yang	ยัง
sting *n.*	lek nai	เหล็ก ใน
stingy, mean	**khee** *nio*	ขี้ เหนียว
stink *v.*	*men*	เหม็น
stir *v.*	guan	กวน
stir *v.* (coffee, tea)	chOng	ชง
stock market	tala:t **hoon**	ตลาด หุ้น
stockfish	pla: **haeng**	ปลา แห้ง
stocking *n.*	*thoong* ***tha:o***	ถุง เท้า
stomach *n.*	***thaw:ng***	ท้อง
stomachache	puat ***thaw:ng***	ปวด ท้อง
Stone Age	yook *hin*	ยุค หิน
stone *n.*	*hin*	หิน
stool *n.*	***ma: nang***	ม้า นั่ง
stop light	fai bre:k	ไฟ เบรก
stop *n.*, bus stop	**pa:i**	ป้าย
stop *v.* (a car)	jaw:t	จอด
Stop!	yoot	หยุด
storage place	**thee** gep	ที่ เก็บ
store *n.*	***ra:n***	ร้าน
storeroom *n.*	**hawng** gep *khaw:ng*	ห้อง เก็บ ของ
storm *n.*	lOm pha: ***yoo***	ลม พา ยุ
story *n.*	**reuang**	เรื่อง
story, floor	***chan***	ชั้น
story, tell a story	**lao** ***ni***tha:n	เล่า นิทาน
stove *n.*	tao fai	เตา ไฟ
straight *adj.*	trOng	ตรง
straight ahead	trOng pai	ตรง ไป
strange *adj.*	plae:k	แปลก
strangle *v.*	beep khaw:	บีบ คอ
straw *n.*	fa:ng	ฟาง

strawberry	sataw:beuh:**ree**	สตอเบอรี่
stream *n.*, brook	lam tha:n	ลำ ธาร
street lamp	fai tha*nOn*	ไฟ ถนน
street *n.*	tha*nOn*	ถนน
strength *n.*	gamlang	กำลัง
strengthen *v.*	**pheuh:m** gamlang	เพิ่ม กำลัง
strenuous	treung **khriat**	ตรึง เครียด
stretch out	<u>yiat</u>	เหยียด
stretch *v.*	*kheung*	ขึง
stretch *v.* (oneself)	**yeu:t** tua	ยืด ตัว
strew *v.*, sprinkle *v.*	prO:i	โปรย
strict *adj.*	**khem nguat**	เข้ม งวด
strike *v.*	<u>phla</u> nga:n	ผละ งาน
stripe *n.*	la:i	ลาย
striped *adj.*	mee la:i pen *rio rio*	มี ลาย เป็น ริ้วๆ
striptease *n.*	ga:n satae:ng **gae: pha:**	การ แสดง แก้ ผ้า
stroke *n.*	lOm **ba:** moo:	ลม บ้า หมู
stroke *v.*	**loo:p** *lai*	ลูบ ไล้
strong *adj.*	*khaeng* rae:ng	แข็ง แรง
struggle *v.*	**din** rOn	ดิ้น รน
stubborn	*hua khaeng*	หัว แข็ง
stubborn *adj.*	**deu:**	ดื้อ
stubborn *adj.*	**deu:** dan	ดื้อ ดัน
student *n.*	*nak* rian	นัก เรียน
student, university student	*nak* <u>seuk</u> *sa:*	นัก ศึก ษา
study of sex	**phe:t** <u>seuk</u> *sa:*	เพศ ศึก ษา
study *v.*	rian	เรียน
stuff *v.*	*yat*	ยัด
stumble *v.*	<u>satoot</u>	สะดุด
stupid *adj.* dump *adj.*	**ngO:**	โง่
stupid, foolish	*khlao*	เขลา
stutter *v.*	**phoo:t** <u>tit</u> <u>a:ng</u>	พูด ติด อ่าง
subject, story	**reuang**	เรื่อง
submarine *n.*	reua dam ***na:m***	เรือ ดำ น้ำ
submit *v.*	**yeu:n**	ยื่น
subscriber (books, newspaper)	sama*chik rap nang seu:*	สมาชิก รับ หนังสือ
subsidy *n.*	ga:n **hai** ngeuhn <u>oodnoon</u>	การ ให้ เงิน อุดหนุน
substitute, replace *v.*	thae:n	แทน
substract *v.*	*lOp*	ลบ
subterranean, underground *adj.*	**ta:i** din	ใต้ ดิน
success *n.*	*phOn*	ผล
successed	banloo <u>joot</u> *ma:i*	บรรลุ จุด หมาย
such as	**chen**	เช่น
suck *v.*	<u>doo:t</u>	ดูด

suck *v.*	Om	อม
suddenly	<u>chap</u> phlan	ฉับ พลัน
sue *v.*	**yeu:n** *faw:ng*	ยื่น ฟ้อง
suffer *v.*	thOn <u>thook</u>	ทน ทุกข์
sufficient *adj.*	phaw: *chai* <u>ja:i</u>	พอ ใช้ จ่าย
suffocate	*sam* *lak*	สำ ลัก
sugar *n.*	*nam* ta:n	น้ำ ตาล
sugar *v.*	<u>sai</u> *nam* ta:n	ใส่ น้ำ ตาล
sugarcane	**aw:i**	อ้อย
suggest *v.*	sa*neuh:*	เสนอ
suggestion	**khaw:** sa*neuh:*	ข้อ เสนอ
suicide	atawi*ni* <u>ba:t</u> gam	อัตวินิ บาต กรรม
suicide (colloq.)	**kha:** tua ta:i	ฆ่า ตัว ตาย
suit *n.*	<u>soo:t</u>	สูท
suit *n.*, costume	*choot*	ชุด
suitable *adj.*	<u>maw</u>	เหมาะ
suitcase *n.*	gra*pao* deuh:ntha:ng	กระเป๋า เดินทาง
sulk *v.*	<u>jeep</u> pa:k	จีบ ปาก
sullen, grave *adj.*	**na:** **beung**	หน้า บึ้ง
sulphur *n.*	gam*mathan*	กำมะถัน
sultry *adj.*	Op **a:o**	อบ อ้าว
summer *n.*	*reu*doo: *raw:n*	ฤดู ร้อน
sun *n.*	a:*thit*	อาทิตย์
sunbathe *n.*	<u>a:p</u> <u>dae:t</u>	อาบ แดด
sunburn *n.*	*phio nang* griam <u>dae:t</u>	ผิว หนัง เกรียม แดด
suncream *n.*	khreem gan <u>dae:d</u>	ครีม กัน แดด
Sunday	wan a:*thit*	วัน อาทิตย์
sunflower *n.*	tha:n <u>tawan</u>	ทาน ตะวัน
sunglasses *n.*	**waen** ta: gan <u>dae:t</u>	แว่น ตา กัน แดด
sunrise *n.*	*phra* a:*thit* kheun	พระ อาทิตย์ ขึ้น
sunset *n.*	*phra* a:*thit* <u>tOk</u>	พระ อาทิตย์ ตก
sunshine	<u>dae:t</u> <u>aw:k</u>	แดด ออก
sunstroke *n.*	*phit* <u>dae:t</u>	พิษ แดด
superstitious *adj.*	**chaw:p** *theu:* la:ng	ชอบ ถือ ลาง
supplement, inset	bai **sae:k**	ใบ แทรก
supplier	**phoo:** *rap mao*	ผู้ รับ เหมา
support *v.*	<u>oot</u> *noon*	อุด หนุน
suppose *v.*	s**Om**moot	สมมุติ
surf, breakers	**khleu:n** <u>grathOp</u> <u>fang</u>	คลื่น กระทบ ฝั่ง
surface *n.*	*pheu:n* thee	พื้น ที่
surgeon *n.*	*maw:* <u>pha:</u> <u>tat</u>	หมอ ผ่า ตัด
surname *n.*	na:m sagoon	นาม สกุล
surprise *v.*	tham **hai** *plae:k* jai	ทำ ให้ แปลก ใจ
surprise, rush, attack *v.*	<u>joo:</u> j**O**:m	จู่ โจม

　　　　　　　　　　　ENGLISH - THAI

surprised *adj.*	<u>prala:</u>t jai	ประหลาด ใจ
surprised *adj.*	<u>plae:</u>k jai	แปลก ใจ
surrender *v.*, to give up	yaw:m *phae:*	ยอม แพ้
surround *v.*	*law:m* **raw:p**	ล้อม รอบ
survive *v.*	**raw:t** chee*wit*	รอด ชีวิต
suspect *n.*	**phoo: tawng** *sOng sai*	ผู้ ต้อง สง สัย
suspect *v.*	*sOng sai*	สง สัย
suspend *v.*	**phak wai**	พัก ไว้
suspenders *n.*	*sa:i* yO:ng ga:ng ge:ng	สาย โยง กาง เกง
suspension bridge	<u>sapha:</u>n *yOk*	สะพาน ยก
suspicion *n.*	khwa:m *sOng sai*	ความ สง สัย
swallow *n.*	*nOk* na:ng <u>aen</u>	นก นาง แอ่น
swallow the wrong way	a:*ha:*n jook khaw:	อาหาร จุก คอ
swallow *v.*	gleu:n	กลืน
swallow's nest	rang *nOk* na:ng <u>aen</u>	รัง นก นาง แอ่น
swamp	<u>plak</u>	ปลัก
swampy *adj.*	<u>chaw</u>	เฉอะ
swan *n.*	hO:ng	หงส์
swastika	sa<u>wattiga</u>	สวัสติกะ
swear *v.*	yeu:n yan **duay** ga:n **hai** kham *sa:* ba:n	ยืน ยัน ด้วยกัน ให้ คำ สาบาน
swear *v.*	*sa:*ba:n	สาบาน
sweat *n.*	<u>ngeua</u>	เหงื่อ
sweat *v.*	<u>ngeua</u> <u>tae:k</u>	เหงื่อ แตก
sweep *v.*	<u>gua:</u>t	กวาด
sweet *adj.*	*wa:n*	หวาน
sweet and sour	**prio** *wa:n*	เปรี้ยว หวาน
sweet *n.*, dessert	kha*nOm*	ขนม
sweets, candy	*khaw:ng wa:n*	ของ หวาน
swim *v.*	**wa:i** *na:m*	ว่าย น้ำ
swimming pool	<u>sa</u> **wa:i** *na:m*	สระ ว่าย น้ำ
swimming trunks	ga:ng ge:ng **wa:i** *na:m*	กาง เกง ว่าย น้ำ
swimsuit *n.*	**choot** **wa:i** *na:m*	ชุด ว่าย น้ำ
swindler *n.*	khOn gO:ng	คน โกง
swing *n.*	ching *cha:*	ชิง ช้า
swing *v.*	guai	ไกว
switch	sa*wit*	สวิตช์
switch off	<u>pit</u>	ปิด
switch on	peuh:t sa*wit*	เปิด สวิตช์
swollen *adj.*	buam	บวม
sword *n.*	<u>grabee</u>	กระบี่
syllable	phaya:ng	พยางค์
symbol *n.*	*san*ya *lak*	สัญลักษณ์
sympathy *n.*	khwa:m *hen* <u>aw:k</u> *hen* jai	ความ เห็น อก เห็น ใจ
synthetic *n.*	**pha:** yai *sang* **khraw**	ผ้า ใย สัง เคราะห์

| syphilis *n.* | ga:*ma* rO:k | กาม โรค |
| systematic | ta:m *phae:n* ga:n | ตาม แผน การณ์ |

T

table *n.*	*tO*	โต๊ะ
table *n.* (of numbers etc.)	ta:ra:ng	ตาราง
table of contents	*sa:ra* ban	สาร บัญ
table tennis	ping pawng	ปิง ปอง
tablecloth *n.*	**pha:** poo:*tO*	ผ้า ปู โต๊ะ
tablespoon *n.*	**chaw:n tO**	ช้อน โต๊ะ
tadpole *n.*	**loo:k** <u>gOp</u>	ลูก กบ
tail *n.*	*ha:ng*	หาง
taillight	fai *tha:i*	ไฟ ท้าย
tailor *n.*	**chang** <u>tat</u> **seua** ga:ng ge:ng	ช่าง ตัด เสื้อ กาง เกง
tailor *v.*	<u>tat</u>	ตัด
take a bearing	*ha:* **thee tang**	หา ที่ ตั้ง
take a seat, sit *v.*	**nang**	นั่ง
take back	ao kheun	เอา คืน
take care of	doo: lae:	ดู แล
take off (clothing, eyeglasses)	<u>thaw:t</u>	ถอด
take *v.*	<u>jap</u>	จับ
take *v.*	ao	เอา
talent	phaw:n sa*wan*	พร สวรรค์
talisman	<u>tagroot</u>	ตะกรุด
talkative *v.*	**phoo:t ma:k**	พูด มาก
tall *adj.*	*soo:ng*	สูง
tamarind	*makha:m*	มะขาม
tame *adj.*	**cheuang**	เชื่อง
tame *v.*	<u>hat</u> **hai cheuang**	หัด ให้ เชื่อง
tangle (up), confused	pOn gan **yoong**	ปน กัน ยุ่ง
tank (military vehicle)	*rOt* thang	รถ ถัง
tap *n.*	*gawk na:m*	ก๊อก น้ำ
tap water *n.*	*nam* <u>prapa:</u>	น้ำ ประปา
tape deck *n.*	**khreuang len** *the:p*	เครื่อง เล่น เทป
tapeworm *n.*	<u>teu:t</u>	ตืด
tar *n.*	*nam* man din	น้ำ มัน ดิน
target *n.*	<u>pao</u>	เป้า
tartar *n.*	*hin* poo:n	หิน ปูน
taste *n.*	*rOt*	รส
taste *v.*	chim	ชิม
taste *v.*	law:ng chim	ลอง ชิม
tasty	<u>araw:i</u>	อร่อย

tattoo *v.*	<u>sak</u>	สัก
Taurus	ra:*see* **phreuk**	ราศี พฤษภ
tax card	bai *sia* pha:*see*	ใบ เสีย ภาษี
tax *n.*	pha:*see*	ภาษี
taxi *n.*	**thaek**see	แท็กซี่
taxi *n.*	**rOt thaek**see	รถ แท็กซี่
tea *n.*	cha:	ชา
teach *v.*	*saw:n*	สอน
teach, train *v.*	**Op** rOm	อบ รม
teacher *n.*	khroo:	ครู
teak tree	**tOn** <u>sak</u>	ต้น สัก
teak, teakwood	**ma:i** <u>sak</u>	ไม้ สัก
team *n.*	theem	ทีม
tear gas *n.*	**gae:s** *nam* ta:	แก๊ส น้ำ ตา
tear *n.*	*nam* ta:	น้ำ ตา
tear off *v.*	cheek	ฉีก
teat, nipple *n.*	*hua* nOm	หัว นม
technique *n.*	**the**<u>k</u>nik	เทคนิค
teddy bear	*mee* sam<u>rap</u> <u>dek</u>	หมี สำหรับ เด็ก
telegram *n.*	thO:ra**le:k**	โทรเลข
telephone charge	**kha:** thO:ra<u>sap</u>	ค่า โทรศัพท์
telephone directory	sa<u>moot</u> thO:ra<u>sap</u>	สมุด โทรศัพท์
telephone *n.*	thO:ra<u>sap</u>	โทรศัพท์
telephone number	beuh: thO:ra<u>sap</u>	เบอร์ โทรศัพท์
telephone *v.*	thO:ra<u>sap</u>	โทรศัพท์
telephone-box	**too:** thO:ra<u>sap</u>	ตู้ โทรศัพท์
telescope	**glawng** doo: <u>da:o</u>	กล้อง ดู ดาว
television set	thO:ra*that*	โทรทัศน์
tell *v.*	<u>baw:k</u>	บอก
tell *v.* (a story)	**lao**	เล่า
temperature *n.*	oonaha phoo:m	อุณห ภูมิ
tempest *n.*	a:<u>ga:t</u> **mai** dee	อากาศ ไม่ ดี
temple (of the head)	kha<u>map</u>	ขมับ
temple *n.*	*wat*	วัด
temporary	**chua** kha<u>na</u>	ชั่ว ขณะ
temporary, provisional	**chua** khrao	ชั่ว คราว
ten	<u>sip</u>	สิบ
ten thousand	<u>meu:n</u>	หมื่น
tenant *n.*	**phoo: chao**	ผู้ เช่า
tendon, sinew *n.*	en	เอ็น
tennis	then***nis***	เทนนิส
tent *n.*	<u>gra</u>jO:m	กระโจม
term, statement *n.*	**khaw:** khwa:m	ข้อ ความ
terminus	sa*tha:*nee pla:i tha:ng	สถานี ปลาย ทาง

termite

termite	pluak	ปลวก
terrace	la:n **ba:n**	ลาน บ้าน
test *v.*, try *v.*	***thOt*** lOng	ทด ลอง
testicles *n.*	an***tha***	อัณฑะ
tetanus	ba:t ***thayak***	บาด ทะยัก
textbook *n.*	tamra:	ตำรา
Thai	thai	ไทย
Thai *n.* (people)	khOn thai	คน ไทย
than *conj.*, more	gua:	กว่า
Thank you!	khaw:p khoon	ขอบ คุณ
that *adj.*	***nan***	นั้น
that *pron.*	***nan***	นั้น
thaw *v.*	***nam*** *khaeng* ***la*** **la:i**	น้ำ แข็ง ละ ลาย
thaw *v.*	***la*** la:i	ละ ลาย
theater	rO:ng lakhaw:n	โรง ละคร
then, if so, in this case	**tha:** ya:ng ***nan***	ถ้า อย่าง นั้น
therapy *n.*	a:***yoora*** **we:t**	อายุร เวท
there	**thee** ***noo:n***	ที่ นู่น
there	**nan**	นั่น
therefore *adv.*	dang ***nan***	ดัง นั้น
therefore, so *adv.*	jeung	จึง
thermometer *n.*	paraw:t	ปรอท
thermos bottle	gratik ***nam raw:n***	กระติก น้ำ ร้อน
thicket	**phoom**	พุ่ม
thief *n.*	khamO:i	ขโมย
thigh	**tOn** *kha:*	ต้น ขา
thimble *n.*	plaw:k ***nio***	ปลอก นิ้ว
thin *adj.* (for persons or animals)	*phaw:m*	ผอม
thin *adj.* (for things)	ba:ng	บาง
thin out, clear	tham **hai** ba:ng lOng	ทำ ให้ เบา ลง
think about *v.*	***khit*** *theung*	คิด ถึง
think over *v.*	traw:ng doo:	ตรอง ดู
think that... *v.*	***khit*** **wa:**	คิด ว่า
think *v.*	***khit***	คิด
think, conceive *v.*	***neuk***	นึก
third (1\3)	neung nai *sa:m*	หนึ่ง ใน สาม
thirsty *adj.*	*hio* **na:m**	หิว น้ำ
this	***nee***	นี้
this evening	kheu:n ***nee***	คืน นี้
this or that	**nee...** *reu:* **nan...**	นี่...หรือนั่น...
this time	***khrang nee***	ครั้ง นี้
thorn *n.*	*na:m*	หนาม
thorny *adj.*	mee *na:m*	มี หนาม
thorough *adj.*	dO:i ***la*** iat	โดย ละ เอียด

thoroughly healthy	soo kha**pha:p** dee **ma:k**	สุขภาพ ดี มาก
though, although, even though *conj.*	***mae:n*** **wa:**	แม้ ว่า
thousand	phan	พัน
thread *n.*	**da:i**	ด้าย
threaten *v.*	khoo:	ขู่
threatening letter	jOt*ma:i* khoo:	จดหมาย ขู่
three	*sa:m*	สาม
three times	*sa:m **khrang***	สาม ครั้ง
thresh *v.*	**nuat kha:o**	นวด ข้าว
throat *n.*	lam khaw:	ลำ คอ
throne	ban lang	บัล ลังก์
through, by	dO:i	โดย
throw away *v.*	***thing***	ทิ้ง
throw up (colloq.)	**uak**	อ้วก
throw *v.*	yO:n	โยน
thrush	***nOk*** ga:ng khe:n	นก กาง เขน
thumb	*hua* **mae:** meu:	หัว แม่ มือ
thunder	***fa:*** pha:	ฟ้า ผ่า
thunderstorm	pha:***yoo***	พายุ
Thursday	wan pha***reu***hat	วัน พฤหัส
tick *n.* (insect)	hep	เห็บ
tick off, check off	tham **khreuang** *ma:i*	ทำ เครื่อง หมาย
ticket *n.*	*tua*	ตั๋ว
ticket office	**thee** tee *tua*	ที่ ตี ตั๋ว
ticklish *adj.*	***jak***ga**jee**	จั๊กจี้
tides	gra*sae:* ***nam*** **kheun** lOng	กระแส น้ำ ขึ้น ลง
tidy up	jat **hai** ***riap raw:i***	จัด ให้ เรียบ ร้อย
tie up, bind *v.*	***mat***	มัด
tie, necktie	**nek**thai	เนคไท
tiger	*seua*	เสือ
tight, skimp *adj.*	***khap***	คับ
tighten *v.*	***rat*** *khem* khat	รัด เข็ม ขัด
tile	gra**beuang**	กระเบื้อง
tile	gra**beuang khleu:ap**	กระเบื้อง เคลือบ
tile roof	*lang* kha: moong gra**beuang**	หลัง คา มุง กระเบื้อง
time *n.*	we:la:	เวลา
time *n.* (occurrence)	***khrang***	ครั้ง
time-table *n.*	ta:ra:ng baw:k we:la:	ตาราง บอก เวลา
tin *n.*	deebook	ดีบุก
tin opener	**thee** peuh:t gra*pawng*	ที่ เปิด กระป๋อง
tin, can	gra*pawng*	กระป๋อง
tincture *n.*	thing jeuh:	ทิง เจอร์
tiny *adj.*	***lek nit*** dio	เล็ก นิด เดียว
tired *adj.*	neuai	เหนื่อย

tiring	tham **hai** <u>neuai</u>	ทำ ให้ เหนื่อย
to (a place) *prep.*	*theung*	ถึง
to, in order to, so that	**hai**	ให้
to...	geuh:n pai	เกิน ไป
toad (animal)	kha:ng **khOk**	คาง คก
toast *n.*, slices of toast	kha*nOm* pang ping	ขนม ปัง ปิ้ง
toaster *n.*	tao **ping** kha*nOm* pang	เตา ปิ้ง ขนม ปัง
tobacco *n.*	ya: <u>soo:p</u>	ยา สูบ
today	wan ***nee***	วัน นี้
toe *n.*	***nio tha:o***	นิ้ว เท้า
together	**duay** gan	ด้วย กัน
toilet *n.*	**suam**	ส้วม
toilet *n.*	<u>soo</u>*kha:*	สุขา
toilet *n.*	**hawng** *na:m*	ห้อง น้ำ
toilet paper	<u>grada:t</u> *chamra*	กระดาษ ชำระ
tomato	*makheu:a*the:t	มะเขือเทศ
tomcat	mae:o tua **phoo:**	แมว ตัว ผู้
tomorrow	**phroong** *nee*	พรุ่ง นี้
tomorrow morning	**phroong** *nee cha:o*	พรุ่ง นี้ เช้า
ton	tan	ตัน
tone, sound *n.*	*siang*	เสียง
tongs *n.* (tool)	kheem	คีม
tongue *n.*	***lin***	ลิ้น
tonight	kheu:n *nee*	คืน นี้
tool *n.*, instrument *n.*	**khreuang** meu:	เครื่อง มือ
tooth decay	fan <u>phoo</u>	ฟัน ผุ
tooth, set of teeth	fan	ฟัน
toothache *n.*	<u>puat</u> fan	ปวด ฟัน
toothbrush *n.*	prae:ng *see* fan	แปรง สี ฟัน
toothpaste *n.*	ya: *see* fan	ยา สี ฟัน
toothpick *n.*	***ma:i*** jim fan	ไม้ จิ้ม ฟัน
top speed	atra: re-oo *soo:ng* <u>soot</u>	อัตรา เร็ว สูง สุด
top, pegtop	**loo:k** <u>kha:ng</u>	ลูก ข่าง
topknot *n.* (in the hair)	<u>jook</u>	จุก
topless *adj.*	<u>pleuai</u> nOm	เปลือย นม
tops *n.*	sa*moon* phrai	สมุน ไพร
torch *n.*	<u>khOp</u>	คบ
torch *n.*, flashlight *n.*	fai *cha:i*	ไฟ ฉาย
torn *adj.*	<u>kha:t</u>	ขาด
touch *v.*	<u>tae</u>	แตะ
touch *v.*	sam <u>phat</u>	สัม ผัส
touch *v.* (with the fingers)	<u>jap</u>	จับ
tourist guide	<u>gai</u>	ไก่
tourist *n.*	***nak*** tawng thio	นัก ท่อง เที่ยว

tourist office	*samnak* nga:n **thawng thio**	สำนัก งาน ท่อง เที่ยว
tow away	**phuang**	พ่วง
tow, drag *v.*	joo:ng	จูง
towel *n.*	**pha:** ***chet*** tua	ผ้า เช็ด ตัว
tower block	thao***weuh:***	เทาเว่อร์
tower *n.*	haw: khaw:i	หอ คอย
town *n.*	meuang	เมือง
toy *n.*	*khaw:ng* **len**	ของ เล่น
traction engine	**khreuang** choot **la:k**	เครื่อง ฉุด ลาก
trade *v.*, to do business	***kha:*** *kha:i*	ค้า ขาย
trader *n.*	**phaw:** ***kha:***	พ่อ ค้า
traffic jam	***rOt*** tit	รถ ติด
traffic laws	gOt jara: jaw:n	กฎ จรา จร
traffic light *n.*	*san*ya:n fai	สัญญาณ ไฟ
traffic *n.*	jara: jaw:n	จรา จร
traffic sign *n.*	**pa:i** jara: jaw:n	ป้าย จรา จร
trailer	***rOt*** **phuang**	รถ พ่วง
train *n.*, railway *n.*	***rOt*** fai	รถ ไฟ
train *v.*	feuk ***saw:m***	ฝึก ซ้อม
trainee, apprentice	**phoo:** feuk nga:n	ผู้ ฝึก งาน
training *n.*	ga:n feuk *saw:n*	การ ฝึก สอน
tram *n.*	tha:ng ***rOt*** ra:ng	ทาง รถ ราง
tranquilizer	ya: ***ra ngap***	ยา ระ งับ
transfer *v.*	**maw:p**	มอบ
transfer *v.*	O:n	โอน
transform *v.*	jam lae:ng	จำ แลง
transform *v.*	plian plae:ng	เปลี่ยน แปลง
transformer	**maw:** plae:ng	หม้อ แปลง
translate *v.*	plae:	แปล
transparent *adj.*	maw:ng *hen* ***thaloo***	มอง เห็น ทะลุ
transvestite, transsexual	gatheuh:i	กะเทย
trap *n.*	gap dak	กับ ดัก
travel agency	baw***ri***sat **thawng thio**	บริษัท ท่อง เที่ยว
travel assurance	pragan phai oobatihe:t deuh:ntha:ng	ประกัน ภัย อุบัติเหตุ เดินทาง
travel *v.*	deuh:n tha:ng	เดิน ทาง
tray *n.*	tha:t	ถาด
treasure *n.*	***sap*** *sOm* bat	ทรัพย์ สม บัติ
treaty *n.*	*sOn**thi*** *san*ya:	สนธิ สัญญา
tree *n.*	**tOn** ***ma:i***	ต้น ไม้
tree nursery	***phaw*** cham	เพาะ ชำ
tree peak	**yaw:t tOn** ***ma:i***	ยอด ต้น ไม้
tremble *v.*	tua san	ตัว สั่น
trial, criminal case	khadee a:ya:	คดี อาญา
trial, judicial hearing	ga:n ***faw:ng raw:ng*** nai *sa:n*	การ ฟ้อง ร้อง ใน ศาล

triangle *n.*	*sa:m* liam	สาม เหลี่ยม
tricycle *n.*	*sa:m* ***law:***	สาม ล้อ
trolley *n.*	***rOt*** *khen*	รถ เข็น
troop, group *n.*	*foo:ng*	ฝูง
tropical	meuang ***raw:n***	เมือง ร้อน
trouser leg	*kha:*	ขา
trousers	ga:ng ge:ng	กาง เกง
truck *n.*	***rOt*** ban ***thook***	รถ บรร ทุก
true *adj.*	jing	จริง
trumpet, horn	trae:	แตร
trunk (of the elephant)	nguang ***cha:ng***	งวง ช้าง
trust *adj.*	**cheua** jai	เชื่อ ใจ
trust *v.*	***wai*** jai	ไว้ ใจ
try on	law:ng sai	ลอง ใส่
try *v.*	phaya:ya:m	พยายาม
try *v.*	law:ng doo:	ลอง ดู
try *v.*, test *v.*	***thOt*** lOng	ทด ลอง
T-shirt	**seua yeu:t**	เสื้อ ยืด
tube *n.*	law:t	หลอด
tuberculosis	wana **rO:k**	วัณ โรค
Tuesday	wan angkha:n	วัน อังคาร
tulip	thiolip	ทิวลิป
tumble dryer	**khreuang** Op **pha:**	เครื่อง อบ ผ้า
tumbler, mug *n.*	jaw:k	จอก
tumor, growth *n.*	***neua*** **ngaw:k**	เนื้อ งอก
tuna *n.*	pla: thoo:**na:**	ปลา ทูน่า
tunnel *n.*	oo-mO:ng	อุโมงค์
turkey (animal)	gai nguang	ไก่ งวง
turmeric *n.*	kha**min**	ขมิ้น
turn around	*han lang* glap	หัน หลัง กลับ
turn around (something)	*han* glap	หัน กลับ
turn away	*han* pai	หัน ไป
turn on, open *v.*	peuh:t	เปิด
turn over *v.*	**khwam**	คว่ำ
turn *v.*	gleung	กลึง
turn *v.* (left, right)	***lio***	เลี้ยว
turn *v.* (over a page)	***phlik***	พลิก
turn *v.* (spin)	*moon*	หมุน
turpentine *n.*	***nam*** man *sOn*	น้ำ มัน สน
turtle *n.*	tao	เต่า
tweezers *n.*	nae:p	แหนบ
twelve	sip *saw:ng*	สิบ สอง
twenty	**yee** sip	ยี่ สิบ
twins	*fa:* fae:t	ฝา แฝด

twitter *v.*	***jiap ja:p***	เจี๊ยบ จ๊าบ
two	*saw:ng*	สอง
type *v.*, typewrite *v.*	phim deet	พิมพ์ ดีด
type, kind, sort	ya:ng	อย่าง
typewriter *n.*	**khreuang** phim deet	เครื่อง พิมพ์ ดีด
typhoid	**khai ra:k** sa:t	ไข้ ราก สาด
tyre *n.*	ya:ng	ยาง

U

ugly *adj.*	**na:** gliat	น่า เกลียด
umbilical cord	*sa:i* sa deu:	สาย สะ ดือ
umbrella *n.*	**rOm**	ร่ม
umbrella *n.*	**rOm** gan *fOn*	ร่ม กัน ฝน
unbreakable *adj.*	**mai** tae:k	ไม่ แตก
uncertain	**mai nae:** jai	ไม่ แน่ ใจ
uncle (older as father, mother)	loong	ลุง
uncle (younger as father, mother)	a:	อา
unclear *adj.*	la:ng la:ng	ลางๆ
uncomfortable	**mai** satuak	ไม่ สะดวก
unconscious *adj.*	pen lOm	เป็น ลม
unconscious *adj.*	**mai** ***roo:*** tua	ไม่ รู้ ตัว
unconscious *adj.*	mOt sati	หมด สติ
under *prep.*	**ta:i**	ใต้
underground stop	sa*tha:*nee ***rOt*** fai **ta:i** din	สถานี รถ ไฟ ใต้ ดิน
underground, subway *n.*	***rOt*** fai **ta:i** din	รถ ไฟ ใต้ ดิน
underline *v.*	kheet **sen ta:i**	ขีด เส้น ใต้
underpants *n.*	ga:ng ge:ng nai	กาง เกง ใน
understand *v.*	**khao** jai	เข้า ใจ
underwear *n.*	**seua** ga:ng ge:ng ***chan*** nai	เสื้อ กาง เกง ชั้น ใน
undress *v.*	**pleuang pha:**	เปลื้อง ผ้า
undressed *adj.*	**mai noong pha:**	ไม่ นุ่ง ผ้า
uneducated	***rai*** ga:n seuk *sa:*	ไร้ การ ศึก ษา
unemployed *adj.*	**wa:ng** nga:n	ว่าง งาน
unfaithful *adj.*	**naw:k** jai	นอก ใจ
unfriendly *adj.*	**mai** mee mai tree jit	ไม่ มี ไม ตรี จิต
ungrateful *adj.*	agatan yoo:	อกตัญ ญู
unhappy	**mai** saba:i jai	ไม่ สบาย ใจ
unhealthy *adj.*	pen phai taw: sookha**pha:p**	เป็น ภัย ต่อ สุขภาพ
unhealthy *adj.*	sa*lae:ng*	แสลง
unicorn *n.*	yoo:ni**khawn**	ยูนิคอรน์
uniform *n.*	**khreuang** bae:p	เครื่อง แบบ

unimportant *adj.*	**mai** *sam*khan	ไม่ สำ คัญ
unintentional *adj.*	**mai da:i** dang jai	ไม่ ได้ ตั้ง ใจ
union, labor union	saha **pha:p** rae:ng nga:n	สห ภาพ แรง งาน
unit *n.*	nuay	หน่วย
unite *v.*	tOk lOng gan **da:i**	ตก ลง กัน ได้
universe *n.*	jakrawa:n	จักรวาล
university graduate	ban dit	บัณ ฑิต
university lecturer	a:ja:n	อาจารย์
university *n.*	ma*ha:* ***wi***thaya:lai	มหา วิทยาลัย
unlucky *adj.*	chO:k **mai** dee	โชค ไม่ ดี
unnecessary	**mai** jam pen	ไม่ จำ เป็น
unpack *v.*	**gae:** haw:	แก้ ห่อ
unpleasant	**thee mai** maw*sOm*	ที่ ไม่ เหมาะสม
unripe	dip	ดิบ
unscrew *v.*	*khai* sagroo:	ไข สกรู
unstraight *adj.*	**mai** trOng	ไม่ ตรง
untidy	**mai** pen ***ra***biap	ไม่ เป็น ระเบียบ
untidy	**yoong** *yeuh:ng*	ยุ่ง เหยิง
untie *v.*	**gae:** aw:k	แก้ ออก
untrue *adj.*	**mai** jing	ไม่ จริง
upper body	**ra:ng** ga:i **thawn** bOn	ร่าง กาย ท่อน บน
upper jaw	*kha:* gan grai bOn	ขา กรร ไกร บน
upper lip	rim *fee* pa:k bOn	ริม ฝี ปาก บน
Uranus	da:o ma***leuk*** tayoo:	ดาว มฤ ตยู
urgent, fast, express *adj.*	duan	ด่วน
urinate *v.*	tha:i pad*sa:* ***wa***	ถ่าย ปัสสาวะ
urine *n.*	pat*sa:* ***wa***	ปัสสาวะ
urn *n.*	gO:t	โกศ
us	rao	เรา
use *v.*	***cha:i***	ใช้
used to	kheuh:i	เคย
used up (all gone)	***chai*** mOt	ใช้ หมด
useful *adj.*	mee prayO:t	มี ประโยชน์
useless *adj.*	***chai*** **mai da:i**	ใช้ ไม่ ได้
usual *adj.*	thamma da:	ธรรม ดา
usurer	khOn **na: leuad**	คน หน้า เลือด

V

vaccinate *v.*	ploo:k *fee*	ปลูก ฝี
vacuum	awaga:t	อวกาศ
vacuum cleaner	**khreuang** doo:t foon	เครื่อง ดูด ฝุ่น
vagina	*jim*	จิ๋ม

vagina	*hee*	ที
vain, in vain	pla:o prayO:t	เปล่า ประโยชน์
valid	***chai*** **da:i**	ใช้ ได้
valley *n.*	hoop *khao*	หุบ เขา
valuable *adj.*	mee **kha:**	มี ค่า
valve *n.*	*hua* soo:p	หัว สูบ
vampire	*phee* doo:t **leuat**	ผี ดูด เลือด
vapour	ai	ไอ
varicose vein	**sen leuat** khaw:t	เส้น เลือด ขอด
various *adj.*, varied	tang ta:ng	ต่างๆ
vase *n.*	jae: gan	แจ กัน
Vaseline *n.*	wa:salin	วาสลีน
V-belt	*sa:i* pha:n	สาย พาน
vegetable *n.*	phak	ผัก
vegetarian	khOn gin je:	คน กิน เจ
vehicle *n.*	***rOt***	รถ
veil *n.*	**pha:** pit **na:**	ผ้า ปิด หน้า
vein *n.*	**sen leuat** dam	เส้น เลือด ดำ
velvet *n.*	gam***ma***yee	กำมะหยี่
venereal disease	**rO:k phoo:** *ying*	โรค ผู้ หญิง
ventilate (a room)	**hai** a:ga:t tha:i the:	ให้ อากาศ ถ่าย เท
ventilate *v.*	***ra***ba:i lOm	ระบาย ลม
venture *v.*	**gla:**	กล้า
Venus	da:o ***phra***sook	ดาว พระศุกร์
verb *n.*	kham ***giri***ya:	คำ กริยา
very bad	le:-oo **ma:k**	เลว มาก
very good	dee **ma:k**	ดี มาก
vest *n.*	**seua yeu:t chan nai**	เสื้อ ยืด ชั้น ใน
vibrate *v.*	san satheuan	สั่น สะเทือน
vice *n.* (tool)	pa:kga: jap ***yeut***	ปากกา จับ ยึด
video recorder	**khreuang len** weedeeO:	เครื่อง เล่น วีดีโอ
viewer *n.*	khOn doo:	คน ดู
village	moo: **ba:n**	หมู่ บ้าน
village chief	**phoo:** yai **ba:n**	ผู้ ใหญ่ บ้าน
vinegar *n.*	***nam sOm*** *sa:i* choo:	น้ำ ส้ม สาย ชู
violate *v.*	***la*** **meuh:t**	ละ เมิด
violate *v.* (the law)	phit gOt *ma:i*	ผิด กฎ หมาย
violet	*see* **muang**	สี ม่วง
violin	saw:	ซอ
violin	waiO:lin	ไวโอลีน
violin, play a violin v.	*see* saw:	สี ซอ
virgin *adj.*	bawr***i***soot	บริสุทธิ์
Virgo	ra:*see* gan	ราศี กันย์
virus	***cheua*** wai**ras**	เชื้อ ไวรัส

visa	wee**sa:**	วีซ่า
visa *n.*	ga:n anoo*mat*	การ อนุมัติ
visible	maw:ng *hen*	มอง เห็น
visit *v.*	pai **yiam**	ไป เยี่ยม
visit *v.*	pai *ha:*	ไป หา
visiting card	na:m <u>bat</u>	นาม บัตร
visitor	<u>khae:k</u>	แขก
vitamin *n.*	*wi*ta:min	วิตามิน
vocabulary	kham <u>sap</u>	คำ ศัพท์
vocational school	rO:ng rian a:chee*wa* <u>seuk</u> sa:	โรง เรียน อาชีว ศึก ษา
voice *n.*	*siang*	เสียง
volcanic eruption	phoo:*khao* fai *ra*<u>beuh:t</u>	ภูเขา ไฟ ระเบิด
volcano *n.*	phoo:*khao* fai	ภูเขา ไฟ
volleyball *n.*	wawnle: baw:n	วอลเลย์ บอล
volt *n.*	**wO:n**	โวลต์
voluntary, willing *adj.*	tem jai	เต็ม ใจ
vomit *v.*	a:jian	อาเจียน
vote *v.*	<u>aw:k</u> *siang* lOng ***kha*nae:n**	ออก เสียง ลง คะแนน
voucher	khoo:paw:ng	คูปอง
vowel *n.*	sa<u>ra</u>	สระ
vulga *adj.*	*ya:p* kha:i	หยาบ คาย
vulture	***rae:ng***	แร้ง
vulva *n.*	*hee*	หี

W

waist	**ban** e:-oo	บั้น เอว
waistcoat	***gak***	กั๊ก
wait *v.*	khaw:i	คอย
wait *v.*	raw:	รอ
waiter *n.*	<u>dek seuh:f</u>	เด็ก เสิร์ฟ
wake up (oneself)	<u>teu:n</u> naw:n	ตื่น นอน
wake up (someone)	<u>plook</u>	ปลุก
walk *n.*	deuh:n **len**	เดิน เล่น
walk *v.*	deuh:n	เดิน
wall *n.*	gamphae:ng	กำแพง
wall *n.*	*fa:* pha*nang*	ฝา ผนัง
wallpaper *n.*	<u>grada:t</u> <u>pit</u> *fa:* pha*nang*	กระดาษ ปิด ฝา ผนัง
walrus	***cha:ng na:m***	ช้าง น้ำ
wane, fade, disperse	ja:ng	จาง
want *v.*	**tawng** ga:n	ต้อง การ
want *v.*	<u>ya:k</u>	อยาก

war *n.*	*sOng* khra:m	สง คราม
ward, constituency *n.*	<u>khe:t</u> **leuak tang**	เขต เลือก ตั้ง
wardrobe *n.*	**too: seua pha:**	ตู้ เสื้อ ผ้า
warehouse *n.*	gO: dang	โก ดัง
warm *adj.*	<u>Op</u> <u>oon</u>	อบ อุ่น
warm up	<u>oon</u> fai	อุ่น ไฟ
warn *v.*	teuan	เตือน
warrant of arrest	*ma:i* <u>jap</u>	หมาย จับ
wart *n.*	<u>hoo:t</u>	หูด
wash clothes *v.*	*sak* **pha:**	ซัก ผ้า
wash hair *v.*	<u>sa</u> *phOm*	สระ ผม
wash off *v.*	*la:ng* <u>aw:k</u>	ล้าง ออก
wash *v.*	*la:ng*	ล้าง
washbasin *n.*	<u>a:ng</u> *la:ng* meu:	อ่าง ล้าง มือ
washing machine *n.*	**khreuang** *sak* **pha:**	เครื่อง ซัก ผ้า
washing powder *n.*	phOng *sak* **faw:k**	ผง ซัก ฟอก
washing-up liquid *n.*	*nam* ya: *la:ng* ja:n	น้ำ ยา ล้าง จาน
wasp	tua <u>taw:</u>	ตัว ต่อ
waste gas	ai *sia*	ไอ เสีย
waste *v.*	*phla:n*	ผลาญ
waste water	*nam sO:* **krO:k**	น้ำ โส โครก
waste-paper basket	<u>tagra:</u> *thing* <u>khaya</u>	ตะกร้า ทิ้ง ขยะ
watch *n.* (clock)	na:*li*ga:	นาฬิกา
watch *v.* (look at)	maw:ng doo:	มอง ดู
watch *v.*, look *v.*	doo:	ดู
water buffalo	khwa:i	ควาย
water color	*see na:m*	สี น้ำ
water *n.*	*na:m*	น้ำ
water pipe	**thaw:** <u>prapa:</u>	ท่อ ประปา
waterfall *n.*	*nam* <u>tOk</u>	น้ำ ตก
watering can	bua *rOt na:m*	บัว รด น้ำ
watermelon	tae:ng mO:	แตง โม
waterproof *adj.*	*nam* khao mai da:i	น้ำ เข้า ไม่ ได้
watt *n.*	*wat*	วัตต์
wave *n.*	**khleu:n**	คลื่น
wave *v.*, beckon *v.*	<u>bO:k</u>	โบก
wax *n.*	**khee pheung**	ขี้ ผึ้ง
way, route *n.*	*hOn* ta:ng	หน ทาง
we	rao	เรา
weak *adj.*, feeble *adj.*	<u>aw:n</u> ae:	อ่อน แอ
weakened	<u>mOt</u> gamlang	หมด กำลัง
weakened, flagged *adj.*	<u>aw:n</u> phlia	อ่อน เพลีย
weapon *n.*, arms	a:*woot*	อาวุธ
wear *v.*	suam	สวม

wear *v.*	sai	ใส่
weary of life	beua chee***wit***	เบื่อ ชีวิต
weather forecast	phaya: gaw:n a:ga:t	พยา กรณ์ อากาศ
weather *n.*	a:ga:t	อากาศ
weave *v.*	thaw:	ทอ
weave *v.*	*sa:n*	สาน
weaving mill	rO:ng thaw: **pha:**	โรง ทอ ผ้า
wedding *n.*	ga:n *sOm* ***rOt***	การ สมรส
wedding ring	*wae:n* taeng nga:n	แหวน แต่ง งาน
Wednesday	wan ***phoot***	วัน พุธ
weed	**ya:** ***rOk***	หญ้า รก
week *n.*	sapda:	สัปดาห์
week *n.*	a:***thit***	อาทิตย์
weekly	***thook*** a:***thit***	ทุก อาทิตย์
weigh *v.*	**chang**	ชั่ง
weigh *v.*	**chang** ***nam*** nak	ชั่ง น้ำ หนัก
weight *n.*	***nam*** nak	น้ำ หนัก
welcome!	sawatee	สวัสดี
well *adj.*	saba:i	สบาย
west	***thit*** tawan tOk	ทิศ ตะวัน ตก
West	**pha:k** tawan tOk	ภาค ตะวัน ตก
wet *adj.*	piak	เปียก
whale *n.*	pla: wa:n	ปลา วาฬ
wharf *n.*	**tha:** reua	ท่า เรือ
what	arai	อะไร
what time?	gee mO:ng	กี่ โมง
wheat *n.*	**kha:o** sa:lee	ข้าว สาลี
wheel *n.*	law: ***rOt***	ล้อ รถ
when	taw:n *nai*	ตอน ไหน
when	**meua**rai	เมื่อไร
where	**thee** *nai*	ที่ ไหน
Where are you going?	pai *nai*	ไป ไหน
where from	ja:k *nai*	จาก ไหน
whetstone	*hin* ***lap*** **meet**	หิน ลับ มีด
which one	an *nai*	อัน ไหน
while, during *conj.*	khana **thee**	ขณะ ที่
whip *n.*	**sae:**	แส้
whip *v.*, beat *v.*, to hit a person	**khian**	เฆี่ยน
whirlpool *n.*	***nam*** wOn	น้ำ วน
whisper *v.*	***soop sip***	ซุบ ซิบ
whistle *n.*	***nOk*** weet	นก หวีด
whistle *v.* (with a whistle)	pao ***nOk*** weed	เป่า นก หวีด
whistle *v.* (with the mouth)	*phio* pa:k	ผิว ปาก
white	*see kha:o*	สี ขาว

white horse	*ma: kha:o*	ม้า ขาว
who	khrai	ใคร
who?	khOn *nai*	คน ไหน
whole	*thang* <u>mOt</u>	ทั้ง หมด
wholesale	*kha:* <u>sOng</u>	ค้า ส่ง
wholesaler	*phaw: kha: kha:i mao*	พ่อ ค้า ขาย เหมา
whom	khrai	ใคร
whooping cough	ai <u>grO:n</u>	ไอ กรน
whore	ga:lee	กาลี
whore	sO:phe:nee	โสเภณี
whore (insulting word for a woman)	ee <u>daw:k</u>	อี ดอก
whose	*khaw:ng* khrai	ของ ใคร
why	thammai	ทำไม
widow *n.*	*mae: ma:i*	แม่ หม้าย
widowed	*ma:i*	หม้าย
widower *n.*	*phaw: ma:i*	พ่อ หม้าย
wife *n.*	phanraya:	ภรรยา
wife *n.*	mia	เมีย
wig	*wik phOm*	วิก ผม
wild *adj.*	<u>hO:t</u> *ra:i*	โหดร้าย
wild boar	*moo:* <u>pa:</u>	หมู ป่า
will *v.*	<u>ja</u>	จะ
willing	tem jai	เต็ม ใจ
win *v.*	cha*na*	ชนะ
win *v.*	chai cha*na*	ชัย ชนะ
wind *n.*	lOm	ลม
window curtain	*ma:n na: <u>ta:ng</u>*	ม่าน หน้า ต่าง
window grating	*loo:k grOng na: <u>ta:ng</u>*	ลูก กรง หน้า ต่าง
window *n.*	*na: <u>ta:ng</u>*	หน้า ต่าง
window shutter	ba:n <u>glet</u>	บาน เกล็ด
windowpane	<u>grajOg</u>	กระจก
windpipe	<u>law:t</u> lOm	หลอด ลม
windscreen	<u>grajOk</u> na:	กระจก หน้า
windscreen wiper	*thee* <u>pat</u> *nam fOn*	ที่ ปัด น้ำ ฝน
windward	*da:n* mee lOm	ด้าน มี ลม
windy *adj.*	lOm rae:ng	ลม แรง
wine	*lao* a-<u>ngoon</u>	เหล้า องุ่น
wink *v.*	kha<u>yip</u>	ขยิบ
winner	*phoo:* cha*na*	ผู้ ชนะ
winter	*reu*doo: *na:o*	ฤดู หนาว
wipe *v.*	*chet*	เช็ด
wire *n.*	*sa:i*	สาย
wire rope	**luat**	ลวด
wish *n.*	khwa:m <u>pra:t</u> tha*na:*	ความ ปรา ถนา

witch *n.*	**mae:** ***mOt***	แม่ มด
with *prep.*	gap	กับ
with respect	**duay** khwa:m khao ***rOp nap*** *theu:*	ด้วย ความ เคารพ นับ ถือ
withdraw (money)	thaw:n (ngeuhn)	ทอน (เงิน)
withdraw (soldier, player)	*thaw:n* **tua** aw:k	ถอน ตัว ออก
without	**mai** sai	ไม่ ใส่
witness *n.*	phaya:n	พยาน
witness stand *n.*	**khaw:k** phaya:n	คอก พยาน
wobble *v.*	khlaw:n khlae:n	คลอน แคลน
wolf	*ma:* pa:	หมา ป่า
woman *n.*	**phoo:** *ying*	ผู้ หญิง
womb	khan	ครรภ์
womb	***mOt*** **loo:k**	มด ลูก
wood *n.*	***ma:i***	ไม้
wood turner	**chang** gleung	ช่าง กลึง
wooden house	reuan ***ma:i***	เรือน ไม้
woodpecker	***nOk*** *hua khwa:n*	นก หัว ขวาน
word *n.*	kham	คำ
work	nga:n	งาน
work colleague	**pheuan ruam** nga:n	เพื่อน ร่วม งาน
work hard	tham nga:n nak	ทำ งาน หนัก
work *n.*	ga:n	การ
work permit	bai anoo**ya:t** tham nga:n	ใบ อนุญาต ทำ งาน
work *v.*	tham nga:n	ทำ งาน
worker *n.*	khOn nga:n	คน งาน
workshop *n.*	rO:ng **sawm**	โรง ซ่อม
world *n.*	**lO:k**	โลก
worm	*naw:n*	หนอน
worm (parasitic worm)	phaya**:t**	พยาธิ
worried *adj.*	***raw:n*** jai	ร้อน ใจ
worried *adj.*	huang	ห่วง
worry	gang wOn	กังวล
worry *adj.*	**gloom** jai	กลุ้ม ใจ
worry *v.*	pen huang	เป็น ห่วง
worship *v.* (budda)	boo:cha:	บูชา
worthless	**mai** mee **kha:**	ไม่ มี ค่า
would like	**tawng** ga:n	ต้อง การ
wound *n.*	ba:t *phlae:*	บาด แผล
wrap *v.*	haw:	ห่อ
wreck *n.* (ship)	**sa:k** reua tae:k	ซาก เรือ แตก
wrench *n.* (tool)	goonjae: pa:k ta:i	กุญแจ ปาก ตาย
wrinkle	***rio*** raw:i	ริ้ว รอย
wrist	**khaw:** meu:	ข้อ มือ
wristwatch	na:***li***ga: **khaw:** meu:	นาฬิกา ข้อ มือ

write to	*khian theung*	เขียน ถึง
write *v.*	*khian*	เขียน
writer, author	**nak** *khian*	นัก เขียน
wrong *adj.*	<u>phit</u>	ผิด

X

X-ray unit	**khreuang** *ek*sare:	เครื่อง เอ็กซ์เรย์
X-ray *v.*	<u>tha:i</u> *ek*sare:	ถ่าย เอ็กซเรย์
X-rays	*ek*sare:	เอ็กซ์เรย์

Y

yacht *n.*	reua *yaw:t*	เรือ ยอร์ช
yarn *n.*	**sen da:i**	เส้น ด้าย
yawn *v.*	*ha:o*	หาว
year	pee	ปี
years long	na:n pee	นาน ปี
yeast *n.*	<u>sa:</u>	ส่า
yellow	*see leuang*	สี เหลือง
yes, that's right, Right!	**chai**	ใช่
yesterday	**meua** wa:n *nee*	เมื่อ วาน นี้
yet or not?	*lae:o reu:* yang	แล้ว หรือ ยัง
yogurt *n.*	nOm **prio**	นม เปรี้ยว
yolk *n.*	<u>khai</u> dae:ng	ไข่ แดง
you	khoon	คุณ
you (impolite)	meung	มึง
young (girl, lady)	*sa:o*	สาว
young (man)	<u>noom</u>	หนุ่ม
your	*khaw:ng* khoon	ของ คุณ
yours	*khaw:ng* man	ของ มัน
youth	<u>noom</u> *sa:o*	หนุ่ม สาว
youth (polite)	yaowachOn	เยาวชน

Z

zebra	*ma:* la:i	ม้า ลาย
zebra crossing	tha:ng *ma:* la:i	ทาง ม้า ลาย
zero	*soo:n*	ศูนย์
zinc	sang <u>ga</u>*see*	สัง กะสี
zip-fastener	*sip*	ซิป
zoo	suan <u>sat</u>	สวน สัตว์

a:	อา	uncle (younger as father, mother)
a: *sai*	อา ศัย	live, reside
a:cha ya: gam	อาช ญา กรรม	crime, criminality
a:cha ya: gaw:n	อาช ญา กร	criminal
a:cheep	อาชีพ	profession
a:ga:n lO: hit pen phit	อาการ โล หิต เป็น พิษ	blood poisoning
a:ga:n puat langja:k khlaw:t loo:k	อาการ ปวด หลังจากคลอดลูก	aftermath, afterpains
a:ga:n sae:k	อาการ แทรก	side effect
a:ga:t	อากาศ	air
a:ga:t	อากาศ	climate
a:ga:t	อากาศ	weather *n.*
a:ga:t mai dee	อากาศ ไม่ ดี	tempest *n.*
a:ga:t O:sO:n	อากาศ โอโซน	ozone
a:ga:t sia	อากาศ เสีย	air pollution
a:ha:n	อาหาร	food
a:ha:n	อาหาร	meal
a:ha:n cha:o	อาหาร เช้า	breakfast
a:ha:n gla:ng wan	อาหาร กลาง วัน	lunch
a:ha:n jook khaw:	อาหาร จุก คอ	swallow the wrong way
a:ha:n thale:	อาหาร ทะเล	seafood
a:ha:n wa:ng	อาหาร ว่าง	snack
a:ja:n	อาจารย์	university lecturer
a:jian	อาเจียน	vomit *v.*
a:kha:n	อาคาร	building (of stone)
a:n	อ่าน	read *v.*
a:n	อาน	saddle
a:na: khe:t	อาณา เขต	boundary
a:ng	อ่าง	basin
a:ng a:p na:m	อ่าง อาบ น้ำ	bathtub
a:ng la:ng meu:	อ่าง ล้าง มือ	washbasin *n.*
a:o	อ่าว	gulf, bay
a:o thai	อ่าว ไทย	Gulf of Thailand
a:p dae:t	อาบ แดด	sunbathe *n.*
a:p na:m	อาบ น้ำ	bath *v.*, have a bath
a:p na:m	อาบ น้ำ	shower *v.*, have a shower
a:rOm	อารมณ์	emotion, feeling, mood
a:rOm	อารมณ์	feeling, mood
a:rOm	อารมณ์	mood
a:rOm khOp khan	อารมณ์ ขบ ขัน	humour
a:sai	อาศัย	inhabit
a:t ja	อาจ จะ	maybe
a:t ja	อาจ จะ	possibly
a:thit	อาทิตย์	sun *n.*
a:thit	อาทิตย์	week *n.*

a:***woot***	อาวุธ	weapon *n.*, arms
a:***woot*** parama:noo:	อาวุธ ปรมาณู	nuclear weapons
a:***woot yoo***tha phan	อาวุธ ยุทธ ภัณฑ์	ammunition
a:***yoo***	อายุ	age *n.*
a:***yoora*** **we:t**	อายุร เวท	therapy *n.*
a-hi wa:	อหิ วาต์	cholera
a-ngoon	องุ่น	grape
a-ngoon **haeng**	องุ่น แห้ง	raisin
adeeta ga:n	อดีต กาล	past
adtanO:**mat**	อัตโนมัติ	automat
adtanO:**mat**	อัตโนมัติ	automatic
ae:hO:sthe:t	แอร์โฮสเตส	stewardess
ae:mpae:	แอมแปร์	ampere
ae:p	แอบ	hide *v.*
ae:p fang ma:	แอบ ฟัง มา	eavesdrop on
ae:p tham	แอบ ทำ	conceal
aeppri***khawt***	แอปริคอท	peach
aespairin	แอสไพริน	aspirin
agatan yoo:	อกตัญ ญู	ungrateful *adj.*
ai	ไอ	cough *v.*
ai	ไอ	vapour
ai grO:n	ไอ กรน	whooping cough
ai ***na:m***	ไอ น้ำ	steam *n.*
ai *sia*	ไอ เสีย	exhaust
ai *sia*	ไอ เสีย	exhaust fume
ai *sia*	ไอ เสีย	waste gas
aiO:din	ไอโอดิน	iodine
aisakhreem	ไอศครีม	ice cream
ajari***ya***	อัจฉริยะ	genius
a***kha***ti	อคติ	prejudice
ala**bam**	อัลบั้ม	album
alai	อะไหล่	spare part
am la:	อำ ลา	farewell
am phan	อำ พัน	amber
ama**pha:t**	อัมพาต	paralysis (by accident)
amata	อมต	immortal
am**na:t** bawr***i****ha:n*	อำนาจ บริหาร	executive
am**na:t** khwa:m deung doo:t	อำนาจ ความ ดึงดูด	power of attraction
am**na:t** ***ni***ti banyat	อำนาจ นิติ บัญญัติ	legislative power
am**na:t** tem	อำนาจ เต็ม	full power
ampheuh:	อำเภอ	district
an	อัน	piece
an *nai*	อัน ไหน	which one
ana:***khOt***	อนาคต	future *n.*

ana:mai	อนามัย	hygiene
ana:***thip*** patai	อนาธิปไตย	anarchy
anoo***mat***	อนุมัติ	approve *v.*
anoosa:waree	อนุสาวรีย์	monument, statue
anooy**a:t**	อนุญาต	allow *v.*, permit *v.*
anooy**a:t**	อนุญาต	permission *n.*
anooy**a:t**	อนุญาต	permit *v.*
antara:i	อันตราย	dangerous
an***tha***	อัณฑะ	testicles *n.*
anya praga:t	อัญ ประกาศ	quotation marks
ao	เอา	take *v.*
ao aw:k	เอา ออก	remove *v.*
ao aw:k pai	เอา ออก ไป	clear away
ao cha***na***	เอา ชนะ	beat, win *v.*
ao gap ma:	เอา กลับ มา	return, bring back
ao kheun	เอา คืน	take back
ao ma:	เอา มา	bring *v.*, fetch *v.*
ao ma:	เอา มา	fetch *v.*
ao pai ***thing***	เอา ไป ทิ้ง	get rid off
ao tabai *thoo:*	เอา ตะไบ ถู	file *v.*
ap*chao*	อับเฉา	ballast
arai	อะไร	what
araw:i	อร่อย	delicious
araw:i	อร่อย	tasty
a*sang ha:* rim ma***sap***	อสังหาริมทรัพย์	immovable property
asooji	อสุจิ	sperm
asooji *lai*	อสุจิ ไหล	ejaculation
at (baette**ree**)	อัด (แบตเตอรี่)	charge *v.* (battery)
at *siang*	อัด เสียง	record (on tape)
atawi***ni*** ba:t gam	อัตวินิ บาต กรรม	suicide
a***thi***ba:i	อธิบาย	explain *v.*
atra: re-oo *soo:ng* soot	อัตรา เร็ว สูง สุด	top speed
aw:	อ้อ	reed
aw:i	อ้อย	sugarcane
aw:k	ออก	leave *v.*
aw:k a:ga:t	ออก อากาศ	radio *v.*, send out
aw:k deuh:n tha:ng	ออก เดิน ทาง	depart *v.*
aw:k *siang* lOng ***kha***nae:n	ออก เสียง ลง คะแนน	vote *v.*
aw:k truat	ออก ตรวจ	patrol *v.*
aw:m pai	อ้อม ไป	detour *v.*
aw:n	ออนซ์	ounce
aw:n	อ่อน	soft *adj.*
aw:n ae:	อ่อน แอ	weak *adj.*, feeble *adj.*
aw:n **noom**	อ่อน นุ่ม	downy

aw:n **noom**	อ่อน นุ่ม	soft *adj.*, gentle
aw:n phlia	อ่อน เพลีย	weakened, flagged *adj.*
*aw:*stre:lia	ออสเตรเลีย	Australia
*aw:*stria	ออสเตรีย	Austria
awaga:t	อวกาศ	vacuum
awaiya*wa* phe:t	อวัยวะ เพศ	genitals
awaiya*wa* seu:p phan	อวัยวะ สืบ พันธุ์	genitals
awaya*wa*	อวัยวะ	organ (of the body)
awgsije:n	ออกซิเจน	oxygen
awn	อ้น	marmot

b

ba:	บาร์	bar (for a drink)
ba:	บ้า	crazy
ba:	บ้า	mad, insane
ba: ga:m	บ้า กาม	randy
ba: **khoo:**	บาร์ คู่	parallel bars
ba: *moo:*	บ้า หมู	epilepsy
ba:n	บาน	bloom *v.*
ba:n	บ้าน	home *n.*
ba:n	บ้าน	house, home *n.*
ba:n geuh:t	บ้าน เกิด	home
ba:n glet	บาน เกล็ด	window shutter
ba:n grajOk	บาน กระจก	greenhouse
ba:n *phak* khOn chara:	บ้าน พัก คน ชรา	home for the elderly
ba:n **phap**	บาน พับ	hinge
ba:n *suan*	บ้าน สวน	farm *n.*
ba:ng	บ่าง	flying squirrel
ba:ng	บาง	some *adj.*
ba:ng	บาง	thin *adj.* (for things)
ba:ng khOn	บาง คน	someone, somebody
ba:ng *khrang*	บาง ครั้ง	sometime
ba:p	บาป	sin *n.*, evil *n.*
ba:sget baw:n	บาสเกต บอล	basketball
ba:t	บาท	baht (currency)
ba:t jep	บาด เจ็บ	injured *adj.*
ba:t *phlae:*	บาด แผล	cut *n.* (injury)
ba:t *phlae:*	บาด แผล	wound *n.*
ba:t *thayak*	บาด ทะยัก	tetanus
ba-mee	บะหมี่	egg noodle
bae:k	แบก	bear, carry *v.*
bae:p	แบบ	model, type *n.*

bae:p	แบบ	stencil *n.*
bae:p faw:m	แบบ ฟอร์ม	form (a printed form)
bae:p feuk hat	แบบ ฝึก หัด	exercise (in school)
bae:p feuk hat	แบบ ฝึก หัด	homework
bae:p feuk hat	แบบ ฝึก หัด	practice
bae:p jam law:ng	แบบ จำ ลอง	model, (house, car)
bae:p rian	แบบ เรียน	school book
bae:p tat seua	แบบ ตัด เสื้อ	pattern
baenk	แบ่ง	divide *v.*, share *v.*
baenk khreung	แบ่ง ครึ่ง	halve *v.*
baetteree	แบตเตอรี่	battery *n.*
bai	ใบ	dumb *adj.*, mute *adj.*
bai	ใบ	mute *adj.*, dumb *adj.*
bai anooya:t	ใบ อนุญาต	license *n.*
bai anooya:t tham nga:n	ใบ อนุญาต ทำ งาน	work permit
bai geuh:t	ใบ เกิด	birth certificate
bai *hoo:*	ใบ หู	earlobe
bai *jiat* ya:	ใบ เจียด ยา	prescription
bai kha: *ra*wa:ng	ใบ ค่า ระวาง	consignment note
bai khap khee	ใบ ขับ ขี่	driving license
bai *ma:i*	ใบ ไม้	leaf (of a tree)
bai meet	ใบ มีด	blade
bai phat	ใบ พัด	screw (marine propeller)
bai plian cheu:	ใบ เปลี่ยน ชื่อ	name change certificate
bai pOk	ใบ ปก	cover, book cover *n.*
bai *rap*	ใบ รับ	receipt
bai *rap* raw:ng khwam sOt	ใบ รับ รอง ความ โสด	certificate of marital status
bai *rap* raw:ng phae:t	ใบ รับ รอง แพทย์	health certificate
bai *rap*raw:ng ngeuhn deuan	ใบ รับรอง เงินเดือน	income statement
bai reua	ใบ เรือ	sail *n.*
bai sae:k	ใบ แทรก	supplement, inset
bai sae:k *nang seu:* phim	ใบ แทรก หนัง สือ พิมพ์	newspaper supplement
bai *sam* khan	ใบ สำ คัญ	identity card
bai set	ใบ เสร็จ	bill, receipt
bai set	ใบ เสร็จ	receipt
bai *sia* pha:*see*	ใบ เสีย ภาษี	tax card
bai sOng *khaw:ng*	ใบ ส่ง ของ	invoice
bai soo*thi*	ใบ สุทธิ	school leaving certificate
bai *tha*bian *sOmrOt*	ใบ ทะเบียน สมรส	marriage certificate
bai ya:	ใบ หย่า	divorce certificate
bam na:n	บำ นาญ	pension
ban-pha-boo-root	บรรพบุรุษ	ancestor
ban choo	บรร จุ	pack *v.*
ban dit	บัณ ฑิต	university graduate

ban dit sa*ta:n*	บัณ ฑิต สถาน	academy
ban e:-oo	บั้น เอว	waist
ban lang	บัล ลังก์	throne
ban na:***thi***ga:n	บรร ณาธิการ	editor
ban ***theuk***	บัน ทึก	note, memo
ban ***theuk***	บัน ทึก	record *v.*, write down
ban ya: ga:t	บรร ยา กาศ	atmosphere
banchee	บัญชี	account
banchee	บัญชี	bank account
banchee gra*sae:* ra:i wan	บัญชี กระแส ราย วัน	current account
banchee ngeuhn fa:k	บัญชี เงิน ฝาก	savings account
bandai	บันได	ladder, stair
bandai	บันได	stairs
bandai **leuan**	บันได เลื่อน	escalator
bandai ***rOt***	บันได รถ	pedal *n.*
bang	บัง	obstruct *v.* (the view)
bang biat	บัง เบียด	misappropriate, embezzle *v.*
bang euh:n	บัง เอิญ	by chance
bang khlO:n	บัง โคลน	mudguard
banloo joot *ma:i*	บรรลุ จุด หมาย	successed
ban***loo ni***ti pha:***wa***	บรรลุ นิติ ภาวะ	attain legal age
bao	เบา	light *adj.* (not heavy)
bao	เบา	quiet *adj.*
bao lOng	เบา ลง	lighten *v.* (weight)
bao lOng	เบา ลง	reduce *v.* (volume)
bao *wa:n*	เบา หวาน	diabetes
bat cheuh:n	บัตร เชิญ	invitation card
bat **kha: ra:*cha*** ga:n	บัตร ข้า ราช การ	identity card for government officer
bat khre:dit	บัตร เครดิต	credit card
bat praja: chOn	บัตร ประชา ชน	identity card
bat sadae:ng yin dee	บัตร แสดง ยิน ดี	congratulations card
batgree	บัดกรี	solder *v.*, weld *v.*
baw:	บ่อ	pond
baw: geuh:t	บ่อ เกิด	source
baw: khaw: saw:	บ ข ส	bus terminal
baw: khlO:n	บ่อ โคลน	puddle
baw: ***na:m***	บ่อ น้ำ	fountain, water well
baw:k	บอก	tell *v.*
baw:k patise:t	บอก ปฏิเสธ	refuse an invitation
baw:ltik	บอลติก	Baltic Sea
baw:t praga:t	บอร์ด ประกาศ	pinboard
bawng	บ๊อง	silly
baw***ri*** **phO:k**	บริ โภค	consume *v.*
baw***ri***ga:n	บริการ	serve *v.*

baw***ri***ga:n	บริการ	service *n.*
baw***ri***ga:n	บริการ	service *v.*
baw***riha:n***	บริหาร	manage *v.*
baw***ri***ja:k	บริจาค	donate *v.*
baw***ri***sat	บริษัท	company
baw***ri***sat ga:n bin	บริษัท การ บิน	airline
baw***ri***sat **thawng thio**	บริษัท ท่อง เที่ยว	travel agency
baw***ri***soot	บริสุทธิ์	virgin *adj.*
beep khaw:	บีบ คอ	strangle *v.*
beep trae:	บีบ แตร	hoot *v.*
bet	เบ็ด	hook, fishing hook
beua	เบื่อ	boring *adj.*
beua chee***wit***	เบื่อ ชีวิต	weary of life
beuh:	เบอร์	number
beuh: thO:rasap	เบอร์ โทรศัพท์	telephone number
bi	บิ	crumble *v.*
bia	เบียร์	beer
bin	บิน	fly *v.*, hover *v.*
bio	เบี้ยว	crooked, deformed
bit pen ***chin lek lek***	บิด เป็น ชิ้น เล็กๆ	crumble *v.*
bO	เบาะ	cushion *n.*
bO:	โบว์	bow *n.* (of ribbon)
bO:i	โบย	beat, whip *v.*
bO:k	โบก	wave *v.*, beckon *v.*
bO:**ling**	โบลิ่ง	bowling *n.*
bO:t	โบสถ์	church
boi	บ่อย	often, frequent
bOn	บน	above
boo:cha:	บูชา	worship *v.* (budda)
boong	บุ้ง	caterpillar
booree	บุหรี่	cigarette
booree siga**:**	บุหรี่ ซิการ์	cigar
booroot praisanee	บุรุษ ไปรษณีย์	postman
bOt	บท	lesson
bOt **thee**	บท ที่	chapter
bre:k	เบรก	brake *n.*
bre:k meu:	เบรก มือ	handbreak
bua ***rOt na:m***	บัว รด น้ำ	watering can
buak	บวก	add, sum
buak	บวก	plus
buam	บวม	inflamed (med.)
buam	บวม	swollen *adj.*

cha ae:m	ชะ เอม	licorice *n.*
cha:	ช้า	slow *adj.*
cha:	ชา	tea *n.*
cha:i	ชาย	masculine
cha:i	ฉาย	shine *v.*
cha:i	ใช้	use *v.*
cha:m	ชาม	bowl *n.*
cha:m a:ng	ชาม อ่าง	bowl, vessel *n.*
cha:ng	ช้าง	elephant *n.*
cha:ng na:m	ช้าง น้ำ	hippopotamus
cha:ng na:m	ช้าง น้ำ	walrus
cha:o	เช้า	morning
cha:o	ชาว	people
cha:o eeyip	ชาว อียิปต์	Egyptian
***cha:o* meu:t**	เช้า มืด	dawn *n.*
cha:o na:	ชาว นา	farmer, rice farmer
cha:o pramOng	ชาว ประมง	fisherman
cha:o **rai**	ชาว ไร่	farmer
cha:o *suan*	ชาว สวน	gardener
cha:t	ชาติ	nation *n.*
chabap	ฉบับ	copy, issue
chabap	ฉบับ	issue *n.*
chaempe:n	แชมเปญ	champagne
chaeng	แช่ง	curse *v.*
chai	ใช่	yes, that's right, Right!
chai cha*na*	ชัย ชนะ	win *v.*
***chai* da:i**	ใช้ ได้	valid
chai ja:i	ใช้ จ่าย	spent *v.*
chai lai	ไฉ ไล	enchanting *adj.*
***chai* leuai** tat	ใช้ เลื่อย ตัด	saw off
***chai* mai da:i**	ใช้ ไม่ ได้	useless *adj.*
chai mOt	ใช้ หมด	used up (all gone)
***chai* sO:** phoo:k	ใช้ โซ่ ผูก	link *v.*, to tie with a chain
chai sOt	ใช้ สด	bachelor
chai we:la:	ใช้ เวลา	spend time
chak	ชัก	hoist *v.*
chak joo:ng	ชัก จูง	persuade *v.*
***chak* wao**	ชัก ว่าว	masturbate *v.* (colloq.)
cha*la:m*	ฉลาม	shark
chala:t	ฉลาด	artful, clever
chala:t	ฉลาด	clever *adj.*
chala:t	ฉลาด	intelligent, clever, talented
cha*leuh:i*	เฉลย	solve *v.*, answer *v.*
chalia	เฉลี่ย	average

cham *root*	ชำ รุด	damaged, dilapidated *adj.*
cham*ra* **luang na:**	ชำระ ล่วง หน้า	advance payment
cham*ra* pen nguat nguat	ชำระ เป็น งวดๆ	payment by installments
cha<u>muak</u>	ฉมวก	harpoon
chan	ชั้น	class
chan	ชั้น	floor *n.*
chan	ฉัน	I, me
chan	ชั้น	shelf
chan	ชั้น	story, floor
cha*na*	ชนะ	win *v.*
chanee	ชะนี	gibbon
chang	ช่าง	craftsman
chang	ช่าง	skilled worker
chang	ชั่ง	weigh *v.*
chang fai *fa:*	ช่าง ไฟ ฟ้า	electrician
chang <u>gaw:</u> **sa:ng**	ช่าง ก่อ สร้าง	bricklayer
chang gleung	ช่าง กลึง	wood turner
chang gOn	ช่าง กล	mechanic
chang *khian*	ช่าง เขียน	painter (for pictures)
chang *ma:i*	ช่าง ไม้	carpenter
chang *ma:i*	ช่าง ไม้	joiner
chang *nam* <u>nak</u>	ชั่ง น้ำ หนัก	weigh *v.*
chang <u>prapa:</u>	ช่าง ประปา	plumber
chang *see*	ช่าง สี	painter
chang <u>tat</u> **seua** ga:ng ge:ng	ช่าง ตัด เสื้อ กาง เกง	tailor *n.*
chang <u>tha:i</u> roo:p	ช่าง ถ่าย รูป	photographer
chang tham goonjae:	ช่าง ทำ กุญแจ	locksmith
chang tham *phOm*	ช่าง ทำ ผม	hairdresser
chang tham **waen** ta:	ช่าง ทำ แว่น ตา	optician
chang thaw:ng	ช่าง ทอง	goldsmith
chao	เช่า	rent *v.*, hire *v.*
<u>chap</u> phlan	ฉับ พลัน	suddenly
chat	ชัด	clear, obvious, definite *adv.*
chat	ชัด	sharp *adj.* (photograph)
<u>chaw</u>	เฉอะ	swampy *adj.*
chaw:	ช่อ	bunch, cluster *n.*
chaw: <u>daw:k</u> *ma:i*	ช่อ ดอก ไม้	bouquet
chaw: gO:ng	ฉ้อ โกง	cheat *v.*
chaw: too:m	ช่อ ตูม	bud *n.*
chaw:n	ช้อน	spoon
chaw:n tO	ช้อน โต๊ะ	tablespoon *n.*
chaw:p	ชอบ	like *v.*
chaw:p jai	ชอบ ใจ	pleased with, to be pleased with
chaw:p ma:k <u>gua:</u>	ชอบ มาก กว่า	prefer *v.*

chaw:p *theu:* la:ng	ชอบ ถือ ลาง	superstitious *adj.*
chawk	ชอล์ก	chalk
chawkgaw:***laet***	ช็อคโกแลต	chocolate
chawng	ช่อง	hole, pit, passage
chawng gep *khaw:ng* **na:** ***rOt***	ช่อง เก็บ ของ หน้า รถ	glove compartment
chawng goonjae: sa***ta:t rOt***	ช่อง กุญแจ สตาร์ท รถ	ignition lock
chawng *khao*	ช่อง เขา	mountain pass
chawng phoo: *khao* fai	ช่อง ภู เขา ไฟ	crater *n.*
***chaw*ping** phla:**sa:**	ช็อปปิ้ง พลาซา	shopping centre
che:t	เฉด	chase away (a person)
chee	ฉี่	pee *v.*
chee	ชี้	point *v.*
cheek	ฉีก	tear off *v.*
cheepha jaw:n	ชีพ จร	pulse
cheepha jaw:n **ten**	ชีพ จร เต้น	pulse beat
cheet	ฉีด	inject *v.*
cheet	ฉีด	squirt *v.*
cheet ya:	ฉีด ยา	inject medicine
cheewa ***wi***thaya:	ชีว วิทยา	biology
chee***wit***	ชีวิต	life *n.*
chek	เช็ค	cheque
chen	เช่น	for example
chen	เช่น	like (for example)
chen	เช่น	such as
chet	เช็ด	wipe *v.*
chet **hai haeng**	เช็ด ให้ แห้ง	dry up
cheu:	ชื่อ	name *n.*
cheu: len	ชื่อ เล่น	nickname
cheu: len	ชื่อ เล่น	pet name
cheu: tua	ชื่อ ตัว	first name
cheu:n jai	ชื่น ใจ	refreshing *adj.*
cheua	เชื่อ	believe *v.*
cheua fang	เชื่อ ฟัง	obey
cheua jai	เชื่อ ใจ	trust *adj.*
cheua **rO:k**	เชื้อ โรค	bacterium
cheua wai**ras**	เชื้อ ไวรัส	virus
cheuak	เชือก	cord, rope *n.*
cheuak	เชือก	rope *n.*
cheuak phoo:k raw:ng ***tha:o***	เชือก ผูก รอง เท้า	shoelace *n.*
cheuang	เชื่อง	tame *adj.*
cheuh:n	เชิญ	invite *v.*
cheuh:n **khao** ma:	เชิญ เข้า มา	come inside!
cheuh:**ree**	เชอรี่	cherry
chia	เชียร์	cheer *v.*

chim	ชิม	taste *v.*
chin	ชิ้น	slice, piece
ching	ฉิ่ง	cymbal
ching *cha:*	ชิง ช้า	swing *n.*
chip *ha:i*	ฉิบ หาย	bankrupt
chO:k chata: ra:*see*	โชค ชะตา ราศี	horoscope
chO:k chata: ra:*see*	โชค ชะตา ราศี	sign of the zodiac
chO:k dee	โชค ดี	luck, good luck
chO:k **mai** dee	โชค ไม่ ดี	unlucky *adj.*
chOk muay	ชก มวย	boxing *v.*
chOm	ชม	praise *v.*
chOn	ชน	collide, knock *v.*
chOn	ชน	run into
chOn gai	ชน ไก่	cockfight
chOn **khwam**	ชน คว่ำ	knock over
chOng	ชง	stir *v.* (coffee, tea)
choo:	ชู้	adulterer
choom noom chOn	ชุม นุม ชน	community, public *n.*
choon	ชุน	sew on
choop kha*nOm* pang	ชุบ ขนม ปัง	bread *v.*
choop khrO:**miam**	ชุบ โครเมียม	chromium-plate *v.*
choop ngeuhn	ชุบ เงิน	silver-plate *v.*
choop thaw:ng	ชุบ ทอง	gold-plated, gild
choot	ชุด	suit *n.*, costume
choot chOng ga:fae:	ชุด ชง กาแฟ	coffee set
choot **khreuang** meu:	ชุด เครื่อง มือ	cutlery
choot naw:n	ชุด นอน	pyjamas
choot **wa:i** *na:m*	ชุด ว่าย น้ำ	swimsuit *n.*
chua	ชั่ว	bad, wild, rascally
chua kha*na*	ชั่ว ขณะ	for a while
chua kha*na*	ชั่ว ขณะ	temporary
chua khrao	ชั่ว คราว	temporary, provisional
chua mO:ng	ชั่ว โมง	hour
chua *ra:i*	ชั่ว ร้าย	disgusting *adv.*
chuay	ช่วย	help *v.*, assist *v.*
chuay chee*wit*	ช่วย ชีวิต	rescue *v.*
chuay duay	ช่วย ด้วย	Help!
chuay tOn e:ng	ช่วย ตน เอง	self-service

da: wa:	ด่า ว่า	scold *v.*, chide *v.*
da:i	ได้	can, be able to
da:i	ดาย	mow *v.*, cut *v.* (grass)
da:i	ด้าย	thread *n.*
da:i gamrai	ได้ กำไร	earn *v.*
da:i <u>glap</u> ma:	ได้ กลับ มา	get back
da:i *rap*	ได้ รับ	receive *v.*
da:i yin	ได้ ยิน	hear *v.*
da:m	ด้าม	handle, hilt, haft
<u>da:n</u>	ด่าน	checkpoint
da:n	ด้าน	dull *adj.*
da:n <u>ab</u> lOm	ด้าน อับ ลม	lee
da:n mee lOm	ด้าน มี ลม	windward
<u>da:ng</u> *thap* thim	ด่าง ทับ ทิม	potassium permanganate
da:o	ดาว	star *n.* (in the sky)
da:o *ha:ng*	ดาว หาง	comet
da:o ma*leuk* tayoo:	ดาว มฤ ตยู	Uranus
da:o <u>moo:</u>	ดาว หมู่	constellation
da:o *neua*	ดาว เหนือ	Pole Star
da:o *nOpphakhraw*	ดาว นพเคราะห์	planet
da:o pha*reu*hat	ดาว พฤหัส	Jupiter
da:o phloo:tO:	ดาว พลูโต	Pluto
da:o *phra*ge:t	ดาว พระเกตุ	Neptune
da:o *phra*phoot	ดาว พระพุธ	Mercury
da:o *phra*sook	ดาว พระศุกร์	Venus
da:o thiam	ดาว เทียม	satellite
da:o <u>tOk</u>	ดาว ตก	meteor
da:ra: <u>sa:t</u>	ดารา ศาสตร์	astronomy
<u>da:t</u> *fa:*	ดาด ฟ้า	deck *n.*
dae:t <u>aw:k</u>	แดด ออก	sunshine
<u>dak</u> **dae:**	ดัก แด้	cocoon, larva *n.*
dam *na:m*	ดำ น้ำ	dive *v.*
dang	ดัง	loud *adj.*
dang *nan*	ดัง นั้น	so (therefore)
dang *nan*	ดัง นั้น	therefore *adv.*
<u>dap</u>	ดับ	extinguish *v.*
<u>dap</u> *phit* khai	ดับ พิษ ไข้	fever lowering
<u>dat</u>	ดัด	bend *v.*
<u>daw:k</u> **bia**	ดอก เบี้ย	interest
<u>daw:k</u> bua	ดอก บัว	lotus
<u>daw:k</u> <u>fin</u>	ดอก ฝิ่น	poppy
<u>daw:k</u> galam	ดอก กะหล่ำ	cauliflower
<u>daw:k</u> <u>jig</u>	ดอก จิก	club (in the pack of cards)
<u>daw:k</u> *ma:i*	ดอก ไม้	blossom

daw:k *ma:i*	ดอก ไม้	flower *n.*
daw:k *ma:i* phleuh:ng	ดอก ไม้ เพลิง	fireworks
daw:k ***thOp*** **tOm**	ดอก ทบ ต้น	compound interest
daw:k too:m	ดอก ตูม	bud *n.*
daw:ng	ดอง	marinate *v.*
daw:ng sOp	ดอง ศพ	embalm
de:si***me:t***	เดซิเมตร	decimeter
dee	ดี	good, well, nice *adj.*
dee	ดี	gall bladder
dee gua:	ดี กว่า	better than
dee jai	ดี ใจ	glad
dee jai	ดี ใจ	happy *adj.*
dee jai	ดี ใจ	satisfied
dee **kheun**	ดี ขึ้น	better
dee **ma:k**	ดี มาก	very good
dee nga:m	ดี งาม	nice *adj.*
dee **sa:n**	ดี ซ่าน	jaundice
deebook	ดีบุก	tin *n.*
deega:	ฎีกา	petition
dek	เด็ก	child *n.*
dek gam***phra:***	เด็ก กำพร้า	orphan
dek *khai nang seu:* phim	เด็ก ขาย หนัง สือ พิมพ์	newsboy
dek reua	เด็ก เรือ	ship's boy
dek seuh:f	เด็ก เสิร์ฟ	waiter *n.*
dek *ying*	เด็ก หญิง	girl
deng	เด้ง	bounce *v.*
deu:	ดื้อ	stubborn *adj.*
deu: dan	ดื้อ ดัน	stubborn *adj.*
deu:m	ดื่ม	drink *v.*
deuai	เดือย	dowel
deuan	เดือน	month
deuat pen faw:ng	เดือด เป็น ฟอง	ferment *v.*
deuh:n	เดิน	walk *v.*
deuh:n gaphlO:k gaphle:k	เดิน กะโผลก กะเผลก	hobble *v.*
deuh:n **la:k** ***tha:o***	เดิน ลาก เท้า	shuffle along
deuh:n **len**	เดิน เล่น	go for a walk
deuh:n **len**	เดิน เล่น	walk *n.*
deuh:n tha:ng	เดิน ทาง	travel *v.*
deuh:n **thaw:t nawng**	เดิน ทอด น่อง	roam about
deuh:n **yawng**	เดิน ย่อง	creep *v.*
deung	ดึง	pull off, pull v.
di*chan*	ดิฉัน	I, me (for women)
din	ดิน	ground, earth *n.*
din dae:n	ดิน แดน	land *n.*

din gruat	ดิน กรวด	gravel, grit
din peu:n	ดิน ปืน	gunpowder
din *phao*	ดิน เผา	porcelain, china
din ***ra***beuh:t	ดิน ระเบิด	dynamite
din rOn	ดิ้น รน	struggle *v.*
din thalOm	ดิน ถล่ม	landslide
din*saw:*	ดินสอ	pencil *n.*
dio	เดียว	exclusive, individual, single
dio	เดียว	individual, single, exclusive
dio	เดี๋ยว	moment!
dio	เดียว	single, exclusive, individual
dio ***nee***	เดี๋ยว นี้	now
dip	ดิบ	raw *adj.*
dip	ดิบ	unripe
di***rat*** *cha:n*	ดิรัจ ฉาน	beast
dO:i	โดย	through, by
dO:i cha***phaw***	โดย เฉพาะ	especially
dO:i ***la*** iat	โดย ละ เอียด	thorough *adj.*
dOm	ดม	smell *v.*, sniff *v.*
dOntree	ดนตรี	music *n.*
doo:	ดู	look *v.*, look at
doo:	ดู	watch *v.*, look *v.*
doo: ***khlai*** khleung	ดู คล้าย คลึง	similar *adj.*
doo: lae:	ดู แล	keep an eye on
doo: lae:	ดู แล	take care of
doo:t	ดูด	suck *v.*
duan	ดวน	urgent, fast, express *adj.*
duang jan	ดวง จันทร์	moon
duang jan **khreung seek**	ดวง จันทร์ ครึ่ง ซีก	half-moon
duay	ด้วย	also, with
duay gan	ด้วย กัน	mutual
duay gan	ด้วย กัน	together
duay khwa:m khao ***rOp nap*** *theu:*	ด้วย ความ เคารพ นับ ถือ	with respect
duay meu: e:ng	ด้วย มือ เอง	personal

e

e:ga ***phOt***	เอก พจน์	singular
e:ga **ra:t**	เอก ราช	independent (political)
e:ga*sa:n*	เอกสาร	document
e:ga*sa:n sam*khan	เอกสาร สำคัญ	documents (important-)
e:gasit	เอกสิทธิ์	monopoly
e:n *lang*	เอน หลัง	lean back

e:ng	เอง	oneself
ee <u>daw:k</u>	อี ดอก	whore (insulting word for a woman)
ee <u>sook</u> ee *sai*	อี สุก อี ใส	chickenpox
<u>eek</u>	อีก	again
<u>eek</u>	อีก	more
<u>eek</u> *saw:ng* wan	อีก สอง วัน	in two days
eeyip	อียิปต์	Egypt
*ek*sare:	เอ็กซ์เรย์	X-rays
en	เอ็น	tendon, sinew *n.*
<u>et</u> <u>tar</u>O:	เอ็ด ตะโร	shout, scold *v.*
<u>eu:n</u>	อื่น	another
<u>eu:n</u>	อื่น	other
<u>eu:ng</u> <u>a:ng</u>	อึ่ง อ่าง	bullfrog
eua *feua* <u>pheua</u> <u>phae:</u>	เอื้อ เฟื้อ เผื่อ แผ่	generous *adj.*
eua *feua* <u>pheua</u> <u>phae:</u>	เอื้อ เฟื้อ เผื่อ แผ่	kind *adj.*, to be kind
euam *theung*	เอื้อม ถึง	reach *v.*
<u>euk</u>	อึก	hiccup

f

fa:	ฝา	lid, cover *n.*
fa:	ฟ้า	sky *n.*
fa: <u>fae:t</u>	ฝา แฝด	twins
fa: <u>grapr</u>O:ng **na:**	ฝา กระโปรง หน้า	bonnet (from a car)
fa: laep	ฟ้า แลบ	lightning, flash *v.*
<u>fa:</u> meu:	ฝ่า มือ	palm (of the hand)
fa: <u>pha:</u>	ฟ้า ผ่า	thunder
fa: pha*nang*	ฝา ผนัง	wall *n.*
fa: *ra*nae:ng	ฝา ระแนง	lath
<u>fa:</u> *tha:o*	ฝ่า เท้า	sole (of the foot)
fa: **thaw:** *ra*ba:i *na:m*	ฝา ท่อ ระบาย น้ำ	duct cover
<u>fa:k</u>	ฝาก	entrust *v.*
<u>fa:k</u> **khaw:** khwa:m	ฝาก ข้อ ความ	leave a message
<u>fa:k</u> ngeuhn	ฝาก เงิน	pay in
fa:ng	ฟาง	straw *n.*
fa:rm	ฟาร์ม	farm *n.*
fae: **chan**	แฟ ชั่น	fashion *n.*
fae:m	แฟ้ม	file, folder
fae:n	แฟน	friend, fan
fai	ไฟ	fire, flame, light
fai	ไฟ	light *n.*, flame *n.*
fai	ไฝ	mole (beauty spot)
fai <u>bre:k</u>	ไฟ เบรก	stop light

fai *cha:i*	ไฟ ฉาย	flashlight *n.*, torch *n.*
fai *cha:i*	ไฟ ฉาย	torch *n.*, flashlight *n.*
fai *cha:i* we:thee	ไฟ ฉาย เวที	footlights
fai ***chaek***	ไฟ แช็ค	lighter *n.*
fai ***fa:***	ไฟ ฟ้า	electricity
fai ***fa:*** rae:ng *soo:ng*	ไฟ ฟ้า แรง สูง	high voltage
fai khO:sana:	ไฟ โฆษณา	illumination advertisement
fai ***lio***	ไฟ เลี้ยว	indicator
fai **na: *rOt***	ไฟ หน้า รถ	headlight
fai pa:	ไฟ ป่า	forest fire
fai sa***thaw:n*** *sae:ng*	ไฟ สะท้อน แสง	reflector
fai ***tha:i***	ไฟ ท้าย	taillight
fai than*On*	ไฟ ถนน	street lamp
fak	ฝัก	pod, seed vessel
fak	ฟัก	pumpkin
fak bua	ฝัก บัว	shower *n.*
fak **kha:o phO:t**	ฝัก ข้าว โพด	corn-cob
fan	ฝัน	dream
fan	ฟัน	tooth, set of teeth
fan da:p	ฟัน ดาบ	fence *v.* (sport)
fan phoo	ฟัน ผุ	tooth decay
fan plaw:m	ฟัน ปลอม	dentures
fang	ฝั่ง	bank, shore
fang	ฝัง	bury *v.*
fang	ฟัง	listen *v.*
fang	ฝั่ง	shore, coast
fang dOntree	ฟัง ดนตรี	listen to the music
fang **nee**	ฟัง นี่	listen!
fang wai **ta:i** din	ฝัง ไว้ ใต้ ดิน	bury *v.*
fao	เฝ้า	guard *v.*
farang	ฝรั่ง	European
farang	ฝรั่ง	guava
faw:ng	ฟ้อง	accuse
faw:ng	ฟอง	bubble
faw:ng a:ga:t	ฟอง อากาศ	air bubble
faw:ng ***na:m***	ฟอง น้ำ	lather
faw:ng ***na:m***	ฟอง น้ำ	sponge *n.*
fee da:t	ฝี ดาษ	smallpox
fee meu:	ฝี มือ	handicraft
feu:n	ฟืน	firewood
feu:n	ฟื้น	recover *v.*
feuang	เฟือง	gearwheel
feuang jak khap *moon*	เฟือง จักร ขับ หมุน	gearbox
feuh:ni**jeuh:**	เฟอนิเจอร์	furniture

feuk hat	ฝึก หัด	practice v.
feuk *saw:m*	ฝึก ซ้อม	train v.
fin	ฝิ่น	opium n.
flaesch	แฟลช	flashlight n.
fOk cham	ฟก ช้ำ	bruise
fOk cham	ฟก ช้ำ	hematoma
fOn	ฝน	rain n.
fOn lae:ng	ฝน แล้ง	drought
fOn tOk	ฝน ตก	rain v.
foo:k	ฟูก	mattress n.
foo:ng	ฝูง	flock, herd
foo:ng	ฝูง	troop, group n.
foon	ฝุ่น	dust n.
foong feuh:	ฟุ้ง เฟ้อ	extravagant adj.
*foot*baw:n	ฟุตบอล	football, soccer
free	ฟรี	free

g

ga:	กา	cross (on questionnaires)
ga:	กา	crow (bird)
ga: fa:k	กา ฝาก	parasite
ga: *na:m*	กา น้ำ	pot, kettle
ga: *tOm na:m*	กา ต้ม น้ำ	kettle
ga:fae:	กาแฟ	coffee
ga:i baw*riha:n*	กาย บริหาร	gymnastics
ga:i *wi pha:*	กาย วิ ภาค	anatomy
ga:lee	กาลี	whore
ga:*ma rO:k*	กาม โรค	syphilis n.
ga:ma:rOm	กามารมณ์	sex
ga:n	การ	activity, action, work
ga:n	การ	work n.
ga:n anoo*mat*	การ อนุมัติ	visa n.
ga:n aw:k deuh:n tha:ng	การ ออก เดิน ทาง	departure n.
ga:n baeng pen **phuak phuak**	การ แบ่ง เป็น พวกๆ	sort v.
ga:n ban ya:i	การ บรร ยาย	lecture n.
ga:n banchee	การ บัญชี	bookkeeping
ga:n banthao lOng	การ บรรเทา ลง	relieve
ga:n baw:k **bai**	การ บอก ใบ้	hint
ga:n bin	การ บิน	flight n.
ga:n *cha:i* rang *see*	การ ฉาย รัง สี	irradiation
ga:n chana *soo:t sOp*	การ ชัน สูตร ศพ	autopsy
ga:n chOn gan	การ ชน กัน	collision

ga:n *chOt chai* **kha:** *sia ha:i*	การ ชด ใช้ ค่า เสีย หาย	paying off, compensation
ga:n deuh:n pha:re:t	การ เดิน พาเรด	parade
ga:n deuh:n tha:ng awaga:t	การ เดิน ทาง อวกาศ	space travel
ga:n fang	การ ฟัง	hearing
ga:n *fang khem*	การ ฝัง เข็ม	acupuncture *n.*
ga:n *fang* sOp	การ ฝัง ศพ	burial, funeral *n.*
ga:n *faw:ng raw:ng*	การ ฟ้อง ร้อง	indictment
ga:n *faw:ng raw:ng* nai *sa:n*	การ ฟ้อง ร้อง ใน ศาล	trial, judicial hearing
ga:n feuk *saw:n*	การ ฝึก สอน	training *n.*
ga:n gak phoo: puay rO:k tit taw:	การ กัก ผู้ ป่วย โรค ติด ต่อ	quarantine
ga:n gam neuh:t	การ กำ เนิด	generation
ga:n gla:o praga:t	การ กล่าว ประกาศ	announcement (radio, TV)
ga:n **hai** a:*ha:n* bam roong	การ ให้ อาหาร บำ รุง	feeding *n.*
ga:n **hai** ngeuhn oodnoon	การ ให้ เงิน อุดหนุน	subsidy *n.*
ga:n **hai** *sampha:t nang seu:* phim	การให้สัมภาษณ์หนังสือพิมพ์	press conference *n.*
ga:n ja: *reuk*	การ จา รึก	inscription
ga:n jala: jOn	การ จราจร	putsch
ga:n jap pen **gaw:n** *khaw:ng* lO: hit	การ จับ เป็น ก้อน ของ โลหิต	blood clot
ga:n jat phim **kheun** mai	การ จัด พิมพ์ ขึ้น ใหม่	reprint, new edition
ga:n jO:m tee	การ โจม ตี	attack, assault *n.*
ga:n **kha:** ya: se:p tit	การ ค้า ยา เสพ ติด	drug trafficking
ga:n *kha:i* pleek	การ ขาย ปลีก	retail *n.*
ga:n khaeng *khan jOk* muay	การ แข่ง ขัน ชก มวย	boxing match, fight
ga:n khat la:i meu:	การ คัด ลาย มือ	handwriting
ga:n khlaw:t boot	การ คลอด บุตร	delivery, birth
ga:n khoot *meuang* **rae:**	การ ขุด เหมือง แร่	mining industry
ga:n len	การ เล่น	game *n.*
ga:n len phai	การ เล่น ไพ่	pack of cards
ga:n leuak tang	การ เลือก ตั้ง	election *n.*
ga:n *lOt* a:*ha:n*	การ ลด อาหาร	diet *n.*
ga:n **man**	การ หมั้น	engagement *n.*
ga:n meuang	การ เมือง	politics *n.*
ga:n mOt ra:kha:	การ หมด ราคา	deflation *n.*
ga:n *na*rOng leuak tang	การ ณรงค์ เลือก ตั้ง	election campaign
ga:n naw:n **duay** gan	การ นอน ด้วย กัน	sexual intercourse
ga:n naw:ng **leuat**	การ นอง เลือด	bloodbath
ga:n *nen siang* phaya:ng	การ เน้น เสียง พยางค์	accent
ga:n noo:n reu: pawng aw:k ma:	การ นูน หรือ ป่อง ออก มา	bump, bulge
ga:n **pawng** gan tOn e:ng	การ ป้อง กัน ตน เอง	self-defense
ga:n **pawnk**gan grasae:fai *fa:*mihai rua	การป้องกันกระแสไฟฟ้ามิให้รั่ว	isolation *n.*
ga:n pen **phoo:** *lOm la*la:i	การ เป็น ผู้ ล้ม ละลาย	bankruptcy
ga:n **pha:** *seuh:m suay*	การ ผ่า เสริม สวย	cosmetic operation
ga:n **pha:** tat	การ ผ่า ตัด	operation *n.* (med.)
ga:n **pha:** tat *hua* jai	การ ผ่า ตัด หัว ใจ	heart transplant

ga:n phanan	การ พนัน	gambling *n.*
ga:n phanan *khan* taw:	การ พนัน ขัน ต่อ	bet *n.*
ga:n **plOn** thana:kha:n	การ ปล้น ธนาคาร	bank robbery
ga:n prachoom	การ ประ ชุม	conference
ga:n praga:t **jae:ng** khwa:m	การ ประกาศ แจ้ง ความ	advertisement
ga:n pramoo:n ra:kha:	การ ประมูล ราคา	auction *n.*
ga:n preuk *sa:*	การ ปรึก ษา	meeting *n.*
ga:n ***rak*** *sa:*	การ รัก ษา	cure *n.*
ga:n ***rap*** *mao*	การ รับ เหมา	order *n.*
ga:n ***rap*** phit **chaw:p**	การ รับ ผิด ชอบ	responsibility *n.*
ga:n ***rap*** pragan	การ รับ ประกัน	guarantee, certify
ga:n ***rap*** **ra:*tcha*** ga:n tha*ha:n*	การ รับ ราช การ ทหาร	military service
ga:n **ruam**pra we:nee	การ ร่วมประ เวณี	sexual intercourse
ga:n **sa:ng pheuh:m** teuh:m	การ สร้าง เพิ่ม เติม	extension
ga:n sa:***ra*** **pha:p**	การ สาร ภาพ	confession *n.*
ga:n sa:***ra*** **pha:p** ba:p	การ สาร ภาพ บาป	confessional *n.*
ga:n *sam*phat	การ สัมผัส	contact *n.*
ga:n satae:ng dawntree	การ แสดง ดนตรี	concert *n.*
ga:n satae:ng **gae: pha:**	การ แสดง แก้ ผ้า	striptease *n.*
ga:n *saw:n*	การ สอน	instruction *n.*
ga:n *saw:n* pha:*sa:* ta:ng pra**the:t**	การ สอน ภาษา ต่าง ประเทศ	foreign-language teaching
ga:n *saw:n* ***wi***thee	การ สอน วิธี	instruction *n.*
ga:n saw:p **lai**	การ สอบ ไล่	examination, test *n.*
ga:n saw:p *suan*	การ สอบ สวน	investigation *n.*
ga:n ***seu:*** jaw:ng *wai* **luang na:**	การ ซื้อ จอง ไว้ ล่วง หน้า	advance sale
ga:n seu:p *suan*	การ สืบ สวน	inquiry *n.*
ga:n seuk *sa:* **pha:k** bang ***khap***	การ ศึก ษา ภาค บัง คับ	compulsory education
ga:n *sia* **leuat**	การ เสีย เลือด	loss of blood
ga:n *sOm* boo:n	กาล สม บูรณ์	past perfect
ga:n *sOm* ***rOt***	การ สมรส	wedding *n.*
ga:n suat mOn	การ สวด มนต์	prayer
ga:n **tang khreuang** geet *khwa:ng*	การ ตั้ง เครื่อง กีด ขวาง	barrier, to place a barrier
ga:n taw: **soo:**	การ ต่อ สู้	fight, struggle *n.*
ga:n taw: **soo:** gan tua taw: tua	การ ต่อ สู กัน ตัว ต่อ ตัว	duel
ga:n tha:i lO: hit	การ ถ่าย โล หิต	blood transfusion
ga:n *tha:ng*	การ ถาง	clearing, glade
ga:n tha***law wi***wa:**t**	การ ทะเลาะ วิวาท	quarrel
ga:n tham **hai** geuh:t *phOn* **kheun**	การ ทำ ให้ เกิด ผล ขึ้น	impregnation, insemination
ga:n tham **na:thee** pen tua thae:n	การ ทำ หน้าที่ เป็น ตัว แทน	agency
ga:n *theu: phio*	การ ถือ ผิว	racial discrimination
ga:n ***thOt*** law:ng	การ ทด ลอง	experiment *n.*
ga:n truat **leuat**	การ ตรวจ เลือด	blood sample
ga:n truat **leuat**	การ ตรวจ เลือด	blood test
ga:n truat **rO:k**	การ ตรวจ โรค	diagnosis

ga:n wa:n	การ หว่าน	seed *n.*
ga:n we:n kheu:n	การ เวน คืน	expropriation *n.*
ga:n ya: *ra:ng*	การ หย่า ร้าง	divorce *n.*
ga:n yat sai	การ ยัด ไส้	filling *n.*
ga:n yio *rOt* thee naw:n	การ เยี่ยว รด ที่ นอน	bed-wetting
ga:n *yoi* a:*ha:n*	การ ย่อย อาหาร	digestion
ga:n *yOk* thO:t hai	การ ยก โทษ ให้	pardon
ga:ng	กาง	spread out
ga:ng ge:ng	กาง เกง	trousers
ga:ng ge:ng ling	กาง เกง ลิง	briefs, slip
ga:ng ge:ng nai	กาง เกง ใน	underpants *n.*
ga:ng ge:ng **wa:i** *na:m*	กาง เกง ว่าย น้ำ	swimming trunks
ga:ng ge:ng yeen	กาง เกง ยีนส์	jeans
ga:ng *khe:n*	กาง เขน	cross *n.*
ga:ng pla:	ก้าง ปลา	fishbone
ga:o	กาว	adhesive, glue *n.*
ga:o	กาว	glue *n.*
ga:o	กาว	gum, glue
ga:o	เก้า	nine
gae	แกะ	sheep
gae:	แก่	old (human being)
gae: aw:k	แก้ ออก	untie *v.*
gae: haw:	แก้ ห่อ	unpack *v.*
gae: *khae:n*	แก้ แค้น	revenge *v.*, avenge *v.*
gae: *khai* **hai** thoo:k **tawng**	แก้ ไข ให้ ถูก ต้อง	correct *v.*
gae:m	แก้ม	cheek
gae:n	แกน	axis
gae:ng	แกง	curry *n.*
gae:o	แก้ว	glass
gae:o *hoo:*	แก้ว หู	eardrum
gae:o ta: dam	แก้ว ตา ดำ	pupil *n.* (of the eye)
gae:s	แก๊ส	gas
gae:s nam ta:	แก๊ส น้ำ ตา	tear gas *n.*
gai	ไก่	chicken
gai	ไก่	cock
gai	ไก่	tourist guide
gai chOn	ไก่ ชน	fighting cock
gai *fa:*	ไก่ ฟ้า	pheasant
gai *khan*	ไก่ ขัน	crow *v.*
gai nguang	ไก่ งวง	turkey (animal)
gai **ya:ng**	ไก่ ย่าง	roast chicken
gak	กั๊ก	waistcoat
gak *khang*	กัก ขัง	lock up (animals)
gala: *see* reua	กลา สี เรือ	sailor, seaman

galam plee	กะหล่ำ ปลี	cabbage
galamae:	กะละแม	caramel
gambang	กำบัง	shelter v., cover v., protect v.
gamdao	กำ เดา	nosebleed
gamguam	กำกวม	ambiguous
gamlai	กำไล	bangle n.
gamlang	กำลัง	power n.
gamlang	กำลัง	strength n.
gamma ga:n tatsin ga:npraguat	กรรม การ ตัดสิน การประกวด	jury
gam*mathan*	กำมะถัน	sulphur n.
gam*mayee*	กำมะหยี่	velvet n.
gam<u>n</u>Ot	กำหนด	control v.
gam**pan**	กำ ปั้น	fist n.
gamphae:ng	กำแพง	wall n.
gamrai	กำไร	profit n.
gan	กั้น	barricade v.
gan	กั้น	block off
gan	กั้น	dam v., screen v.
gan	กัน	each other
gan	กั้น	screen v., dam v.
gan	กั้น	shut out
gan tha:ng	กั้น ทาง	bar, block (up)
gancha:	กัญชา	marihuana, marijuana
ganchOn	กันชน	bumper
ganda:n	กันดาร	barren
gang wOn	กัง วล	worry
ganya: yOn	กันยา ยน	September
<u>gao</u>	เก่า	old (thing)
gao	เกา	scratch v.
gao ee	เก้า อี้	chair n.
gao ee pha: bai	เก้า อี้ ผ้า ใบ	deck-chair
<u>gap</u>	กับ	with *prep.*
<u>gap</u> <u>dak</u>	กับ ดัก	trap n.
gaphrao	กะเพรา	basil n.
ga*phrip* ta:	กะพริบ ตา	blink v.
gaptan	กัปตัน	captain
garagada: khOm	กรกฎา คม	July
<u>garat</u>	กะรัต	carat
ga*roo*na:	กรุณา	please
ga<u>sat</u>	กษัตริย์	king n.
ga<u>si</u>gam	กสิกรรม	agriculture
ga<u>si</u>gam	กสิกรรม	farming
<u>gat</u>	กัด	bite v.
<u>gat</u> <u>grawn</u>	กัด กร่อน	corrosive

PRONUNCIATION - THAI - ENGLISH

ga*tha*	กะทะ	pan
gatheuh:i	กะเทย	transvestite, transsexual
gaw	เกาะ	island
gaw gio	เกาะ เกี่ยว	board v.
gaw:	กอ	scrub n.
gaw: ... duay	ก็ ... ด้วย	also
gaw: it	ก่อ อิฐ	lay bricks
gaw: **sa:ng**	ก่อ สร้าง	build v.
gaw: **sa:ng**	ก่อ สร้าง	construct v.
gaw:n	ก่อน	before, previous
gaw:n	ก่อน	first, previous
gaw:n	ก่อน	previous, before
gaw:ng	กอง	force, troop
gaw:ng ban na:*thi*ga:n	กอง บรร ณาธิการ	editorial n.
gaw:ng dap phleuh:ng	กอง ดับ เพลิง	fire brigade
gaw:ng **thap**	กอง ทัพ	army
gaw:t	กอด	embrace v., hug v.
gawee	กวี	poet
gawf	กอล์ฟ	golf
gawk na:m	ก๊อก น้ำ	tap n.
ge:	เกย์	gay
gee	กี่	how much, how many
gee *khrang*	กี่ ครั้ง	how often
gee mO:ng	กี่ โมง	what time?
geela:	กีฬา	sport n.
geet *khwa:ng*	กีด ขวาง	impede v., hinder v.
geet *khwa:ng*	กีด ขวาง	obstacle
gee**ta:**	กีตาร์	guitar
geng	เก่ง	clever, competent adj.
geng	เก่ง	efficient adj.
gep	เก็บ	collect v.
gep	เก็บ	pick v.
gep *khaw:ng*	เก็บ ของ	pack v.
gep ngeuhn	เก็บ เงิน	save money
gep *wai*	เก็บ ไว้	keep v.
geuap	เกือบ	almost
geuap	เกือบ	nearly, almost
geuh:n khwa:n **tawng** kha:n	เกิน ความ ต้อง การ	excessive adj.
geuh:n pai	เกิน ไป	to...
geuh:t	เกิด	born v.
geuh:t	เกิด	happen v., occur v.
geuh:t oobattihe:t	เกิด อุบัติเหตุ	accident
gia *rOt*	เกียร์ รถ	gear
gia *thoi lang*	เกียร์ ถอย หลัง	reverse gear

giad ti***yOt***	เกียรติยศ	honour *n.*
gilO:	กิโล	kilo
gilO:kram	กิโลกรัม	kilogramme
gilO:***me:t***	กิโลเมตร	kilometre
gin	กิน	eat *v.*
gin **kha:o**	กิน ข้าว	eat *v.*
gin **ya:**	กิน หญ้า	graze *v.*
ging	กิ่ง	branch, bough (of trees)
ging geu:	กิ้ง กือ	millipede
gio	เกี้ยว	flirt *v.*
gio	เกี่ยว	harvest *v.*
gio gap fai ***fa:***	เกี่ยว กับ ไฟฟ้า	electrical
gio gap he:d *phOn*	เกี่ยว กับ เหตุ ผล	logical
gio gap **phe:t**	เกี่ยว กับ เพศ	sexual
gio **kha:o**	เกี่ยว ข้าว	harvest rice
gip	กิ๊บ	hairclip
gla:	กล้า	risk *v.*
gla:	กล้า	venture *v.*
gla: *ha:n*	กล้า หาญ	bold *adj.*
gla: ***ha:n***	กล้า หาญ	brave *adj.*
gla: *ha:n*	กล้า หาญ	courageous *adj.*
gla:i	กลาย	convert, change
gla:m	กล้าม	muscle (of the body)
gla:ng	กลาง	center
gla:ng	กลาง	middle
gla:o praga:t	กล่าว ประกาศ	announce *v.*
glae:ng	แกล้ง	annoy *v.*
glai	ใกล้	close, near *adv.*
glai	ไกล	far, far away
glai	ใกล้	near, close *adv.*
glan	กลั่น	distill *v.*
glan	กลั้น	repress *v.*
glao *ha:*	กล่าว หา	allege *v.*, accuse *v.*
glap	กลับ	return, back
glap **ba:n**	กลับ บ้าน	return home
glaw:n	กลอน	bar, bolt, fastener
glaw:ng	กลอง	drum, tambour *n.*
glawng	กล่อง	box
glawng	กล่อง	case, box
glawng doo: da:o	กล้อง ดู ดาว	telescope
glawng grada:t	กล่อง กระดาษ	carton *n.*
glawng joola***that***	กล้อง จุลทรรศน์	microscope
glawng **khreuang** ***phet***	กล่อง เครื่อง เพชร	jewelry box
glawng saw:ng tha:ng glai	กล้อง ส่อง ทาง ไกล	binoculars

glawng tha:i **roo:p**	กล้อง ถ่าย รูป	camera
gleeseuh:reen	กลีเซอรีน	glycerin
glet hi*ma*	เกล็ด หิมะ	snowflake
gleu:n	กลืน	swallow *v.*
gleua	เกลือ	salt *n.*
gleua ae:m mO:nia	เกลือ แอม โมเนีย	ammonium chloride
gleung	กลึง	turn *v.*
gliat	เกลียด	hate *v.*
glin	กลิ่น	odour *n.*
glin	กลิ่น	smell *n.*
glin *men*	กลิ่น เหม็น	stench *n.*
glin pa:k	กลิ่น ปาก	mouth odour *n.*
glin tua	กลิ่น ตัว	body odour *n.*
gling	กลิ้ง	roll *v.*, slide *v.*
glOm	กลม	round *adj.*
gloom	กลุ่ม	group (of people)
gloom jai	กลุ้ม ใจ	worry *adj.*
glua	กลัว	afraid
glua	กลัว	fear
glua	กลั้ว	gurgle, gargle
gluay	กล้วย	banana
gluay *ma:i*	กล้วย ไม้	orchid
gO:	โก้	elegant
gO: dang	โก ดัง	warehouse *n.*
gO: **gO:**	โก โก้	cocoa
gO: hOk	โก หก	lie *v.*, tell a lie
gO: me:n	โก เมน	garnet
gO:n nuat	โกน หนวด	shave *v.*
gO:ng	โกง	cheat *v.*
gO:t	โกศ	urn *n.*
gOk	กก	hatch *v.*
gOm	ก้ม	bend *v.*, bow *v.*
gOn *tha*le:	ก้น ทะเล	seabed
gOng*soon*	กงสุล	consul
goo:	กู	I, me (impolite)
goola:p	กุหลาบ	rose *n.*
goompha: phan	กุมภา พันธ์	February
goong	กุ้ง	lobster
goong	กุ้ง	prawn
goonjae:	กุญแจ	key *n.*
goonjae: pa:k ta:i	กุญแจ ปาก ตาย	spanner *n.* (tool)
goonjae: pa:k ta:i	กุญแจ ปาก ตาย	wrench *n.* (tool)
gOp	กบ	frog
gOp *raw:ng*	กบ ร้อง	croak *v.*

gOt	กด	dial *v.*
gOt	กด	press *v.*
gOt grading	กด กระดิ่ง	ring *v.* (at the door)
gOt jara: jaw:n	กฎ จรา จร	traffic laws
gOt *ma:i*	กฎ หมาย	law *n.*
gra:m	กราม	jaw *n.*
grabee	กระบี่	sword *n.*
grabeuang	กระเบื้อง	tile
grabeuang khleu:ap	กระเบื้อง เคลือบ	tile
grada:n dam	กระดาน ดำ	blackboard
grada:t	กระดาษ	napkin *n.*
grada:t	กระดาษ	paper *n.*
grada:t *chamra*	กระดาษ ชำระ	toilet paper
grada:t faw:i	กระดาษ ฟอยล์	aluminium foil
grada:t jOt*ma:i*	กระดาษ จดหมาย	letter paper
grada:t *khaeng*	กระดาษ แข็ง	cardboard, pasteboard
grada:t **khan**	กระดาษ คั่น	blotting paper
grada:t muan booree	กระดาษ มวน บุหรี่	cigarette paper
grada:t pit *fa:* phanang	กระดาษ ปิด ฝา ผนัง	wallpaper *n.*
grada:t sa:i	กระดาษ ทราย	sandpaper
gradaw:ng	กระดอง	shell, carapace
grading	กระดิ่ง	bell, doorbell
gradO:t	กระโดด	jump *v.*
gradoo:k	กระดูก	bone *n.*
gradoo:k aw:n	กระดูก อ่อน	cartilage
gradoo:k jamoo:k	กระดูก จมูก	nasal bone
gradoo:k *kha:* gan grai **la:ng**	กระดูก ขา กรร ไกร ล่าง	lower jaw
gradoo:k ngoo: reua	กระดูก งู เรือ	keel
gradoo:k *san lang*	กระดูก สัน หลัง	backbone
gradook	กระตุก	jerk *v.*
gradoom	กระดุม	button, fastening
grajO:m	กระโจม	tent *n.*
grajOg	กระจก	mirror *n.*
grajOg	กระจก	windowpane
grajOk	กระจก	pane
grajOk **kha:ng**	กระจก ข้าง	side mirror
grajOk len	กระจก เล็นซ์	lens (for a camera)
grajOk maw:ng *lang*	กระจก มอง หลัง	rearview mirror
grajOk **na:**	กระจก หน้า	windscreen
gram	กรัม	gramme
grangrai	กรรไกร	scissors *n.*
gra*pao*	กระเป๋า	pocket
gra*pao* deuh:ntha:ng	กระเป๋า เดินทาง	luggage, traveling bag
gra*pao* deuh:ntha:ng	กระเป๋า เดินทาง	suitcase *n.*

grapao sata:ng	กระเป๋า สตางค์	purse
grapao theu:	กระเป๋า ถือ	handbag
grapawng	กระป๋อง	can, tin
grapawng	กระป๋อง	tin, can
graphaw passa:wa	กระเพาะ ปัสสาวะ	bladder
graprO:ng	กระโปรง	skirt *n.*
graraw:k	กระรอก	squirrel
grasae: fai salap	กระแส ไฟ สลับ	alternating current
grasae: fai trOng	กระแส ไฟ ตรง	direct current
grasae: lOm	กระแส ลม	draught
grasae: nam kheun lOng	กระแส น้ำ ขึ้น ลง	tides
grasaw:p	กระสอบ	sack, bag *n.*
grasoonang ga:n khlang	กระทรวง การ คลัง	Ministry of finance
grata:i	กระต่าย	hare
grata:i	กระต่าย	rabbit
gratha:ng	กระถาง	flowerpot
gratheuhb	กระเถิบ	move over
grathiam	กระเทียม	garlic
grathO:n	กระโถน	spittoon
gratik nam raw:n	กระติก น้ำ ร้อน	thermos bottle
gratoon	กระตุ้น	encourage *v.*
graw:k	กรอก	fill in (a form)
graw:ng	กรอง	filter *v.*
graw:p	กรอบ	frame
grit	กริช	dagger *n.*
grO:n	กรน	snore *v.*
grO:t	โกรธ	angry *adj.*
grOm	กรม	department
grOm	กรม	government department / bureau
grOm rae:ng nga:n	กรม แรง งาน	Labour Department
grOm soonlaga: gaw:n	กรม ศุลกา กร	customs department
grOng	กรง	cage
groongthe:p	กรุงเทพฯ	Bangkok
grOt din prasio	กรด ดิน ประสิว	nitric acid
guai	ไกว	swing *v.*
gruat	กรวด	pebble *n.*
gua:	กว่า	than *conj.*, more
gua:ng	กว้าง	broad, wide
gua:ng	กวาง	deer
gua:ng khana:t lek	กวาง ขนาด เล็ก	roe deer
gua:t	กวาด	sweep *v.*
guan	กวน	stir *v.*
guan jai	กวน ใจ	annoy *v.*
guay tio	ก๋วย เตี๋ยว	rice noodle

ha:	ห้า	five
ha:	หา	search *v.*
ha: **thee tang**	หา ที่ ตั้ง	take a bearing
ha:i	หาย	disappear *v.*
ha:i	หาย	lose *v.* (something)
ha:i	หาย	recover *v.*
ha:i jai	หาย ใจ	breath *n.*
ha:i jai	หาย ใจ	breathe *v.*
ha:i jai <u>aw:k</u>	หาย ใจ ออก	exhale
ha:i jai **khao**	หาย ใจ เข้า	inhale *v.*
ha:i jai <u>khat</u>	หาย ใจ ขัด	breath difficulty
ha:iyana	หายนะ	disaster
ha:m	ห้าม	ban, forbid *v.*
ha:m	หาม	bear, carry *v.*
ha:m	ห้าม	forbid *v.*
ha:m	ห้าม	prohibit *v.*
ha:m <u>jap</u>	ห้าม จับ	Don't touch !
ha:m khao	ห้าม เข้า	no entry!
ha:m *law:* we:la: <u>chook</u> *cheuh:n*	ห้าม ล้อ เวลา ฉุก เฉิน	emergency brake
ha:n	หาร	divide *v.*
<u>ha:n</u>	ห่าน	goose
ha:ng	หาง	tail *n.*
ha:ng pia	หาง เปีย	plait, pigtail
ha:ng sapa *sin kha:*	ห้าง สรรพ สิน ค้า	department store
ha:o	หาว	yawn *v.*
<u>ha:t</u>	หาด	beach *n.*
hae:	แห	fishing net
haem	แฮม	ham
haeng	แห้ง	dry *adj.*
hai	ให้	allow *v.*
hai	ให้	bestow *v.*
hai	ให้	confer *v.*
hai	ให้	for
hai	ให้	give *v.*
hai	ให้	to, in order to, so that
hai	ให้	let *v.*
hai a:<u>ga:t</u> <u>tha:i</u> the:	ให้ อากาศ ถ่าย เท	ventilate (a room)
hai a:*ha:n*	ให้ อาหาร	feed *v.*
hai aphai	ให้ อภัย	excuse *v.*
hai chao	ให้ เช่า	rent out
hai chao	ให้ เช่า	rent *v.*
hai kham *nae* nam	ให้ คำ แนะ นำ	advise *v.*
hai khwa:m *hen*	ให้ ความ เห็น	advise *v.*
hai <u>pla:o</u>	ให้ เปล่า	free, give away for free

hai ra:ng wan	ให้ ราง วัล	reward *v.*
hai *roo:* jak	ให้ รู้ จัก	introduce *v.*
hai *sae:ng* **khao ma:k** geuh:n pai	ให้ แสง เข้า มาก เกิน ไป	overexpose *v.*
hai *sin* bOn	ให้ สิน บน	bribe *v.*
haidrO:jen	ไฮโดรเจน	hydrogen
hak	หัก	break *v.*, burst *v.*
hak *lang*	หัก หลัง	betrayed
han glap	หัน กลับ	turn around (something)
han lang glap	หัน หลัง กลับ	turn around
han pai	หัน ไป	turn away
hao	เห่า	bark *v.* (as a dog)
hao	เหา	louse *n.* (insect)
hat **hai cheuang**	หัด ให้ เชื่อง	tame *v.*
haw:	ห่อ	parcel, packet
haw:	ห่อ	wrap *v.*
haw: doo: da:o	หอ ดู ดาว	observatory
haw: ga:n *kha:*	หอ การ ค้า	chamber of commerce
haw: khaw:i	หอ คอย	tower *n.*
haw: leuat	ห้อ เลือด	contusion *n.*
haw:i khO:ng	หอย โข่ง	snail *n.*
haw:i na:ng rOm	หอย นาง รม	oyster
haw:m	หอม	smell *v*
haw:m yai	หอม ใหญ่	onion
haw:mO:n	ฮอร์โมน	hormone
haw:p	หอบ	gasp *v.*
hawng	ห้อง	room
hawng da:i din	ห้อง ใต้ ดิน	bunker, shelter
hawng dek	ห้อง เด็ก	children's room
hawng dio	ห้อง เดี่ยว	single room
hawng gep *khaw:ng*	ห้อง เก็บ ของ	storeroom *n.*
hawng khoo:	ห้อง คู่	double room
hawng khrua	ห้อง ครัว	kitchen
hawng *lek lek*	ห้อง เล็กๆ	cabin
hawng lep	ห้อง แล็บ	lab
hawng *na:m*	ห้อง น้ำ	bathroom, bath
hawng *na:m*	ห้อง น้ำ	lavatory *n.*
hawng *na:m*	ห้อง น้ำ	toilet *n.*
hawng nai *rOt* fai	ห้อง ใน รถ ไฟ	compartment (in a train)
hawng naw:n	ห้อง นอน	bedroom
hawng phlat pha:	ห้อง ผลัด ผ้า	changing cubicle
hawng *rap* khae:k	ห้อง รับ แขก	living room
hawng rian	ห้อง เรียน	classroom
hawng samoot	ห้อง สมุด	library
hawng *samrap phaw* **tOn** *ma:i*	ห้อง สำหรับ เพาะ ต้น ไม้	hothouse

hawng ta:i thoon	ห้อง ใต้ ถุน	basement
hawng *thO:ng*	ห้อง โถง	hall
he:-oo	เหว	abyss
he:-oo	เหว	gorge
he:***li*khawpteuh:**	เฮลิคอพเตอร์	helicopter
he:t ga:n	เหตุ การณ์	event
he:t *phOn* **thee** ya:	เหตุ ผล ที่ หย่า	divorce reason
he:t ***ra:i*** rae:ng	เหตุ ร้าย แรง	disaster
hee	หี	vagina
hee	หี	vulva *n.*
heep	หีบ	box (with lock)
heep ngeuhn	หีบ เงิน	cashbox
heep phle:ng pa:k	หีบ เพลง ปาก	mouth organ
heep sOp	หีบ ศพ	coffin
hen	เห็น	see *v.*
hen **duay**	เห็น ด้วย	agree with
hen gae: tua	เห็น แก่ ตัว	egoistic *adj.*
hep	เห็บ	tick *n.* (insect)
het	เห็ด	mushroom
heu:t	หืด	asthma
heu:t haw:p	หืด หอบ	asthma attack
heung	หึง	jealous *v.*
hi***ma***	หิมะ	snow *n.*
hi***ma*** tOk	หิมะ ตก	snow *v.*
hin	หิน	stone *n.*
hin aw:n	หิน อ่อน	marble
hin chanuan	หิน ชนวน	slate *n.*
hin **khio** hanoo ma:n	หิน เขี้ยว หนุ มาน	quartz
hin ***lap*** **meet**	หิน ลับ มีด	whetstone
hin pha:	หิน ผา	rock, stone
hin poo:n	หิน ปูน	limestone
hin poo:n	หิน ปูน	tartar *n.*
hin sO: ***khrO:k***	หิน โส โครก	reef
hin ***yaw:i***	หิน ย้อย	stalactite
hing **haw:i**	หิ่ง ห้อย	glow-worm
hing thee wa:ng *khaw:ng*	หิ้ง ที่ วาง ของ	rack
hio	หิ้ว	carry, hold *v.*
hio **kha:o**	หิว ข้าว	hungry *adj.*
hio ***na:m***	หิว น้ำ	thirsty *adj.*
his theeria	ฮิส ทีเรีย	hysteria *n.*
hO:n	โหร	astrologer
hO:ng	หงส์	swan *n.*
hO:**ra:** sa:t	โหรา ศาสตร์	astrology
hO:t ***ra:i***	โหดร้าย	wild *adj.*

hOk	หก	six
hOn ta:ng	หน ทาง	way, route *n.*
hoo:	หู	ear (of the body)
hoo:	หู	handle, ear
hoo: bao	หู เบา	credulous
hoo: fang	หู ฟัง	headphones, earphone
hoo: nuak	หู หนวก	deaf *adj.*
hoo: teung	หู ตึง	hard of hearing
hoo:k	หูก	loom
hoo:t	หูด	wart *n.*
hoom graw	หุ้ม เกาะ	armoured *adj.*
hoon	หุ่น	model (doll)
hoon	หุ้น	partner, associate
hoon	หุ้น	share *n.* (fin.)
hoon	หุ้น	shareholder
hoon grabaw:k	หุ่น กระบอก	marionette
hoon grabaw:k	หุ่น กระบอก	punch theater
hoon suan jam gat	หุ้น ส่วน จำ กัด	limited partnership
hoon yOn	หุ่น ยนต์	robot
hoop *khao*	หุบ เขา	valley *n.*
hOt	หด	shrink *v.*
hua	หัว	head
hua **deuh:**	หัว ดื้อ	obstinate, stubborn
hua fee	หัว ฝี	abscess *n.*
hua gralO:k	หัว กระโหลก	skull *n.*
hua jai	หัว ใจ	heart *n.*
hua jai aw:n	หัว ใจ อ่อน	cardiac insufficiency
hua jai **ten**	หัว ใจ เต้น	palpitation
hua jai wa:i	หัว ใจ วาย	heart attack
hua jai yoot	หัว ใจ หยุด	heart failure
hua khaeng	หัว แข็ง	stubborn
hua khao	หัว เข่า	knee
hua khem khat	หัว เข็ม ขัด	belt buckle
hua ***la:n***	หัว ล้าน	bald head
hua **mae:** meu:	หัว แม่ มือ	thumb
hua **na:** gaw:ng	หัว หน้า กอง	head of department
hua **na:** ***rad***tha ba:n	หัว หน้า รัฐ บาล	head of the government
hua nOm	หัว นม	nipple
hua nOm	หัว นม	teat, nipple *n.*
hua raw	หัว เราะ	laugh *v.*
hua raw khik khik	หัว เราะ คิกๆ	giggle *v.*
hua reua	หัว เรือ	bow, nose
hua samaw:ng satheuan	หัว สมอง สะเทือน	brain concussion
hua siap	หัว เสียบ	plug

hua <u>soo:</u>p	หัว สูบ	valve *n.*
hua thian	หัว เทียน	spark plug *n.*
<u>huang</u>	ห่วง	worried *adj.*

i

<u>i</u>m	อิ่ม	full (after eating)
insree	อินทรีย์	organism
intha phalam	อินท ผลัม	date palm
isala:m	อิสลาม	Islam
isa<u>ra</u>	อิสระ	independent
<u>it</u>	อิฐ	brick
<u>it</u> *cha:*	อิจ ฉา	envious , jealous
i*thi* phOn	อิทธิ พล	influence *n.*
iyang pai	เอียง ไป	slope *v.*

j

<u>ja</u>	จะ	shall (will)
<u>ja</u>	จะ	will *v.*
<u>ja:</u> **na:** saw:ng	จ่า หน้า ซอง	address (on an envelope)
<u>ja:</u>i	จ่าย	pay *v.*
<u>ja:</u>i (ya:)	จ่าย (ยา)	give (medicine)
<u>ja:</u>i ngeuhn	จ่าย เงิน	pay *v.*
<u>ja:</u>i ngeuhn phawn pen **nguat**	จ่าย เงิน ผ่อน เป็น งวด	pay by installments
<u>ja:</u>k *hua* jai	จาก หัว ใจ	hearty, cordial
<u>ja:</u>k *nai*	จาก ไหน	where from
ja:m	จาม	sneeze *v.*
ja:n	จาน	plate *n.*
ja:n da:o thiam	จาน ดาว เทียม	satellite dish
ja:n <u>ja:</u>i	จาน จ่าย	distributor (at the engine)
ja:n raw:ng **thuay**	จาน รอง ถ้วย	saucer
ja:ng	จ้าง	employ *v.*
ja:ng	จาง	wane, fade, disperse
jae: gan	แจ กัน	vase *n.*
<u>jae:</u>k	แจก	distribute *v.*
<u>jae:</u>k	แจก	share *v.*
jae:ng hai sa:p	แจ้ง ให้ ทราบ	quit
jae:ng khwa:m	แจ้ง ความ	report (to the police)
<u>jaem</u> **jae:ng**	แจ่ม แจ้ง	clear (no clouds)
jaga <u>jan</u>	จัก จั่น	cicada

jai ba:p	ใจ บาป	sinful
jai boon	ใจ บุญ	kindhearted, generous *adj.*
jai dam	ใจ ดำ	black hearted *adj.*
jai dee	ใจ ดี	friendly
jai dee	ใจ ดี	kind *adj.*
jai dee	ใจ ดี	magnanimous
jai gla:ng gradoo:k	ใจ กลาง กระดูก	spinal cord
jai ha:i	ใจ หาย	confused *adj.*
jai khae:p	ใจ แคบ	egoistic *adj.*
jai ra:i	ใจ ร้าย	malicious
jai raw:n	ใจ ร้อน	impulsive
jai raw:n	ใจ ร้อน	passionate
jai re-oo	ใจ เร็ว	hasty
jai tae:k	ใจ แตก	spoiled *adj.*
jai yen	ใจ เย็น	cool-headed
jak *yep* pha:	จักร เย็บ ผ้า	sewing machine
jak soo*pha*ya:n	จัก ษุพะยาน	eyewitness
*jak*gajee	จั๊กจี้	ticklish *adj.*
jakrawa:n	จักรวาล	universe *n.*
jakraya:n	จักรยาน	bike
jakraya:n yOn	จักรยาน ยนต์	motorcycle
jam	จำ	remember, recognize
jam da:i	จำ ได้	remember, recall
jam jai	จำ ใจ	force *v.*
jam lae:ng	จำ แลง	transform *v.*
jam nam	จำ นำ	pawn *v.*
jam nuan phan *la:n*	จำ นวน พัน ล้าน	billion
jam nuan phim	จำ นวน พิมพ์	print quantity
jam nuan thee *kha:i* da:i	จำ นวน ที่ ขาย ได้	sales *n.*
jamoo:k	จมูก	nose
jan the:t	จันทน์ เทศ	nutmeg apple
jangwa	จังหวะ	beat (music)
jangwat	จังหวัด	province
jan*tha* khra:t	จันทร คราส	lunar eclipse
jao a:rOm	เจ้า อารมณ์	moody
jao ba:o	เจ้า บ่าว	bridegroom
jao cha:i	เจ้า ชาย	prince
jao *choo:*	เจ้า ชู้	chevalier
jao *choo:*	เจ้า ชู้	philanderer
jao *khaw:ng*	เจ้า ของ	owner
jao *khaw:ng* ba:n	เจ้า ของ บ้าน	house-owner
jao nee	เจ้า หนี้	creditor *n.*
jao pha:p	เจ้า ภาพ	host
jao *sa:o*	เจ้า สาว	bride

jao *sap*	เจ้า ทรัพย์	owner, proprietor
jao *ying*	เจ้า หญิง	princess
jap	จับ	catch *v.*
jap	จับ	grab *v.*
jap	จับ	hold *v.*, catch *v.*
jap	จับ	take *v.*
jap	จับ	touch *v.* (with the fingers)
jap nen	จับ แน่น	seize *v.* (hold *v.*)
jap pla:	จับ ปลา	fish *v.*
jara: jaw:n	จรา จร	traffic *n.*
jaruat	จรวด	rocket
jat	จัด	arrange *v.*
jat hai *riap raw:i*	จัด ให้ เรียบ ร้อย	tidy up
jat jae:ng	จัด แจง	organize *v.*
jat *wai* pen phuak phuak	จัด ไว้ เป็น พวกๆ	arrange *v.*, sort *v.*
jatoo ba:t	จตุ บาท	quadruped
jaw	เจาะ	drill *v.*, bore *v.*
jaw roo:	เจาะ รู	perforate *v.*
jaw:	จอ	screen *n.*
jaw:k	จอก	tumbler, mug *n.*
jaw:m pluak	จอม ปลวก	ant hill
jaw:n jat	จร จัด	homeless person
jaw:ng hawng	จอง ห้อง	reserve (a room)
jaw:ng thee	จอง ที่	reserve (a seat)
jaw:rakhe:	จระเข้	crocodile
jaw:t	จอด	land *v.* (an aeroplane)
jaw:t	จอด	park *v.* (a vehicle)
jaw:t	จอด	stop *v.* (a car)
jawng	จ้อง	gaze *v.*
jawng	จ้อง	stare at, gaze *v.*
jee	จี้	pendant
jeep pa:k	จีบ ปาก	sulk *v.*
jep	เจ็บ	ache *v.*, pain *v.*
jep khaw:	เจ็บ คอ	sore throat
jep ta:	เจ็บ ตา	eye disease
jet	เจ็ด	seven
jeu:t	จืด	insipid
jeuh:	เจอ	find *v.*
jeuh:	เจอ	meet *v.*
jeung	จึง	therefore, so *adv.*
jiam tua	เจียม ตัว	modest
jiap ja:p	เจี๊ยบ จ๊าบ	twitter *v.*
jida phae:t	จิต แพทย์	psychiatrist
jik	จิก	peck *v.*

jim	จิ้ม	dip in
jim	จิ๋ม	vagina
jim (fan)	จิ้ม (ฟัน)	pick (one's teeth)
jing	จริง	real *adj.*
jing	จริง	true *adj.*
jing jai	จริง ใจ	sincere, honest *adj.*
jing **jO:**	จิง โจ้	kangaroo
jing jOk	จิ้ง จก	gecko
jing jOk	จิ้ง จก	lizard
jing reet	จิ้ง หรีด	cricket (insect)
jip	จิบ	sip *v.*
jit	จิต	spirit *n.* (soul)
jO:k	โจ๊ก	joke *v.*
jO:m tee	โจม ตี	attack *v.*
jO:n	โจร	robber *n.*
jO:n salat	โจร สลัด	pirate
jO:nra gram	โจร กรรม	robbery *n.*
jO:t	โจทก์	accuser, plaintiff
jO:t	โจทย์	arithmetical problem
jOm	จม	sink *v.*
jOm *na:m*	จม น้ำ	drown *v.*
jOm *na:m*	จม น้ำ	sink *v.* (go under water)
jOn	จน	poor *adj.*
jOng jai	จง ใจ	deliberate
jOng jai	จง ใจ	intend
joo: jO:m	จู่ โจม	surprise, rush, attack *v.*
joo:ng	จูง	tow, drag *v.*
joo:p	จูบ	kiss *n.*
joo:p	จูบ	kiss *v.*
joo:p **faw:t**	จูบ ฟอด	eat noisily
jook	จุก	topknot *n.* (in the hair)
jook *ma:i gawg*	จุก ไม้ ก๊อก	cork *n.*
joola chee wan	จุล ชี วัน	microbe
joom	จุ่ม	dive in
joot	จุด	point, dot, period, (.)
joot	จุด	spot, point *n.*
joot fai	จุด ไฟ	light *v.*, set on fire
joot **loo:k** *na:m*	จุด ลูก น้ำ	comma
joot *ma:i*	จุด หมาย	destination
joot *nam* deuat	จุด น้ำ เดือด	boiling point
joot *nam* khaeng	จุด น้ำ แข็ง	freezing point
joot ta:m **na:**	จุด ตาม หน้า	freckles
jOp	จบ	end, close
jOp	จบ	graduate

jOt jam	จด จำ	remember *v.*
jOt*ma:i*	จดหมาย	letter *n.*
jOt*ma:i* khoo:	จดหมาย ขู่	threatening letter
jOt*ma:i* la:	จดหมาย ลา	farewell letter
jOt*ma:i* lOng *tha*bian	จดหมาย ลง ทะเบียน	registered letter
jOt*ma:i rak*	จดหมาย รัก	love letter

k

kha:	ฆ่า	kill *v.*, murder *v.*
kha:	ขา	leg *n.* (of the body)
kha:	ฆ่า	murder *v.*
kha:	ฆ่า	slaughter *v.*
kha:	ขา	trouser leg
kha: *chai* ja:i	ค่า ใช้ จ่าย	expenses
kha: **chao**	ค่า เช่า	rent *n.*
kha: **cheua rO:k**	ฆ่า เชื้อ โรค	disinfect *v.*
kha: dO:i *sa:n*	ค่า โดย สาร	fare
kha: gan grai bOn	ขา กรร ไกร บน	upper jaw
kha: **hai** ta:i	ฆ่า ให้ ตาย	kill *v.*
kha: **ja:ng**	ค่า จ้าง	hire, payment
kha: jaw:t *rOt*	ค่า จอด รถ	parking fee
kha: kha:i	ค้า ขาย	trade *v.*, to do business
kha: neep	ขา หนีบ	knock-knees
kha: pha:n pratoo:	ค่า ผ่าน ประตู	admission charge
kha: pit pa:k	ค่า ปิด ปาก	hush money
kha: praisanee	ค่า ไปรษณีย์	postage *n.*
kha: ra:*cha* ga:n	ข้า ราช การ	official, government official
kha: *rOt* me:	ค่า รถ เมล์	bus fare
kha: sOng	ค้า ส่ง	wholesale
kha: tagam	ฆา ตกรรม	murder, killing *n.*
kha: tagOn	ฆา ตกร	murderer, killer
kha: tham *khwan*	ค่า ทำ ขวัญ	compensation *n.*
kha: tham niam	ค่า ธรรม เนียม	charge, fee
kha: thiam	ขา เทียม	prosthesis
kha: thO:rasap	ค่า โทรศัพท์	telephone charge
kha: tua ta:i	ฆ่า ตัว ตาย	suicide (colloq.)
kha:fe:een	คาเฟอีน	caffeine
kha:i	ค่าย	camp, army camp
kha:i	ขาย	sell *v.*
kha:i mOt *lae:aw*	ขาย หมด แล้ว	sold out
kha:i na:	ขาย หน้า	ashamed

kha:i Opa*y*O*p*	ค่าย อพยพ	refugee camp
<u>kha:k</u>	ขาก	spit *v.*
<u>kha:k</u> sa<u>le:t</u>	ขาก เสลด	spit out
kha:m	ข้าม	cross *v.*
kha:n	ค้าน	oppose *v.*
kha:ng	คาง	chin
kha:ng	ข้าง	side *n.*
kha:ng bOn	ข้าง บน	above
kha:ng dio	ข้าง เดียว	one side
kha:ng kha:ng	ข้างๆ	beside, next to it
kha:ng kha:o	ค้าง คาว	bat (animal)
kha:ng kheu:n	ค้าง คืน	stay over night
kha:ng khiang gan	ข้าง เคียง กัน	side by side
kha:ng **khOk**	คาง คก	toad (animal)
kha:ng la:ng	ข้าง ล่าง	below
kha:ng la:ng	ข้าง ล่าง	down, down stairs
kha:ng *lang*	ข้าง หลัง	behind
kha:ng na:	ข้าง หน้า	ahead, in front of
kha:ng na:	ข้าง หน้า	in front of
kha:ng nai	ข้าง ใน	inside
kha:ng naw:k	ข้าง นอก	outside
<u>kha:o</u>	ข่าว	news *n.*
kha:o	ข้าว	rice *n.*
kha:o *la:m* <u>tat</u>	ข้าว หลาม ตัด	diamonds (in the pack of cards)
kha:o *la:m* <u>tat</u>	ข้าว หลาม ตัด	rice in bamboo
kha:o *nio*	ข้าว เหนียว	sticky rice
kha:o *O:t*	ข้าว โอ๊ต	oats
kha:o <u>phat</u>	ข้าว ผัด	fried rice
kha:o phO:t	ข้าว โพด	maize
kha:o sa:lee	ข้าว สาลี	wheat *n.*
kha:o *suay*	ข้าว สวย	rice (normal cooked)
kha:o tOm	ข้าว ต้ม	rice soup
kha:p	คาบ	retrieve *v.*
kha:t	คาด	gird *v.*, wear *v.*
<u>kha:t</u>	ขาด	missing, to be incomplete
<u>kha:t</u>	ขาด	torn *adj.*
kha:t *kha*ne:	คาด คะเน	estimate *v.*
<u>kha:t</u> khwa:m cham na:n	ขาด ความ ชำ นาญ	inexperienced
<u>kha:t</u> pai	ขาด ไป	missing
<u>kha:t</u> tua	ขาด ตัว	net price
khadee	คดี	process *n.* (legal)
khadee a:ya:	คดี อาญา	trial, criminal case
<u>khae:k</u>	แขก	visitor
khae:law:**ree**	แคลอรี่	calorie

khae:lsiam	แคลเซียม	calcium
khae:lsiam sanfe:t	แคลเซียม ซัลเฟต	gypsum
khae:n	แขน	arm (of the body)
khae:n	แขน	sleeve n.
khae:p khae:p	แคบๆ	narrow
khae:rawt	แครอท	carrot
khaeng	แข็ง	hard
khaeng rae:ng	แข็ง แรง	strong adj.
khaeng *rOt*	แข่ง รถ	motorrace
khaeng **theu:**	แข็ง ที่อ	stiff adj. (not soft)
khaepsoo:l	แค๊ปซูล	capsule
*khaet*ta:*lawk*	แคตตาลอก	catalogue
khai	ไข่	egg n.
khai	ไข้	fever n.
khai da:o	ไข่ ดาว	fried egg
khai dae:ng	ไข่ แดง	yolk n.
khai jai	ไข้ ใจ	lovesickness
khai jio	ไข่ เจียว	omelette
khai *kha:o*	ไข่ ขาว	albumen
khai khaw: teep	ไข้ คอ ตีบ	diphtheria
khai khuang	ไข ควง	screwdriver
khai man	ไข มัน	fat n.
khai man nai **leuat**	ไข มัน ใน เลือด	blood fat
khai *mook liang*	ไข่ มุก เลี้ยง	cultured pearl
khai ra:k sa:t	ไข้ ราก สาด	typhoid
khai sagroo:	ไข สกรู	screw v.
khai sagroo:	ไข สกรู	unscrew v.
khai wat yai	ไข้ หวัด ใหญ่	influenza
kham	ขำ	funny adj.
kham	คำ	word n.
kham *giri*ya:	คำ กริยา	verb n.
kham **hai** ga:n	คำ ให้ การ	questioning, interrogation
kham *khat kha:n*	คำ คัด ค้าน	objection n.
kham na:m	คำ นาม	noun
kham *nae*nam	คำ แนะนำ	advice n.
kham nam	คำ นำ	preface
kham nuan	คำ นวณ	calculate v.
kham nuan doo:	คำ นวณ ดู	calculate v.
kham pra:*sai*	คำ ปราศรัย	speech n.
kham ra:m	คำ ราม	growl v.
kham *sa:* ba:n	คำ สา บาน	oath n.
kham sa:p	คำ สาป	curse n.
kham sang	คำ สั่ง	commandment
kham sang	คำ สั่ง	order, command n.

kham <u>sang</u> khaw:ng *sa:n*	คำ สั่ง ของ ศาล	judgment
kham <u>sap</u>	คำ ศัพท์	vocabulary
kham *saw:n phra* ye:soo:	คำ สอน พระ เยซู	gospel
kham *ta:ng prathe:t*	คำ ต่าง ประเทศ	foreign word
kham <u>tat</u> *sin*	คำ ตัด สิน	judgment
kham <u>taw:p</u>	คำ ตอบ	answer *n.*
kham *tha:m*	คำ ถาม	question *n.*
kham *wi*<u>se:t</u>	คำ วิเศษณ์	adverb
kha<u>map</u>	ขมับ	temple (of the head)
kha*me:n*	เขมร	Cambodia
kha**min**	ขมิ้น	turmeric *n.*
khamO:i	ขโมย	steal *v.*
khamO:i	ขโมย	thief *n.*
khamphee	คัมภีร์	bible
khan	คัน	itch *v.*
khan	คั้น	squeeze *v.*
khan	ขั้น	stage *n.*
khan	ครรภ์	womb
khan ao <u>sagroo:</u> <u>aw:k</u>	ขัน เอา สะกรู ออก	screw off
khan bandai	ขั้น บันได	stair
khan <u>bet</u>	คัน เบ็ด	fishing-rod
khan gia	คัน เกียร์	gear-change
khan glio	ขัน เกลียว	screw on
khan glio	ขัน เกลียว	screw up, bolt
khan **reng**	คัน เร่ง	accelerator
khan sa*ta:t rOt*	คัน สตาร์ท รถ	starter (at the motorcycle)
khan *thai*	คัน ไถ	plough *n.*
kha<u>na</u>	ขณะ	if
kha<u>na</u> thee	ขณะ ที่	while, during *conj.*
kha*na:n*	ขนาน	parallel
*kha*nae:n	คะแนน	mark (on exams)
*kha*nae:n	คะแนน	score *n.* (point on an exam)
kha**nit** ta<u>sa:t</u>	คณิต ศาสตร์	mathematics
kha*nOm*	ขนม	sweet *n.*, dessert
kha*nOm khaek*	ขนม เค็ก	cake
kha*nOm* pang	ขนม ปัง	bread *n.*
kha*nOm* pang <u>graw:p</u>	ขนม ปัง กรอบ	biscuit
kha*nOm* pang **noom**	ขนม ปัง นุ่ม	dough
kha*nOm* pang **ping**	ขนม ปัง ปิ้ง	toast *n.*, slices of toast
kha*nOm* <u>pleuak</u> **hoom** *khaeng* graw:p	ขนม เปลือก หุ้ม แข็ง กรอบ	cookies, biscuits
kha*nOp* tham niam	ขนบ ธรรม เนียม	custom, tradition
khao	เข้า	enter *v.*
khao	เขา	he
khao	เขา	him

khao	เขา	she
khao jai	เข้า ใจ	understand *v.*
khao jai phit	เข้า ใจ ผิด	misunderstand *v.*
khao **lao** gan **wa:**	เขา เล่า กัน ว่า	alleged
khao leu:	เขา ลือ	rumour
khao sen	เข้า เส้น	intravenous
khao wOng gOt	เขา วง กต	labyrinth
khao(pai)	เข้า(ไป)	enter, go in to
khap	ขับ	drive *v.*
khap	คับ	tight, skimp *adj.*
khap **aw:m** pai	ขับ อ้อม ไป	drive around
khap **lai**	ขับ ไล่	expel *v.*
khap ***rOt***	ขับ รถ	drive a car
khapuan ya:n pha: ha***na***	ขบวน ยาน พา หนะ	caravan of vehicles
khat jangwa	ขัด จังหวะ	interrupt *v.*
khat khaw:	ขัด คอ	interrupt *v.*
khat *khwa:ng*	ขัด ขวาง	interrupt *v.*, object
khat ngao	ขัด เงา	polish *v.*
khat *thoo:*	ขัด ถู	scrub *v.*
khat **yaw:k**	ขัด ยอก	muscle ache
khathawlik	คาทอลิค	catholic
khaw	เคาะ	knock *v.*
khaw:	ขอ	hook, gaff, clasp *n.*
khaw:	ข้อ	joint (of the body)
khaw:	คอ	neck
khaw: bOk phrawng	ข้อ บก พร่อง	mistake
khaw: gam nOt	ข้อ กำ หนด	rules, regulations
khaw: *haw:i*	คอ หอย	larynx
khaw: *haw:i* **phaw:k**	คอ หอย พอก	gout
khaw: *khled*	ข้อ เคล็ด	dislocate *v.*
khaw: khwa:m	ข้อ ความ	message
khaw: khwa:m	ข้อ ความ	term, statement *n.*
khaw: meu:	ข้อ มือ	wrist
khaw: ***raw:ng***	ขอ ร้อง	request *v.*
khaw: sa*neuh:*	ข้อ เสนอ	offer
khaw: sa*neuh:*	ข้อ เสนอ	suggestion
khaw: saw:k	ข้อ ศอก	elbow
khaw: **seua**	คอ เสื้อ	collar
khaw: taw:	ข้อ ต่อ	joint *n.*
khaw: tha:n	ขอ ทาน	beg *v.*
khaw: *tha:o*	ข้อ เท้า	ankle
khaw: **thO:t**	ขอ โทษ	Excuse me!
khaw: **thO:t**	ขอ โทษ	Pardon me!
khaw: wiang	ข้อ เหวี่ยง	crankshaft

khaw: yeu:m	ขอ ยืม	lend
khaw:i	คอย	wait *v.*
khaw:k phaya:n	คอก พยาน	witness stand *n.*
khaw:n	ค้อน	hammer *n.*
khaw:n <u>greet</u>	คอน กรีต	concrete
khaw:ng	ของ	of
khaw:ng <u>a</u>rai	ของ อะไร	accessory
khaw:ng baw*ri*ja:k	ของ บริจาค	donation *n.*
khaw:ng bO:ra:n	ของ โบราณ	antique
khaw:ng **foom** feuai	ของ ฟุ่ม เฟือย	luxury
khaw:ng **hai** yeu:m	ของ ให้ ยืม	loan *n.*
khaw:ng khoon	ของ คุณ	your
khaw:ng khrai	ของ ใคร	whose
khaw:ng khwan	ของ ขวัญ	gift *n.*
khaw:ng khwan	ของ ขวัญ	present *n.* (gift)
khaw:ng khwan wan <u>geuh:t</u>	ของ ขวัญ วัน เกิด	birthday present
khaw:ng <u>le:-oo</u>	ของ เหลว	liquid *n.*
khaw:ng **len**	ของ เล่น	toy *n.*
khaw:ng man	ของ มัน	yours
khaw:ng **pawng** gan	ของ ป้อง กัน	contraceptive
khaw:ng rao	ของ เรา	our
khaw:ng <u>sOkaprOk</u>	ของ สกปรก	dirt *n.*
khaw:ng ***thae:***	ของ แท้	genuine
khaw:ng thae:n	ของ แทน	replacement *n.*
khaw:ng **thee ra***leuk*	ของ ที่ ระลึก	souvenir
khaw:ng tOn e:ng	ของ ตน เอง	own, of one's own *v.*
khaw:ng wa:n	ของ หวาน	dessert *n.*
khaw:ng wa:n	ของ หวาน	sweets, candy
<u>khaw:p</u>	ขอบ	edge *n.*
<u>khaw:p</u> *fa:*	ขอบ ฟ้า	horizon
<u>khaw:p</u> khoon	ขอบ คุณ	Thank you!
<u>khaw:p</u> wOng *law:*	ขอบ วง ล้อ	rim *n.* (of a wheel)
khawmphio**teuh:**	คอมพิวเตอร์	computer
khawng <u>sai</u> pla:	ข้อง ใส่ ปลา	creel
khawn<u>thek</u>le:n	คอนเทคเลนส์	contact lens
kha<u>ya</u>	ขยะ	garbage *n.*
kha<u>ya</u>	ขยะ	rubbish *n.*
kha<u>ya</u> kha*yae:ng*	ขยะ แขยง	abhor *v.*
kha*ya:i*	ขยาย	enlarge *v.*
khayam	ขยำ	knead *v.*
kha*yan*	ขยัน	diligent *adj.*
kha*yan* khan *khaeng*	ขยัน ขัน แข็ง	diligent *adj.*
kha<u>yao</u>	เขย่า	shake *v.*
kha<u>ye:k</u>	เขยก	limp *v.*

khayip	ขยิบ	wink *v.*
khe:t	เขต	bound, boundary, border
khe:t	เขต	district
khe:t	เขต	region, area
khe:t **leuak tang**	เขต เลือก ตั้ง	ward, constituency *n.*
khee	ขี้	excrement (colloq.)
khee	คี่	odd, uneven
khee	ขี้	shit
khee (*ma:*)	ขี่ ม้า	ride *v.* (a horse)
khee a:i	ขี้ อาย	shy *adj.*
khee giat	ขี้ เกียจ	lazy *adj.*
khee gO:ng	ขี้ โกง	fraudulent *adj.*
khee *hoo:*	ขี้ หู	earwax
khee jagraya:n	ขี่ จักรยาน	cycle *v.*
khee **kha:**	ขี้ ข้า	slave
khee khla:t	ขี้ ขลาด	cowardly, craven, timid *adj.*
khee khlO:n	ขี้ โคลน	mud, sludge
khee *lOng* khee leu:m	ขี้ หลง ขี้ ลืม	forgetful *adj.*
khee *nio*	ขี้ เหนียว	stingy, mean
khee pheung	ขี้ ผึ้ง	wax *n.*
khee rang khae:	ขี้ รัง แค	dandruff *n.*
khee thao	ขี้ เถ้า	ash
kheem	คีม	tongs *n.* (tool)
kheet **kha:**	ขีด ฆ่า	cross out
kheet **sen ta:i**	ขีด เส้น ใต้	underline *v.*
kheet *soo:ng* sood	ขีด สูง สุด	meridian
khem	เข็ม	needle, pin
khem	เค็ม	salty *adj.*
khem *chee*	เข็ม ชี้	pointer, needle
khem cheet ya:	เข็ม ฉีด ยา	injection
khem glat	เข็ม กลัด	brooch
khem khat	เข็ม ขัด	belt
khem khat niraphai	เข็ม ขัด นิรภัย	safety belt
khem moot	เข็ม หมุด	pin, pinhead
khem nguat	เข้ม งวด	strict *adj.*
khem *thit*	เข็ม ทิศ	compass *n.*
khemee	เคมี	chemistry *n.*
khemwat khwa:m re-oo	เข็มวัด ความ เร็ว	speedometer
khemwat raw:p khreuang yOn	เข็มวัด รอบ เครื่อง ยนต์	revolution counter
khen	เข็น	shift *v.*, push *v.*
kheu:n	คืน	night *n.*
kheu:n *cheep*	คืนชีพ	rise (from the dead)
kheu:n *nee*	คืน นี้	this evening
kheu:n *nee*	คืน นี้	tonight

kheuan	เขื่อน	dam *n.*
kheuan	เขื่อน	embankment
kheuang	เคือง	annoy, to be annoyed with
kheuh:i	เคย	used to
kheun	ขึ้น	get in, get on
kheun	ขึ้น	go up *v.,* to go up
kheung	ขึง	stretch *v.*
khian	เฆี่ยน	whip *v.*, beat *v.*, to hit a person
khian	เขียน	write *v.*
khian **pha:p** ***law:***	เขียน ภาพ ล้อ	caricature *v.*
khian theung	เขียน ถึง	write to
khian wat	เขียน หวัด	scrawl *v.*
khing	ขิง	ginger
khio	เคี้ยว	chew *v*
khio ma:k	เคี้ยว หมาก	chewing tobacco
khio	คิ้ว	eyebrow
khit	คิด	concentrate *v.*
khit	คิด	think *v.*
khit **le:k**	คิด เลข	calculate *v.*
khit phit	คิด ผิด	mistaken, are mistaken
khit *theung*	คิด ถึง	miss *v.* (think of somebody)
khit *theung*	คิด ถึง	think about *v.*
khit *theung* **ba:n**	คิด ถึง บ้าน	homesickness
khit **wa:**	คิด ว่า	think that... *v.*
khla gan	คละ กัน	mixed, assorted
khla:i	คลาย	disentangle *v.*
khla:n	คลาน	crawl *v.*
khla:sik	คลาสสิก	classical
khlai khleung	คล้าย คลึง	similar *adj.*
khlang sa:ts*ana:*	คลั่ง ศาสนา	fanatic *adj.*
khlao	เขลา	stupid, foolish
khlaw:n khlae:n	คลอน แคลน	wobble *v.*
khlaw:ng	คลอง	canal
khlaw:reen	คลอรีน	chlorine
khlaw:t	คลอด	give birth to
khlawng	คล่อง	mobile
khlawng khlae:o	คล่อง แคล่ว	adroit *adj.*
khleu:n	คลื่น	wave *n.*
khleu:n grathOp fang	คลื่น กระทบ ฝั่ง	surf, breakers
khleu:n sai	คลื่น ไส้	disgust *v.*
khleuan	เคลื่อน	glide *v.*
khleuan *wai*	เคลื่อน ไหว	move *v.*
khleuap	เคลือบ	glaze *v.*, enamel *v.*, coat *v.*
khlO:n	โคลน	mud, loam

khlO:n	โคลน	mush, mud, slush
khlO:ng	โคลง	poem
khlooi	ขลุ่ย	flute *n.*
khO:	โค	cow
khO: sana:	โฆ ษณา	advertise *v.*
khO: sana:	โฆ ษณา	advertising *n.*
khO:khe:n	โคเคน	cocaine
khO:m fai	โคม ไฟ	lantern, lamp
khO:n	โค่น	fell (tree)
khoi khoi	ค่อยๆ	gently
khOm	ขม	bitter
khOm	คม	sharp *adj.* (knife)
khOm *kheu:n*	ข่ม ขืน	rape *v.*
khOn	คน	human being
khOn	คน	people
khOn	คน	person *n.*
khOn	ค้น	search *v.*
khOn a:n *nang seu:* **mai** aw:k	คน อ่าน หนัง สือ ไม่ ออก	illiterate (person)
khOn **ba: ba:**	คน บ๊าๆ	goof, idiot
***khOn* ba:n**	ค้น บ้าน	house search
khOn *chan* tam	คน ชั้น ต่ำ	lower social class
khOn **chang phoo:t**	คน ช่าง พูด	chatter
khOn dam ***na:m***	คน ดำ น้ำ	diver *n.*
khOn deuh:n	คน เดิน	pedestrian
khOn dio	คน เดียว	alone
khOn doo:	คน ดู	spectator *n.*
khOn doo:	คน ดู	viewer *n.*
khOn **fao** pratoo:	คน เฝ้า ประตู	gatekeeper
khOn **fao** pratoo:	คน เฝ้า ประตู	porter
khOn gin je:	คน กิน เจ	vegetarian
khOn gO:ng	คน โกง	swindler *n.*
khOn **khai**	คน ไข้	patient
khOn khap ***rOt***	คน ขับ รถ	driver *n.*
khOn khap ***rOt*** yOn	คน ขับ รถ ยนต์	chauffeur
khOn *khaw:* tha:n	คน ขอ ทาน	beggar *n.*
khOn khla:t	คน ขลาด	craven, coward
khOn ***khrae***	คน แคระ	dwarf
khOn ***liang*** **pheung**	คน เลี้ยง ผึ้ง	beekeeper
khOn ***liang*** sat	คน เลี้ยง สัตว์	herdsman
***khOn* look**	ขน ลุก	hair stands on end
khOn moong *lang* kha:	คน มุง หลัง คา	roofer *n.*
khOn **na: leuad**	คน หน้า เลือด	usurer
khOn *nai*	คน ไหน	who?
khOn nga:n	คน งาน	worker *n.*

khOn **ngO:**	คน โง่	idiot
khOn nOk	ขน นก	feather
khOn peen *khao*	คน ปีน เขา	mountain climber
khOn phane: jaw:n	คน พเน จร	nomad
khOn ***pheu:n*** meuang	คน พื้น เมือง	native *n.*
khOn phOp	ค้น พบ	discover *v.*
khOn rak rae:	ขน รัก แร้	armpit hairs
khOn ***rap chai***	คน รับ ใช้	servant
khOn ***roo:*** jak	คน รู้ จัก	acquaintance
khOn sai	ขน ใส่	load *v.*
khOn sat	ขน สัตว์	fur *n.*
khOn ta:	ขน ตา	eyelash
khOn ta:ng pra**the:t**	คน ต่าง ประเทศ	foreigner
khOn thai	คน ไทย	Thai *n.* (people)
khOn tham kha*nOm* pang	คน ทำ ขนม ปัง	baker
khOn **thee** *hen* gae: tua	คน ที่ เห็น แก่ ตัว	egoist
khOn thO: ***na:m***	คน โท น้ำ	jug
khOn tit **lao**	คน ติด เหล้า	alcoholic *n.*
khOn ya:i	ขน ย้าย	remove *v.*, clear *v.*
khOn yio	คน ยิว	Jew
khOng gaphan	คง กะพัน	invulnerable
khOng ja	คง จะ	perhaps
khOng ja	คง จะ	possibly
khOng **thee**	คง ที่	remain *adj.*
khOng yoo:	คง อยู่	stay
khoo:	คู่	pair
khoo:	ขู่	threaten *v.*
khoo: ba:o *sa:o*	คู่ บ่าว สาว	bride and bridegroom
khoo: chee***wit***	คู่ ชีวิต	spouse, couple
khoo: *ha:*	คู่ หา	apartment
khoo: *ha:*	คู่ หา	building unit
khoo: *kha:*	คู่ ขา	partner
khoo: man	คู่ หมั้น	fiancee
khoo: *rak*	คู่ รัก	courting couple
khoo:n	คูณ	multiply *v.*
khoo:paw:ng	คูปอง	coupon
khoo:paw:ng	คูปอง	voucher
khooi	คุย	chat *v.*, talk *v.*
khook	คุก	jail *n.*
khook	คุก	prison, jail
khoom khOn	ขุม ขน	pore *n.* (in the skin)
khoom khraw:ng	คุ้ม ครอง	protect *v.*
khoon	ขุ่น	cloudy (water)
khoon	คุณ	Mr.. ,Mrs.., Miss

khoon	คุณ	you
khoon na*woot*	คุณ วุฒิ	quality n.
khoon **hai uan** phee	ขุน ให้ อ้วน พี	fatten v.
khoon *khang*	คุม ขัง	lock up (a person)
khoona sap	คุณ ศัพท์	adjective
khoona sOm bat	คุณ สม บัติ	quality, property
khoot	ขุด	dig (up) v., turn (over) v.
khoot	ขุด	dig v.
khOp	ขบ	crack v. (a nut)
khOp	คบ	torch n.
khra:ng	คราง	groan v.
khra:t	คราด	rake
khrai	ใคร	who
khrai	ใคร	whom
khrang	ครั้ง	time n. (occurrence)
khrang nee	ครั้ง นี้	this time
khrang neung	ครั้ง หนึ่ง	once
khrao	เครา	beard n.
khraw:p khrua	ครอบ ครัว	family n.
khreem	ครีม	cream
khreem gan dae:d	ครีม กัน แดด	suncream n.
khreep pla:	ครีบ ปลา	fin
khreep pla: cha*la:m*	ครีบ ปลา ฉลาม	shark fin
khreng sa:tsana:	เคร่ง ศาสนา	religious adj.
khreuang	เครื่อง	apparatus n.
khreuang	เครื่อง	device n.
khreuang	เครื่อง	machine, device
khreuang ae:r	เครื่อง แอร์	air-condition
khreuang alai *rOt* yOn	เครื่อง อะไหล่ รถ ยนต์	car accessories
khreuang at *sam* nao	เครื่อง อัด สำ เนา	photocopier
khreuang bae:p	เครื่อง แบบ	uniform n.
khreuang bin	เครื่อง บิน	aeroplane
khreuang bin	เครื่อง บิน	airplane
khreuang bin	เครื่อง บิน	plane n. (aeroplane)
khreuang bin ai phOn	เครื่อง บิน ไอ พ่น	jet, jet plane
khreuang bin thale:	เครื่อง บิน ทะเล	seaplane
khreuang bin tOk	เครื่อง บิน ตก	airplane crash
khreuang cha:i	เครื่อง ฉาย	projector
khreuang cha:i nang	เครื่อง ฉาย หนัง	cinematograph, projector
khreuang choot la:k	เครื่อง ฉุด ลาก	traction engine
khreuang dam na:m	เครื่อง ดำ น้ำ	diving gear
khreuang dap phleuh:ng	เครื่อง ดับ เพลิง	fire extinguisher
khreuang deu:m	เครื่อง ดื่ม	drink, beverage n.
khreuang dOntree	เครื่อง ดนตรี	music instrument

khreuang <u>doo:t</u> <u>foon</u>	เครื่อง ดูด ฝุ่น	vacuum cleaner
khreuang *ek*sare:	เครื่อง เอ็กซเรย์	X-ray unit
khreuang fang	เครื่อง ฟัง	hearing aid
khreuang <u>gamnOt</u> fai *fa:*	เครื่อง กำหนด ไฟ ฟ้า	generator
khreuang <u>gaw:</u> **sa:ng**	เครื่อง ก่อ สร้าง	building material
khreuang <u>gO:n</u> <u>nuat</u>	เครื่อง โกน หนวด	shaver
khreuang <u>graw:ng</u>	เครื่อง กรอง	filter *n.*
khreuang <u>jae:ng</u>phleuh:ng **mai**	เครื่อง แจ้งเพลิง ไหม้	fire-alarm box
khreuang <u>jak</u> ai *na:m*	เครื่อง จักร ไอ น้ำ	steam engine
khreuang <u>jak</u> gOn	เครื่อง จักร กล	machinery
khreuang <u>jap</u> *thet*	เครื่อง จับ เท็จ	lie detector
khreuang <u>jaw</u> roo:	เครื่อง เจาะ รู	perforator *n.*
khreuang khaya:i siang	เครื่อง ขยาย เสียง	amplifier *n.*
khreuang khaya:i siang	เครื่อง ขยาย เสียง	microphone
khreuang khemee	เครื่อง เคมี	chemicals
khreuang *khit* le:k	เครื่อง คิด เลข	calculator
khreuang <u>khleuap</u> din **phao**	เครื่อง เคลือบ ดิน เผา	ceramics, pottery
khreuang <u>khoot</u>	เครื่อง ขุด	digger, excavator
khreuang *la:ng* ja:n	เครื่อง ล้าง จาน	dishwasher
khreuang *lang*	เครื่อง หลัง	rucksack
khreuang **len** seedee	เครื่อง เล่น ซีดี	CD-player
khreuang **len** *the:p*	เครื่อง เล่น เทป	tape deck *n.*
khreuang **len** weedeeO:	เครื่อง เล่น วีดีโอ	video recorder
khreuang *ma:i*	เครื่อง หมาย	sign *n.*, mark *n.*
khreuang *ma:i* <u>tOk</u> jai	เครื่อง หมาย ตก ใจ	exclamation mark
khreuang meu:	เครื่อง มือ	tool *n.*, instrument *n.*
khreuang <u>Op</u> pha:	เครื่อง อบ ผ้า	tumble dryer
khreuang *pam na:m*	เครื่อง ปั๊ม น้ำ	pump *n.*
khreuang <u>pan</u> fai	เครื่อง ปั่น ไฟ	dynamo, alternator
khreuang phim <u>deet</u>	เครื่อง พิมพ์ ดีด	typewriter *n.*
khreuang <u>pradap</u>	เครื่อง ประดับ	jewelry
khreuang <u>prathin</u> chO:m	เครื่อง ประทิน โฉม	cosmetics
khreuang *rap withayoo*	เครื่อง รับ วิทยุ	radio set
khreuang *sak pha:*	เครื่อง ซัก ผ้า	washing machine *n.*
khreuang san ya:n phai	เครื่อง สัญ ญาณ ภัย	alarm system
khreuang siang *rOt* yOn	เครื่อง เสียง รถ ยนต์	car radio
khreuang <u>taeng</u> ga:i	เครื่อง แต่ง กาย	dress, clothing *n.*
khreuang <u>tat</u> ya:	เครื่อง ตัด หญ้า	lawn mower
khreuang tham khwa:m *raw:n*	เครื่อง ทำ ความ ร้อน	radiator
khreuang the:t	เครื่อง เทศ	spice *n.*
khreuang *wat*	เครื่อง วัด	measuring instrument
khreuang *wat* paraw:t	เครื่อง วัด ปรอท	barometer
khreuang yOn	เครื่อง ยนต์	engine *n.*
khreum	ขรึม	serious *adj.*

khreum	ขรึม	sober *adj.*
khreung	ครึ่ง	half
khreung wOng glOm	ครึ่ง วง กลม	semicircle
khris	คริสต์	Christ
*khris*ama:d	คริสต์มาส	Christmas
*khris*tang	คริสตัง	Christian (catholic)
*khris*tiyn	คริสเตียน	Christian (evangelic)
khrO:ng	โครง	skeleton
khrO:ng ga:n	โครง การ	plan, scheme, plot *v.*
khrO:ng **pha:p ra:ng**	โครง ภาพ ร่าง	frame, contour, outline
khroo khra	ขรุ ขระ	bumpy *adj.*
khroo:	ครู	teacher *n.*
khroot	ครุฑ	garuda
khrOp	ครบ	complete *adj.*
khrOp gam nOd	ครบ กำ หนด	due
khrOp khran	ครบ ครัน	complete *adj.*
khua fai buak	ขั้ว ไฟ บวก	anode
khua fai *fa:*	ขั้ว ไฟฟ้า	electrode
khua lO:k *neua*	ขั้ว โลก เหนือ	North Pole
khua lO:k ta:i	ขั้ว โลก ใต้	Antarctic
khua lO:k ta:i	ขั้ว โลก ใต้	South Pole
khuan	ข่วน	scratch *v.*
khuan	ควร	should *v.*, ought
khuap khoom	ควบ คุม	control *v.*
khuat	ขวด	bottle *n.*
khuat gleua	ขวด เกลือ	salt shaker
khuat *phrik* thai	ขวด พริก ไทย	pepper caster
khwa:	ขวา	right *n.* (direction)
khwa:i	ควาย	buffalo *n.*
khwa:i	ควาย	water buffalo
khwa:m dan lO: hit	ความ ดัน โล หิต	blood pressure
khwa:m dan lO: hit soo:ng	ความ ดัน โล หิต สูง	hypertension, high blood pressure
khwa:m dan lO: hit tam	ความ ดัน โล หิต ต่ำ	blood pressure, too low
khwa:m gOt dan *khaw:ng* banya: ga:t	ความ กด ดัน ของบรรยากาศ	air pressure
khwa:m grO:t	ความ โกรธ	anger *n.*
khwa:m *ha:* **ya:k**	ความ หา ยาก	rarity
khwa:m *hen* aw:k *hen* jai	ความ เห็น อก เห็น ใจ	sympathy *n.*
khwa:m *khit*	ความ คิด	idea
khwa:m *khit* hen	ความ คิด เห็น	opinion *n.*
khwa:m **khreung khreung** gla:ng gla:ng	ความ ครึ่งๆ กลางๆ	imperfect tense
khwa:m *lap*	ความ ลับ	secret *n.*
khwa:m **mai** mee **phe:t**	ความ ไม่ มี เพศ	neuter
khwa:m mee *sinla* tham	ความ มี ศิล ธรรม	morals
khwa:m pen *mit*	ความ เป็น มิตร	friendship

khwa:m pen *sa:*mee phalaya:	ความ เป็น สามี ภรรยา	marriage
khwa:m ***pha***ya:ya:m ja ao chee***wit***	ความ พยายาม จะ เอา ชีวิต	assassination attempt
khwa:m phit *tha:n* phaya:n ***thet***	ความ ผิด ฐาน พยาน เท็จ	perjury
khwa:m pra:t tha*na:*	ความ ปรา ถนา	wish *n.*
khwa:m ***ramat ra***wang	ความ ระมัด ระวัง	caution *n.*
khwa:m re-oo	ความ เร็ว	speed *n.*
khwa:m sangOp	ความ สงบ	peace *n.*
khwa:m *sia ha:i*	ความ เสีย หาย	damage *v.*
khwa:m siang	ความ เสี่ยง	risk *n.*
khwa:m ***sOm*** doon	ความ สม ดุล	balance *n.*
khwa:m sOng jam	ความ ทรง จำ	memory
khwa:m *sOng sai*	ความ สง สัย	suspicion *n.*
khwa:m sook	ความ สุข	luck *n.*
khwa:m teu:n tanOk tOk jai	ความ ตื่น ตนก ตก ใจ	panic
khwa:m thee	ความ ถี่	frequency
khwa:m thee *soo:ng*	ความ ถี่ สูง	high frequency
khwa:m thuang	ความ ถ่วง	force of gravity
khwa:m **uan *theuh tha***	ความ อ้วน เทอะ ทะ	obesity
khwa:n	ขวาน	axe
khwa:n	ขวาน	hatchet, axe
khwae:n	แขวน	hang up
khwae:n	แขวน	hang *v.*
khwam	คว่ำ	turn over *v.*
khwan	ควัน	smoke *n.*
khwan ***rOt***	ควัน รถ	car exhaust fume
khwinin	ควินิน	quinine

l

la **haw:i** *ha:*	ละ ห้อย หา	lonesome
la la:i	ละ ลาย	dissolve *v.*
la la:i	ละ ลาย	melt *v.*
la la:i	ละ ลาย	thaw *v.*
la leuh:i	ละ เลย	neglect *v.*
***la* meuh:t**	ละ เมิด	violate *v.*
***la* meuh:t** gOt *ma:i*	ละ เมิด กฏ หมาย	illegal
la thing	ละ ทิ้ง	desert *v.*, abandon *v.*
la wen	ละ เว้น	spare *v.* (life)
***la wen* hai**	ละ เว้น ให้	give up
la:	ลา	donkey *n.*, ass *n.*
la: aw:k	ลา ออก	resign *v.*
la: *neua*	ล่า เนื้อ	hunt *v.*
la: samai	ล้า สมัย	dated, outdated *adj.*

la: samai	ล้า สมัย	old-fashioned
la: samai	ล้า สมัย	outmoded
la:i	หลาย	many *adj.*
la:i	หลาย	several *adj.*, many
la:i	ลาย	stripe *n.*
la:i khOn	หลาย คน	many people
la:i khrang	หลาย ครั้ง	many times
la:i meu:	ลาย มือ	handwriting
la:i see	หลาย สี	coloured
la:i sen	ลาย เซ็น	signature, autograph
la:m	ล่าม	interpreter
la:n	ลาน	courtyard
la:n	หลาน	grandchild
la:n	ล้าน	million
la:n **ba:n**	ลาน บ้าน	terrace
la:n bin	ลาน บิน	runway
la:n cha:i	หลาน ชาย	nephew
la:n sa:o	หลาน สาว	niece *n.*
la:ng	ล้าง	wash *v.*
la:ng <u>aw:k</u>	ล้าง ออก	wash off *v.*
la:ng la:ng	ลางๆ	unclear *adj.*
la:o	ลาว	Laos
la:wa:	ลาวา	lava
lae	และ	and
lae:k (ngeuhn)	แลก (เงิน)	exchange (money)
lae:k gan	แลก กัน	exchange
lae:k <u>plian</u>	แลก เปลี่ยน	change, exchange
lae:k <u>plian</u>	แลก เปลี่ยน	convert *v.*
lae:m	แหลม	peninsula
lae:m	แหลม	sharp, pointed *adj.*
lae:o	แล้ว	finished, done, over *adj.*
lae:o	แล้ว	already
lae:o gaw:	แล้ว ก็	and then
lae:o reu: yang	แล้ว หรือ ยัง	yet or not?
laen geuh:i <u>fang</u>	แล่น เกย ฝั่ง	run aground (a ship)
laen reua	แล่น เรือ	sail *v.*
<u>laenk</u> <u>seuam</u> sO:m	แหล่ง เสื่อม โทรม	slum
lai	ไล่	chase away (an animals)
lai	ไล่	chase *v.*
lai	ไหล	flow *v.*
<u>lai</u>	ไหล่	shoulder *n.*
lai <u>aw:k</u>	ไล่ ออก	dismiss *v.*
lai <u>aw:k</u> ma:	ไหล ออก มา	drain
lai <u>aw:k</u> ma:	ไหล ออก มา	outlet

lak khe:t	หลัก เขต	boundary stone
lak phai **riak kha:** thai	ลัก ไป เรียก ค่า ไถ่	kidnap *v.*
lak sana	ลัก ษณะ	character
lak soo:t	หลัก สูตร	course
lak *tha:n*	หลัก ฐาน	evidence *n.* (proof)
lak *tha:n*	หลัก ฐาน	proof *n.* (evidence)
lak yim	ลัก ยิ้ม	dimple
lakhaw:n sat	ละคร สัตว์	circus
lam khaw:	ลำ คอ	throat *n.*
lam **sai**	ลำ ไส้	intestine
lam tha:n	ลำ ธาร	stream *n.*, brook
lamba:k	ลำบาก	arduous, difficult
lamphO:ng	ลำโพง	loudspeaker
lang	หลัง	back (of the body)
lang gO:ng	หลัง โกง	hump
lang ja:k	หลัง จาก	after
lang ja:k	หลัง จาก	after that, later on
lang ja:k ***nan***	หลัง จาก นั้น	afterwards
lang ja:k ***nee***	หลัง จาก นี้	afterwards, after this
lang kha:	หลัง คา	roof, housetop *n.*
lang kha: moong gra**beuang**	หลัง คา มุง กระเบื้อง	tile roof
lao	เหล้า	alcohol
lao	เล่า	tell *v.* (a story)
lao a-ngoon	เหล้า องุ่น	wine
lao **hai** *lae:m*	เหลา ให้ แหลม	sharpen point *v.*
lao ***ni***tha:n	เล่า นิทาน	story, tell a story
lao ram	เหล้า รัม	rum (alcohol)
lap	ลับ	secret *adj.*
lap	ลับ	sharpen *v.*
lap	หลับ	sleep *v.*
lap cha***phaw***	ลับ เฉพาะ	confidential *adj.*
lap pai	หลับ ไป	fall asleep
lap sanit	หลับ สนิท	deep sleep
lathi khaw:m mionis	ลัทธิ คอม มิวนิสต์	communism
lathi phatet ga:n	ลัทธิ เผด็จ การ	dictatorship
law:	ล่อ	allure
law:	หล่อ	cast *v.*
law:	หล่อ	handsome
law:	ล่อ	lure *v.*
law: law:k	ล่อ หลอก	mislead *v.*, outwit *v.*
law: *law:m*	หล่อ หลอม	smelt *v.*
law: **len**	ล้อ เล่น	mock *v.*
law: lian	ล้อ เลียน	mock *v.*
law: ***rOt***	ล้อ รถ	wheel *n.*

law:k	ลอก	copy *v.*
law:k luang	หลอก ลวง	deceive *v.*
law:k luang **phoo:** *ying*	หลอก ลวง ผู้ หญิง	seduce (a woman)
***law:m* raw:p**	ล้อม รอบ	surround *v.*
law:m rua	ล้อม รั้ว	fence *v.*
law:ng chim	ลอง ชิม	taste *v.*
law:ng doo:	ลอง ดู	try *v.*
law:ng sai	ลอง ใส่	try on
law:p nam	ลอบ นำ	smuggle *v.*
law:t	หลอด	tube *n.*
law:t doo:t	หลอด ดูด	drinking straw
law:t fai ***fa:***	หลอด ไฟ ฟ้า	light bulb
law:t lOm	หลอด ลม	windpipe
lawk goonjae:	ล๊อค กุญแจ	lock *v.*
lawtteree	ลอตเตอรี่	lottery
le:-oo	เลว	bad *adj.*
le:-oo	เหลว	liquid *adj.*
le:-oo **ma:k**	เลว มาก	very bad
le:k	เลข	number, figure
le:k kha***nit khit*** nai jai	เลข คณิต คิด ใน ใจ	mental arithmetic
le:k thee	เลข ที่	house number
le:k thee banchee	เลข ที่ บัญชี	account number
le:n	เหลน	great-grandchild
le:n	เลนส์	lens
leek **liang**	หลีก เลี่ยง	avoid *v.*
lek	เหล็ก	iron, steel
lek	เล็ก	little (small)
lek	เล็ก	small *adj.*
lek **gla:**	เหล็ก กล้า	steel
lek kheuak ***ma:***	เหล็ก เกือก ม้า	horseshoe
lek nai	เหล็ก ใน	sting *n.*
lek nit dio	เล็ก นิด เดียว	tiny *adj.*
len	เล่น	play *v.*
len dOntree	เล่น ดนตรี	play music *v.*
len geela:	เล่น กีฬา	play sport *v.*
len gOn	เล่น กล	juggle *v.*
len loo:k *hin*	เล่น ลูก หิน	play marble
leng	เล็ง	aim *v.* (with a weapon)
lep	เล็บ	fingernail
let **law:t**	เล็ด ลอด	escape *v.*
let **law:t khao** pai	เล็ด ลอด เข้า ไป	sneak in
leu:a **thee** ja phanana:	เหลือ ที่ จะ พรรณนา	indescribable
leu:a yoo:	เหลือ อยู่	remain
leu:ak	เลือก	choose *v.*

leu:ak *ha:*	เลือก หา	select *v.*
leu:m	ลืม	forget *v.*
leu:m <u>mOt</u>	ลืม หมด	forget *v.*, unlearn *v.*
leu:n	ลื่น	slip *v.*
leu:n	ลื่น	slippery *adj.*
leuai	เลื่อย	saw *v.*
leuai <u>aw:k</u>	เลื่อย ออก	saw *v.*
leuan	เลื่อน	move *v.*
leuat	เลือด	blood
leuat *lai*	เลือด ไหล	bleed *v.*
leuat *naw:i*	เลือด น้อย	anemic
leuat *ra* doo:	เลือด ระ ดู	menstruation
leuh:k	เลิก	end *v.*
leuh:k	เลิก	give up, quit, end
leuh:k	เลิก	quit, stop
leuhtheuh	เลอะเทอะ	stained *adj.*
leuk	ลึก	deep *adj.* (water)
leuk lap	ลึก ลับ	mysterious
leung	ลึงค์	penis
lia	เลีย	lick *v.*
lian <u>bae:p</u>	เลียน แบบ	imitate *v.*, mimic *v.*
liang	เลี้ยง	feed *v.*
liang	เลี้ยง	invite *v.*
lif	ลิฟต์	lift (elevator)
*li*khasit	ลิขสิทธิ์	copyright
*li*khasit	ลิขสิทธิ์	patent, copyright
lim	ลิ้ม	slurp *v.*
lin	ลิ้น	tongue *n.*
lin chak	ลิ้น ชัก	drawer
*lin tha*le:	ลิ้น ทะเล	sole (fish)
ling	ลิง	monkey
ling *tha*mO:n	ลิง ทโมน	baboon
lin<u>pee</u>	ลิ้น ปี่	breastbone
lio	เลี้ยว	turn *v.* (left, right)
*lip*satik	ลิปสติก	lipstick
lO:	โหล	dozen
lO:<u>ha</u>	โลหะ	metal
lO:<u>ha</u>	โลหะ	sheet steel
lO:<u>ha</u> khrO:**miam**	โลหะ โครเมี่ยม	chrome
lO:k	โลก	earth (planet)
lO:k	โลก	world *n.*
lO:k phra angkha:n	โลก พระอังคาร	Mars
lO:n	โลน	crab *n.* (insect)
lO:ng jai	โล่ง ใจ	relief

lO:p **ma:k**	โลภ มาก	avaricious *adj.*
lOm	ล่ม	sink *v.*
lOm	ลม	wind *n.*
lOm **ba:** moo:	ลม บ้า หมู	stroke *n.*
lOm *le:-oo*	ล้ม เหลว	fail *v.*
lOm lOng	ล้ม ลง	fall down
lOm pha: ***yoo***	ลม พา ยุ	storm *n.*
lOm rae:ng	ลม แรง	windy *adj.*
lOm ***tha***le:	ลม ทะเล	breeze
lOn *leu:a*	ล้น เหลือ	effusive
lOng	ลง	get off (bus train)
lOng	ลง	go downwards
lOng **cheu:**	ลง ชื่อ	sign *v.*
lOng khwa:m *hen* **wa:** pen **rO:k**	ลง ความ เห็นว่า เป็น โรค	diagnose *v.*
lOng leu:m	หลง ลืม	forget *v.*
lOng phit	หลง ผิด	err *v.*
lOng ***rak***	หลง รัก	love, in love
lOng tha:ng	หลง ทาง	get lost
lOng ***tha***bian	ลง ทะเบียน	register *v.*
lOng **thO:t**	ลง โทษ	sentence *v.*
lOng thoon	ลง ทุน	invest *v.*
lOng ya:	ลง ยา	enamel *v.*
loo:k	ลูก	child *n.* (son or daughter)
loo:k aw:n	ลูก อ่อน	baby *n.*
loo:k *ba:t*	ลูก บาศก์	cube
loo:k baw:n	ลูก บอล	ball
loo:k bit	ลูก บิด	doorhandle
loo:k bit	ลูก บิด	knob, doorknob
loo:k boon tham	ลูก บุญ ธรรม	stepson / daughter
loo:k *buay*	ลูก บ๊วย	plum
loo:k cha:i	ลูก ชาย	son *n.*
loo:k *chin*	ลูก ชิ้น	meatball
loo:k *foot*baw:n	ลูก ฟุตบอล	football, ball
loo:k gae	ลูก แกะ	lamb
loo:k gai	ลูก ไก่	chick
loo:k goonjae:	ลูก กุญแจ	keyhole
loo:k gOp	ลูก กบ	tadpole *n.*
loo:k grabaw:k	ลูก กระบอก	cylinder
loo:k gra*soon* peu:n	ลูก กระสุน ปืน	bullet *n.*
loo:k grOng	ลูก กรง	balustrade, railing, grating
loo:k grOng **na:** ta:ng	ลูก กรง หน้า ต่าง	window grating
loo:k gua:t	ลูก กวาด	candy, bonbon
loo:k hep	ลูก เห็บ	hail *n.*
loo:k hep tOk	ลูก เห็บ ตก	hail *v.*

loo:k *hin*	ลูก หิน	marble (small ball)
loo:k kha:ng	ลูก ข่าง	top, pegtop
loo:k *kheuh:i*	ลูก เขย	son-in-law
loo:k *khOn* gai	ลูก ขน ไก่	shuttlecock
loo:k khoo:	ลูก คู่	chorus
loo:k khoo:	ลูก คู	refrain *n.*
loo:k *khoon*	ลูก ขุน	juror
loo:k khreung	ลูก ครึ่ง	half-breed
loo:k khwa:m	ลูก ความ	client
loo:k ***ma:***	ลูก ม้า	foal
loo:k *ma:*	ลูก หมา	puppy, pup
loo:k *men*	ลูก เหม็น	mothball
loo:k *moo:*	ลูก หมู	piglet
loo:k nai ta:	ลูก นัยน์ ตา	eyeball *n.*
loo:k peu:n	ลูก ปืน	bullet *n.*
loo:k phee loo:k ***naw:ng***	ลูก พี่ ลูก น้อง	cousin
loo:k ***ra***beuh:t	ลูก ระเบิด	bomb *n.*
loo:k ***ra***beuh:t meu:	ลูก ระเบิด มือ	hand grenade
loo:k reua	ลูก เรือ	crew (ship)
loo:k *sa:o*	ลูก สาว	daughter
loo:k sa**ba:**	ลูก สะบ้า	knee-cap
loo:k sa***phai***	ลูก สะใภ้	daughter-in-law
loo:k *saw:n*	ลูก ศร	arrow
loo:k soo:p	ลูก สูบ	cylinder
loo:k *tao*	ลูก เต๋า	dice *n.*, die *n.*
loo:k toom	ลูก ตุ้ม	pendulum
loo:k wua	ลูก วัว	calf
loo:p khlam	ลูบ คลำ	feel for
loo:p ***lai***	ลูบ ไล้	stroke *v.*
look	ลุก	erection
look **kheun** yeu:n	ลุก ขึ้น ยืน	stand up (from the chair)
look pheup phap	ลุก พึบ พับ	flicker *v.*
look sawa:ng **ja:**	ลุก สว่าง จ้า	light up *v.*
loom fang sOp	หลุม ฝัง ศพ	grave, tomb
loong	ลุง	uncle (older as father, mother)
loot	หลุด	fall off
lOp	ลบ	minus
lOp	ลบ	substract *v.*
lOp aw:k	ลบ ออก	erase *v.*, wipe out
lOp leek	หลบ หลีก	avoid, to get out of the way
lOt	ลด	reduce *v.*
lOt a:*ha:n*	ลด อาหาร	fast *v.*
lOt a:***woot***	ลด อาวุธ	disarm *v.*
lOt lOng	ลด ลง	reduce *v.*

lOt ra:kha:	ลด ราคา	discount *v.*
lOt ra:kha:	ลด ราคา	reduce *v.* (price)
luam	หลวม	loose *adj.*
luang na:	ล่วง หน้า	precede *v.*
luat	ลวด	wire rope

m

ma:	มา	come *v.*, arrive *v.*
ma:	หมา	dog
ma:	ม้า	horse
ma: ja:k	มา จาก	come from
ma: **jing** jaw:k	หมา จิ้ง จอก	fox
ma: *kha:o*	ม้า ขาว	white horse
ma: la:i	ม้า ลาย	zebra
ma: na:m	ม้า น้ำ	sea-horse
ma: nang	ม้า นั่ง	stool *n.*
ma: pa:	หมา ป่า	wolf
ma: *rap*	มา รับ	pick up (someone)
ma: *theung*	มา ถึง	arrive *v.* (coming)
ma:i	หม้าย	widowed
ma:i	ไม้	wood *n.*
ma:i ban *that*	ไม้ บรร ทัด	ruler *n.*
ma:i grada:n	ไม้ กระดาน	plank *n.*
ma:i gua:t	ไม้ กวาด	broom
ma:i jap	หมาย จับ	warrant of arrest
ma:i jim fan	ไม้ จิ้ม ฟัน	toothpick *n.*
ma:i khae hoo:	ไม้ แคะ หู	cotton bud
ma:i kheet	ไม้ ขีด	match *n.*, matchstick *n.*
ma:i **khOn**	หมาย ค้น	house warrant
ma:i khOn gai	ไม้ ขน ไก่	feather duster
ma:i **le:k**	หมาย เลข	number
ma:i ma gleu:a	ไม้ มะ เกลือ	ebony
ma:i neep ra:o **pha:**	ไม้ หนีบ ราว ผ้า	clothes peg
ma:i phai	ไม้ ไผ่	bamboo
ma:i sak	ไม้ สัก	teak, teakwood
ma:i siap	ไม้ เสียบ	skewer
ma:i yan	ไม้ ยัน	crutch
ma:k	มาก	a lot, many, lots of
ma:k	หมาก	betel nut
ma:k	มาก	many *adj.*
ma:k	มาก	much, lots of
ma:k farang	หมาก ฝรั่ง	chewing gum

ma:k ma:i	มาก มาย	a lot of
ma:k **rook**	หมาก รุก	chess
ma:le:sia	มาเลเซีย	Malaysia
ma:m	ม้าม	spleen *n.*
ma:n	ม่าน	curtain *n.*
ma:n glet	ม่าน เกล็ด	curtain blinds, venetian blinds
ma:n na: ta:ng	ม่าน หน้า ต่าง	window curtain
ma:raya:t	มารยาท	decency
ma:t	หมาด	moist *adj.*
ma:tra: *wat* tha:ng ya:o	มาตรา วัด ทาง ยาว	linear measure
ma:yaw:ng*ne:s*	มายองเนส	mayonnaise
*ma*deu:a	มะเดื่อ	fig
mae:	แม่	mother
mae: ba:n	แม่ บ้าน	housewife
mae: chee	แม่ ชี	nun
mae: gai	แม่ ไก่	hen
mae: *kha:*	แม่ ค้า	business woman
mae: *kha:*	แม่ ค้า	merchant (woman)
mae: *khO:ng*	แม่ โขง	Mekong (river and whiskey)
mae: khrua	แม่ ครัว	cook (woman)
mae: lek	แม่ เหล็ก	magnet *n.*
mae: *liang*	แม่ เลี้ยง	foster mother
mae: *liang*	แม่ เลี้ยง	stepmother *n.*
mae: ma:i	แม่ หม้าย	widow *n.*
mae: *mOt*	แม่ มด	witch *n.*
mae: *na:m*	แม่ น้ำ	river *n.*
mae: rae:ng	แม่ แรง	lever
mae: ya:i	แม่ ยาย	mother-in-law
mae:n gra*nan*	แม้ กระนั้น	even, even when
mae:n **wa:**	แม้ ว่า	though, although, even though *conj.*
mae:ng gaphroon	แมง กะพรุน	jellyfish *n.*
mae:ng moom	แมง มุม	spider *n.*
mae:ng pawng	แมง ป่อง	scorpion
mae:o	แมว	cat, pussy
mae:o *na:m*	แมว น้ำ	seal *n.* (animal)
mae:o tua **phoo:**	แมว ตัว ผู้	tomcat
maen	แม่น	precise
mag khem	หมัก เค็ม	pickle *v.*, salt *v.*
magara: khOm	มกรา คม	January
maha: samoot	มหา สมุทร	ocean
maha: se:tthee	มหา เศรษฐี	multimillionaire
maha: *wi*thaya:lai	มหา วิทยาลัย	university *n.*
mai	ไหม้	burn *v.i.*
mai	ไหม	interrogative, silk

mai	ใหม่	new *adj.*, fresh
mai	ไม่	no
mai	ไม่	not
mai ... leuh:i	ไม่ ... เลย	have never ...
mai ao jai sai	ไม่ เอา ใจ ใส่	careless, not interested
mai banloo ***ni***ti pha:***wa***	ไม่ บรรลุ นิติ ภาวะ	minor, not of legal age
mai *chat*	ไม่ ชัด	blurred, indistinct
mai da:i	ไม่ ได้	cannot
mai da:i	ไม่ ได้	impossible
mai da:i dang jai	ไม่ ได้ ดั่ง ใจ	unintentional *adj.*
mai gio **khawng**	ไม่ เกี่ยว ข้อง	impartial
mai jam pen	ไม่ จำ เป็น	unnecessary
mai jing	ไม่ จริง	untrue *adj.*
mai kheuh:i leuh:i	ไม่ เคย เลย	never before
mai khleuang *wai*	ไม่ เคลื่อน ไหว	motionless
mai leuh:i	ไม่ เลย	never
mai mee *hua* jai	ไม่ มี หัว ใจ	heartless
mai mee **kha:**	ไม่ มี ค่า	worthless
mai mee leuh:i	ไม่ มี เลย	don't have
mai mee mai tree jit	ไม่ มี ไม ตรี จิต	unfriendly *adj.*
mai mee ngeuhn	ไม่ มี เงิน	don't have the money
mai mee pati gi***ri*** ya:	ไม่ มี ปฏิ กริ ยา	passive
mai mee phai	ไม่ มี ภัย	harmless
mai mee *see*	ไม่ มี สี	colourless
mai mee **thee** ti	ไม่ มี ที่ ติ	perfect
mai mee **thO:t**	ไม่ มี โทษ	innocent
mai mee yoot	ไม่ มี หยุด	non-stop
mai na: cheua	ไม่ น่า เชื่อ	incredible
mai nae: jai	ไม่ แน่ ใจ	uncertain
mai noong pha:	ไม่ นุ่ง ผ้า	undressed *adj.*
mai pen phai	ไม่ เป็น ภัย	harmless
mai pen ***ra***biap	ไม่ เป็น ระเบียบ	untidy
mai pen rai	ไม่ เป็น ไร	never mind
mai phaw: jai	ไม่ พอ ใจ	dissatisfied
mai pras*Ong* baw:k na:n	ไม่ ประสงค์ บอก นาม	anonymous
mai riap ***raw:i***	ไม่ เรียบ ร้อย	disorderly
mai *roo:* *nang seu:*	ไม่ รู้ หนัง สือ	illiterate
mai *roo:* tua	ไม่ รู ตัว	unconscious *adj.*
mai *sa:***ma:t**	ไม่ สามารถ	incapable
mai *sa:***ma:t** ao ***chana*** **da:i**	ไม่ สามารถ เอา ชนะ ได้	invincible
mai saba:i jai	ไม่ สบาย ใจ	unhappy
mai sai	ไม่ ใส่	without
mai samam sa*meuh:*	ไม่ สม่ำ เสมอ	irregular
mai *sam*khan	ไม่ สำ คัญ	unimportant *adj.*

mai satuak	ไม่ สะดวก	uncomfortable
mai seu: sat	ไม่ ซื่อ สัตย์	disloyal *adj.*
mai seu: trOng taw: **na: thee**	ไม่ ซื่อ ตรง ต่อ หน้า ที่	corruptible
mai *sia* pha:*see*	ไม่ เสีย ภาษี	duty-free
mai soopha:p	ไม่ สุภาพ	impolite
mai tae:k	ไม่ แตก	unbreakable *adj.*
mai trOng	ไม่ ตรง	unstraight *adj.*
mai *wai* jai	ไม่ ไว้ ใจ	distrust *v.*
mai yoo:	ไม่ อยู่	absent
mai yoo:	ไม่ อยู่	away, not in, gone, absent
mak **da:i**	มัก ได	greedy, selfish
mak ja	มัก จะ	often
makha:m	มะขาม	tamarind
makheu:a**the:t**	มะเขือเทศ	tomato
malae:ng	แมลง	beetle
malae:ng	แมลง	insect *n.*
malae:ng **maw:t**	แมลง มอด	moth
malae:ng paw:	แมลง ปอ	dragonfly
malae:ng **phoo:**	แมลง ภู่	bumblebee
malae:ng sa:p	แมลง สาบ	cockroach
malae:ng tao thaw:ng	แมลง เต่า ทอง	ladybird
malae:ng taw:i	แมลง ต่อย	insect bite
malae:ng tua aw:n	แมลง ตัว อ่อน	larva
malae:ng wan	แมลง วัน	fly (animal)
mala**gaw:**	มะละกอ	papaya
ma***let***	เมล็ด	grain *n.*
ma***let***	เมล็ด	seed *n.*
ma***let*** ga:fae:	เมล็ด กาแฟ	coffee bean
ma***let*** **kha:o**	เมล็ด ข้าว	rice grain
ma***let*** **pheu:t**	เมล็ด พืช	grain *n.*
ma**muang**	มะม่วง	mango
man	หมั้น	engaged
man	หมัน	infertile
man	มั่น	secure *adj.*
man farang	มัน ฝรั่ง	potato
man sa*maw:ng* ***phi*** ga:n	มัน สมอง พิ การ	brain death
man **thaw:t**	มัน ทอด	fried potatoes
man **the:t** bOt	มัน เทศ บด	mashed potatoes
mana:o	มะนาว	lemon
mana:o	มะนาว	lime, lemon
mang gaw:n	มัง กร	dragon
mang***khoot***	มังคุด	mangosteen
mao	เมา	drunk *v.*
mao **khleu:n**	เมา คลื่น	seasick *adj.*

PRONUNCIATION - THAI - ENGLISH Page 187

maphra:o	มะพร้าว	coconut
mareu:n nee	มะรืน นี้	day after tomorrow
masta:t	มัสตาร์ด	mustard
mat	หมัด	flea *n.* (insect)
mat	มัด	rope *v.*
mat	มัด	tie up, bind *v.*
mat pa:k	มัด ปาก	gag *v.*
mathayOm	มัธยม	secondary
maw	เหมาะ	suitable *adj.*
maw *sOm*	เหมาะ สม	appropriate
maw:	หมอ	doctor
maw: baetteree	หม้อ แบตเตอรี่	accumulator
maw: doo:	หมอ ดู	fortune-teller
maw: fan	หมอ ฟัน	dentist
maw: graw:ng a:ga:t	หม้อ กรอง อากาศ	air filter
maw: *hoong* **kha:o** fai ***fa:***	หม้อ หุง ข้าว ไฟ ฟ้า	rice cooker
maw: ***na:m***	หม้อ น้ำ	radiator (at the engine)
maw: pha: tat	หมอ ผ่า ตัด	surgeon *n.*
maw: plae:ng	หม้อ แปลง	transformer
maw: ta:	หมอ ตา	eye specialist, ophthalmologist
maw: theuan	หมอ เถื่อน	quack
maw:feen	มอร์ฟีน	morphine
maw:i	หมอย	pubic hair
maw:k	หมอก	fog, mist *n.*
maw:n	หมอน	pillow
maw:ng	มอง	look *v.*, look at
maw:ng doo:	มอง ดู	look *v.*, look at
maw:ng doo:	มอง ดู	watch *v.* (look at)
maw:ng *hen*	มอง เห็น	visible
maw:ng *hen* ***thaloo***	มอง เห็น ทะลุ	transparent *adj.*
maw:ng **mai** *hen*	มอง ไม่ เห็น	invisible
maw:p	มอบ	transfer *v.*
maw:p hai	มอบ ให้	commit, assign, entrust *v.*
maw:p *ma:i*	มอบ หมาย	assign *v.*
maw:radOk	มรดก	inheritance *n.*
maw:ragOt	มรกต	emerald *n.*
maw:ragOt tawan tOk	มรกต ตะวัน ตก	beryl
maw:**teuh:** *moon* **khreuang** yOn	มอเตอร์ หมุน เครื่อง ยนต์	starter (for car, motorbike)
maw:**teuh:**sai	มอเตอร์ไซค์	motorcycle
mawt	มด	ant
me:k	เมฆ	cloud *n.*
me:*sa:* yOn	เมษา ยน	April
me:t	เมตร	metre
mee	หมี	bear (animal)

mee	มี	have
mee ae:r	มี แอร์	air-conditioned
mee chee*wit* <u>yoo:</u>	มี ชีวิต อยู่	alive
mee **cheu:** *siang* <u>dO:ng</u> dang	มี ชื่อ เสียง โด่ง ดัง	famous
mee i*thi* phOn	มี อิทธิ พล	influential *v.*
mee **kha:**	มี ค่า	valuable *adj.*
mee kha:o	หมี ขาว	polar bear
mee la:i pen *rio rio*	มี ลาย เป็น ริ้วๆ	striped *adj.*
mee **na:** mee ta:	มี หน้า มี ตา	distinguished
mee *na:m*	มี หนาม	thorny *adj.*
mee *phit*	มี พิษ	poisonous *adj.*
mee <u>prayO:t</u>	มี ประโยชน์	useful *adj.*
mee sam<u>rap</u> <u>dek</u>	หมี สำหรับ เด็ก	teddy bear
mee *thaw:ng*	มี ท้อง	pregnant
meena: khOm	มีนา คม	March
meet	มีด	knife *n.*
meet gO:n <u>nuat</u>	มีด โกน หนวด	razor
meet *phOk*	มีด พก	jackknife
men	เม่น	hedgehog
men	เม็น	menstruation (colloq.)
men	เหม็น	stink *v.*
meu:	มือ	hand *n.*
<u>meu:n</u>	หมื่น	ten thousand
meu:t	มืด	dark *adj.*
meua	เมื่อ	as
meua *cha:o nee*	เมื่อ เช้า นี้	morning, this morning
meua <u>gaw:n</u>	เมื่อ ก่อน	before, earlier
meua <u>gaw:n</u>	เมื่อ ก่อน	previously, in the past
meua gee	เมื่อ กี้	just now
meua wa:n *nee*	เมื่อ วาน นี้	yesterday
meua wa:n seu:n	เมื่อ วาน ซืน	day before yesterday
meuan gan	เหมือน กัน	identical
meuang	เมือง	city
meuang	เมือง	town *n.*
meuang **kheun**	เมือง ขึ้น	colony
meuang *luang*	เมือง หลวง	capital, capital city
meuang *raw:n*	เมือง ร้อน	tropical
meuarai	เมื่อไร	when
meung	มึง	you (impolite)
mi chan *nan*	มิ ฉะ นั้น	otherwise
mia	เมีย	wife *n.*
mia *naw:i*	เมีย น้อย	concubine, mistress
mia *naw:i*	เมีย น้อย	mistress, concubine
miligram	มิลิกรัม	milligram

mili*me:t*	มิลิเมตร	millimetre
mithoona: yOn	มิถุนา ยน	June
mO: *hO:*	โม โห	angry
mO:ng	โมง	o'clock
mOng goot	มง กุฎ	crown
moo:	หมู	pig
moo: **ba:n**	หมู บ้าน	village
moo: pa:	หมู ป่า	wild boar
moo: tua mia	หมู ตัว เมีย	sow *n.*, hog
moo:n sat	มูล สัตว์	manure
mook	มุก	pearl *n.*
moom	มุม	angle *n.*
moom	มุม	corner
moon	หมุน	rotate *v.*
moon	หมุน	turn *v.* (spin)
moong	มุ้ง	mosquito net
mOt a:*yoo*	หมด อายุ	invalid
mOt gamlang	หมด กำลัง	weakened
mOt **loo:k**	มด ลูก	womb
mOt sati	หมด สติ	unconscious *adj.*
mua	มัว	dim, unclear
muag gan ***nawk***	หมวก กัน น็อค	crash-helmet
muan	ม้วน	roll up
muan	มวน	roll up *v.*
muay	มวย	boxing

n

na	ณ	at, of, on *prep.*
na	ณ	of, at, on *prep.*
na	ณ	on, at, of *prep.*
na:	น้า	aunt (younger as father, mother)
na:	หน้า	before, in front of
na:	หน้า	face
na:	หน้า	next...
na:	นา	rice field
na:	หน้า	side *n.*
na: a:i	น่า อาย	shy, ashamed *adj.*
na: beung	หน้า บึ้ง	sullen, grave *adj.*
na: da:n	หน้า ด้าน	shameless
na: doo:	น่า ดู	attractive
na: en doo:	น่า เอ็น ดู	cute *adj.*
na: ga:k	หน้า กาก	mask *n.*

na: <u>ga:k</u> **paw:ng** gan ai *phit*	หน้า กาก ป้อง กัน ไอ พิษ	gas mask
na: <u>gliat</u>	น่า เกลียด	ugly *adj.*
na: <u>it</u> *cha:*	น่า อิจ ฉา	enviable
na: khaeng	หน้า แข้ง	lower leg
na: khaeng	หน้า แข้ง	shin *n.*
na: *lae:ng*	หน้า แล้ง	dry season
na: na: <u>prathe:t</u>	นา นา ประเทศ	international
na: pha:	หน้า ผา	cliff
na: <u>pha:k</u>	หน้า ผาก	forehead
na: *rak*	น่า รัก	lovely *adj.*
na: *rak* **khrai**	น่า รัก ใคร่	lovely *adj.*
na: <u>seup</u> phan	หน้า สืบ พันธุ์	mating season
na: *sia* da:i	น่า เสีย ดาย	pitiful
na: *sia* jai	น่า เสีย ใจ	regrettable *adj.*
na: <u>ta:ng</u>	หน้า ต่าง	window *n.*
na: <u>yOk</u> **the:t**sa mOntree	นา ยก เทศ มนตรี	mayor
na:i	นาย	master
na:i **chang**	นาย ช่าง	engineer (colloq.)
na:i **ja:ng**	นาย จ้าง	boss
na:i **ja:ng**	นาย จ้าง	employer *n.*
na:i **na:**	นาย หน้า	broker
na:i *tha:i*	นาย ท้าย	shipowner
na:i thana:kha:n	นาย ธนาคาร	banker *n.*
na:k	นาก	otter
na:*li*ga:	นาฬิกา	clock *n.* (watch)
na:*li*ga:	นาฬิกา	o 'clock
na:*li*ga:	นาฬิกา	watch *n.* (clock)
na:*li*ga: **khaw: meu:**	นาฬิกา ข้อ มือ	wristwatch
na:*li*ga: **phOk**	นาฬิกา พก	fob watch
na:*li*ga: <u>plook</u>	นาฬิกา ปลุก	alarm clock
na:m	หนาม	prickle, bur
na:m	หนาม	thorn *n.*
na:m	น้ำ	water *n.*
na:m <u>bat</u>	นาม บัตร	visiting card
na:m sagoon	นาม สกุล	family name
na:m sagoon	นาม สกุล	last name
na:m sagoon	นาม สกุล	surname *n.*
na:n	นาน	long *adj.* (in time)
na:n pee	นาน ปี	years long
na:n **thaorai**	นาน เท่าไร	how long
na:ng <u>bae:p</u>	นาง แบบ	model (human being)
na:ng <u>bae:p</u> <u>tha:i</u> **roo:p**	นาง แบบ ถ่าย รูป	model, photo-model
na:ng bam reuh:	นาง บำ เรอ	prostitute *n.*
na:ng *fa:*	นาง ฟ้า	fairy

na:ng nga:m jagra wa:n	นาง งาม จักร วาล	Miss universe
na:ng **ngeuag**	นาง เงือก	mermaid
na:ng phadoonk khran	นาง ผดุง ครรภ์	midwife
na:o	หนาว	cold *adj.*
na:o jOn tua *khaeng*	หนาว จน ตัว แข็ง	freeze to death
na:thee	นาที	minute
na:wee	นาวี	navy *n.*
nae nam	แนะ นำ	recommend *v.*
nae:	แน่	certain *adj.*
nae:n	แน่น	dense, tight *adj.*
nae:p	แหนบ	tweezers *n.*
nai	ใน	in, on, at
nai pha:i **na:**	ใน ภาย หน้า	soon *adj.*
nai ***ra***wa:ng	ใน ระหว่าง	during
nai ***ra***wa:ng ***nan***	ใน ระหว่าง นั้น	meanwhile
nai **thee** soot	ใน ที่ สุด	at last, eventually
nai we:la: dio gan	ใน เวลา เดียว กัน	simultaneous
nak	หนัก	heavy
nak bin	นัก บิน	pilot *n.*
nak bO:ra:n khadee	นัก โบราณ คดี	archeologist
nak da:ra:sa:t	นัก ดาราศาสตร์	astronomer
nak fan da:p	นัก ฟัน ดาบ	fencer (athlete)
nak ga:n meuang	นัก การ เมือง	politician *n.*
nak ga:n **thoo:t**	นัก การ ทูต	ambassador
nak ga:n **thoo:t**	นัก การ ฑูต	diplomat *n.*
nak geela:	นัก กีฬา	athlete
nak **gla:** sat	นัก ล่า สัตว์	hunter
nak kha:o	นัก ข่าว	journalist
nak khe:mee	นัก เคมี	chemist
nak *khian*	นัก เขียน	writer, author
nak luang gra*pao*	นัก ล้วง กระเป๋า	pickpocket
nak pha:*sa:* sa:t	นัก ภาษา ศาสตร์	linguist
nak rak	นัก รัก	lover
nak raw:ng	นัก ร้อง	singer
nak rian	นัก เรียน	pupil, student
nak rian	นัก เรียน	student *n.*
nak rian prajam	นัก เรียน ประจำ	boarder
nak sagOt jit	นัก สะกด จิต	hypnotist
nak samak **len**	นัก สมัคร เล่น	amateur *n.*
nak samak **len**	นัก สมัคร เล่น	layman
nak satae:ng	นัก แสดง	actor
nak satae:ng gOn	นัก แสดง กล	magician *n.*
nak seu:p	นัก สืบ	detective *n.*
nak seuk *sa:*	นัก ศึก ษา	student, university student

nak **tawng thio**	นัก ท่อง เที่ยว	tourist *n.*
nak **ten** ram	นัก เต้น รำ	dancer *n.*
nak **thO:t**	นัก โทษ	prisoner
nak *thoora*git	นัก ธุรกิจ	businessman
nak *witha*ya: sa:t	นัก วิทยา ศาสตร์	scientist *n.*
nam da:ng	น้ำ ด่าง	lye
nam deu:m	น้ำ ดื่ม	drinking water
nam *fOn*	น้ำ ฝน	rainwater
nam grOt	น้ำ กรด	acid *n.*
nam *haw:m*	น้ำ หอม	perfume
nam **jim**	น้ำ จิ้ม	sauce
nam *kha:ng*	น้ำ ค้าง	dew *n.*
nam *kha:ng khaeng*	น้ำ ค้าง แข็ง	frost
nam *khaeng*	น้ำ แข็ง	ice *n.*
nam *khaeng la* **la:i**	น้ำ แข็ง ละ ลาย	thaw *v.*
nam khao mai da:i	น้ำ เข้า ไม่ ได้	waterproof *adj.*
nam **kheun**	น้ำ ขึ้น	flood, tide
nam la:i	น้ำ ลาย	saliva *n.*
nam la:i	น้ำ ลาย	spit *n.*
nam lOng	น้ำ ลง	ebb
nam man	น้ำ มัน	gasoline
nam man	น้ำ มัน	oil *n.*
nam man *cheua* phleuh:ng	น้ำ มัน เชื้อ เพลิง	fuel oil
nam man *cheua* phleuh:ng	น้ำ มัน เชื้อ เพลิง	petrol
nam man din	น้ำ มัน ดิน	tar *n.*
nam man *ga:t*	น้ำ มัน ก๊าด	kerosene *n.*
nam man pitrO:liam	น้ำ มัน ปิโตรเลียม	mineral oil
nam man *sOn*	น้ำ มัน สน	turpentine *n.*
nam man tap pla:	น้ำ มัน ตับ ปลา	cod-liver oil
nam meuk	น้ำ หมึก	ink
nam nak	น้ำ หนัก	weight *n.*
nam nak geuh:n	น้ำ หนัก เกิน	overweight
nam nak *lOt*	น้ำ หนัก ลด	lose weight
nam nak *neua tae:*	น้ำ หนัก เนื้อ แท้	net weight
nam nak **pheuh:m**	น้ำ หนัก เพิ่ม	increase (weight)
nam **pheung**	น้ำ ผึ้ง	honey *n.*
nam **pheung** *phra*jan	น้ำ ผึ้ง พระจันทร์	honeymoon
nam **phoo**	น้ำ พุ	fountain *n.*
nam **phrik**	น้ำ พริก	chili paste
nam pla:	น้ำ ปลา	fish sauce
nam prapa:	น้ำ ประปา	tap water *n.*
nam **rae:**	น้ำ แร่	mineral water
nam *sO:* **krO:k**	น้ำ โส โครก	waste water
nam **sOm**	น้ำ ส้ม	orange juice

nam sOm *sa:i* choo:	น้ำ ส้ม สาย ชู	vinegar *n.*
nam ta:	น้ำ ตา	tear *n.*
nam ta:n	น้ำ ตาล	sugar *n.*
nam **thuam**	น้ำ ท่วม	flood *n.*
nam **thuam**	น้ำ ท่วม	flood *v.*
nam **thuam**	น้ำ ท่วม	inundation
nam tOk	น้ำ ตก	waterfall *n.*
nam *wa:n*	น้ำ หวาน	lemonade
nam *wa:n* nai daw:k ***ma:i***	น้ำ หวาน ใน ดอก ไม้	nectar
nam wOn	น้ำ วน	whirlpool *n.*
nam ya: ***la:ng*** ja:n	น้ำ ยา ล้าง จาน	washing-up liquid *n.*
nan	นั้น	that *adj.*
nan	นั้น	that *pron.*
nan	นั่น	there
nang	หนัง	film, movie
nang	หนัง	leather
nang	นั่ง	sit *v.*
nang	นั่ง	take a seat, sit *v.*
nang hua	หนัง หัว	scalp *n.*
nang jaw:***ra*****khe:**	หนัง จระเข้	crocodile leather
nang ***pO:***	หนัง โป๊	porn movie
nang sat	หนัง สัตว์	leather
nang seu:	หนัง สือ	book *n.*
nang seu: deuh:ntha:ng	หนัง สือ เดินทาง	passport
nang seu: gOt *ma:i*	หนัง สือ กฎ หมาย	code of law
nang seu: **khoo:** meu:	หนัง สือ คู่ มือ	manual *n.* (book)
nang seu: ***nae*** nam	หนัง สือ แนะ นำ	letter of recommendation
nang seu: phim	หนัง สือ พิมพ์	newspaper
nang seu: ***pO:***	หนัง สือ โป๊	porn magazine
nang seu: re:*kha:* kha***nit***	หนัง สือ เรขา คณิต	arithmetic book
nang ta:	หนัง ตา	eyelid *n.*
nang taloong	หนัง ตะลุง	shadow play *n.*
nang *wi*patsana:	นั่ง วิปัสสนา	meditate *v.*
nao	เน่า	rot *v.*
nao	เน่า	rotten *adj.*
nap	นับ	count *v.*
na***rOk***	นรก	hell *n.*
nat (gap...)	นัด (กับ)	make an appointment (with ..)
na**thee** eu:n dai	ณที่ อื่น ใด	elsewhere
naw:	นอ	horn, (rhinoceros horn)
naw: ***mai*** farang	หน่อ ไม้ ฝรั่ง	asparagus
naw:i	น้อย	little (not much)
naw:i jai	น้อย ใจ	hurt *adj.* (feeling)
naw:k ja:k	นอก จาก	apart from

naw:k jai	นอก ใจ	unfaithful *adj.*
naw:k ra:*cha* ga:n	นอก ราช การ	off-duty
naw:n	นอน	lie *v.*, sleep *v.*
naw:n	นอน	sleep *v.*
naw:n	หนอน	worm
naw:n geuh:n we:la:	นอน เกิน เวลา	overslept
naw:n grO:n	นอน กรน	snore *v.*
naw:n **mai** lap	นอน ไม่ หลับ	sleepless *adj.*
naw:ng	หนอง	pus
naw:ng	น้อง	siblings (younger)
naw:ng cha:i	น้อง ชาย	brother (younger)
naw:ng *kheuh:i*	น้อง เขย	brother-in-law (younger)
naw:ng nai	หนอง ใน	gonorrhea
naw:ng *sa:o*	น้อง สาว	sister (younger)
naw:ng sa***phai***	น้อง สะใภ้	sister-in-law (younger)
nawa niya:i	นว นิยาย	novel
nawng	น่อง	calf (anat.)
ne: ra**the:t**	เน รเทศ	banish *v.*
ne: ra**the:t**	เน รเทศ	exile *v.*
ne:gateep	เนกาตีป	negative (photo)
nee	หนี	escape *v.*
nee	หนี	flee *v.*, runaway
nee	นี้	this
nee pai	หนี ไป	flee *v.*
nee pai	หนี ไป	runaway *v.*
nee... *reu:* **nan...**	นี่...หรือนั่น...	this or that
nekthai	เนคไท	tie, necktie
nen	เน้น	emphasize *v.*
neua	เหนือ	above, northern
neua	เนื้อ	meat *n.*
neua **leuang**	เนื้อ เรื่อง	content, matter
neua **ngaw:k**	เนื้อ งอก	tumor, growth *n.*
neua wua	เนื้อ วัว	beef
neuai	เหนื่อย	exhausted
neuai	เหนื่อย	tired *adj.*
neuang ja:k	เนื่อง จาก	due to
neuh:i	เนย	butter
neuh:i *khaeng*	เนย แข็ง	cheese
neuh:n	เนิน	hill *n.*
neuh:n *khao*	เนิน เขา	hill *n.*
neuh:n sa:i	เนิน ทราย	dune
neuk	นึก	think, conceive *v.*
neung	หนึ่ง	one
neung ***khrang***	หนึ่ง ครั้ง	once

<u>neung</u> nai *sa:m*	หนึ่ง ใน สาม	third (1\3)
<u>neung</u> nai <u>see</u>	หนึ่ง ใน สี่	quarter (1/4)
<u>neung</u> phan	หนึ่ง พัน	one thousand
<u>neung</u> *raw:i*	หนึ่ง ร้อย	one hundred
nga:	งา	sesame
nga: *cha:ng*	งา ช้าง	ivory *n.*
nga:i	ง่าย	easy *adj.*
nga:i	ง่าย	simple (not difficult)
nga:n	งาน	job
nga:n	งาน	work
nga:n **ba:n**	งาน บ้าน	housework
nga:n cha*law:ng*	งาน ฉลอง	celebration
nga:n <u>khaeng</u> reua	งาน แข่ง เรือ	regatta
nga:n *phi*<u>se</u>:t	งาน พิเศษ	by-work, extra work
ngang	งั่ง	fool, stupid person *n.*
ngao	เหงา	lonely
ngao	เงา	shadow *n.*
ngao nai <u>graj</u>Ok	เงา ใน กระจก	mirror image
ngat **khao** ma:	งัด เข้า มา	break in
ngaw	เงาะ	rambutan
ngaw:	งอ	bend *v.*
ngaw: lOng	งอ ลง	bend (down)
ngaw:p	งอบ	hat
<u>ngeep</u>	งีบ	doze *v.*
<u>ngeua</u>	เหงื่อ	sweat *n.*
<u>ngeua</u> <u>tae:k</u>	เหงื่อ แตก	sweat *v.*
<u>ngeuak</u> fan	เหงือก ฟัน	gums
<u>ngeuak</u> pla:	เหงือก ปลา	gill
ngeuan	เงื่อน	knot
ngeuhn	เงิน	money
ngeuhn	เงิน	silver *n.*
ngeuhn deuan	เงิน เดือน	salary *n.*
ngeuhn **goo:**	เงิน กู้	loan *n.*
ngeuhn **kha:** *chai* <u>ja:i</u> nai **ba:n**	เงิน ค่า ใช้ จ่าย ใน บ้าน	housekeeping money
ngeuhn **kha:** <u>thai</u>	เงิน ค่า ไถ่	ransom
ngeuhn **kha:** tham *khwan*	เงิน ค่า ทำ ขวัญ	smart-money
ngeuhn **kha:** tham niam	เงิน ค่า ธรรม เนียม	bonus
ngeuhn *mat* jam	เงิน มัด จำ	deposit *n.*
ngeuhn plaw:m	เงิน ปลอม	counterfeit money
ngeuhn *sin* bOn	เงิน สิน บน	bribe money
ngeuhn <u>s</u>Ot	เงิน สด	cash
ngeuhn tra: <u>ta:ng</u> pra<u>the:</u>t	เงิน ตรา ต่าง ประเทศ	foreign currencies
ngiap	เงียบ	quiet, calm *adj.*
ngiap	เงียบ	silent *adj.*

ngO:	โง่	naive *adj.* (foolish)
ngO:	โง่	stupid *adj.* dump *adj.*
ngoi	ง่อย	paralysis *n.*
ngoi	ง่อย	paralyzed *adj.*
ngoi plia *sia kha:*	ง่อย เปลี้ย เสีย ขา	lame
ngOk	งก	greedy *adj.*
ngoo:	งู	snake *n.*
ngoo: hao	งู เห่า	cobra
ngoo: *leuam*	งู เหลือม	boa (snake)
ngoot ngit	หงุด หงิด	irritable, moody *adj.*
nguang ***cha:ng***	งวง ช้าง	trunk (of the elephant)
nguang naw:n	ง่วง นอน	sleepy *adj.*
***ni*geuhn**	นิเกิล	nickel
***ni*grO:**	นิโกร	Negro
***ni*khO:tin**	นิโคติน	nicotine
***ni*khOm**	นิคม	settlement *n.*
nin	นิล	onyx
ning	นิ่ง	silent
ning ngiap	นิ่ง เงียบ	conceal *v.*, hide *v.*
nio	เหนียว	sticky *adj.*
nio	นิ้ว	finger
nio	นิ่ว	gallstone
nio chee	นิ้ว ชี้	forefinger
nio gla:ng	นิ้ว กลาง	middle finger
nio tha:o	นิ้ว เท้า	toe *n.*
***ni*ran daw:n**	นิรันดร	eternal, forever
***ni**sai*	นิสัย	character
***ni**sai*	นิสัย	habit, custom
***ni**sai*	นิสัย	personality
nit dio	นิด เดียว	a little only
nit naw:i	นิด หน่อย	a little bit
***ni*tha:n**	นิทาน	fable
***nithat*sa ga:n**	นิทรรศ การ	exhibition
***nithat*sa ga:n sinlapa**	นิทรรศ การ ศิลป	art exhibition
***ni*ti **we:t**	นิติ เวช	forensic medicine
***ni*yOm**	นิยม	popular *adj.*
nOk	นก	bird *n.*
nOk doo wao	นก ดุ เหว่า	raven
nOk ga:ng khe:n	นก กาง เขน	thrush
nOk **gae:o**	นก แก้ว	parrot
nOk graja:p	นก กระจาบ	rice bird
nOk grajaw:k	นก กระจอก	sparrow *n.*
nOk grajaw:k **the:t**	นก กระจอก เทศ	ostrich
nOk gratha:	นก กระทา	partridge

nOk <u>gratha</u>:	นก กระทา	quail
nOk <u>grathoong</u>	นก กระทุง	pelican
nOk <u>gratua</u>	นก กระตั้ว	cockatoo
nOk <u>graya:ng</u>	นก กระยาง	heron
nOk **hoo:k**	นก ฮูก	owl
nOk *hua khwa:n*	นก หัว ขวาน	woodpecker
nOk insee	นก อินทรี	eagle
nOk khee ree boo:n	นก คี รี บูน	canary
nOk na:ng <u>aen</u>	นก นาง แอ่น	swallow *n.*
nOk na:ng nuan	นก นาง นวล	seagull
nOk phen**gooin**	นก เพนกวิน	penguin
nOk phi ra:p	นก พิ ราบ	pigeon
nOk <u>taw:</u>	นก ต่อ	decoy
nOk <u>weet</u>	นก หวีด	whistle *n.*
nOk yoo:ng	นก ยูง	peacock
nOm	นม	bosom, breasts
nOm	นม	breasts, bosom
nOm	นม	milk *n.*
nOm *phOng*	นม ผง	milkpowder
nOm **prio**	นม เปรี้ยว	yogurt *n.*
nOm **thee** <u>chap</u> tua *khaeng* pen **gaw:n**	นม ที่ จับ ตัว แข็ง เป็น ก้อน	curd
nOm ya:n	นม ยาน	sagging breasts
noo:	หนู	mouse, rat
noo:	หนู	rat *n.*
noo:n	นูน	convex
noom	นุ่ม	soft *adj.*
<u>noom</u>	หนุ่ม	young (man)
<u>noom</u> *sa:o*	หนุ่ม สาว	youth
noong	นุ่ง	dress *v.*, put on
noong pha:	นุ่ง ผ้า	dressed
nuam	นวม	boxing gloves
nuat	นวด	massage *v.*
<u>nuat</u>	หนวด	moustache
nuat kha:o	นวด ข้าว	thresh *v.*
<u>nuay</u>	หน่วย	unit *n.*
<u>nuay</u> fai *fa: lOp*	หน่วย ไฟฟ้า ลบ	electron

O

O:cha: *rOt*	โอชา รส	delicious, tasty
O:e:	โอ้เอ้	dawdle *v.*
O:<u>ga:t</u>	โอกาส	chance
O:n	โอน	transfer *v.*

O:paw:l	โอปอล	opal
Ok	อก	chest
Om	อม	suck *v.*
oo:-ee	อุ้อี้	mumble *v.*
oo: reua	อู่ เรือ	dock
oo: taw: reua	อู่ ต่อ เรือ	shipyard
oo:t	อูฐ	camel
oo-mO:ng	อุโมงค์	tunnel *n.*
oobattihe:t ***rOt*** yOn	อุบัติเหตุ รถ ยนต์	car accident
oodOmkhati	อุดมคติ	ideal
ooja:t	อุจาด	immoral
ooja:t	อุจาด	obscene
oom	อุ้ม	hold *v.*
oon fai	อุ่น ไฟ	warm up
oon oon	อุ่นๆ	lukewarm
oonaha phoo:m	อุณห ภูมิ	temperature *n.*
oong *tha:o*	อุ้ง เท้า	paw
oot	อุด	plug *v.*, cork *v.*
oot *noon*	อุด หนุน	support *v.*
oota sa:ha gam	อุต สาห กรรม	industry
oo***tha***ya:n	อุทยาน	park *n.*
Op	อบ	bake *v.*
Op	อบ	baked
Op **a:o**	อบ อ้าว	sultry *adj.*
Op oon	อบ อุ่น	warm *adj.*
Op rOm	อบ รม	teach, train *v.*
Opa***yOp***	อพยพ	emigrate *v.*
Opa***yOp***	อพยพ	evacuate
Opa***yOp*** **khao** ma:	อพยพ เข้า มา	immigrate *v.*
Ot a:ha:n	อด อาหาร	starve *v.*
Ot thOn	อด ทน	endure, bear, patient *adj.*
Ot thOn	อด ทน	patient *adj.*

p

pa	ปะ	patch up *v.*
pa:	ป้า	aunt (older as father, mother)
pa:	ป่า	forest
pa: ***cha:***	ป่า ช้า	cemetery, graveyard
pa: yai	ป่า ใหญ่	jungle
pa: yai	ป่า ใหญ่	primeval forest
pa:i	ป้าย	inscribe
pa:i	ป้าย	sign *n.*
pa:i	ป้าย	stop *n.*, bus stop

pa:i jara: jaw:n	ป้าย จรา จร	traffic sign *n.*
pa:i ***rOt*** me:	ป้าย รถ เมล์	bus stop
pa:i ***tha***bian ***rOt***	ป้าย ทะเบียน รถ	license plate
pa:i ***tha***bian ***rOt***	ป้าย ทะเบียน รถ	number plate
pa:k	ปาก	mouth
pa:k	ปาก	snout
pa:kga:	ปากกา	ball pen
pa:kga:	ปากกา	pen *n.*
pa:kga: jap ***yeut***	ปากกา จับ ยึด	vice *n.* (tool)
pa:kga: meuk seun	ปากกา หมึก ซึม	fountain pen
pa:n gla:ng	ปาน กลาง	moderate, mediocre
pa:n **thee** mee ma: tae: gam neuh:t	ปาน ที่ มี มา แต่ กำ เนิด	birthmark
pae:n agsaw:n bOn phim deet	แป้น อักษร บน พิมพ์ ดีด	keyboard
pae:n deet	แป้น ดีด	key, push button
pae:ng	แป้ง	flour *n.*
pae:ng	แป้ง	powder *n.*
pae:ng *sam*rap dek	แป้ง สำหรับ เด็ก	baby powder
pae:t	แปด	eight
pai	ไป	go *v.*
pai ao ma:	ไป เอา มา	fetch *v.*
pai ao ma:	ไป เอา มา	pick up
pai glap	ไป กลับ	round trip
pai *ha:*	ไป หา	visit *v.*
pai **hai** ***phOn***	ไป ให้ พ้น	Go away!
pai ma:	ไป มา	back and forth
pai *nai*	ไป ไหน	Where are you going?
pai **thio**	ไป เที่ยว	going out
pai **yiam**	ไป เยี่ยม	visit *v.*
pam nam man	ปั๊ม น้ำ มัน	petrol station
pan jan	ปั้น จั่น	crane
pan*ha:*	ปัญหา	problem *n.*
panya: aw:n	ปัญญา อ่อน	feeble-minded
panya: aw:n	ปัญญา อ่อน	mentally handicapped
pao	เป่า	blow *v.*
pao	เป้า	target *n.*
pao ***nOk*** weed	เป่า นก หวีด	whistle *v.* (with a whistle)
pao pO:ng	เป่า โป่ง	blow up, inflate
parama:noo:	ปรมาณู	atom
paraw:t	ปรอท	mercury
paraw:t	ปรอท	thermometer *n.*
paraw:t ***wat*** khwa:m ***raw:n***	ปรอท วัด ความ ร้อน	fever thermometer
pat pao	ปัด เป่า	dust *v.*
pathi se:t	ปฏิ เสธ	deny *v.*
pathi se:t	ปฏิ เสธ	refuse *v.*

pathi thin	ปฏิทิน	calendar
patjooban	ปัจจุบัน	nowadays *adv.*
patjooban	ปัจจุบัน	presence
pat*sa:wa*	ปัสสาวะ	urine *n.*
paw pia	เปาะ เปี๊ยะ	spring roll
paw:	ปอ	hemp *n.*
paw: grajao	ปอ กระเจา	jute *n.*
paw:k	ปอก	peal *v.*
paw:n	ป้อน	feed *v.* (a baby)
paw:n	ปอนด์	pound *n.*
paw:t	ปอด	lung
paw:t buam	ปอด บวม	pneumonia
pawng gan	ป้อง กัน	prevent *v.*
pee	ปี	year
pee a***thi***ga **ma:t**	ปี อธิก มาส	leap year
pee *khaw:ng sae:ng*	ปี ของ แสง	light year
pee la	ปี ละ	annual
pee mai	ปี ใหม่	new year
pee ***saek***sO:fO:n	ปี่ แซ๊กโซโฟน	saxophone
peesa:t ga:lee	ปีศาจ กาลี	Satan
pen	เป็น	be *v.*
pen ai	เป็น ไอ	steam *adj.*
pen fa:i ***rap***	เป็น ฝ่าย รับ	defensive
pen gla:ng	เป็น กลาง	neutral *adj.*
pen huang	เป็น ห่วง	worry *v.*
pen *khaw:ng*	เป็น ของ	belong to
pen ***khrang*** pen khrao	เป็น ครั้ง เป็น คราว	now and then, sometimes
pen lOm	เป็น ลม	faint *v.*
pen lOm	เป็น ลม	unconscious *adj.*
pen ***nam*** *khaeng*	เป็น น้ำ แข็ง	frozen *adj.*
pen **nee**	เป็น หนี้	debt, due
pen pai **da:i**	เป็น ไป ได้	possible *adj.*
pen pai **mai da:i**	เป็น ไป ไม่ ได้	impossible
pen phai taw: sookha**pha:p**	เป็น ภัย ต่อ สุขภาพ	unhealthy *adj.*
pen **reuang** gio gap khwa:m **khrai**	เป็น เรื่อง เกี่ยวกับ ความ ใคร่	erotic
pen **rO:k sen** prasa:t	เป็น โรค เส้น ประสาท	nervous
pen roo: phroon	เป็น รู พรุน	porous
pen sa*nim*	เป็น สนิม	rust *v.*
pen sa*nim*	เป็น สนิม	rusty *adj.*
pen **thee *ni***yOm gan **thua** pai	เป็น ที่ นิยม กัน ทั่ว ไป	popular *adj.*
pen **thee *roo:*** gan	เป็น ที่ รู้ กัน	known
pen **tOn**	เป็น ต้น	etc.
pen **tOn** chabap deuh:m	เป็น ต้น ฉบับ เดิม	original
pen wat	เป็น หวัด	cold *n.*, (have a cold)

pet

pet	เป็ด	duck (animal)
peu:n	ปืน	gun, rifle
peu:n *phOk*	ปืน พก	pistol
peu:n <u>ya:i</u>	ปืน ใหญ่	cannon
peuan	เปื้อน	soiled *adj.*
peuan *nam* man	เปื้อน น้ำ มัน	fatty, greasy *adj.*
peuan sOkaprOk	เปื้อน สกปรก	soil v.
<u>peuh:t</u>	เปิด	open v.
<u>peuh:t</u>	เปิด	turn on, open v.
<u>peuh:t</u> *pheuh:i*	เปิด เผย	candid, open, frank *adj.*
<u>peuh:t</u> sa*wit*	เปิด สวิตช์	switch on
pha:	ผ้า	cloth
<u>pha:</u>	ผ่า	cut, slice v.
pha: ana: mai	ผ้า อนา มัย	sanitary towel
pha: aw:m	ผ้า อ้อม	baby's napkin, diaper
pha: bai	ผ้า ใบ	canvas
pha: *chet* na:	ผ้า เช็ด หน้า	handkerchief
pha: *chet* tua	ผ้า เช็ด ตัว	towel n.
pha: fa:i	ผ้า ฝ้าย	cotton n.
pha: gan **peuan**	ผ้า กัน เปื้อน	apron
pha: **hai** *sia* khOn	พา ให้ เสีย คน	seduce (to a crime)
pha: <u>hOm</u>	ผ้า ห่ม	blanket
pha: <u>hOm</u> fai *fa:*	ผ้า ห่ม ไฟ ฟ้า	electric blanket
pha: khloom *see*<u>sa</u>	ผ้า คลุม ศีรษะ	hood
pha: *mai*	ผ้า ไหม	silk n.
pha: phan khaw:	ผ้า พัน คอ	scarf n.
pha: phan *phlae:*	ผ้า พัน แผล	bandage n.
pha: phan *phlae:*	ผ้า พัน แผล	gauze, bandage
pha: <u>pit</u> **na:**	ผ้า ปิด หน้า	veil n.
pha: poo: **thee** naw:n	ผ้า ปู ที่ นอน	sheet n.
pha: poo: *tO*	ผ้า ปู โต๊ะ	tablecloth n.
pha: yai *sang* **khraw**	ผ้า ใย สัง เคราะห์	synthetic n.
pha:i	พาย	oar
pha:i	พาย	paddle v.
pha:i lOm	ผาย ลม	fart v. (polite)
pha:k	ภาค	country part
pha:k ee*sa:n*	ภาค อีสาน	northeast Thailand
pha:k gla:ng	ภาค กลาง	central part
pha:k *neua*	ภาค เหนือ	Northern region
pha:k rian	ภาค เรียน	semester
pha:k ta:i	ภาค ใต้	South
pha:k <u>ta</u>wan <u>aw:k</u>	ภาค ตะวัน ออก	east part
pha:k <u>ta</u>wan tOk	ภาค ตะวัน ตก	West
<u>pha:n</u>	ผ่าน	pass v.

<u>pha:n</u> **kha:m**	ผ่าน ข้าม	across
pha:p ga:too:n *law:* lian	ภาพ การ์ ตูน ล้อ เลียน	caricature, a cartoon
pha:p jam law:ng	ภาพ จำ ลอง	conception, print
pha:p *khian*	ภาพ เขียน	drawing
pha:p *see na:m*	ภาพ สี น้ำ	aquarelle *n.* (painting)
pha:p *see nam* man	ภาพ สี น้ำ มัน	oil painting
pha:p *see nam* man	ภาพ สี น้ำ มัน	painting
pha:*ra*	ภาระ	duty, responsibility
pha:ra <u>nak</u>	ภาระ หนัก	burden *v.*
pha:*sa:*	ภาษา	language
pha:*sa:* ank<u>grit</u>	ภาษา อังกฤษ	English
pha:*sa:* latin	ภาษา ลาติน	Latin
pha:*sa:* <u>ta:ng</u> <u>prathe:t</u>	ภาษา ต่าง ประเทศ	foreign language
pha:*sa:* ta<u>la:t</u>	ภาษา ตลาด	colloquial language
pha:*sa:* *thaw:ng* <u>thin</u>	ภาษา ท้อง ถิ่น	dialect
pha:*see*	ภาษี	tax *n.*
pha:*see* ra:i<u>da:i</u>	ภาษี รายได้	income tax
pha:*see sin kha: khao*	ภาษี สิน ค้า เข้า	import duty
pha:*see* <u>soon</u>laga: gaw:n	ภาษี ศุลกา กร	customs fee
pha:t	พาด	lean *v.*
pha:*yoo*	พายุ	thunderstorm
pha:*yoo* <u>hi</u>ma	พายุ หิมะ	snowstorm
pha:*yoo* rae:ng	พายุ แรง	hurricane
phae	แพะ	goat
phae:	แพ้	lose *v.* (a game)
phae:	แพ	raft *n.*
<u>phae:</u>	แผ่	spread, expand *v.*
phae: choo:**cheep**	แพ ชูชีพ	lifeboat
phae: fai **mai**	แผล ไฟ ไหม้	burn (wound)
phae:n **thee**	แผน ที่	map *n.*
phae:n **thee lO:k**	แผน ที่ โลก	atlas
phae:ng	แพง	expensive
phae:ng **na:** path taw:n **na:** *rOt*	แผง หน้า ปัทม์ ตอน หน้า รถ	dashboard
phae:n*khek*	แพนเค็ก	pancake
phae:t cha*phaw* **rO:k** satree	แพทย์ เฉพาะ โรค สตรี	gynecologist
<u>phaen</u> din *wai*	แผ่น ดิน ไหว	earthquake
<u>phaen</u> <u>praga:t</u>	แผ่น ประกาศ	placard, poster
<u>phaen</u> *siang*	แผ่น เสียง	record, disk *n.*
phahoo: *phOt*	พหูพจน์	plural
phai khween	ไพ่ ควีน	queen (in the pack of cards)
phai lin	ไพ ลิน	sapphire
phai *pawk*	ไพ่ ป๊อก	jack (in the pack of cards)
phai *raw*	ไพ เราะ	melodious, sweet-sounding
phak	พัก	rest *v.*

phak	พัก	rest *v.*
phak	ผัก	vegetable *n.*
phak chee	ผัก ชี	coriander
phak ga:t haw:m	ผัก กาด หอม	lettuce
phak raw:n	พัก ร้อน	holiday *n.*
phak thiang	พัก เที่ยง	lunch break
phak wai	พัก ไว้	suspend *v.*
phak yoo:	พัก อยู่	stay, live
phalang	พลัง	energy, power
phalang fai *fa:*	พลัง ไฟ ฟ้า	electric power
phalang nga:n parama:noo:	พลัง งาน ปรมาณู	atomic energy
phalit	ผลิต	produce *v.*, manufacture *v.*
phan	พัน	coil *v.*
phan	พัน	thousand
phan na na:	พรรณ นา	describe *v.*
phan *phlae:*	พัน แผล	bandage *v.*
phan prae:	ผัน แปร	change *v.*
phanak nga:n	พนัก งาน	employee *n.*
phanak nga:n gep ngeuhn	พนัก งาน เก็บ เงิน	cashier
phanan	พนัน	bet *v.*
phang lOng	พัง ลง	collapse *v.*
phang phaw:n	พัง พอน	mongoose
phanraya:	ภรรยา	wife *n.*
phao **mai**	เผา ไหม้	burn *v.t.*
phao phan	เผ่า พันธุ์	lineage, race
phap	พับ	fold *v.*
phap kheun	พับ ขึ้น	roll up
phasadoo gep ngeuhn pla:i tha:ng	พัสดุ เก็บ เงิน ปลาย ทาง	C.O.D. collect on delivery
phasOm	ผสม	blend *v.*, mix *v.*
phasOm	ผสม	mix *v.*
phat	พัด	fan *v.*
phat	ผัด	fry *v.*
phat lOm	พัด ลม	fan, electric fan *n.*
phatta:kha:n	ภัตตาคาร	restaurant (large)
*phat*thana:	พัฒนา	develop *v.*
phaw cham	เพาะ ชำ	tree nursery
phaw:	พอ	enough, adequate
phaw:	พ่อ	father *n.*
phaw: *chai* ja:i	พอ ใช้ จ่าย	sufficient *adj.*
phaw: dee	พอ ดี	fit *adj.*
phaw: jai	พอ ใจ	content *adj.* (satisfied)
phaw: jai	พอ ใจ	satisfied *adj.*
phaw: *kha:*	พ่อ ค้า	merchant
phaw: *kha:*	พ่อ ค้า	trader *n.*

phaw: ***kha:*** *kha:i mao*	พ่อ ค้า ขาย เหมา	wholesaler
phaw: ***kha: phet***	พ่อ ค้า เพชร	jeweler
phaw: ***kha:*** **yaw:i**	พ่อ ค้า ย่อย	retailer
phaw: khrua	พ่อ ครัว	cook
phaw: ***liang***	พ่อ เลี้ยง	stepfather
phaw: ma:i	พ่อ หม้าย	widower *n.*
phaw: mae:	พ่อ แม่	parents
phaw: ta:	พ่อ ตา	father-in-law
phaw:m	ผอม	slim *adj.*
phaw:m	ผอม	thin *adj.* (for persons or animals)
phaw:n sa*wan*	พร สวรรค์	talent
phawn khla:i	ผ่อน คลาย	relax *v.*
phaya: gaw:n	พยา กรณ์	forecast *v.*
phaya: gaw:n a:ga:t	พยา กรณ์ อากาศ	weather forecast
phaya:n	พยาน	witness *n.*
phaya:ng	พยางค์	syllable
pha**ya:t**	พยาธิ	worm (parasitic worm)
phaya:ya:m	พยายาม	try *v.*
pha***yak***	พยัก	nod *v.*
phayan cha***na***	พยัญ ชนะ	alphabet
phayan cha***na***	พยัญ ชนะ	consonant
phe: da:n	เพ ดาน	ceiling
phe: da:n	เพ ดาน	palate
phe:t	เพศ	sex *n.*
phe:t *sam*phan	เพศ สัมพันธ์	sexual intercourse
phe:t seuk *sa:*	เพศ ศึก ษา	study of sex
phee	ผี	ghost *n.*
phee	พี่	siblings (older)
phee am	ผี อำ	nightmare *n.*
phee boon tham	พี่ บุญ ธรรม	stepbrother
phee cha:i	พี่ ชาย	brother (older)
phee chakha***nit***	พี ชคณิต	algebra
phee doo:t **leuat**	ผี ดูด เลือด	vampire
phee **khao**	ผี เข้า	possessed
phee *kheuh:i*	พี่ เขย	brother-in-law (older)
phee ***naw:ng***	พี่ น้อง	siblings
phee phoong **ta:i**	ผี พุง ไต้	shooting star, meteor
phee *sa:o*	พี่ สาว	sister (older)
phee sa***phai***	พี่ สะใภ้	sister-in-law (older)
phee **seua**	ผี เสื้อ	butterfly *n.*
phet	เพชร	diamond *n.*
phet	เผ็ด	hot (taste)
phet phlaw:i	เพชร พลอย	precious stone
phetcha **kha:t**	เพชฌ ฆาต	executioner

pheu:n	พื้น	floor, surface
pheu:n la:t	พื้น ลาด	slope
pheu:n meuang	พื้น เมือง	local, native
pheu:n thee	พื้น ที่	surface *n.*
pheu:t	พืช	plant *n.*
pheua	เพื่อ	for, in order to
pheua wa:	เพื่อ ว่า	so that, for that
pheuan	เพื่อน	friend
pheuan ba:n	เพื่อน บ้าน	neighbour
pheuan *khian* jOt*ma:i*	เพื่อน เขียน จดหมาย	pen friend
pheuan ruam nga:n	เพื่อน ร่วม งาน	colleague
pheuan ruam nga:n	เพื่อน ร่วม งาน	work colleague
pheuh:i phae:	เผย แพร่	publish *v.*
pheuh:m	เพิ่ม	add to *v.*
pheuh:m	เพิ่ม	additional
pheuh:m	เพิ่ม	increase *v.*, add to
pheuh:m gamlang	เพิ่ม กำลัง	strengthen *v.*
pheuh:m hai khrOp	เพิ่ม ให้ ครบ	complete *v.*
pheuh:m sip thao	เพิ่ม สิบ เท่า	increase tenfold
pheuhng	พึ่ง	depend *v.*
pheung	ผึ้ง	bee
pheung lOm	ผึ่ง ลม	air *v.*
phi ga:n	พิ การ	physically handicapped
phi na:t	พิ นาศ	disaster
*phi phit*tha phan	พิ พิธ ภัณฑ์	museum *n.*
phi soo:t lak *tha:n*	พิ สูจน์ หลัก ฐาน	identify *v.*
phiang	เพียง	only
phim	พิมพ์	print *v.*
phim deet	พิมพ์ ดีด	type *v.*, typewrite *v.*
phim phit	พิมพ์ ผิด	misprint
phing	ผิง	lean *v.*
phio	ผิว	skin *n.*
phio nang griam dae:t	ผิว หนัง เกรียม แดด	sunburn *n.*
phio pa:k	ผิว ปาก	whistle *v.* (with the mouth)
phise:t	พิเศษ	special *adj.*
phit	ผิด	wrong *adj.*
phit dae:t	พิษ แดด	heatstroke
phit dae:t	พิษ แดด	sunstroke *n.*
phit gOt *ma:i*	ผิด กฎ หมาย	illegal
phit gOt *ma:i*	ผิด กฎ หมาย	violate *v.* (the law)
phit *wang*	ผิด หวัง	disappointed *adj.*
*phit*sawa:t	พิศวาท	loveplay
phla nga:n	ผละ งาน	strike *v.*
phla:n	ผลาญ	waste *v.*

*phla:*stik	พลาสติก	plastic *n.*
phla:t	พลาด	miss *v.* (bus, train ...)
phlak	ผลัก	push away *v.*
phlap phleung	พลับ พลึง	lily
phlat	ผลัด	defer
phlat pra:k	พลัด พราก	separated *adj.*
phle:ng	เพลง	song *n.*
phle:ng **cha:t**	เพลง ชาติ	national anthem
phle:ng suat	เพลง สวด	psalm
phleuk	ผลึก	crystal
phli	ผลิ	sprout *v.*
phliang *phlam*	เพลี่ยง พล้ำ	hatch out
phlik	พลิก	turn *v.* (over a page)
phlO:	โผล่	emerge
phloo	พลุ	rocket, missile *n.*
phloo:	พลู	betel leaf
phlua	พลั่ว	shovel *n.*
phO: dae:ng	โพธิ์ แดง	hearts (in the pack of cards)
phO: dam	โพธิ์ ดำ	spade (in the pack of cards)
*phO*jana: noo grOm	พจนา นุ กรม	dictionary *n.*
*phO*jana: noo grOm	พจนา นุ กรม	lexicon
phOm	ผม	hair
phOm	ผม	I, me (for men)
phOm	ผม	me, I (for men)
phOm **ruang**	ผม ร่วง	loss of hair
phOm thaw:ng	ผม ทอง	blond
phOn	พ่น	spray *v.*
phOn	ผล	success *n.*
phOn ae**pen**	ผล แอปเปิ้ล	apple
phOn **lap**	ผล ลัพธ์	result *n.*
phOng *sak* **faw:k**	ผง ซัก ฟอก	washing powder *n.*
phOnla meuang	พล เมือง	population *n.*
*phOn*la*ma:i*	ผลไม้	fruit
phoo phang	ผุ พัง	rotten *adj.*
phoo: am nuay ga:n	ผู้ อำ นวย การ	director
phoo: cha:i	ผู้ ชาย	man *n.*
phoo: cha:i *kha:i* tua	ผู้ ชาย ขาย ตัว	male prostitute
phoo: cha:i mae:ng da:	ผู้ ชาย แมง ดา	pimp
phoo: cha*na*	ผู้ ชนะ	winner
phoo: chao	ผู้ เช่า	tenant *n.*
phoo: **chio** cha:n	ผู้ เชี่ยว ชาญ	expert *n.*
phoo: chuay	ผู้ ช่วย	assistant *n.*
phoo: dO:i *sa:n*	ผู้ โดย สาร	passenger
phoo: doo: lae:	ผู้ ดู แล	attendant, warder

phoo: feuk nga:n	ผู้ ฝึก งาน	trainee, apprentice
phoo: gamgap **pha:**pphayOn	ผู้ กำกับ ภาพยนตร์	director (of a film)
phoo: gan	พู่ กัน	brush, paint brush
phoo: gla:o praga:t	ผู้ กล่าว ประกาศ	announcer
phoo: jat ga:n	ผู้ จัด การ	director
phoo: jat ga:n	ผู้ จัด การ	manager, chief
phoo: *kha:i*	ผู้ ขาย	seller, vendor
phoo: *khaeng khan*	ผู้ แข่ง ขัน	competitor
phoo: khlang	ผู้ คลั่ง	fanatic (person)
phoo: ***lak*** **law:p** *nee* pha:*see*	ผู้ ลัก ลอบ หนี ภาษี	smuggler
phoo: ***lak*** pha: *nee*	ผู้ ลัก พา หนี	kidnapper
phoo: mee suan **ruam duay**	ผู้ มี ส่วน ร่วม ด้วย	business partner
phoo: mi sa:t	ภู มิ ศาสตร์	geography
phoo: nam	ผู้ นำ	leader
phoo: Ophay***Op***	ผู้ อพยพ	refugee
phoo: pawng gan	ผู้ ป้อง กัน	protector *n.*
phoo: pen **rO:k** *hua* jai	ผู้ เป็น โรค หัว ใจ	heart sick person
phoo: phalit	ผู้ ผลิต	producer
phoo: phim khO:sana:	ผู้ พิมพ์ โฆษณา	publisher
phoo: pradit	ผู้ ประดิษฐ์	inventor
phoo: ***ra:i***	ผู้ ร้าย	culprit
phoo: ***rai*** **yawng** bao	ผู้ ร้าย ย่อง เบา	burglar, thief
phoo: rak*sa:* pratoo:	ผู้ รักษา ประตู	goalkeeper
phoo: ***rap*** *mao*	ผู้ รับ เหมา	supplier
phoo: ***rap*** *mao* gaw: **sa:ng**	ผู้ รับ เหมา ก่อ สร้าง	building contractor
phoo: ***rap*** **pragan phai**	ผู้ รับ ประกัน ภัย	insurance agent
phoo: ***raw:ng*** thook	ผู้ ร้อง ทุกข์	complainant *n.*
phoo: reuh:m tOn	ผู้ เริ่ม ต้น	beginner
phoo: ruam meu:	ผู้ ร่วม มือ	helper, co-operator
phoo: samak ***rap*** **leuang**	ผู้ สมัคร รับ เลือก	candidate
phoo: saw:p *suan*	ผู้ สอบ สวน	researcher
phoo: ***seu:***	ผู้ ซื้อ	buyer
phoo: ***seu:***	ผู้ ซื้อ	customer
phoo: sOng	ผู้ ส่ง	sender
phoo: taeng	ผู้ แต่ง	author
phoo: tat *sin*	ผู้ ตัด สิน	referee
phoo: tawng *ha:*	ผู้ ต้อง หา	accused, the
phoo: tawng *sOng sai*	ผู้ ต้อง สง สัย	suspect *n.*
phoo: thae:n **ra:t**sataw:n	ผู้ แทน ราษฎร	Member of Parliament
phoo: tham plaw:m	ผู้ ทำ ปลอม	counterfeiter
phoo: ***thing*** **na: thee**	ผู้ ทิ้ง หน้า ที่	deserter *n.*
phoo: yai	ผู้ ใหญ่	adult *n.*
phoo: yai	ผู้ ใหญ่	personality
phoo: yai **ba:n**	ผู้ ใหญ่ บ้าน	village chief

phoo: *yep* pOk	ผู้ เย็บ ปก	bookbinder
phoo: *ying*	ผู้ หญิง	woman *n.*
phoo:k **mat**	ผูก มัด	fetter *v.*
phoo:*khao*	ภูเขา	mountain
phoo:*khao* fai	ภูเขา ไฟ	volcano *n.*
phoo:*khao* fai *ra*beuh:t	ภูเขา ไฟ ระเบิด	volcanic eruption
phoo:*khao* **nam** *khaeng*	ภูเขา น้ำ แข็ง	iceberg *n.*
phoo:m jai	ภูมิ ใจ	proud *adj.*
phoo:t	พูด	say *v.*
phoo:t	พูด	speak *v.*
phoo:t geuh:n khwa:m pen ching	พูด เกิน ความ เป็น จริง	overstate *v.*
phoo:t ja: pa:k *wa:n*	พูด จา ปาก หวาน	flirt *v.*
phoo:t len	พูด เล่น	joke *v.*
phoo:t ma:k	พูด มาก	talkative *v.*
phoo:t mai aw:k	พูด ไม่ ออก	speechless
phoo:t pheunm pham	พูด พึม พำ	mumble *v.*
phoo:t *siang soop sip*	พูด เสียง ซุบ ซิบ	lisp *v.*, whisper *v.*
phoo:t tha*lai*	พูด ไถล	excuse
phoo:t tit a:ng	พูด ติด อ่าง	stutter *v.*
phoom	พุ่ม	shrubbery
phoom	พุ่ม	thicket
phoom *ma:i*	พุ่ม ไม้	bush *n.*
phoong **phlooi**	พุง พลุ้ย	fat paunch
phootha ma: *ma*ga	พุทธ มา มกะ	Buddhist
*phootha*sagara:t	พุทธศักราช	Buddhist era
phOp	พบ	meet *v.*
phOp (gap...)	พบ (กับ)	meet (with...)
phOt	ผด	rash, skin rash
phra	พระ	monk
phra	พระ	pastor
phra a:*thit* kheun	พระ อาทิตย์ ขึ้น	sunrise *n.*
phra a:*thit* tOk	พระ อาทิตย์ ตก	sunset *n.*
phra e:k	พระ เอก	hero
phra ja:o	พระ เจ้า	God
phra jan wan phen	พระ จันทร์ วัน เพ็ญ	full moon
phra phoo*tha* ja:o	พระ พุทธ เจ้า	Buddha
phra rat*cha* wang	พระ ราช วัง	palace, royal palace
phra sao	พระ เสาร์	Saturn
phra: huat	พร้า หวด	scythe
phra:n	พราน	hunt *v.*
phrak	พรรค	party (political)
phrak na:see	พรรค นาซี	Nazi
phra*ma:*	พม่า	Burma
phras*Om na:m*	ผสม น้ำ	dilute

phraw	เพราะ	polite *adj.*
***phraw* wa:**	เพราะ ว่า	because
phraw:m	พร้อม	ready *adj.*, prepared *adj.*
phreuk sa:t	พฤกษ ศาสตร์	botany
phreusajiga: yOn	พฤศจิกา ยน	November
phreusapha: khOm	พฤษภา คม	May
phrik	พริก	chili
phrik thai	พริก ไทย	pepper
phrO:ng	โพรง	hollow *adj.*
phrOm	พรม	carpet
phrOm ***chet tha:o***	พรม เช็ด เท้า	doormat
phrOm ***na:m***	พรม น้ำ	sprinkle *v.* (with water)
phroong *nee*	พรุ่ง นี้	tomorrow
phroong *nee cha:o*	พรุ่ง นี้ เช้า	tomorrow morning
phua	ผัว	husband
phua mia	ผัว เมีย	married couple
phuak pet gai	พวก เป็ด ไก่	poultry
phuang	พ่วง	tow away
phuang ma:lai	พวง มาลัย	steering wheel
piak	เปียก	wet *adj.*
pianO:	เปียนโน	piano
ping pawng	ปิง ปอง	table tennis
pip	ปี๊บ	canister
pit	ปิด	close *v.* (shut)
pit	ปิด	closed *adj.*
pit	ปิด	switch off
pit phaneuk	ปิด ผนึก	seal *v.*
pit satae:m	ปิด แสตมป์	postmark *v.*
pla:	ปลา	fish *n.*
pla: dook	ปลา ดุก	catfish
pla: grabe:n	ปลา กระเบน	ray, skate (animal)
pla: **haeng**	ปลา แห้ง	stockfish
pla: *lai*	ปลา ไหล	eel
pla: lO:ma:	ปลา โลมา	dolphin
pla: meuk	ปลา หมึก	cuttlefish, squid
pla: ***pakpao***	ปลา ปักเป้า	globefish
pla: sae:l**mawn**	ปลา แซลมอน	salmon
pla: thoo:**na:**	ปลา ทูน่า	tuna *n.*
pla: wa:n	ปลา วาฬ	whale *n.*
pla:i ***khae:n***	ปลาย แขน	forearm
pla:i ***nio***	ปลาย นิ้ว	fingertip
pla:o prayO:t	เปล่า ประโยชน์	vain, in vain
pla:steuh:	ปลาสเตอร์	plaster
plae:	แปล	translate *v.*

plae: yuan	แปล ยวน	hammock
plae:k	แปลก	strange *adj.*
plae:k jai	แปลก ใจ	marveled *v.*
plae:k jai	แปลก ใจ	surprised *adj.*
plak	ปลัก	swamp
plak tua mia	ปลั๊ก ตัว เมีย	socket, wallsocket
plaw:k	ปลอก	peel *v.*
plaw:k *khae:n*	ปลอก แขน	armband
plaw:k khaw:	ปลอก คอ	collar
plaw:k *maw:n*	ปลอก หมอน	pillowcase
plaw:k *nio*	ปลอก นิ้ว	thimble *n.*
plaw:m	ปลอม	forged
plaw:p jai	ปลอบ ใจ	comfort, appease, soothe *v.*
plaw:p yO:n	ปลอบ โยน	comfort, calm *v.*
plaw:t phai	ปลอด ภัย	safe *adj.*, secure *adj.*
plawng	ปล่อง	chimney
ple:	เปล	cradle
ple:-oo	เปลว	flame *n.*
pleuai	เปลือย	naked
pleuai **lawn jawn**	เปลือย ล่อน จ้อน	stark naked
pleuai nOm	เปลือย นม	topless *adj.*
pleuak	เปลือก	rind
pleuak *haw:i*	เปลือก หอย	shell *n.*
pleuak *khaeng*	เปลือก แข็ง	husk, hull *n.*
pleuang pha:	เปลื้อง ผ้า	undress *v.*
plian	เปลี่ยน	change *v.*
plian	เปลี่ยน	exchange
plian plae:ng	เปลี่ยน แปลง	correct *v.*
plian plae:ng	เปลี่ยน แปลง	modify *v.*
plian plae:ng	เปลี่ยน แปลง	restore *v.*
plian plae:ng	เปลี่ยน แปลง	transform *v.*
plian plae:ng mai	เปลี่ยน แปลง ใหม่	renovate *v.*
plian *rOt*	เปลี่ยน รถ	change *v.* (bus, train, ...)
plian **seua pha:**	เปลี่ยน เสื้อ ผ้า	change clothes
pling	ปลิง	leech
plio	ปลิว	flow, blow *v.*
plit	ปลิด	pick off *v.*
ploi	ปล่อย	release *v.*
ploi tua	ปล่อย ตัว	absolve *v.*
plOn	ปล้น	rob *v.*, steal *v.*
ploo:k	ปลูก	cultivate *v.*
ploo:k	ปลูก	plant *v.*
ploo:k *fee*	ปลูก ฝี	vaccinate *v.*
ploo:k **kheun mai**	ปลูก ขึ้น ใหม่	replant *v.*

plook	ปลุก	wake up (someone)
plOt plaw:i	ปลด ปล่อย	free *v.*
pluak	ปลวก	termite
pOk khloom	ปก คลุม	cover *v.*
pOk khraw:ng	ปก ครอง	govern *v.*, rule *v.*
pOk khraw:ng	ปก ครอง	rule *v.*, govern *v.*
pOk **pawng**	ปก ป้อง	protect *v.*
pOm **doi**	ปม ด้อย	inferiority complex
pOn gan **yoong**	ปน กัน ยุ่ง	tangle (up), confused
poo:	ปู	crab *n.* (shellfish)
poo:	ปู่	grandfather (paternal)
poo: **thuad**	ปู่ ทวด	great-grandfather
poo:i	ปุ๋ย	fertilizer *n.*
poo:n	ปูน	cement *n.*
poo:n *kha:o*	ปูน ขาว	lime (material)
poo:n **pla:steuh:**	ปูน ปลาสเตอร์	plaster cast
pra:sa ja:k **me:k**	ปราศ จาก เมฆ	cloudless
pra:sa:t	ปราสาท	castle *n.*
pracha: chOn	ประชา ชน	people, nation
pracha: gaw:n	ประชา กร	population *n.*
pracha: *sam*phan	ประชา สัมพันธ์	information
pracha: ***thip***patai	ประชา ธิปไตย	democracy *n.*
prachoom	ประชุม	meeting
pradap	ประดับ	decorate *v.*, garnish *v.*
pradit gram	ประดิษฐ์ กรรม	invention
pradsanee	ปรัศนี	question mark
prae:ng	แปรง	brush *n.*
prae:ng	แปรง	brush *v.*
prae:ng fai ***fa:***	แปรง ไฟ ฟ้า	fuse box
prae:ng fan	แปรง ฟัน	brush the teeth
prae:ng pat **seua**	แปรง ปัด เสื้อ	clothes brush
prae:ng *see* fan	แปรง สี ฟัน	toothbrush *n.*
praga: rang	ประกา รัง	coral *n.*
praga:i	ประกาย	spark *n.*
praga:i	ประกาย	sparkle *adj.*
praga:sanee yabat	ประกาศนี ยบัตร	certificate, diploma
praga:t	ประกาศ	announce *v.*
praga:t khOtsana:	ประกาศ โฆษณา	advertise *v.*
pragan	ประกัน	assurance
pragan chee***wit***	ประกัน ชีวิต	life insurance
pragan phai oobatihe:t deuh:ntha:ng	ประกัน ภัย อุบัติเหตุ เดินทาง	travel assurance
praguat	ประกวด	exhibit, compete *v.*
pra*ha:n* chee***wit***	ประหาร ชีวิต	execute *v.*
praisanee a:ga:t	ไปรษณีย์ อากาศ	airmail

praisanee *ya*bat	ไปรษณียบัตร	postcard
pra*jam* deuan	ประจำ เดือน	menstruation
pra*la:t* jai	ประหลาด ใจ	amazed *adj.*
pra*la:t* jai	ประหลาด ใจ	marvel *v.*
pra*la:t* jai	ประหลาด ใจ	surprised *adj.*
prama:n	ประมาณ	about (approx.)
prama:n	ประมาณ	approximately, about
pramoo:n ra:kha: *kha:i*	ประมูล ราคา ขาย	auction v.
pramoo:n *soo:ng gwa:*	ประมูล สูง กว่า	overbid v.
pranuan *gOt ma:i* a:ya:	ประมวล กฎ หมาย อาญา	penal code
prapha: kha:n	ประภา คาร	lighthouse
prasa:t wai	ประสาท ไว	irritable
prasOp ga:n	ประสบ การณ์	experience
pratha:n baw*ri*sat	ประธาน บริษัท	president (of a company)
pratha:n *khaw:ng* prayO:k	ประธาน ของ ประโยค	nominative
pratha:na: **thib**Odee	ประธานา ธิบดี	president (from a country)
pra*thap* tra:	ประทับ ตรา	stamp v.
pra*that*	ประทัด	firecracker
prathe:t	ประเทศ	country
prathe:t gamlang *phat*thana:	ประเทศ กำลัง พัฒนา	developing country
prathe:t yeuhraman	ประเทศ เยอรมัน	Germany
pra*thuang*	ประท้วง	protest v.
pratoo:	ประตู	door, gate, goal *n.*
praw	เปราะ	fragile
praw:ng daw:ng	ปรอง ดอง	compromise v.
praw:ng daw:ng	ปรอง ดอง	reconcile v.
pra*yat*	ประหยัด	save v.
pra*yat*	ประหยัด	saving *n.*
prayO:k	ประโยค	sentence *n.* (of words)
preuh **peuan**	เปรอะ เปื้อน	dirty, foul *adj.*
prio	เปรี้ยว	sour
prio *wa:n*	เปรี้ยว หวาน	sweet and sour
prisa*na:*	ปริศนา	puzzle *n.*
prisa*na:*	ปริศนา	riddle *n.*
prisa*na:* agsaw:n **khwai**	ปริศนา อักษร ไขว้	crossword
prO:i	โปรย	strew *v.*, sprinkle *v.*
prO:teen	โปรตีน	protein
puat	ปวด	ache *v.*, pain *v.*
puat fan	ปวด ฟัน	toothache *n.*
puat *hua*	ปวด หัว	headache
puat **meuai**	ปวด เมื่อย	muscle ache
puat prajam deuan	ปวด ประจำ เดือน	monthly ache
puat *thaw:ng*	ปวด ท้อง	stomachache
puay	ป่วย	sick, ill

ra:	รา	fungus
ra:	รา	mildew
ra:	รา	mould
ra: reuh:ng	ร่า เริง	cheerful
ra:cha ga:n *lap*	ราช การ ลับ	secret service
ra:*chi*nee	ราชินี	queen
ra:i **cheu:**	ราย ชื่อ	list (of names)
ra:i **cheu:** a:*ha:n*	ราย ชื่อ อาหาร	menu
ra:i **da:i**	ราย ได้	earnings
ra:i ga:n sing *khaw:ng* *tang* *tang*	ราย การ สิ่ง ของ ต่างๆ	inventory
ra:i <u>ja:i</u>	ราย จ่าย	expenditure, expense
ra:i nga:n	ราย งาน	report *n.*
ra:k	ราก	root *n.*
ra:k tha:n	ราก ฐาน	foundation
ra:kha:	ราคา	cost, price *n.*
ra:kha:	ราคา	price *n.*
ra:kha: **thaorai**	ราคา เท่าไร	how much costs
ra:n	ร้าน	shop *n.*
ra:n	ร้าน	store *n.*
ra:n a:*ha:n*	ร้าน อาหาร	restaurant *n.*
ra:n kha:i **lao**	ร้าน ขาย เหล้า	pub
ra:n kha:i ya:	ร้าน ขาย ยา	drug store
ra:n kha:i ya:	ร้าน ขาย ยา	pharmacy *n.*
ra:n sa:kha:	ร้าน สาขา	branch (of a company)
ra:ng	ร้าง	deserted *adj.*
ra:ng	ราง	rail *n.*
ra:ng	ราง	railing *n.*
ra:ng ga:i	ร่าง กาย	body
ra:ng ga:i **thawn** bOn	ร่าง กาย ท่อน บน	upper body
ra:ng *na:m*	ราง น้ำ	gutter
ra:ng *phra ra:cha* ban<u>yat</u>	ร่าง พระ ราช บัญญัติ	draft bill
ra:ng wan	ราง วัล	reward *n.*
ra:o bandai	ราว บันได	banister
ra:o <u>ta:k</u> **pha:**	ราว ตาก ผ้า	clothesline
ra:p	ราบ	flat, even *adj.*
ra:*see* gan	ราศี กันย์	Virgo
ra:*see* gawrag<u>Ot</u>	ราศี กรกฎ	Cancer
ra:*see* goom	ราศี กุมภ์	Aquarius
ra:*see* mang gaw:n	ราศี มัง กร	Capricorn
ra:*see* **me:t**	ราศี เมษ	Aries
ra:*see* me:*thoon*	ราศี เมถุน	Gemini
ra:*see* meen	ราศี มีน	Pisces
ra:*see* **phreuk**	ราศี พฤษภ	Taurus
ra:*see* **phreut**sa <u>jik</u>	ราศี พฤศ จิก	Scorpio

ra:*see* sing	ราศี สิงห์	Lion (horoscope)
ra:*see* thanoo:	ราศี ธนู	Sagittarius
ra:*see* toon	ราศี ตุลย์	Libra
ra-<u>hat</u>	รหัส	code *n.*
ra-<u>hat</u> praisanee	รหัส ไปรษณีย์	postcode
*ra*ba:i	ระบาย	paint *v.*
*ra*ba:i lOm	ระบาย ลม	ventilate *v.*
*ra*ba:i *na:m*	ระบาย น้ำ	drain *v.*
*ra*bam	ระบำ	ballet
ra<u>beuh</u>:t	ระเบิด	burst *v.*
ra<u>beuh</u>:t	ระเบิด	explode *v.*
ra<u>beuh</u>:t **kheun**	ระเบิด ขึ้น	erupt *v.*
ra<u>beuh</u>:t parama:noo:	ระเบิด ปรมาณู	atomic bomb
*ra*biang	ระเบียง	balcony
rae:	แร่	mineral
rae:	แร่	ore *n.*
rae:k	แรก	first, former
rae:k na: *khwan*	แรก นา ขวัญ	harvest festival
rae:ng	แร้ง	vulture
rae:ng *ma:*	แรง ม้า	horsepower
rae:re:diam	แร่เรเดี่ยม	radium
rae:t	แรด	rhinoceros *n.*
raheuh:i	ระเหย	evaporate *v.*
raheuh:i gla:i pen ai	ระเหย กลาย เป็น ไอ	evaporate *v.*
rai ga:n <u>seuk</u> *sa:*	ไร้ การ ศึก ษา	uneducated
rai rOt <u>mOt</u> <u>glin</u>	ไร้ รส หมด กลิ่น	insipid *adj.*
rak	รัก	love *v.*
*ra*khang	ระฆัง	bell
raksa:	รักษา	care *v.*
raksa:	รักษา	cure *v.*
raksa:	รักษา	heal *v.*
raksa: da:i	รักษา ได้	curable
raksa: **mai da:i**	รักษา ไม่ ได้	incurable
ram *ma* **na:t**	รำ มะ นาด	parodontosis
*ramat ra*wang	ระมัด ระวัง	careful *v.*
*ramat ra*wang	ระมัด ระวัง	circumspect *v.*
rang	รัง	nest *n.*
rang doom	รัง ดุม	buttonhole
rang <u>khai</u>	รัง ไข่	ovary
rang *nOk*	รัง นก	bird's nest
rang *nOk* na:ng <u>aen</u>	รัง นก นาง แอ่น	swallow's nest
rang **pheung**	รัง ผึ้ง	beehive *n.*
rang *rak*	รัง รัก	love nest
rang *see*	รัง สี	radioactivity

rao	เรา	us
rao	เรา	we
rao jai	เร้า ใจ	encourage *v.*
rap	รับ	admit *v.*
rap	รับ	received, accept
rap chai	รับ ใช้	serve *v.*
rap gep *wai*	รับ เก็บ ไว้	keep, hold *v.*
rap liang pen loo:k	รับ เลี้ยง เป็น ลูก	adopt
rap mawradOk	รับ มรดก	inherit *v.*
rap phit chaw:p	รับ ผิด ชอบ	responsible
rap pragan	รับ ประกัน	insure *v.*
rap pratha:n a:*ha:n cha:o*	รับ ประทาน อาหาร เช้า	breakfast *v.*, have breakfast
rap raw:ng	รับ รอง	certify *v.*
rap roo:	รับ รู้	recognize
rap sa:i	รับ สาย	pick up (phone)
*ra*samee	รัศมี	radius
rat	รัฐ	state *n.*
rat khem khat	รัด เข็ม ขัด	tighten *v.*
*rat*tha ba:n	รัฐ บาล	government
*rat*tha ba:n sahaphan ta*rat*	รัฐ บาล สหพัน ธรัฐ	federal government
*rat*tha mOntree	รัฐ มนตรี	minister
*rat*tha mOntree ga:n khlang	รัฐ มนตรี การ คลัง	minister of finance
*rat*tha mOntree wa: ga:n yooti tham	รัฐ มนตรี ว่า การ ยุติ ธรรม	minister of justice
*rat*tha sapha:	รัฐ สภา	parliament
raw:	รอ	wait *v.*
raw: sakkhroo:	รอ สักครู่	moment, wait a moment
raw:i	ร้อย	hundred
raw:i ba:k	รอย บาก	mark, groove *n.*
raw:i buam	รอย บวม	inflammation *n.*
raw:i hak	รอย หัก	fracture (of a bone)
raw:i la	ร้อย ละ	percent
raw:i *nio* meu:	รอย นิ้ว มือ	fingerprint
raw:i peuan	รอย เปื้อน	spot *n.*
raw:i phap	รอย พับ	perforated
raw:i *phlae:* pen	รอย แผล เป็น	scar *n.*
raw:i *ra:o*	รอย ร้าว	crack *n.*
raw:i rua	รอย รั่ว	leak *n.*
raw:i tae:k	รอย แตก	crack *n.*
raw:n	ร้อน	hot
raw:n jai	ร้อน ใจ	worried *adj.*
raw:ng	ร้อง	cry *v.*
raw:ng ha:i	ร้อง ไห้	cry *v.*, weep *v.*
raw:ng phle:ng	ร้อง เพลง	sing *v.*
raw:ng phle:ng hai fang	ร้อง เพลง ให้ ฟัง	sing to

raw:ng *tha:o*	รอง เท้า	shoe, footgear
raw:ng *tha:o* **hoom khaw:**	รอง เท้า หุ้ม ข้อ	boot (shoe)
raw:ng *tha:o* <u>tae</u>	รอง เท้า แตะ	sandal
raw:ng *tha:o* <u>tae</u>	รอง เท้า แตะ	slipper
raw:ng *tha:o* **wing** *nam khaeng*	รอง เท้า วิ่ง น้ำ แข็ง	skate, ice-skate
raw:ng **thook**	ร้อง ทุกข์	complain v.
raw:p raw:p	รอบๆ	around
raw:p <u>soot</u> *tha:i*	รอบ สุด ท้าย	final
raw:t chee*wit*	รอด ชีวิต	survive v.
*ra*wa:ng	ระวาง	freight, cargo n.
*ra*wang	ระวัง	beware v.
rawn lOng	ร่อน ลง	landing
rawng <u>phak</u>	ร่อง ผัก	bed (in the garden)
raya <u>ha:ng</u> gan	ระยะ ห่าง กัน	distance n.
re:**da:**	เรดาร์	radar
re:*kha:* kha*nit*	เรขา คณิต	geometry
re:noo:	เรณู	pollen
re-oo	เร็ว	fast, quick adj.
ree ree raw: raw:	รีๆ รอๆ	queue
reep	รีบ	hurry
reep <u>duan</u>	รีบ ด่วน	rush v.
reet	รีด	iron v., press v.(clothes)
reet nOm	รีด นม	milk v.
reet *thai*	รีด ไถ	extort v.
reng	เร่ง	speed up
reu:	หรือ	or
reu:*see*	ฤษี	hermit
reua	เรือ	boat
reua	เรือ	ship n.
reua <u>ap</u> pa:ng	เรือ อับ ปาง	shipwreck
reua bai	เรือ ใบ	sailing boat
reua <u>bOt</u> <u>khana:t</u> *lek*	เรือ บด ขนาด เล็ก	dinghy
reua dam *na:m*	เรือ ดำ น้ำ	submarine n.
reua gOn fai	เรือ กล ไฟ	steamer
reua **ja:ng**	เรือ จ้าง	ferryboat
reua jaeo	เรือ แจว	gondola
reua *khaw:ng* nO:a:	เรือ ของ โนอา	ark
reua *sam* phao	เรือ สำ เภา	junk
reua *yaw:t*	เรือ ยอร์ช	yacht n.
reuan *ma:i*	เรือน ไม้	wooden house
reuang	เรื่อง	case, story, subject
reuang	เรื่อง	story n.
reuang	เรื่อง	subject, story
reuang *khaw:ng* **khraw:p** khrua	เรื่อง ของ ครอบ ครัว	family affair

reuang *raw:i* **gae:o**	เรื่อง ร้อย แก้ว	essay *n.*
reuang thee *khian law:*	เรื่อง ที่ เขียน ล้อ	parody
reuat	เรือด	bug, bedbug
*reu*doo:	ฤดู	season *n.*
*reu*doo: bai *ma:i* phli	ฤดู ใบ ไม้ ผลิ	spring *n.* (season)
*reu*doo: bai *ma:i* ruang	ฤดู ใบ ไม้ ร่วง	autumn
*reu*doo: *fOn*	ฤดู ฝน	rainy season
*reu*doo: *na:o*	ฤดู หนาว	winter
*reu*doo: *raw:n*	ฤดู ร้อน	summer *n.*
reuh:	เรอ	belch *v.*
reuh:m	เริ่ม	begin *v.*, start *v.*
reuh:m	เริ่ม	start *v.* (begin)
riak	เรียก	call *v.*
riak wa:	เรียก ว่า	address *v.*, call *v.*
riak wa:	เรียก ว่า	called
riak wa:	เรียก ว่า	designate, call
rian	เหรียญ	coin
rian	เรียน	learn *v.*
rian	เรียน	study *v.*
rian **ha:** *ba:t*	เหรียญ ห้า บาท	five baht coin
rian *jOp chan..*	เรียน จบ ชั้น	graduate *v.*
rian tra:	เหรียญ ตรา	medal
riap	เรียบ	smooth *adj.*, even
riap raw:i	เรียบ ร้อย	finished
riap raw:i	เรียบ ร้อย	neat, in order, tidy
riap raw:i	เรียบ ร้อย	neat, tidy
riap riang	เรียบ เรียง	compile, edit, compose *v.*
rim	ริม	edge *n.*
rim *fee* pa:k	ริม ฝี ปาก	lips
rim *fee* pa:k bOn	ริม ฝี ปาก บน	upper lip
rim *fee* pa:k **la:ng**	ริม ฝี ปาก ล่าง	lower lip
rin	ริน	pour *v.*
rio raw:i	ริ้ว รอย	wrinkle
rip **bin**	ริบ บิ้น	ribbon *n.*
rit see duang	ริด สี ดวง	hemorrhoids
rO:i **pae:ng**	โรย แป้ง	powder *v.*
rO:k	โรค	disease, illness *n.*
rO:k bit	โรค บิด	dysentery
rO:k dek	โรค เด็ก	children's disease
rO:k glua *na:m*	โรค กลัว น้ำ	rabies
rO:k ha:	โรค ห่า	plague
rO:k hat	โรค หัด	measles
rO:k heu:t	โรค หืด	asthma
rO:k jit	โรค จิต	mental disease

rO:k *la*ga <u>pit</u> *la*ga <u>peuh:t</u>	โรค ลัก ปิด ลัก เปิด	scurvy
rO:k lO: <u>hit</u> ja:ng	โรค โล หิต จาง	anemia
rO:k *ma:m*	โรค ม้าม	spleen disease
rO:k *ma*re:ng	โรค มะเร็ง	cancer
rO:k *phio nang*	โรค ผิว หนัง	scabies
rO:k phoo: *ying*	โรค ผู้ หญิง	venereal disease
rO:k *pra*sa:t	โรค ประสาท	nervous disease
rO:k <u>puat</u> tha:m **khaw:**	โรค ปวด ตาม ข้อ	rheumatism
rO:k *ra*<u>ba:t</u>	โรค ระบาด	epidemic
rO:k *reuan*	โรค เรื้อน	leprosy
rO:k sai <u>ting</u> <u>agse:p</u>	โรค ไส้ ติ่ง อักเสบ	appendicitis
rO:k <u>tit</u> <u>taw:</u>	โรค ติด ต่อ	contagious disease
rO:k <u>tit</u> <u>taw:</u>	โรค ติด ต่อ	infectious disease
rO:ng a:*ha:n*	โรง อาหาร	canteen
rO:ng fai *fa:*	โรง ไฟ ฟ้า	electric power station
rO:ng *la*khaw:n	โรง ละคร	theater
rO:ng *liang* <u>dek</u> gam*phra:*	โรง เลี้ยง เด็ก กำพร้า	orphanage
rO:ng *maw:*	โรง หมอ	clinic
rO:ng **mO: pae:ng**	โรง โม่ แป้ง	mill
rO:ng nga:n	โรง งาน	factory
rO:ng **pha:p**phayOn	โรง ภาพยนตร์	cinema
rO:ng phaya:ba:n	โรง พยาบาล	hospital
rO:ng phim	โรง พิมพ์	printing office
rO:ng rae:m	โรง แรม	hotel
rO:ng *rap* jam nam	โรง รับ จำ นำ	pawnshop
rO:ng rian	โรง เรียน	school
rO:ng rian a:chee*wa* <u>seuk</u> sa:	โรง เรียน อาชีว ศึก ษา	vocational school
rO:ng rian anoo ba:n	โรง เรียน อนุ บาล	kindergarten
rO:ng rian <u>dat</u>*san*da:n	โรง เรียน ดัดสันดาน	reformatory
rO:ng rian gin naw:n	โรง เรียน กิน นอน	boarding school
rO:ng rian <u>khap</u> *rOt*	โรง เรียน ขับ รถ	driving school
rO:ng rian *matha*yOm	โรง เรียน มัธยม	secondary school
rO:ng rian *pra*thOm	โรง เรียน ประถม	primary school
rO:ng *rOt*	โรง รถ	garage
rO:ng **sawm**	โรง ซ่อม	workshop *n.*
rO:ng tha*ha:n*	โรง ทหาร	barracks
rO:ng tham kha*nOm* pang	โรง ทำ ขนม ปัง	bakery
rO:ng thaw: **pha:**	โรง ทอ ผ้า	weaving mill
rOm	ร่ม	umbrella *n.*
rOm choo: **cheep**	ร่ม ชู ชีพ	parachute *n.*
rOm gan *fOn*	ร่ม กัน ฝน	umbrella *n.*
roo:	รู	hole *n.*
roo:	รู้	know
roo: <u>jak</u>	รู้ จัก	know

roo: jamoo:k	รู จมูก	nostril
roo: *khOn*	รู ขน	pore
roo: seuk	รู สึก	feel
roo: seuk *sang haw:n*	รู สึก สัง หรณ์	premonition *v.*
roo: seuk *sia* jai	รู สึก เสีย ใจ	regret
roo: seuk wai	รู สึก ไว	sensible *adj.*
roo: tua	รู ตัว	conscious
roo:let	รูเล็ต	roulette
roo:p	รูป	picture
roo:p gruay liam	รูป กรวย เหลี่ยม	pyramid
roo:p khai	รูป ไข่	oval
roo:p pan	รูป ปั้น	image, statue
roo:p tha:i	รูป ถ่าย	photograph *n.*
roong gin ***na:m***	รุ้ง กิน น้ำ	rainbow
rOp guan	รบ กวน	annoy *v.*,disturb *v.*
rOp guan	รบ กวน	bother *v.*
rOt	รส	flavor *n.*
rOt	รด	pour *v.*
rOt	รส	taste *n.*
rOt	รถ	vehicle *n.*
rOt ban ***thook***	รถ บรร ทุก	truck *n.*
rOt bOt tha*nOn*	รถ บด ถนน	steamroller
rOt fai	รถ ไฟ	train *n.*, railway *n.*
rOt fai **ta:i** din	รถ ไฟ ใต้ ดิน	underground, subway *n.*
rOt *khen*	รถ เข็น	luggage trolley
rOt *khen*	รถ เข็น	trolley *n.*
rOt *lang*kha: peuh:t pit **da:i**	รถ หลังคา เปิด ปิด ได้	convertible
rOt **leuan**	รถ เลื่อน	sledge
rOt me:	รถ เมล์	bus *n.*
rOt na:m	รด น้ำ	pour water *v.*
rOt nam mOn	รด น้ำ มนต์	bless someone with holy water
rOt **phuang**	รถ พ่วง	trailer
rOt **phuang kha:ng**	รถ พ่วง ข้าง	side-car
rOt sabiang	รถ เสบียง	dining car
rOt *saw:ng thae:o*	รถ สอง แถว	minibus
rOt *sia*	รถ เสีย	breakdown (car)
***rOt thaek*see**	รถ แท็กซี่	taxi *n.*
rOt *thang*	รถ ถัง	tank (military vehicle)
rOt **thua**	รถ ทัวร์	bus, tour coach
rOt tit	รถ ติด	traffic jam
rOt yOn	รถ ยนต์	car
rua	รั้ว	fence, hedge *n.*
rua **tOn** ***ma:i***	รั้ว ต้น ไม้	hedge
ruam gan	รวม กัน	altogether

ruam <u>yoo:</u> **duay**	ร่วม อยู่ ด้วย	inclusive
ruang **kha:o**	รวง ข้าว	ear (plant)
ruay	รวย	rich *adj.*

S

<u>sa</u> *phOm*	สระ ผม	wash hair *v.*
<u>sa</u> *wa:i na:m*	สระ ว่าย น้ำ	swimming pool
<u>sa:</u>	ส่า	yeast *n.*
sa: <u>ra:i</u>	สา หร่าย	sea weed, alga
sa: wOk	สา วก	disciple, follower
*sa:*ba:n	สาบาน	swear *v.*
sa:i	สาย	cable *n.*
sa:i	สาย	cord, cable *n.*
sa:i	สาย	late (not on time)
sa:i	ซ้าย	left
sa:i	สาย	route, line
sa:i	ทราย	sand *n.*
sa:i	สาย	wire *n.*
sa:i a:<u>ga:t</u>	สาย อากาศ	aerial
sa:i a:<u>ga:t</u>	สาย อากาศ	antenna
sa:i a:<u>ga:t</u> pha:i nai **ba:n**	สาย อากาศ ภาย ใน บ้าน	indoor aerial
sa:i <u>bet</u>	สาย เบ็ด	fishing line
sa:i chanuan	สาย ชนวน	fuse
sa:i **fa: laep**	สาย ฟ้า แลบ	lightning *n.*
sa:i ga:n bin	สาย การ บิน	airline
sa:i **lap**	สาย ลับ	agent (007)
sa:i law:**fa:**	สาย ล่อ ฟ้า	lightning conductor
sa:i pha:n	สาย พาน	V-belt
sa:i **rap**	สาย ลับ	commissar
sa:i <u>sa</u> deu:	สาย สะ ดือ	umbilical cord
sa:i ta: **san**	สาย ตา สั้น	shortsighted
sa:i ya:ng	สาย ยาง	hose
sa:i yO:ng ga:ng ge:ng	สาย โยง กาง เกง	suspenders *n.*
<u>sa:k</u>	สาก	pestle *n.*
sa:k nao	ซาก เน่า	carrion
sa:k reua <u>tae:k</u>	ซาก เรือ แตก	wreck *n.* (ship)
sa:k <u>sOp</u>	ซาก ศพ	carcass
*sa:***lee**	สาลี่	pear
sa:m	สาม	three
sa:m khrang	สาม ครั้ง	three times
sa:m **law:**	สาม ล้อ	tricycle *n.*
sa:m <u>liam</u>	สาม เหลี่ยม	triangle *n.*

*sa:***ma:t**	สามารถ	capable, able
*sa:*mee	สามี	husband
sa:n	ศาล	court
sa:n	สาน	weave *v.*
sa:n noo:	สาร หนู	arsenic
sa:ng <u>mai</u>	สร้าง ใหม่	re-build
sa:o	สาว	maiden
sa:o	สาว	young (girl, lady)
sa:o cha:i <u>pra</u>jam **hawng**	สาว ใช้ ประจำ ห้อง	chambermaid
sa:p	ทราบ	know (polite)
<u>sa:p</u> **chaeng**	สาป แช่ง	curse *v.*
*sa:***ra** ban	สาร บัญ	table of contents
*sa:***ra pha:p**	สาร ภาพ	confess *v.*
*sa:***ra pha:p** *rak*	สาร ภาพ รัก	declaration of love
sa:ta:n	ซาตาน	devil
sa:<u>tit</u>	ซาดิสต์	sadist
sa:<u>ts</u>a*na:*	ศาสนา	religion *n.*
sa:<u>ts</u>a*na: phoot*	ศาสนา พุทธ	Buddhism
sa:<u>tt</u>ra: ja:n	ศาสตรา จารย์	professor
*sa:***wawk phoo:** *pheuh:i* **phrae:** *lathi*	สาวก ผู้ เผย แพร่ ลัทธิ	apostle
<u>sa</u>-<u>a:t</u>	สะอาด	clean *adj.*
<u>sa</u>-<u>euk</u>-<u>sa</u>-<u>eu:n</u>	สะอึกสะอื้น	sob *v.*
<u>saba:</u>i	สบาย	comfortable
saba:i	สบาย	well *adj.*
saba:i dee	สบาย ดี	healthy
saba:i jai	สบาย ใจ	happy *adj.*
<u>sabak</u>	สะบัก	shoulder blade
sabiang	เสบียง	provision
sa<u>boo:</u>	สบู่	soap *n.*
<u>saduak</u>	สะดวก	convenient *adj.*
<u>saduak</u>	สะดวก	easy (convenient)
sae:	แส้	whip *n.*
<u>sae:k</u> *phOm*	แสก ผม	parting (of the hair)
sae:k sae:ng	แทรก แซง	interfere *v.*
sae:n	แสน	hundred thousand
sae:ng	แสร้ง	simulate *v.*
sae:ng jan	แสง จันทร์	moonlight
sae:ng thian	แสง เทียน	candlelight
<u>sagee</u>	สกี	ski
<u>saget</u> *phlae:*	สะเก็ด แผล	crust (on a wound)
<u>sagOt</u>	สะกด	spell *v.*
<u>sagOt</u> <u>jit</u>	สะกด จิต	hypnotize *v.*
saha gaw:n	สห กรณ์	association
saha **pha:p** rae:ng nga:n	สห ภาพ แรง งาน	union, labor union

sai	ใส	clear (transparent)
sai	ใส่	wear *v.*
sai deuan	ไส้ เดือน	earthworm
sai gleua	ใส่ เกลือ	salt *v.*
sai gleua **ma:k** geuh:n bai	ใส่ เกลือ มาก เกิน ไป	oversalt
sai goonjae:	ใส่ กุญแจ	lock *v.*
sai graw:k	ไส้ กรอก	sausage
sai graw:k *neua* tap	ไส้ กรอก เนื้อ ตับ	liver sausage
sai khreuang the:t	ใส่ เครื่อง เทศ	spice *v.*
sai *nam* ta:n	ใส่ น้ำ ตาล	sugar *v.*
sai seuk	ไส้ ศึก	spy
sai thian	ไส้ เทียน	candlewick
sai ting	ไส้ ติ่ง	appendix (med.)
sak	สัก	tattoo *v.*
***sak* pha:**	ซัก ผ้า	wash clothes *v.*
sa*lae:ng*	แสลง	unhealthy *adj.*
salak	สลัก	bolt *n./v.*
salak	สลัก	engrave *v.*
salap *sap saw:n*	สลับ ซับ ซ้อน	complicated
salat aw:k	สลัด ออก	shake off
sale:t	เสลด	slime, mucus
sam lak	สำ ลัก	suffocate
sam nao	สำ เนา	copy *n.*
sam niang	สำ เนียง	pronunciation
sam phat	สัม ผัส	touch *v.*
sama: khOm	สมา คม	association
sama*chik rap nang seu:*	สมาชิก รับ หนังสือ	subscriber (books, newspaper)
samae:	แสม	mangrove
sa*mai* mai	สมัย ใหม่	modern *adj.*
samak (nga:n)	สมัคร (งาน)	apply (for work)
sa*maw:* reua	สมอ เรือ	anchor *n.*
sa*maw:ng*	สมอง	brain
sa*meuh:*	เสมอ	always
samkhan	สำคัญ	important *adj.*
samlee	สำลี	cotton wool
sam*lit*	สัมฤทธิ์	bronze *n.*
sammana:	สัมมนา	seminar *n.*
sam*nak* nga:n	สำนัก งาน	office
samnak nga:n phan*it* jangwat	สำนัก งาน พาณิชย์ จังหวัด	chamber of commerce
samnak nga:n *tha*bian	สำนัก งาน ทะ เบียน	Registration Office
samnak nga:n **thawng thio**	สำนัก งาน ท่อง เที่ยว	tourist office
samnak phim	สำนัก พิมพ์	print office
sa*moon* phrai	สมุน ไพร	medicinal herb
sa*moon* phrai	สมุน ไพร	tops *n.*

samoot	สมุด	book, exercise book
samoot	สมุด	notebook, exercise book
samoot aw:m *sin*	สมุด ออม สิน	savings bank book
samoot ban***theuk***	สมุด บันทึก	diary
samoot ban***theuk***	สมุด บันทึก	notebook, notepad
samoot ***chek***	สมุด เช็ค	cheque book
samoot **pha:p**	สมุด ภาพ	picture book
samoot thO:rasap	สมุด โทรศัพท์	telephone directory
*sam*rap	สำหรับ	for
san	สั่น	ring a bell
san	สั้น	short, brief
san satheuan	สั่น สะเทือน	vibrate *v.*
sa*na:m* bin	สนาม บิน	airport
sa*na:m* ***foot***baw:n	สนาม ฟุตบอล	football pitch
sa*na:m* ***gawf***	สนาม กอล์ฟ	golf course
sa*na:m* **ya:**	สนาม หญ้า	lawn, grass
sa*na:m* **ya:**	สนาม หญ้า	meadow n.
sanap sa*noon*	สนับ สนุน	sponsor *v.*
*san***cha:t**	สัญชาติ	nationality
*san***cha:t** taya:n	สัญชาต ญาณ	instinct
sa*neuh:*	เสนอ	suggest *v.*
sang	สั่ง	order *v.*, command *v.*
sang ga*see*	สัง กะสี	zinc
sang ge:t	สัง เกต	observe *v.*
sang ge:t *hen*	สัง เกต เห็น	notice *v.*
sang sin ***kha:*** **khao** ma:	สั่ง สิน ค้า เข้า มา	import *v.*
sangOp	สงบ	calm, still
sa*nguan* ***wai***	สงวน ไว้	preserve *v.*
sa*nim*	สนิม	rust *n.*
sanit sa*nOm*	สนิท สนม	intimate
sanlang meu:	สันหลัง มือ	hand, back of the hand
sanook	สนุก	amusing
sanook	สนุก	funny
sanook-**geuh:**	สนุกเกอร์	snooker
*san**ta*** pa:pa:	สันตะ ปาปา	pope
*san*ya ***lak***	สัญลักษณ์	symbol *n.*
*san*ya:	สัญญา	agreement
*san*ya:	สัญญา	promise *v.*
*san*ya: **chao**	สัญญา เช่า	lease, hire contract
*san*ya:n	สัญญาณ	distress signal
*san*ya:n	สัญญาณ	signal *n.*
*san*ya:n fai	สัญญาณ ไฟ	traffic light *n.*
sao	เสา	post, pole *n.*
sao jai	เศร้า ใจ	sad *adj.*

sao khO:m fai	เสา โคม ไฟ	lamppost
<u>sap</u> <u>plian</u>	สับ เปลี่ยน	replace *v.*
sap *sin*	ทรัพย์ สิน	property *n.*
sap *sOm* <u>bat</u>	ทรัพย์ สม บัติ	belonging, property
sap *sOm* <u>bat</u>	ทรัพย์ สม บัติ	treasure *n.*
sapda:	สัปดาห์	week *n.*
sapha na:m	สรรพ นาม	pronoun
<u>sa</u>pha:n	สะพาน	bridge *n.*
<u>sa</u>pha:n *yOk*	สะพาน ยก	suspension bridge
*sa*phaya: gaw:n	ทรัพยา กร	mineral resources
<u>sa</u>ppa*rOt*	สับปะรด	pineapple
sa<u>ra</u>	สระ	vowel *n.*
sa*sOm*	สะสม	collect *v.* (stamps ..)
<u>sat</u>	สัตว์	animal
<u>sat</u> *liang*	สัตว์ เลี้ยง	pet, domestic animal
satae:m	แสตมป์	stamp *n.*
satae:ng **hai** doo:	แสดง ให้ ดู	show *v.*, demonstrate *v.*
satae:ng khoon na*woot*	แสดง คุณวุฒิ	qualify *v.*
satae:ng khwa:n yin dee	แสดง ความ ยิน ดี	congratulate *v.*
sataw:beuh:**ree**	สตอเบอรี่	strawberry
sata*wat*	ศตวรรษ	century
<u>sa</u>teu:	สะดือ	navel
sa*tha:* ban	สถา บัน	institute
sa*tha:* pa**nik**	สถา ปนิก	architect
sa*tha:n* **thee** <u>geuh:t</u> <u>oobattihe:t</u>	สถาน ที่ เกิด อุบัติเหตุ	scene of accident
sa*tha:n* **thee** *phao* <u>sOp</u>	สถาน ที่ เผา ศพ	crematory
sa*tha:n* **thoo:t**	สถาน ทูต	embassy *n.*
sa*tha:n*a ga:n	สถาน การณ์	situation
sa*tha:*nee	สถานี	station *n.*, stop
sa*tha:*nee awa<u>ga:t</u>	สถานี อวกาศ	space station
sa*tha:*nee pla:i tha:ng	สถานี ปลาย ทาง	terminus
sa*tha:*nee *rOt* fai	สถานี รถ ไฟ	railway station
sa*tha:*nee *rOt* fai gla:ng	สถานี รถ ไฟ กลาง	central station
sa*tha:*nee *rOt* fai **ta:i** din	สถานี รถ ไฟ ใต้ ดิน	underground stop
sa*tha:*nee **witha**yoo	สถานี วิทยุ	radio station
sati **fan** feuan	สติ ฟั่น เฟือน	mentally disturbed
sa*tikgeuh:r*	สติ๊ก เกอร์	label
<u>sa</u>toot	สะดุด	stumble *v.*
sa<u>troo:</u>	ศัตรู	enemy
saw	เซาะ	erode
saw:	ซอ	violin
saw:i	ซอย	side street
<u>saw:k</u>	ศอก	ell
saw:n	สอน	teach *v.*

saw:n **hai** ***roo:*** jak	สอน ให้ รู้ จัก	inform *v.*
saw:ng	ซอง	envelope
saw:ng	สอง	two
saw:ng booree	ซอง บุหรี่	cigarette packet
saw:ng sa:m	สอง สาม	some, a few
saw:p	สอบ	examine, test *v.*
saw:p *suan*	สอบ สวน	investigate *v.*
saw:s	ซอส	sauce
saw:s makheua**the:t**	ซอส มะเขือเทศ	ketchup
saw:t nae:m	สอด แนม	spy *v.*
sawa:n	สว่าน	drill *n.* (tool)
sawa:ng	สว่าง	bright (light)
sa*wan*	สวรรค์	heaven *n.*
sa*wan*	สวรรค์	paradise
sawatee	สวัสดี	welcome!
sawattiga	สวัสติกะ	swastika
sa***wit***	สวิตช์	switch
sawm	ส้อม	fork
sawm	ซ่อม	repair *v.*
sawm sae:m	ซ่อม แซม	mend *v.*
sawn	ซ่อน	hide *v.*, keep away
sawn tua	ซ่อน ตัว	hide *v.*(one selfe)
sawng *sae:ng*	ส่อง แสง	shine *v.*
sawng sawa:ng	ส่อง สว่าง	shine *v.*
sawng sO:phenee	ซ่อง โสเภณี	brothel
sayOt sa*yaw:ng*	สยด สยอง	horrible
se:	เซ	stagger *v.*, lurch *v.*
se: **sae:ng**	เส แสร้ง	pretend *v.*, dissemble *v.*
se:f	เซฟ	safe *n.*
se:ree **pha:p** *khaw:ng nang seu:* phim	เสรี ภาพ ของ หนัง สือ พิมพ์	press freedom
se:ree **pha:p** tha:ng sa:tsa*na:*	เสรี ภาพ ทาง ศาสนา	religious freedom
se:**room**	เซรุ่ม	serum
se:t grada:t	เศษ กระดาษ	note, slip of paper
se:t grajOk	เศษ กระจก	glass splinter
se:t khan*Om* pang	เศษ ขนม ปัง	bread rag
se:t lek	เศษ เหล็ก	scrap metal
se:t ma***noot***	เศษ มนุษย์	scum of the society
se:t **pha:**	เศษ ผ้า	rag, cloth *n.*
se:t*thee*	เศรษฐี	millionaire
see	สี	colour
see	สี่	four
see	สี	paint *n.*
see-**io**	ซีอิ๊ว	soy sauce
see chOm phoo:	สี ชม พู	pink

see dae:ng	สี แดง	red
see dam	สี ดำ	black
see ***fa:***	สี ฟ้า	blue
see ***fa:***	สี ฟ้า	light blue
see ga:gee	สี กากี	beige
see kha:o	สี ขาว	white
see khio	สี เขียว	green
see khrO:ng	ซี่ โครง	rib
see ***law: rOt***	ซี่ ล้อ รถ	spoke *n.*
see leuang	สี เหลือง	yellow
see liam pheu:n **pha:**	สี่ เหลี่ยม ผืน ผ้า	rectangle
see **muang**	สี ม่วง	purple
see **muang**	สี ม่วง	violet
see ***na:m***	สี น้ำ	water color
see ***nam*** ngeuhn	สี น้ำ เงิน	dark blue
see ***nam*** ta:n	สี น้ำ ตาล	brown
see saw:	สี ซอ	violin, play a violin v.
see **sOm**	สี ส้ม	orange (color)
see thao	สี เทา	grey
see **yae:k**	สี่ แยก	crossroads
seek lO:k	ซีก โลก	hemisphere (of the world)
seet sio	ซีด เซียว	pale *adj.*
sen cheepha jaw:n	เส้น ชีพ จร	artery
sen chee***wit***	เส้น ชีวิต	life line
sen da:i	เส้น ด้าย	yarn *n.*
sen leuat	เส้น เลือด	blood vessel
sen leuat dae:ng	เส้น เลือด แดง	artery
sen leuat dam	เส้น เลือด ดำ	vein *n.*
sen leuat khaw:t	เส้น เลือด ขอด	varicose vein
sen pha: *soo:n* gla:ng	เส้น ผ่า ศูนย์ กลาง	diameter
sen prasa:t	เส้น ประสาท	nerve
sen *san*ya:	เซ็น สัญญา	conclude (contract)
sen *soo:n* soo:t	เส้น ศูนย์ สูตร	equator
senti***me:t***	เซนติเมตร	centimetre
set	เสร็จ	finish, complete *adj.*
seu:	ซื้อ	buy *v.*
seu:	ซื้อ	buying
seu: ngeuhn phawn	ซื้อ เงิน ผ่อน	buy on installment
seu: sat	ซื่อ สัตย์	honest *adj.*
seu: trOng	ซื่อ ตรง	faithful
seu: trOng	ซื่อ ตรง	loyal, faithful
seua	เสื้อ	blouse
seua	เสื่อ	mat
seua	เสื้อ	shirt *n.*

seua	เสือ	tiger
seua *chan* naw:k	เสื้อ ชั้น นอก	jacket *n.*
seua choo: **cheep**	เสื้อ ชู ชีพ	life jacket
seua da:o	เสือ ดาว	leopard
seua dam	เสือ ดำ	panther
seua ga:ng ge:ng ***chan*** nai	เสื้อ กาง เกง ชั้น ใน	underwear *n.*
seua gan *na:o*	เสื้อ กัน หนาว	anorak, parka
seua gan **peuan**	เสื้อ กัน เปื้อน	smock *n.*
seua gang ge:ng naw:n	เสื้อ กาง เกง นอน	pyjamas
seua naw:k	เสื้อ นอก	coat *n.*
seua pha:	เสื้อ ผ้า	clothes *n.*
seua pha:	เสื้อ ผ้า	clothing
seua yeu:t	เสื้อ ยืด	T-shirt
seua yeu:t chan nai	เสื้อ ยืด ชั้น ใน	vest *n.*
seuk*sa:*	ศึกษา	education
seung gan mi **hai** *siang* **law:t da:i**	ซึ่ง กัน มิ ให้ เสียง ลอด ได้	soundproof
seung khaw:i ***sao see***	ซึ่ง คอย เซ้า ซี้	importunate
seung pawng gan ***cheua*** **rO:k**	ซึ่ง ป้อง กัน เชื้อ โรค	antiseptic *adj.*
seung pen **thee** peuh:t ***pheuh:i***	ซึ่ง เป็น ที่ เปิด เผย	public *adj.*
seung reua rang	ซึ่ง เรื้อ รัง	chronological
seungyoo:**da:i***thang*nai***na:mlae***bOnbOk	ซึ่งอยู่ได้ทั้งในน้ำและบนบก	amphibious
sia	เสีย	broken
sia	เสีย	defective
sia	เสีย	spoiled *adj.*
sia ha:i	เสีย หาย	damaged *adj.*
sia jai	เสีย ใจ	I am sorry.
sia jai	เสีย ใจ	regret
sia jai	เสีย ใจ	sorry
sia sati	เสีย สติ	insane
siam	เสียม	spade *n.*
siang	เสียง	noise
siang	เสี่ยง	risk *v.*
siang	เสียง	sound *n.*
siang	เสียง	tone, sound *n.*
siang	เสียง	voice *n.*
siang dang	เสียง ดัง	noise
siang euga***theuk***	เสียง อึกทึก	sound of laughter
siang hae:p	เสียง แหบ	hoarse *adj.*
siang phai	เสี่ยง ภัย	adventure
siang sa***thaw:n***	เสียง สะท้อน	echo
simen oot fan	ซิเมนต์ อุด ฟัน	filling
sin bOn	สิน บน	bribery
sin **cheua**	สิน เชื่อ	credit *n.*
*sin **kha:***	สิน ค้า	goods *n.*

sin ***kha:*** aw:k	สิน ค้า ออก	exports *n.*
sin ***kha:*** **khao**	สิน ค้า เข้า	imports
sin ***kha:*** ra:kha: ***phi***se:t	สิน ค้า ราคา พิเศษ	special offer
sin ***kha:*** **thee** phalit	สิน ค้า ที่ ผลิต	product
sin sOm ***rOt***deuh:m *khaw:ng* fa:i *ying*	สิน สมรสเดิม ของ ฝ่าย หญิง	dowry
sin soot	สิ้น สุด	conclude
sing atsajan	สิ่ง อัศจรรย์	miracle, phenomenon
sing khat *thoo:*	สิ่ง ขัด ถู	grater
sing pragan	สิ่ง ประกัน	bail *n.*,security object
sing pragan	สิ่ง ประกัน	pawn *n.*
sing taw:p ***thae:n***	สิ่ง ตอบ แทน	reward *n.*
sing tee phim	สิ่ง ตี พิมพ์	printed matter
sing tham la:i ***cheua*** **rO:k**	สิ่ง ทำ ลาย เชื้อ โรค	disinfectant
sing thaw:	สิ่ง ทอ	fabric *n.*
sing **thee** chai neep *reu:* glat	สิ่ง ที่ ใช้ หนีบ หรือ กลัด	clamp, clip
sing **thee cheuam** *reu:* batgree	สิ่ง ที่ เชื่อม หรือ บัดกรี	soldering iron
sing **thee** mee yoo: **kha:ng** nai	สิ่ง ที่ มี อยู่ ข้าง ใน	contents
sing **wae:t** ***law:m***	สิ่ง แวด ล้อม	environment
singha: khOm	สิงหา คม	August
*sing*tO:	สิงโต	lion
*sin*lapa	ศิลป	art
sio	เสียว	orgasm
sio	สิว	acne *n.*
sio	สิ่ว	chisel
sio	สิว	pimple
sip	สิบ	ten
sip	ซิป	zip-fastener
sip et	สิบ เอ็ด	eleven
sip *saw:ng*	สิบ สอง	twelve
sit***thi***	สิทธิ	right *n.* (to do something)
sO:	โซ่	chain *n.*
sO:	โซ่	fetter *n.*
sO:da:	โซดา	soda
sO:fa:	โซฟา	sofa *n.*
sO:phe:nee	โสเภณี	prostitute *n.*
sO:phe:nee	โสเภณี	whore
sO:t	โสด	single *adj.*, unmarried
soi khai ***mook***	สร้อย ไข่ มุก	pearl necklace
soi khaw:	สร้อย คอ	necklace
soi khaw: meu:	สร้อย ข้อ มือ	bracelet
sOkaprOk	สกปรก	dirty *adj.*
sOm	ส้ม	orange
sOm doon gan	สม ดุล กัน	balance *adj.*
sOm O:	ส้ม โอ	grapefruit

sOm tam	ส้ม ตำ	papaya salad
sOmboo: *ra*na:ya: si*thi* ra:t	สมบู รณาญา สิทธิ ราช	absolutism
sOm**moot**	สมมุติ	suppose *v.*
sOn	ซน	naughty
sOn jai	สน ใจ	interest, to be interested in
sOn *tha:o*	ส้น เท้า	heel
sOng	ส่ง	deliver *v.*
sOng	ส่ง	send *v.*
sOng aw:k	ส่ง ออก	export *v.*
sOng **hai**	ส่ง ให้	deliver *v.*, supply *v.*
sOng jOt*ma:i*	ส่ง จดหมาย	envelope
sOng khra:m	สง คราม	war *n.*
sOng pai	ส่ง ไป	send to
sOng pai **hai**	ส่ง ไป ให้	send to
sOng *phOm*	ทรง ผม	hairstyle
sOng sa:n	สง สาร	pity *v.*
sOng sa:n	สง สาร	pity, have pity
sOng sai	สง สัย	doubt *v.*
sOng sai	สง สัย	suspect *v.*
sOng san ya:n	ส่ง สัญ ญาณ	signal *v.*
sOng *tha:i* pee gao	ส่ง ท้าย ปี เก่า	New Year's Eve
sOng *theung*	ส่ง ถึง	send to
s*Onthi* san*ya:*	สนธิ สัญญา	treaty *n.*
soo pha:sit	สุ ภาษิต	proverb
soo:n	ศูนย์	zero
soo:n phan	สูญ พันธุ์	extinct
soo:ng	สูง	high, tall *adj.*
soo:ng	สูง	tall *adj.*
soo:ng chan	สูง ชัน	steep *adj.*
soo:ng soot	สูง สุด	maximal
soo:p	สูบ	smoke *v.*
soo:p (*na:m*)	สูบ (น้ำ)	pump *v.*
soo:p booree	สูบ บุหรี่	smoke cigarettes
soo:t	สูตร	formula
soo:t	สูท	suit *n.*
soo:t khoo:n	สูตร คูณ	multiplication table
soo:tibat	สูติบัตร	birth certificate
sook	สุข	healthy
sook	สุก	ripe *adj.*
sook gaw:n ha:m	สุก ก่อน ห่าม	precocious
sook geuh:n pai	สุก เกิน ไป	overripe
soo*kha:*	สุขา	toilet *n.*
sookha**pha:p**	สุขภาพ	health *n.*
sookha**pha:p** dee **ma:k**	สุขภาพ ดี มาก	thoroughly healthy

PRONUNCIATION - THAI - ENGLISH

soo*nak*	สุนัข	dog
soop	ซุป	soup *n.*
soop sip	ซุบ ซิบ	whisper *v.*
soo*pha:p*	สุภาพ	polite *adj.*
soo*rao*	สุเหร่า	mosque
soo*ri*ya **khra:t**	สุริย คราส	solar eclipse
s*Op*	ศพ	corpse
s*Op* a:p ya: **mai hai nao** peuai	ศพ อาบ ยา ไม่ ให้ เน่าเปื่อย	mummy
s*Ot*	สด	fresh *adj.*
s*Ot* **cheu:n**	สด ชื่น	fresh (feeling)
spaw:t *lai*	สปอต ไลท์	spotlight
suam	สวม	put on (clothing)
suam	ส้วม	toilet *n.*
suam	สวม	wear *v.*
suam **na:** ga:k	สวม หน้า กาก	mask *v.*, put on a mask
suan	สวน	garden *n.*
suan	ส่วน	part *n.*
suan	สวน	plantation
suan baeng	ส่วน แบ่ง	share, participation
suan jaw:**rakhe:**	สวน จระเข้	crocodile farm
suan pha*sOm*	ส่วน ผสม	ingredients
suan sat	สวน สัตว์	zoo
suan sat **na:m**	สวน สัตว์ น้ำ	aquarium
suan tua	ส่วน ตัว	private *adj.*, personal
suan ya:ng	สวน ยาง	rubber plantation
suat	สวด	pray *v.*
suay	สวย	beautiful
suay	สวย	pretty *adj.*

t

ta:	ตา	eye *n.*
ta:	ตา	grandfather (maternal)
ta: baw:t	ตา บอด	blind *v.*
ta: **chang**	ตา ชั่ง	scales, balance *n.*
ta: kha:i	ตา ข่าย	net, network
ta: khe:	ตา เข	squint *v.*
ta: rio	ตา เรียว	almond eyes
ta:i	ใต้	below
ta:i	ตาย	dead *adj.*
ta:i	ตาย	die *v.*
ta:i	ใต้	under *prep.*
ta:i din	ใต้ ดิน	subterranean, underground *adj.*

ta:m	ตาม	along
ta:m	ตาม	follow v.
ta:m lamphang	ตาม ลำพัง	single (alone)
ta:m *phae:n* ga:n	ตาม แผน การณ์	systematic
ta:ng *hoo:*	ต่าง หู	earring n.
ta:ng pra<u>the:t</u>	ต่าง ประเทศ	foreign country
ta:ra:ng	ตาราง	square
ta:ra:ng	ตาราง	table n. (of numbers etc.)
ta:ra:ng <u>baw:k</u> we:la:	ตาราง บอก เวลา	schedule n.
ta:ra:ng <u>baw:k</u> we:la:	ตาราง บอก เวลา	time-table n.
ta:ra:ng gilO:*me:t*	ตาราง กิโลเมตร	sq. km
ta:ra:ng *me:t*	ตาราง เมตร	sq. m
tabai	ตะไบ	file (tool)
tabai *lep*	ตะไบ เล็บ	nail file
tabaw:ng *phet*	ตะบอง เพชร	cactus
<u>tae</u>	แตะ	touch v.
<u>tae</u> <u>bre:k</u>	แตะ เบรก	brake v.
<u>tae:</u>	แต่	but
<u>tae:</u> <u>gaw:n</u>	แต่ ก่อน	formerly, previously
<u>tae:</u> <u>gaw:n</u>	แต่ ก่อน	previously, formerly
<u>tae:</u> **wa:**	แต่ ว่า	but, except that
<u>tae:k</u> **nga:i**	แตก ง่าย	breakable
tae:m <u>io</u>	แต้ม เอี่ยว	ace (in the pack of cards)
tae:n	แตน	hornet
tae:ng gua:	แตง กวา	cucumber
tae:ng gua: daw:ng	แตง กวา ดอง	gherkin
tae:ng gua: daw:ng	แตง กวา ดอง	preserved cucumber
tae:ng mO:	แตง โม	melon
tae:ng mO:	แตง โม	watermelon
<u>taeng</u> nga:n	แต่ง งาน	marry v.
<u>taeng</u> tua	แต่ง ตัว	dress v.
<u>taeng</u> tua plaw:m	แต่ง ตัว ปลอม	disguise v.
<u>taga:i</u>	ตะกาย	climb v.
<u>tagiang</u>	ตะเกียง	lamp, lantern
<u>tagiang</u> *gae:s*	ตะเกียง แก๊ส	gas lamp
<u>tagiap</u>	ตะเกียบ	chopsticks
<u>tagla</u>	ตะกละ	gluttonous
tagO:n	ตะโกน	shout v., yell v.
tagra:	ตะกร้า	basket n.
<u>tagra:</u> <u>sai</u> **seua pha:**	ตะกร้า ใส่ เสื้อ ผ้า	laundry basket
<u>tagra:</u> *thing* kha<u>ya</u>	ตะกร้า ทิ้ง ขยะ	waste-paper basket
<u>tagrae:ng</u>	ตะแกรง	sieve n.
<u>tagrae:ng</u> **rawn**	ตะแกรง ร่อน	sieve v.
<u>tagrai</u> <u>tat</u> *lep*	ตะไกร ตัด เล็บ	nail-scissors

PRONUNCIATION - THAI - ENGLISH

tagroot	ตะกรุด	talisman
tagua	ตะกั่ว	lead *n.*
taguat	ตะกวด	monitor lizard
tai	ไต	kidney
tai *suan*	ไต่ สวน	investigate *v.*
tak	ตัก	lap
takatae:n	ตั๊กแตน	grasshopper
takatae:n	ตั๊กแตน	locust
takha:p	ตะขาบ	centipede
ta*khaw:*	ตะขอ	hook *n.*
ta***khrai***	ตะไคร้	lemon grass
ta**khrai**	ตะไคร่	moss
takhrio	ตะคริว	cramp
tala:t	ตลาด	market *n.*
tala:t **hoon**	ตลาด หุ้น	stock market
tala:t meu:t	ตลาด มืด	black market
talap **loo:k leu:n**	ตลับ ลูก ลื่น	ball bearing
talaw:t	ตลอด	round the clock
talaw:t (pai)	ตลอด (ไป)	forever
talaw:t (pai)	ตลอด (ไป)	perpetually
talaw:t chee***wit***	ตลอด ชีวิต	lifelong, for life
talOk	ตลก	funny *adj.*
talOk **len**	ตลก เล่น	joke
talOp talae:ng	ตลบ ตะแลง	insidious *v.*
tam na:n	ตำ นาน	legend
tambOn	ตำบล	district
tamnak	ตำหนัก	palace (of the king)
tamra:	ตำรา	textbook *n.*
tamra: gap **kha:o**	ตำรา กับ ข้าว	cookery book
tamruat	ตำรวจ	police, policeman
tan	ตัน	ton
tang jai	ตั้ง ใจ	intend
tang khran	ตั้ง ครรภ์	impregnate, make pregnant
tang me:	ตัง เม	caramel *n.*
tang ta:ng	ต่างๆ	different
tang ta:ng	ต่างๆ	various *adj.*, varied
tang tae:	ตั้ง แต่	since
tao	เต่า	turtle *n.*
tao fai	เตา ไฟ	stove *n.*
tao ***gae:s***	เตา แก๊ส	gas stove
tao maikhrO:we:p	เตา ไมโครเวฟ	microwave oven
tao Op	เตา อบ	oven
tao *phing*	เตา ผิง	chimney
tao **ping** kha*nOm* pang	เตา ปิ้ง ขนม ปัง	toaster *n.*

tao **reet**	เตา รีด	iron *n.* (for clothes)
tap	ตับ	liver
tap aw:n	ตับ อ่อน	pancreas
ta**phO:k**	ตะโพก	hip (of the body)
tapoo:	ตะปู	nail *n.* (to hammer)
tapoo: grio	ตะปู เกรียว	screw *n.*
tapoo: *hua* bae:n **khO:ng**	ตะปู หัว แบนโค้ง	rivet
tat	ตัด	cut *v.*
tat	ตัด	tailor *v.*
tat aw:k	ตัด ออก	cut off
tat aw:k ja:k gaw:ng mO*rad*Ok	ตัด ออก จาก กอง มรดก	disinherit *v.*
tat *hua*	ตัด หัว	behead *v.*
tat *phOm*	ตัด ผม	haircut *n.*
tat *sin*	ตัด สิน	judge *v.*
tat *sin*	ตัด สิน	sentence *v.*
tat *sin* jai	ตัด สิน ใจ	decide *v.*
tat taw:n	ตัด ตอน	cut off (water, electricity)
taw:	ต่อ	continue, to carry on
taw:	ต่อ	extend *v.*
taw:	ต่อ	further, continue
taw: **hai** tid gan	ต่อ ให้ ติด กัน	joint *v.*
taw: pai	ต่อ ไป	continue *v.*
taw: *rOt*	ต่อ รถ	change *v.* (bus, train, ...)
taw: *sa:i*	ต่อ สาย	connect *v.* (phone)
taw:k	ตอก	hammer *v.*, nail *v.*
taw:n	ตอน	at (time)
taw:n	ตอน	castrate *v.*
taw:n	ตอน	section *n.*
taw:n ba:i	ตอน บ่าย	afternoon, in the afternoon
taw:n *cha:o*	ตอน เช้า	in the morning
taw:n *cha:o*	ตอน เช้า	morning, in the morning
taw:n gla:ng kheu:n	ตอน กลาง คืน	night, at night
taw:n gla:ng wan	ตอน กลาง วัน	during the day
taw:n *nai*	ตอน ไหน	when
taw:n *nee*	ตอน นี้	now
taw:n *rap*	ต้อน รับ	greet *v.*
taw:n *sa:i*	ตอน สาย	morning, late morning
taw:n **thee**	ตอน ที่	as
taw:n yen	ตอน เย็น	evening, in the evening
taw:p	ตอบ	answer *v.*
tawan aw:k glai	ตะวัน ออก ไกล	Far East
tawan yaw: *sae:ng*	ตะวัน ยอ แสง	dawn, twilight
tawm	ต่อม	gland
tawm *khai* man	ต่อม ไข มัน	sebaceous gland

<u>tawm</u> *nam* la:i	ต่อม น้ำ ลาย	salivary gland
<u>tawm</u> *nam* leuang	ต่อม น้ำ เหลือง	lymph gland
tawng	ต้อง	must, have to
tawng ga:n	ต้อง การ	need, want v.
tawng ga:n	ต้อง การ	want v.
tawng ga:n	ต้อง การ	would like
tawng *ha:*	ต้อง หา	accused v.
tawng pen tha*ha:n*	ต้อง เป็น ทหาร	liable for military service
tawng *sia* pha:*see* <u>soon</u>laga: gaw:n	ต้อง เสีย ภาษี ศุลกา กร	dutiable
<u>te</u>	เตะ	boot v.
<u>te</u>	เตะ	kick v.
tee	ตี	hit v.
tee glaw:ng	ตี กลอง	drum v.
tee <u>sanit</u>	ตีสนิท	become friends
tee *tua*	ตี ตั๋ว	book v.
teen <u>gOp</u>	ตีน กบ	diving fins
tem	เต็ม	full *adj.*
tem jai	เต็ม ใจ	voluntary, willing *adj.*
tem jai	เต็ม ใจ	willing
ten ram	เต้น รำ	dance v.
<u>teu:n</u>	ตื่น	awake v.
teu:n	ตื้น	shallow
<u>teu:n</u> naw:n	ตื่น นอน	get up (from sleeping)
<u>teu:n</u> naw:n	ตื่น นอน	wake up (oneself)
<u>teu:n</u> **ten**	ตื่น เต้น	excited *adj.*
<u>teu:n</u> we:thee	ตื่น เวที	stagefright
<u>teu:t</u>	ตืด	tapeworm *n.*
teuan	เตือน	warn v.
teuh:m	เติม	fill, fill in, add
teuh:m *nam* man	เติม น้ำ มัน	refuel (petrol)
<u>teuk</u>	ตึก	building, brick building
<u>teuk</u> *ra fa:*	ตึก ระ ฟ้า	skyscraper
tha:	ถ้า	if
tha:	ทา	rub in v.
tha: (*see*)	ทา (สี)	paint v.
tha: ga:o	ทา กาว	paste v.
tha: **na:** tha: <u>pa:k</u>	ทา หน้า ทา ปาก	make up v.
tha: phanan	ท้า พนัน	bet v.
tha: reua	ท่า เรือ	landing stage
tha: reua	ท่า เรือ	port *n.* (for shipping)
tha: reua	ท่า เรือ	wharf *n.*
tha: <u>rOk</u>	ทา รก	baby *n.*
tha: roon	ทา รุณ	brutal
tha: roon	ทา รุณ	inhuman

tha: tha:ng

tha: tha:ng	ท่า ทาง	attitude
tha: ya:ng *nan*	ถ้า อย่าง นั้น	then, if so, in this case
tha: **ya:t**	ทา ยาท	heir, heiress
tha:i	ถ่าย	discharge v.
tha:i	ทาย	guess v.
tha:i e:kasa:n	ถ่าย เอกสาร	copy v.
tha:i e:kasa:n	ถ่าย เอกสาร	photocopy n.
tha:i e:kasa:n	ถ่าย เอกสาร	photocopy v.
tha:i *ek*sare:	ถ่าย เอ็กซเรย์	X-ray v.
tha:i pad*sa:wa*	ถ่าย ปัสสาวะ	urinate v.
tha:i **roo:p**	ถ่าย รูป	photograph v., take a photograph
tha:la:sa:t	ธาราศาสตร์	hydraulics
tha:m	ถาม	ask v. (question)
tha:m	ถาม	question v.
tha:n	ทาน	alms
tha:n a:*ha:n* yen	ทาน อาหาร เย็น	dinner
tha:n *hin*	ถ่าน หิน	coal
tha:n **kha:o**	ทาน ข้าว	eat v. (polite)
tha:n tawan	ทาน ตะวัน	sunflower n.
tha:ng	ถาง	clear v., cut v. (trees etc.)
tha:ng aw:k	ทาง ออก	exit n.
tha:ng aw:k chook cheuh:n	ทาง ออก ฉุก เฉิน	emergency exit
tha:ng **aw:m**	ทาง อ้อม	detour n.
tha:ng *cha:ng* pheuak	ทาง ช้าง เผือก	Milky Way
tha:ng deuh:n	ทาง เดิน	corridor
tha:ng deuh:n	ทาง เดิน	footpath
tha:ng deuh:n	ทาง เดิน	pavement, sidewalk
tha:ng deuh:n	ทาง เดิน	sidewalk n.
tha:ng **khao**	ทาง เข้า	entrance
tha:ng **khao** tha:ng aw:k	ทาง เข้า ทาง ออก	exit (and entry)
tha:ng khO: jOn	ทาง โค จร	orbit
tha:ng khOn deuh:n **kha:n**	ทาง คน เดิน ข้าม	pedestrian crossing
tha:ng **la:t kheun**	ทาง ลาด ขึ้น	ramp
tha:ng *lat*	ทาง ลัด	short cut
tha:ng *ma:* la:i	ทาง ม้า ลาย	zebra crossing
tha:ng nai pa:	ทาง ใน ป่า	forest way
tha:ng *rOt* fai	ทาง รถ ไฟ	railway tracks
tha:ng *rOt* ra:ng	ทาง รถ ราง	tram n.
tha:ng *rOt* yOn	ทาง รถ ยนต์	motorway
tha:ng tan	ทาง ตัน	cul-de-sac
tha:ng **yae:k**	ทาง แยก	branch off (a way)
tha:o	เท้า	foot (of the body)
tha:o plao	เท้า เปล่า	barefoot
tha:t	ธาตุ	element n.

PRONUNCIATION - THAI - ENGLISH

tha:t	ทาส	slave
tha:t	ถาด	tray *n.*
tha:t faw:sfaw:*rat*	ธาตุ ฟอสฟอรัส	phosphorus
***tha*bian**	ทะเบียน	register *n.*
***tha*bian ba:n**	ทะเบียน บ้าน	house register
thae	แทะ	gnaw *v.*
thae	แทะ	nibble *v.*
thae:n	แทน	substitute, replace *v.*
thae:n **thee** ja	แทน ที่ จะ	instead of
thae:ng	แทง	pierce *v.*
thae:o	แถว	line, row
thae:o	แถว	row, line
thaeksee	แท็กซี่	taxi *n.*
thaeng	แท่ง	ingot
tha*ha:n*	ทหาร	military
tha*ha:n*	ทหาร	officer, soldier
tha*ha:n*	ทหาร	soldier
thai	ไถ	plough *v.*
thai	ไทย	Thai
thak	ถัก	knit, braid, crochet v.
thak tha:i	ทัก ทาย	greet v.
thak thuang	ทัก ท้วง	protest *v.*
thalaw	ทะเลาะ	quarrel *v.*
***tha*le:**	ทะเล	sea *n.*
***tha*le:** *neua*	ทะเล เหนือ	North Sea
***tha*le:** sa:i	ทะเล ทราย	desert *n.*
***tha*le:** sa:p	ทะเล สาบ	lake
thaleung	ทะลึ่ง	insolent
thaloo	ทะลุ	penetrate, pierce *v.*
tham	ถ้ำ	cave *n.*
tham	ทำ	do *v.*
tham	ทำ	make *v.*, do *v.*
tham **da:i** pen **thee** phaw: jai	ทำ ได้ เป็น ที่ พอ ใจ	satisfy *v.*
tham e:ng	ทำ เอง	do it yourself
tham ga:n ***thOt*** law:ng	ทำ การ ทด ลอง	experiment *v.*
tham gap **kha:o**	ทำ กับ ข้าว	cook *v.*
tham **hai** aw:n **noom**	ทำ ให้ อ่อน นุ่ม	soften
tham **hai** ba:ng lOng	ทำ ให้ เบา ลง	thin out, clear
tham **hai cheua**	ทำ ให้ เชื่อ	convince *v.*
tham **hai** deuat	ทำ ให้ เดือด	boil *v.*
tham **hai** geuh:t pen sa*nim*	ทำ ให้ เกิด เป็น สนิม	rust *v.*
tham **hai** geuh:t *phOn*	ทำ ให้ เกิด ผล	inseminate *v.*
tham **hai** geuh:t tit **rO:k**	ทำ ให้ เกิด ติด โรค	contaminate *v.*
tham **hai khao** jai	ทำ ให้ เข้า ใจ	clarify *v.*

tham **hai meu:t**	ทำ ให้ มืด	darken v.
tham **hai** <u>neuai</u>	ทำ ให้ เหนื่อย	tiring
tham **hai** phit wang	ทำ ให้ ผิด หวัง	disappoint v.t.
tham **hai** plae:k jai	ทำ ให้ แปลก ใจ	surprise v.
tham **hai ra:p**	ทำ ให้ ราบ	plain v.
tham **hai** raw:n	ทำ ให้ ร้อน	heat v.
tham **hai** sa<u>noo</u>k	ทำ ให้ สนุก	cheer up
tham **hai** sOm doon	ทำ ให้ สม ดุล	balance v.
tham **hai** suay	ทำ ให้ สวย	embellish v.
tham **hai** thaw: jai	ทำ ให้ ท้อ ใจ	discourage v.t.
tham **hai** t<u>Ok</u> jai	ทำ ให้ ตก ใจ	frighten v.
tham **hai** t<u>Ok</u> jai	ทำ ให้ ตก ใจ	scare v. (frighten)
tham **khreuang** ma:i	ทำ เครื่อง หมาย	mark v.
tham **khreuang** ma:i	ทำ เครื่อง หมาย	tick off, check off
tham khwa:m <u>sa-a:t</u>	ทำ ความ สะอาด	clean v.
tham khwan	ทำ ขวัญ	compensate v.
tham la:i	ทำ ลาย	destroy v.
tham la:i khwa:m baw<u>ri</u><u>soo</u>t	ทำ ลาย ความ บริสุทธิ์	deflower v.
tham lep	ทำ เล็บ	manicure
tham na:i	ทำ นาย	prophesy v.
tham nga:n	ทำ งาน	work v.
tham nga:n **ba:n**	ทำ งาน บ้าน	homework
tham nga:n **luang** we:la:	ทำ งาน ล่วง เวลา	overtime, work overtime
tham nga:n <u>nak</u>	ทำ งาน หนัก	work hard
tham nga:n phi<u>se</u>:t	ทำ งาน พิเศษ	extra work
tham phlae:	ทำ แผล	bandage v.
tham phOm	ทำ ผม	do the hair
tham plaw:m	ทำ ปลอม	counterfeit v.
tham ra:i	ทำ ร้าย	make mischief
tham thae:ng	ทำ แท้ง	abort v.
tham thO:t	ทำ โทษ	punish v.
tham <u>ya:ng</u> **reep** raw:n	ทำ อย่าง รีบ ร้อน	rush v.
thamma cha:t	ธรรม ชาติ	nature
thamma da:	ธรรม ดา	common, normal
thamma da:	ธรรม ดา	normal adj.
thamma da:	ธรรม ดา	ordinary adj.
thamma da:	ธรรม ดา	usual adj.
thamma:t	ธรรม มาสน์	pulpit
thammai	ทำไม	why
than we:la:	ทัน เวลา	punctual adj.
thana:<u>bat</u>	ธนาบัตร	banknote
thana:i	ทนาย	lawyer n.
thana:i khwa:m	ทนาย ความ	attorney
thana:i khwa:m	ทนาย ความ	lawyer n.

thana:i khwa:m	ทนาย ความ	notary
thana:kha:n	ธนาคาร	bank (for money)
thana:kha:n aw:m *sin*	ธนาคาร ออม สิน	savings bank
tha<u>nat</u> meu: *khwa:*	ถนัด มือ ขวา	dextral
thang	ทั่ง	anvil
thang	ถัง	barrel *n.*
thang bia	ถัง เบียร์	beer barrel
thang <u>mOt</u>	ทั้ง หมด	everything
thang <u>mOt</u>	ทั้ง หมด	whole
thang na:m	ถัง น้ำ	bucket *n.*
thang nam man	ถัง น้ำ มัน	oil tank
thang *saw:ng*	ทั้ง สอง	both
tha*nOn*	ถนน	road *n.*
tha*nOn*	ถนน	street *n.*
thanthee	ทันที	immediately
thanwa: khOm	ธันวา คม	December
thao gan	เท่า กัน	equal *adj.*
thao <u>gap</u>	เท่า กับ	equal to, (=)
thao*nan*	เท่านั้น	only
thaorai	เท่าไร	how much, how many
thao*weuh:*	เทาเว่อร์	tower block
<u>thap</u>	ทับ	run over (with a car)
<u>thap</u> thim	ทับ ทิม	ruby
thaw:	ท่อ	pipe *n.*
thaw:	ทอ	weave *v.*
thaw: ai *sia*	ท่อ ไอ เสีย	exhaust pipe
thaw: *ha:i* **jai**	ท่อ หาย ใจ	snorkel *n.*
thaw: *nam thing*	ท่อ น้ำ ทิ้ง	drainpipe
thaw: <u>prapa:</u>	ท่อ ประปา	water pipe
thaw:n (ngeuhn)	ทอน (เงิน)	withdraw (money)
thaw:n jai	ถอน ใจ	sigh *v.*
thaw:n **tua** <u>aw:k</u>	ถอน ตัว ออก	withdraw (soldier, player)
thaw:ng	ถอง	bump with the elbow
thaw:ng	ทอง	gold
thaw:ng	ท้อง	stomach *n.*
thaw:ng dae:ng	ทอง แดง	copper *n.*
thaw:ng feuh:	ท้อง เฟ้อ	flatulence
thaw:ng *leuang*	ทอง เหลือง	brass *n.*
thaw:ng <u>phoo:k</u>	ท้อง ผูก	constipation
thaw:ng sia	ท้อง เสีย	diarrhea
thaw:ra *yOt*	ทร ยศ	betray *v.*
thaw:t	ทอด	fried
<u>thaw:t</u>	ถอด	take off (clothing, eyeglasses)
thaw:t loo:k *tao*	ทอด ลูก เต๋า	dice *v.*

thaw:t sa*maw:*	ทอด สมอ	anchor *v.*
tha**wee**	ทวี	increase *v.*
tha**weep**	ทวีป	continent
thawng thio	ท่อง เที่ยว	hike, tramp
*tha*yeuh: *tha*ya:n	ทะเยอ ทะยาน	ambitious *v.*
the:	เท	dump, pour *v.*
the:	เท	pour *v.*
*the:p ni*ya:i	เทพ นิยาย	fairy tale
the:p sai	เทป ใส	Sellotape
thee	ที่	at (a place, time)
thee	ที่	in, on, at
thee	ที่	on, in, at
thee	ที่	place
thee	ที่	portion
thee din	ที่ ดิน	plot *n.* (land)
thee eu:n	ที่ อื่น	elsewhere
thee gam bang	ที่ กำ บัง	hideaway
thee gep	ที่ เก็บ	storage place
thee gep khaw:ng *tha:i rOt*	ที่ เก็บ ของ ท้าย รถ	boot, trunk *n.* (of a car)
thee geuh:t	ที่ เกิด	birth place
thee geuh:t he:t	ที่ เกิด เหตุ	place of occurrence
thee jaw:t *rOt*	ที่ จอด รถ	car park
thee khia booree	ที่ เขี่ย บุหรี่	ashtray
thee *khwae:n* khaw: *nak* **thO:t**	ที่ แขวน คอ นัก โทษ	gallows
thee mai maw*sOm*	ที่ ไม่ เหมาะสม	unpleasant
thee *nai*	ที่ ไหน	where
thee nang	ที่ นั่ง	seat *n.*
thee nang da:n na:	ที่ นั่ง ด้าน หน้า	front seat
thee nang khOn khap	ที่ นั่ง คน ขับ	driver's seat
thee naw:n	ที่ นอน	mattress *n.*
thee nee	ที่ นี่	here
thee neung	ที่ หนึ่ง	first
thee *noo:n*	ที่ นู้น	there
thee pat *nam fOn*	ที่ ปัด น้ำ ฝน	windscreen wiper
thee peuh:t	ที่ เปิด	opener
thee peuh:t gra*pawng*	ที่ เปิด กระป๋อง	tin opener
thee peuh:t khuat	ที่ เปิด ขวด	bottle-opener
thee peuh:t pratoo:	ที่ เปิด ประตู	doorhandle
thee *phak* bOn phoo:*khao*	ที่ พัก บน ภูเขา	mountain station
thee *phak tha:o*	ที่ พัก เท้า	footrest
thee phreuk *sa:*	ที่ ปรึก ษา	consultant
thee phreuk *sa:* gOt *ma:i*	ที่ ปรึก ษา กฎ หมาย	legal adviser
thee ra:p	ที่ ราบ	plain *n.*
thee ra:p *soo:ng*	ที่ ราบ สูง	plateau

thee ***rak***	ที่ รัก	darling
thee soot	ที่ สุด	most
thee tak phOng	ที่ ตัก ผง	dustpan
thee tee *tua*	ที่ ตี ตั๋ว	ticket office
thee tham ga:n praisanee	ที่ ทำ การ ไปรษณีย์	post office
thee wa:ng *khae:n*	ที่ วาง แขน	arm (from a chair)
thee yoo:	ที่ อยู่	address *n.*
theem	ทีม	team *n.*
theem ***foot***baw:n	ทีม ฟุตบอล	football team
thek	เธค	disco
theknik	เทคนิค	technique *n.*
then***nis***	เทนนิส	tennis
theu:	ถือ	hold *v.* (in the hand)
theu:	ถือ	carry *v.*
theu: dee	ถือ ดี	arrogant *adj.*
theuak *khao*	เทือก เขา	mountains
theuh:	เธอ	she
theum	ทึ่ม	idiotic
theung	ถึง	arrive *v.* (reach)
theung	ถึง	to (a place) *prep.*
thiam	เทียม	artificial
thiam	เทียม	harness *v.*
thian	เทียน	candle *n.*
thiang	เถียง	argue, dispute *v.*
thiang kheu:n	เที่ยง คืน	midnight
thiang wan	เที่ยง วัน	noon
thim (*khem*)	ทิ่ม (เข็ม)	prick *v.* (with a needle)
thing	ทิ้ง	throw away *v.*
thing jeuh:	ทิง เจอร์	tincture *n.*
thio chOm	เที่ยว ชม	sightseeing *v.*
thiolip	ทิวลิป	tulip
thit *neua*	ทิศ เหนือ	north
thit **ta:i**	ทิศ ใต้	south
thit tawan aw:k	ทิศ ตะวัน ออก	east
thit tawan tOk	ทิศ ตะวัน ตก	west
thO:	โทร	phone *v.* (colloq.)
thO: glap	โทร กลับ	call back (telephone)
thO:ra khO:ng	โทร โข่ง	megaphone
thO:ra**le:k**	โทรเลข	telegram *n.*
thO:rasap	โทรศัพท์	phone *v.*
thO:rasap	โทรศัพท์	telephone *n.*
thO:rasap	โทรศัพท์	telephone *v.*
thO:rasap chook *cheuh:n*	โทรศัพท์ ฉุก เฉิน	emergency telephone
thO:rasap tha:ng glai	โทรศัพท์ ทาง ไกล	long-distance call

thO:ra***that***	โทรทัศน์	television set
thO:t	โทษ	penalty *n.*
thO:t	โทษ	punishment *n.*
thO:t pra*ha:n* chee***wit***	โทษ ประหาร ชีวิต	death penalty
thOk thiang	ถก เถียง	discuss *v.*
thOn	ทน	bear *v.*, stand *v.*
thOn thook	ทน ทุกข์	suffer *v.*
thOng	ธง	flag *n.*
thOng **cha:t**	ธง ชาติ	national flag
thoo:	ถู	rub off *v.*
thoo:k	ถูก	cheap
thoo:k	ถูก	correct *adj.*
thoo:k	ถูก	right, correct *adj.*
thoo:k jap	ถูก จับ	arrested
thoo:k **tawng**	ถูก ต้อง	correct *adj.*
thoo:k ya: ***phit***	ถูก ยา พิษ	poisoned *adj.*
thoo:p	ธูป	joss stick
thoo:t sa*wan*	ทูต สวรรค์	angel *n.*
thoob tee	ทุบ ตี	beat *v.*
thooi ***nam*** la:i	ถุย น้ำ ลาย	spit *v.*
thook	ทุก	all
thook a:***thit***	ทุก อาทิตย์	weekly
thook khOn	ทุก คน	everyone
thook khrang	ทุก ครั้ง	everytime
thook **thee**	ทุก ที่	everywhere
thook wan	ทุก วัน	daily *adj.*
thook ya:ng	ทุก อย่าง	everything
thoon	ทุน	capital (money)
thoon **lao** rian	ทุน เล่า เรียน	scholarship
thoon reua	ทุน เรือ	buoy
thoong	ถุง	bag, sack
thoong an***tha***	ถุง อัณฑะ	scrotum
thoong grada:t	ถุง กระดาษ	paper bag
thoong mee chai	ถุง มี ชัย	condom
thoong meu:	ถุง มือ	gloves
thoong na:	ทุ่ง นา	field *n.* (rice field)
thoong ***phla:s***tik	ถุง พลาสติก	plastic bag
thoong ***tha:o***	ถุง เท้า	socks
thoong ***tha:o***	ถุง เท้า	stocking *n.*
thoora	ธุระ	business
thooragit	ธุรกิจ	business
thoorian	ทุเรียน	durian
thOsani yOm	ทศนิ ยม	decimal system
thOt lOng	ทด ลอง	test *v.*, try *v.*

thOt lOng	ทด ลอง	try *v.*, test *v.*
thOt na:m	ทด น้ำ	irrigate *v.*
thua	ถั่ว	bean *n.*
thua	ถั่ว	pea
thua *lisOng*	ถั่ว ลิสง	peanut
thua ngaw:k	ถั่ว งอก	soybean sprouts
thua pai	ทั่ว ไป	everywhere
thua pai	ทั่ว ไป	general, universal *adj.*
thuang jam *phaw*	ถ่วง จำ เพาะ	specific gravity
thuay	ถ้วย	cup *n.*
thuay cha:m	ถ้วย ชาม	dishes *n.*
thuay ra:ng wan	ถ้วย ราง วัล	cup, trophy
tia	เตี้ย	short, low
tiang	เตียง	bed *n.*
tiang khOn **khai**	เตียง คน ไข้	sickbed
tiang **khoo:**	เตียง คู่	double bed
tit	ติด	addicted
tit	ติด	affix *v.*
tit	ติด	attach *v.*, stick *v.*
tit	ติด	glue *v.*
tit	ติด	install *v.*
tit	ติด	stick *v.*, attach *v.*
tit **lao**	ติด เหล้า	alcohol addicted
tit ta:m	ติด ตาม	follow *v.*
tit taw:	ติด ต่อ	contact *v.*
tit taw:	ติด ต่อ	infectious
tit taw: gap ...	ติด ต่อ กับ ...	contact with
tO	โต๊ะ	table *n.*
tO hua tiang	โต๊ะ หัว เตียง	bedside table
tO khian nang seu:	โต๊ะ เขียน หนัง สือ	desk *n.*
tO rap ngeuhn	โต๊ะ รับ เงิน	counter, desk (at the bank)
tO reet pha:	โต๊ะ รีด ผ้า	ironing board
tO:	โต้	oppose *v.*
tOk	ตก	fall *v.*
tOk ja:k ra:ng	ตก จาก ราง	derailed
tOk jai	ตก ใจ	frightened *adj.*
tOk lOng	ตก ลง	agree *v.*
tOk lOng	ตก ลง	o.k.
tOk lOng gan **da:i**	ตก ลง กัน ได้	unite *v.*
tOk pla:	ตก ปลา	angle *v.*, fishing *v.*
tOk pla:	ตก ปลา	fish *v.* (angle)
tOm	ตม	bog, moor
tOm	ต้ม	boil *v.*
tOn chabap	ต้น ฉบับ	manuscript, script

tOn *kha:*	ต้น ขา	thigh
tOn khaw:	ต้น คอ	neck
tOn *khri*sama:t	ต้น คริสต์มาส	Christmas tree
tOn *ma:i*	ต้น ไม้	tree *n.*
tOn *ma:i* bai *sa:m* chae:k	ต้น ไม้ ใบ สาม แฉก	clover
tOn *na:m*	ต้น น้ำ	spring *n.* (of a river)
tOn pa:m	ต้น ปาล์ม	palm
tOn sak	ต้น สัก	teak tree
tOn tam yae:	ต้น ตำ แย	nettle
too:	ตู้	cabinet
too: chO:	ตู้ โชว์	shop window
too: pla:	ตู้ ปลา	aquarium, (fish-tank)
too: praisanee	ตู้ ไปรษณีย์	letter box
too: praisanee	ตู้ ไปรษณีย์	PO box (post office box)
too: seua pha:	ตู้ เสื้อ ผ้า	wardrobe *n.*
too: thO:rasap	ตู้ โทรศัพท์	telephone-box
too: thuay cha:m	ตู้ ถ้วย ชาม	cupboard
too: yen	ตู้ เย็น	refrigerator *n.*
too:t	ตูด	ass *n.* (impolite), butt
too:t	ตูด	bottom, anus
*took*ata:	ตุ๊กตา	doll
toola: ga:n	ตุลา การ	judge *n.*
toola: khOm	ตุลา คม	October
toon	ตุ่น	mole (animal)
tOp meu:	ตบ มือ	clap hands *v.*
tOp taeng	ตบ แต่ง	adorn *v.*
tOt	ตด	fart *v.* (slang)
tra:	ตรา	mark, sign, symbol *n.*
tra:	ตรา	print *n.*, imprint *n.*
tra:	ตรา	stamp *n.* (for stamping)
trae:	แตร	horn
trae:	แตร	trumpet, horn
traw:k	ตรอก	lane, alley
traw:ng doo:	ตรอง ดู	consider *v.*
traw:ng doo:	ตรอง ดู	think over *v.*
tret tre:	เตร็ด เตร่	dawdle *v.*
treung	ตรึง	pin, stick *v.*
treung	ตรึง	stick, pin, *v.*
treung khriat	ตรึง เครียด	strenuous
triam	เตรียม	prepare *v.*
triam *phraw:m*	เตรียม พร้อม	prepare oneself
triam tua	เตรียม ตัว	prepare for
trOng	ตรง	straight *adj.*
trOng gan kha:m	ตรง กัน ข้าม	reverse

PRONUNCIATION - THAI - ENGLISH

trOng **kha:m**	ตรง ข้าม	opposite
trOng pai	ตรง ไป	direct *adj.*
trOng pai	ตรง ไป	straight ahead
trOng we:la:	ตรง เวลา	punctual *adj.*
<u>truat</u>	ตรวจ	examine *v.*
<u>truat</u> <u>kha:o</u>	ตรวจ ข่าว	censor *v.*
<u>truat</u> <u>saw:p</u>	ตรวจ สอบ	check *v.*
<u>truat</u> tha:n	ตรวจ ทาน	correct *v.*
<u>truat</u> tra:	ตรวจ ตรา	inspect *v.*
tua	ตัว	body
tua	ตั๋ว	ticket *n.*
tua agsaw:n <u>bae:p</u> fO:ne:thik	ตัว อักษร แบบ โฟเนทิค	phonetic transcription
tua e:ng	ตัว เอง	oneself
tua free	ตั๋ว ฟรี	free ticket
tua ga:n	ตัว การ	principal
tua jam nam	ตั๋ว จำ นำ	pawn ticket
tua **le:k**	ตัว เลข	number
tua *mai*	ตัว ไหม	silkworm
tua mia	ตัว เมีย	female (animal)
tua *nang seu:*	ตัว หนัง สือ	letter (alphabetic character)
tua *naw:n*	ตัว หนอน	maggot
tua *nO:t*	ตัว โน้ต	note *n.* (musical)
tua phim	ตัว พิมพ์	block letters
tua phim <u>bae:p</u> tua e:n	ตัว พิมพ์ แบบ ตัว เอน	italics
tua **phoo:**	ตัว ผู้	male (animal)
tua <u>phoo:k</u>	ตั๋ว ผูก	season ticket
tua <u>pragan</u>	ตัว ประกัน	hostage
tua <u>san</u>	ตัว สั่น	shake *v.*
tua <u>san</u>	ตัว สั่น	tremble *v.*
tua ta<u>lOk</u>	ตัว ตลก	clown
tua ta<u>lOk</u>	ตัว ตลก	comedian
tua <u>taw:</u>	ตัว ต่อ	wasp
tua thae:n	ตัว แทน	agent, selling agent
tua *thang rOt*	ตัว ถัง รถ	body, car body
tua <u>ya:ng</u>	ตัว อย่าง	example *n.*
tua <u>ya:ng</u>	ตัว อย่าง	specimen
tua **yaw:**	ตัว ย่อ	abbreviation
tua yeera:f khaw: ya:o	ตัว ยี ราฟ คอ ยาว	giraffe

u

uak	อ้วก	throw up (colloq.)
uan	อ้วน	fat *adj.*
<u>uat</u> dee	อวด ดี	arrogant *adj.*

wa:i *na:m*	ว่าย น้ำ	swim *v.*
wa:n	หว่าน	sow *v.*
wa:n	หวาน	sweet *adj.*
wa:ng	ว่าง	free, empty
wa:ng	วาง	put *v.*, place *v.*
wa:ng khrO:ng ga:n	วาง โครง การ	plan *v.*
wa:ng lOng	วาง ลง	put down
wa:ng nga:n	ว่าง งาน	unemployed *adj.*
wa:ng plao	ว่าง เปล่า	empty *adj.*
wa:ng ya: *phit*	วาง ยา พิษ	poison *v.*
wa:ng ya: salOp	วาง ยา สลบ	anesthetize *v.*
wa:o	เว้า	concave
wa:o	วาว	glimmering, flashing *adj.*
wa:o	ว่าว	kite *n.*
wa:salin	วาสลีน	Vaseline *n.*
wa:t *khian*	วาด เขียน	draw *v.*
wae:n	แหวน	ring *n.* (for the finger)
wae:n **man**	แหวน หมั้น	engagement ring
wae:n *phet*	แหวน เพชร	diamond ring
wae:n taeng nga:n	แหวน แต่ง งาน	wedding ring
waen dam *na:m*	แว่น ดำ น้ำ	diving mask
waen khaya:i	แว่น ขยาย	magnifying glass
waen ta:	แว่น ตา	eyeglass, glasses
waen ta: gan dae:t	แว่น ตา กัน แดด	sunglasses *n.*
wai fai	ไว ไฟ	inflammable *adj.*
wai jai	ไว้ ใจ	trust *v.*
wai jai **da:i**	ไว้ ใจ ได้	reliable *adj.*
wai **roon**	วัย รุ่น	puberty
wai thook	ไว้ ทุกข์	mourn *v.*
waiO:lin	ไวโอลีน	violin
waiphrip	ไหวพริบ	intelligent *adj.*
waiya gaw:n	ไวยา กรณ์	grammar *n.*
wan	วัน	day
wan a:*thit*	วัน อาทิตย์	Sunday
wan angkha:n	วัน อังคาร	Tuesday
wan cha*law:ng*	วัน ฉลอง	anniversary *n.*
wan *eesteuh:*	วัน อีสเตอร์	Easter
wan geuh:t	วัน เกิด	birthday
wan jan	วัน จันทร์	Monday
wan *la*	วัน ละ	daily *adj.*
wan *nee*	วัน นี้	today
wan pha*reu*hat	วัน พฤหัส	Thursday
wan *phoot*	วัน พุธ	Wednesday
wan *sao*	วัน เสาร์	Saturday

wan sook	วัน ศุกร์	Friday
wan **thee**	วัน ที่	date *n.*
wan **thee** *raleuk*	วัน ที่ ระลึก	memory day
wan we:	วัน เวย์	one-way street
wan yoot	วัน หยุด	day off
wan yoot	วัน หยุด	holiday *n.*
wana oothya:n	วน อุทยาน	national park
wana **rO:k**	วัณ โรค	tuberculosis
wang **wa:**	หวัง ว่า	hope that
wat	วัด	temple *n.*
wat	วัตต์	watt *n.*
wat khana:t	วัด ขนาด	measure *v.*, gauge *v.*
*wat*thoo	วัตถุ	material
*wat*thoo dip	วัตถุ ดิบ	raw material
*wat*thoo *ra*beuh:t	วัตถุ ระเบิด	explosive
*wat*thoo sinlapa	วัตถุ ศิลป	objet d'art
wawnle: baw:n	วอลเลย์ บอล	volleyball *n.*
we:la:	เวลา	if
we:la:	เวลา	time *n.*
we:la: **wa:ng**	เวลา ว่าง	leisure
we:la: yen	เวลา เย็น	evening
we:t mOn	เวท มนต์	magic *adj.*
we:thee	เวที	stage *n.* (for acting)
wee	หวี	comb *n.*
wee	หวี	comb *v.*
wee**sa:**	วีซ่า	visa
wen	เว้น	skip *v*, omit
wian *hua*	เวียน หัว	dizzy, to feel giddy
*wi*cha: *fi*sik	วิชา ฟิสิกส์	physics
*wi*jai	วิจัย	analysis
wik *phOm*	วิก ผม	wig
*wi*na:thee	วินาที	second (1/60 of a minute)
wing	วิ่ง	run *v.*
wing bOn *nam khaeng*	วิ่ง บน น้ำ แข็ง	skating, ice-skating
wing ta:m	วิ่ง ตาม	run after
*wi*patsana:	วิปัสสนา	meditation
wisa: hagit	วิสา หกิจ	enterprise
*wi*ta *tha:n*	วิต ถาร	perverse
*wi*ta:min	วิตามิน	vitamin *n.*
*wi*thaya: ga:n	วิทยการ	science *n.*
*wi*thaya:lai	วิทยาลัย	college
*wi*thayoo	วิทยุ	radio
*wi*thayoo the:p	วิทยุ เทป	radio cassette recorder
*wi*thee *cha:i*	วิธี ใช้	instructions, directions for use

withee *khian*	วิธี เขียน	method of writing
wO:n	โวลต์	volt *n.*
wOn	วน	circle *v.*
wOng doori ya:ng	วง ดุริ ยางค์	orchestra
wOng glOm	วง กลม	circle *n.*
wOng jOn	วง จร	electric circuit
wOng *lep*	วง เล็บ	bracket, parenthesis
wOng wian	วง เวียน	compasses *n.*
woon	วุ้น	jelly
wua khwa:i	วัว ควาย	cattle
wua tua **phoo:**	วัว ตัว ผู้	bull
wua tua **phoo:**	วัว ตัว ผู้	ox

y

<u>ya:</u>	อย่า	divorce *v.*
ya:	ย่า	grandmother (paternal)
ya:	หญ้า	grass
ya:	ยา	medicine *n.*
<u>ya:</u>	อย่า	no, not, do not
ya: <u>beua</u> *noo:*	ยา เบื่อ หนู	rat poison
ya: <u>dap</u> <u>glin</u>	ยา ดับ กลิ่น	deodorant *n.*
ya: **gae:**	ยา แก้	medication *n.*
ya: **gae:** *phit*	ยา แก้ พิษ	antidote
ya: **gae:** <u>puat</u>	ยา แก้ ปวด	painkiller
ya: haeng	หญ้า แห้ง	hay
ya: **kha:** malae:ng	ยา ฆ่า แมลง	insecticide *n.*
ya: khoom (gam <u>neuh:t</u>)	ยา คุม (กำ เนิด)	antibaby pill
ya: *la:ng lep*	ยา ล้าง เล็บ	nail-varnish remover
ya: *la:ng* thaw: *na:m*	ยา ล้าง ท่อ น้ำ	drain cleaner
ya: *lOt* khai	ยา ลด ไข้	influenza pill
ya: **met**	ยา เม็ด	pill
ya: **nat**	ยา นัตถุ์	snuff *n.*
ya: naw:n <u>lap</u>	ยา นอน หลับ	sleeping pill
ya: pathicheewa*na*	ยา ปฏิชีวนะ	antibiotic
ya: *phit*	ยา พิษ	poison *n.*
ya: *phOng* **kha:** malae:ng	ยา ผง ฆ่า แมลง	louse poison powder
ya: *ra ngap*	ยา ระ งับ	tranquilizer
ya: *ra*ba:i	ยา ระบาย	laxative
ya: *raksa:* **rO:k**	ยา รักษา โรค	cure, medicine *n.*
ya: rOk	หญ้า รก	weed
ya: sa<u>lOp</u>	ยา สลบ	anesthetic *n.*
ya: <u>se:p</u> <u>tit</u>	ยา เสพ ติด	drug

ya: *see* fan	ยา สี ฟัน	toothpaste *n.*
ya: soo:p	ยา สูบ	tobacco *n.*
ya: tha:	ยา ทา	ointment
ya: tha: fai **luak**	ยา ทา ไฟ ลวก	burn ointment
ya: tha: ***lep***	ยา ทา เล็บ	nail varnish
ya: tham **hai** a:jian	ยา ทำ ให้ อาเจียน	emetic
ya: thuat	ย่า ทวด	great-grandmother
ya: yaw:t ta:	ยา หยอด ตา	eyedrops
ya:i	ยาย	grandmother (maternal)
ya:i **(thee** yoo:)	ย้าย (ที่ อยู่)	move (house)
ya:k	ยาก	difficult
ya:k	อยาก	want *v.*
ya:k **da:i (phoo:** *ying*)	อยาก ได้ (ผู้ หญิง)	desire (a woman)
ya:k ***roo:*** ya:k *hen*	อยาก รู้ อยาก เห็น	curious *adj.*
ya:k yai	หยาก ไย่	cobweb
ya:m truat	ยาม ตรวจ	patrol
ya:n	ย่าน	quarter (residential quarter)
ya:n awaga:t	ยาน อวกาศ	spacecraft, spaceship
ya:n khOn jOn	ย่าน คน จน	poor quarter
ya:n *thoora* git	ย่าน ธุรกิจ	business quarter
ya:ng	ยาง	caoutchouc
ya:ng	ย่าง	grill *v.*
ya:ng	ย่าง	grilled
ya:ng	ย่าง	roast *v.*
ya:ng	ยาง	rubber
ya:ng	อย่าง	type, kind, sort
ya:ng	ยาง	tyre *n.*
ya:ng ***lOp***	ยาง ลบ	eraser, rubber *n.*
ya:ng ***ma*** taw:i	ยาง มะ ตอย	asphalt
ya:ng *nio*	ยาง เหนียว	resin
ya:ng rai	อย่าง ไร	how
ya:ng ***rOt chanit*** chai at lOm	ยาง รถ ชนิด ใช้ อัด ลม	pneumatics
ya:ng tae:k	ยาง แตก	flat (flat tyre)
ya:o	ยาว	long *adj.* (in size)
ya:p kha:i	หยาบ คาย	vulga *adj.*
ya:t	หยาด	drop *v.*
ya:t	ญาติ	relatives
yae:	แย่	hopeless *adj.*
yae:k	แยก	separate *v.*
yae:k	แยก	separated
yae:k aw:k	แยก ออก	dismantle *v.*
yae:k aw:k ja:k gan	แยก ออก จาก กัน	separate *v.*
yae:k gan **mai da:i**	แยก กัน ไม่ ได้	inseparable
yae:m	แยม	jam

yai	ใหญ่	big, large
yam salat	ยำ สลัด	salad
yamkham	ย่ำค่ำ	dusk *n.*
yang	ยัง	still *adj.*, yet
yang **mai**	ยัง ไม่	not yet
yang ngai	ยัง ไง	how
yang yao	ยัง เยาว์	minor, under age
yaowachOn	เยาวชน	youth (polite)
yat	ยัด	stuff *v.*
yati	ญัตติ	application, motion
yati phang	ยติ ภังค์	dash
yati phang	ยติ ภังค์	hyphen *n.*
yaw:	ย่อ	abbreviate *v.*
yaw:	ยอ	flatter *v.*
yaw: lOng	ย่อ ลง	shorten *v.*
yaw: *thaw:*	ย่อ ท้อ	discouraged *adj.*
yaw:m ***phae:***	ยอม แพ้	give up
yaw:m ***phae:***	ยอม แพ้	surrender *v.*, to give up
yaw:m ***rap***	ยอม รับ	accept
yaw:m *see*	ย้อม สี	dye *v.* (colour)
yaw:t *khao*	ยอด เขา	mountain peak
yaw:t *soo:ng* sood phoo:*khao*	ยอด สูง สุด ภูเขา	peak
yaw:t tOn *ma:i*	ยอด ต้น ไม้	tree peak
yawm yao	ย่อม เยา	cheap *adj.*
ye:soo:	เยซู	Jesus
yee haw:	ยี่ ห้อ	brand, trade
yee sip	ยี่ สิบ	twenty
yeepoon	ญี่ปุ่น	Japanese
yen	เย็น	cold *adj.*
yen lawng	เย็น ลง	cool off
yen wan ***nee***	เย็น วัน นี้	evening, this evening
yep	เย็บ	sew *v.*
yep tit gan	เย็บ ติด กัน	sew up *v.*
yeu:a	เหยื่อ	bait *n.*
yeu:m	ยืม	borrow *v.*
yeu:m (ngeuhn)	ยืม (เงิน)	borrow (money)
yeu:n	ยื่น	apply *v.*
yeu:n	ยืน	stand *v.*
yeu:n	ยื่น	submit *v.*
yeu:n *faw:ng*	ยื่น ฟ้อง	sue *v.*
yeu:n yan **duay** ga:n **hai** kham *sa:* ba:n	ยืน ยัน ด้วยกัน ให้ คำ สาบาน	swear *v.*
yeu:t	ยืด	extend
yeu:t tua	ยืด ตัว	stretch *v.* (oneself)
yeu:t we:la:	ยืด เวลา	extend (time)

yeu:t yoon	ยืด หยุ่น	elastic
yeuaboo	เยื่อบุ	membrane
yeuh	เยอะ	a lot of, many, lots of
yeuhraman	เยอรมัน	German
yeut sap	ยึด ทรัพย์	confiscate *v.*, seize *v.*
yiat	เหยียด	stretch out
yik	หยิก	pinch *v.*
yim	ยิ้ม	smile *v.*
yin dee	ยิน ดี	delight *v.*
ying	หญิง	feminine
ying	ยิง	fire *v.* (a gun)
ying	ยิง	shoot *v.*
ying fan	ยิง ฟัน	grin *v.*
ying tham khwa:m sa-a:t	หญิง ทำ ความ สะ อาด	cleaning lady
yio	เหยี่ยว	falcon
yio	เยี่ยว	piss *v.* (impolite)
yipsee	ยิปซี	gypsy
yO:n	โยน	throw *v.*
yoi	ย่อย	digest *v.*
yoi mai da:i	ย่อย ไม่ ได้	indigestible
yOk	หยก	jade *n.*
yOk	ยก	raise *v.*, lift *v.*
***yOk* hai**	ยก ให้	give, bestow, devise *v.*
***yOk* kheun**	ยก ขึ้น	lift, lift up *v.*
***yOk* kheun**	ยก ขึ้น	pick up, lift *v.*
yOk meu: **kheun**	ยก มือ ขึ้น	raise a hand
yOk sOng	ยก ทรง	brassiere, bra
***yOk* thO:t**	ยก โทษ	forgive *v.*
***yOk* thO:t hai**	ยก โทษ ให้	forgive *v.*
***yOk* thO:t hai**	ยก โทษ ให้	pardon *v.*
yoo:	อยู่	present *adj.* (not absent)
yoo:	อยู่	stay, to be
yoo:ni**khawn**	ยูนิคอรน์	unicorn *n.*
yook *hin*	ยุค หิน	Stone Age
yoong	ยุ่ง	busy *adj.*
yoong	ยุ่ง	confusing
yoong	ยูง	mosquito
yoong *cha:ng*	ยุ้ง ฉาง	barn
yoong *yeuh:ng*	ยุ่ง เหยิง	untidy
yoop yip	ยุบยิบ	fussy *adj.*
yoorO:p	ยุโรป	Europe
yoot	หยุด	disturb *v.*
yoot	หยุด	Stop!
yooti tham	ยุติ ธรรม	fair *adj.*

yooti tham	ยุติ ธรรม	justice *n.*
yOt	หยด	drop *n.*
yOt	หยด	drop *v.*
yuan tha:	ยวน ตา	fascinating
yuayoo	ยั่วยุ	provoke
yuayuan	ยั่วยวน	seductive

ก (G)	254	ฒ (TH)	-	ม (M)	331
ข (KH)	263	ณ (N)	287	ย (Y)	336
ค (KH)	269	ด (D)	287	ร (R)	340
ฆ (KH)	276	ต (T)	290	ฤ (RUE)	346
ง (NG)	277	ถ (TH)	297	ล (L)	347
จ (J)	278	ท (TH)	298	ว (W)	352
ฉ (CH)	282	ธ (TH)	304	ศ (S)	354
ช (CH)	282	น (N)	305	ษ (S)	-
ซ (S)	286	บ (B)	311	ส (S)	355
ฌ (CH)	-	ป (P)	314	ห (H)	363
ญ (Y)	287	ผ (PH)	320	ฬ (L)	-
ฎ (D)	287	ฝ (F)	324	อ (AW:)	372
ฏ (T)	-	พ (PH)	325	ฮ (H)	377
ฐ (TH)	-	ฟ (F)	329		
ฑ (TH)	-	ภ (PH)	330		

ก็ ... ด้วย	**gaw: ... duay**	also
กก	gOk	hatch v.
กงสุล	gOngsoon	consul
กฎ จรา จร	gOt jara: jaw:n	traffic laws
กฎ หมาย	gOt ma:i	law n.
กด	gOt	press v.
กด	gOt	dial v.
กด กระดิ่ง	gOt grading	ring v. (at the door)
ก้น ทะเล	**gOn tha**le:	seabed
กบ	gOp	frog
กบ ร้อง	gOp **raw:ng**	croak v.
ก้ม	**gOm**	bend v., bow v.
กรกฎา คม	garagada: khOm	July
กรง	grOng	cage
กรด ดิน ประสิว	grOt din pra*sio*	nitric acid
กรน	grO:n	snore v.
กรม	grOm	department
กรม	grOm	government department / bureau
กรม แรง งาน	grOm rae:ng nga:n	Labour Department
กรม ศุลกา กร	grOm soonlaga: gaw:n	customs department
กรรไกร	grangrai	scissors n.
กรรม การ ตัดสิน การประกวด	gamma ga:n tatsin ga:npraguat	jury
กรวด	gruat	pebble n.
กรอก	graw:k	fill in (a form)
กรอง	graw:ng	filter v.
กรอบ	graw:p	frame
กระจก	grajOg	windowpane
กระจก	grajOk	pane
กระจก	grajOg	mirror n.
กระจก ข้าง	grajOk **kha:ng**	side mirror
กระจก มอง หลัง	grajOk maw:ng *lang*	rearview mirror
กระจก เล็นซ์	grajOk len	lens (for a camera)
กระจก หน้า	grajOk **na:**	windscreen
กระโจม	grajO:m	tent n.
กระดอง	gradaw:ng	shell, carapace
กระดาน ดำ	grada:n dam	blackboard
กระดาษ	grada:t	paper n.
กระดาษ	grada:t	napkin n.
กระดาษ แข็ง	grada:t khaeng	cardboard, pasteboard
กระดาษ คั่น	grada:t **khan**	blotting paper
กระดาษ จดหมาย	grada:t jOt*ma:i*	letter paper
กระดาษ ชำระ	grada:t chamra	toilet paper
กระดาษ ทราย	grada:t sa:i	sandpaper
กระดาษ ปิด ฝา ผนัง	grada:t pit fa: phanang	wallpaper n.

กระดาษ ฟอยล์	grada:t faw:i	aluminium foil
กระดาษ มวน บุหรี่	grada:t muan booree	cigarette paper
กระดิ่ง	grading	bell, doorbell
กระดุม	gradoom	button, fastening
กระดูก	gradoo:k	bone *n.*
กระตุก	gradook	jerk *v.*
กระดูก ขา กรร ไกร ล่าง	gradoo:k kha: gan grai **la:ng**	lower jaw
กระดูก งู เรือ	gradoo:k ngoo: reua	keel
กระดูก จมูก	gradoo:k jamoo:k	nasal bone
กระดูก สัน หลัง	gradoo:k *san lang*	backbone
กระดูก อ่อน	gradoo:k aw:n	cartilage
กระโดด	gradO:t	jump *v.*
กระต่าย	grata:i	hare
กระต่าย	grata:i	rabbit
กระติก น้ำ ร้อน	gratik *nam raw:n*	thermos bottle
กระตุ้น	gratoon	encourage *v.*
กระถาง	grat*ha:ng*	flowerpot
กระเถิบ	gratheuhb	move over
กระโถน	grathO:n	spittoon
กระทรวง การ คลัง	grasoonang ga:n khlang	Ministry of finance
กระเทียม	grathiam	garlic
กระบี่	grabee	sword *n.*
กระเบื้อง	**grabeuang**	tile
กระเบื้อง เคลือบ	**grabeuang khleu:ap**	tile
กระป๋อง	gra*pawng*	tin, can
กระป๋อง	gra*pawng*	can, tin
กระเป๋า	gra*pao*	pocket
กระเป๋า เดินทาง	gra*pao* deuh:ntha:ng	luggage, traveling bag
กระเป๋า เดินทาง	gra*pao* deuh:ntha:ng	suitcase *n.*
กระเป๋า ถือ	gra*pao* theu:	handbag
กระเป๋า สตางค์	gra*pao* sata:ng	purse
กระโปรง	graprO:ng	skirt *n.*
กระเพาะ ปัสสาวะ	graphaw passa:*wa*	bladder
กระรอก	**graraw:k**	squirrel
กระสอบ	grasaw:p	sack, bag *n.*
กระแส น้ำ ขึ้น ลง	gra*sae:* nam kheun lOng	tides
กระแส ไฟ ตรง	gra*sae:* fai trOng	direct current
กระแส ไฟ สลับ	gra*sae:* fai *sa*lap	alternating current
กระแส ลม	gra*sae:* lOm	draught
กรัม	gram	gramme
กราม	gra:m	jaw *n.*
กริช	grit	dagger *n.*
กรุงเทพฯ	groong*the:p*	Bangkok
กรุณา	ga*roo*na:	please

กลม	glOm	round *adj.*
กล้วย	**gluay**	banana
กล้วย ไม้	**gluay** *ma:i*	orchid
กลอง	glaw:ng	drum, tambour *n.*
กล่อง	glawng	box
กล่อง	glawng	case, box
กล่อง กระดาษ	glawng grada:t	carton *n.*
กล่อง เครื่อง เพชร	glawng **khreuang** *phet*	jewelry box
กล้อง จุลทรรศน์	**glawng** joola*that*	microscope
กล้อง ดู ดาว	**glawng** doo: da:o	telescope
กล้อง ถ่าย รูป	**glawng** tha:i **roo:p**	camera
กล้อง ส่อง ทาง ไกล	**glawng** saw:ng tha:ng glai	binoculars
กลอน	glaw:n	bar, bolt, fastener
กลั่น	glan	distill *v.*
กลั้น	**glan**	repress *v.*
กลับ	glap	return, back
กลับ บ้าน	glap **ba:n**	return home
กลัว	glua	afraid
กลัว	glua	fear
กลั้ว	**glua**	gurgle, gargle
กล้า	**gla:**	risk *v.*
กล้า	**gla:**	venture *v.*
กลา สี เรือ	gala: *see* reua	sailor, seaman
กล้า หาญ	**gla:** ha:n	courageous *adj.*
กล้า หาญ	**gla:** ha:n	bold *adj.*
กล้า หาญ	**gla:** *ha:n*	brave *adj.*
กลาง	gla:ng	center
กลาง	gla:ng	middle
กล้าม	**gla:m**	muscle (of the body)
กลาย	gla:i	convert, change
กล่าว ประกาศ	gla:o praga:t	announce *v.*
กล่าว หา	glao *ha:*	allege *v.*, accuse *v.*
กลิ้ง	**gling**	roll *v.*, slide *v.*
กลิ่น	glin	smell *n.*
กลิ่น	glin	odour *n.*
กลิ่น ตัว	glin tua	body odour *n.*
กลิ่น ปาก	glin pa:k	mouth odour *n.*
กลิ่น เหม็น	glin *men*	stench *n.*
กลีเซอรีน	gleeseuh:reen	glycerin
กลึง	gleung	turn *v.*
กลืน	gleu:n	swallow *v.*
กลุ่ม	gloom	group (of people)
กลุ้ม ใจ	**gloom** jai	worry *adj.*
กวน	guan	stir *v.*

กวน ใจ	guan jai	annoy *v.*
ก๋วย เตี๋ยว	*guay tio*	rice noodle
กว่า	gua:	than *conj.*, more
กวาง	gua:ng	deer
กวาง ขนาด เล็ก	**gua:ng** <u>khana:t</u> **lek**	roe deer
กว้าง	**gua:ng**	broad, wide
กวาด	<u>gua:t</u>	sweep *v.*
กวี	gawee	poet
กษัตริย์	ga<u>sat</u>	king *n.*
กสิกรรม	ga<u>si</u>gam	farming
กสิกรรม	ga<u>si</u>gam	agriculture
กอ	gaw:	scrub *n.*
ก่อ สร้าง	<u>gaw:</u> **sa:ng**	build *v.*
ก่อ สร้าง	<u>gaw:</u> **sa:ng**	construct *v.*
ก่อ อิฐ	<u>gaw:</u> <u>it</u>	lay bricks
ก๊อก น้ำ	*gawk na:m*	tap *n.*
กอง	gaw:ng	force, troop
กอง ดับ เพลิง	gaw:ng <u>dap</u> phleuh:ng	fire brigade
กอง ทัพ	gaw:ng **thap**	army
กอง บรร ณาธิการ	gaw:ng ban na:*thi*ga:n	editorial *n.*
กอด	<u>gaw:t</u>	embrace *v.*, hug *v.*
ก่อน	<u>gaw:n</u>	previous, before
ก่อน	<u>gaw:n</u>	first, previous
ก่อน	<u>gaw:n</u>	before, previous
กอล์ฟ	*gawf*	golf
กะทะ	ga*tha*	pan
กะเทย	gatheuh:i	transvestite, transsexual
กะพริบ ตา	ga*phrip* ta:	blink *v.*
กะเพรา	gaphrao	basil *n.*
กะรัต	<u>garat</u>	carat
กะละแม	ga<u>la</u>mae:	caramel
กะหล่ำ ปลี	galam plee	cabbage
กั๊ก	*gak*	waistcoat
กัก ขัง	<u>gak</u> *khang*	lock up (animals)
กัง วล	gang wOn	worry
กัญชา	gancha:	marihuana, marijuana
กัด	<u>gat</u>	bite *v.*
กัด กร่อน	<u>gat</u> <u>grawn</u>	corrosive
กัน	gan	each other
กันชน	ganchOn	bumper
กันดาร	ganda:n	barren
กันยา ยน	ganya: yOn	September
กั้น	**gan**	dam *v.*, screen *v.*
กั้น	**gan**	block off

กั้น	**gan**	screen *v.*, dam *v.*
กั้น	**gan**	shut out
กั้น	**gan**	barricade *v.*
กั้น ทาง	**gan** tha:ng	bar, block (up)
กับ	<u>gap</u>	with *prep.*
กับ ดัก	<u>gap</u> <u>dak</u>	trap *n.*
กัปตัน	<u>gap</u>tan	captain
กา	ga:	crow (bird)
กา	ga:	cross (on questionnaires)
กา ต้ม น้ำ	ga: **tOm** *na:m*	kettle
กา น้ำ	ga: *na:m*	pot, kettle
กา ฝาก	ga: <u>fa:k</u>	parasite
กาแฟ	ga:fae:	coffee
กาง	ga:ng	spread out
กาง เกง	ga:ng ge:ng	trousers
กาง เกง ใน	ga:ng ge:ng nai	underpants *n.*
กาง เกง ยีนส์	ga:ng ge:ng yeen	jeans
กาง เกง ลิง	ga:ng ge:ng ling	briefs, slip
กาง เกง ว่าย น้ำ	ga:ng ge:ng **wa:i** *na:m*	swimming trunks
กาง เขน	ga:ng *khe:n*	cross *n.*
ก้าง ปลา	**ga:ng** pla:	fishbone
กาม โรค	ga:*ma* **rO:k**	syphilis *n.*
กามารมณ์	ga:ma:rOm	sex
กาย บริหาร	ga:i baw*riha:*n	gymnastics
กาย วิ ภาค	ga:i *wi* **pha:**	anatomy
การ	ga:n	activity, action, work
การ	ga:n	work *n.*
การ กล่าว ประกาศ	ga:n <u>gla:o</u> praga:t	announcement (radio, TV)
การ กัก ผู้ ป่วย โรค ติด ต่อ	ga:n gak **phoo:** puay **rO:k** <u>tit</u> <u>taw:</u>	quarantine
การ กำ เนิด	ga:n gam <u>neuh:t</u>	generation
การ ขาย ปลีก	ga:n kha:i <u>pleek</u>	retail *n.*
การ ขุด เหมือง แร่	ga:n <u>khoot</u> *meuang* **rae:**	mining industry
การ แข่ง ขัน ชก มวย	ga:n <u>khaeng</u> *khan* **jOk** muay	boxing match, fight
การ คลอด บุตร	ga:n <u>khlaw:t</u> **boot**	delivery, birth
การ คัด ลาย มือ	ga:n khat la:i meu:	handwriting
การ ค้า ยา เสพ ติด	ga:n **kha:** ya: <u>se:p</u> <u>tit</u>	drug trafficking
การ จราจร	ga:n jala: jOn	putsch
การ จัด พิมพ์ ขึ้น ใหม่	ga:n jat phim **kheun** mai	reprint, new edition
การ จับ เป็น ก้อน ของ โลหิต	ga:n jap pen **gaw:n** *khaw:ng* lO: <u>hit</u>	blood clot
การ จา รึก	ga:n ja: *reuk*	inscription
การ โจม ตี	ga:n jO:m tee	attack, assault *n.*
การ ฉาย รัง สี	ga:n cha:i rang see	irradiation
การ ชด ใช้ ค่า เสีย หาย	ga:n *chOt* chai **kha:** *sia ha:i*	paying off, compensation
การ ชน กัน	ga:n chOn gan	collision

การ ชันสูตร ศพ	ga:n chana soo:t sOp	autopsy
การ ซื้อ จอง ไว้ ล่วง หน้า	ga:n ***seu:*** jaw:ng *wai* **luang na:**	advance sale
การ ณรงค์ เลือก ตั้ง	ga:n ***na***rOng **leuak tang**	election campaign
การ เดิน ทาง อวกาศ	ga:n deuh:n tha:ng awaga:t	space travel
การ เดิน พาเรด	ga:n deuh:n pha:re:t	parade
การ ตรวจ โรค	ga:n truat **rO:k**	diagnosis
การ ตรวจ เลือด	ga:n truat **leuat**	blood test
การ ตรวจ เลือด	ga:n truat **leuat**	blood sample
การ ต่อ สู้	ga:n taw: **soo:**	fight, struggle *n.*
การ ต่อ สู้ กัน ตัว ต่อ ตัว	ga:n taw: **soo:** gan tua taw: tua	duel
การ ตั้ง เครื่อง กีด ขวาง	ga:n **tang khreuang** geet *khwa:ng*	barrier, to place a barrier
การ ถาง	ga:n *tha:ng*	clearing, glade
การ ถ่าย โล หิต	ga:n tha:i lO: hit	blood transfusion
การ ถือ ผิว	ga:n *theu: phio*	racial discrimination
การ ทด ลอง	ga:n ***thOt*** law:ng	experiment *n.*
การ ทะเลาะ วิวาท	ga:n tha***law wi*****wa:t**	quarrel
การ ทำ หน้าที่ เป็น ตัว แทน	ga:n tham **na:thee** pen tua thae:n	agency
การ ทำ ให้ เกิด ผล ขึ้น	ga:n tham **hai** geuh:t *phOn* **kheun**	impregnation, insemination
การ นอง เลือด	ga:n naw:ng **leuat**	bloodbath
การ นอน ด้วย กัน	ga:n naw:n **duay** gan	sexual intercourse
การ นูน หรือ ป่อง ออก มา	ga:n noo:n reu: pawng aw:k ma:	bump, bulge
การ เน้น เสียง พยางค์	ga:n *nen siang* phaya:ng	accent
การ บรร ยาย	ga:n ban ya:i	lecture *n.*
การ บรรเทา ลง	ga:n banthao lOng	relieve
การ บอก ใบ้	ga:n baw:k **bai**	hint
การ บัญชี	ga:n banchee	bookkeeping
การ บิน	ga:n bin	flight *n.*
การ แบ่ง เป็น พวกๆ	ga:n baeng pen **phuak phuak**	sort *v.*
การ ประ ชุม	ga:n prachoom	conference
การ ประกาศ แจ้ง ความ	ga:n praga:t **jae:ng** khwa:m	advertisement
การ ประมูล ราคา	ga:n pramoo:n ra:kha:	auction *n.*
การ ปรึก ษา	ga:n preuk *sa:*	meeting *n.*
การ ปล้น ธนาคาร	ga:n **plOn** thana:kha:n	bank robbery
การ ป้อง กัน ตน เอง	ga:n **pawng** gan tOn e:ng	self-defense
การ เป็น ผู้ ล้ม ละลาย	ga:n pen **phoo:** *lOm* ***la***la:i	bankruptcy
การ ผ่า ตัด	ga:n pha: tat	operation *n.* (med.)
การ ผ่า ตัด หัว ใจ	ga:n pha: tat *hua* jai	heart transplant
การ ผ่า เสริม สวย	ga:n pha: *seuh:m suay*	cosmetic operation
การ ฝัง เข็ม	ga:n *fang khem*	acupuncture *n.*
การ ฝัง ศพ	ga:n *fang* sOp	burial, funeral *n.*
การ ฝึก สอน	ga:n feuk *saw:n*	training *n.*
การ พนัน	ga:n phanan	gambling *n.*
การ พนัน ขัน ต่อ	ga:n phanan *khan* taw:	bet *n.*
การ ฟ้อง ร้อง	ga:n ***faw:ng raw:ng***	indictment

การ ฟ้อง ร้อง ใน ศาล	ga:n *faw:ng raw:ng* nai *sa:n*	trial, judicial hearing
การ ฟัง	ga:n fang	hearing
การ เมือง	ga:n meuang	politics *n.*
การ ยก โทษ ให้	ga:n *yOk* **thO:t hai**	pardon
การ ย่อย อาหาร	ga:n yoi a:*ha:n*	digestion
การ ยัด ไส้	ga:n **yat sai**	filling *n.*
การ เยี่ยว รด ที่ นอน	ga:n yio *rOt* thee naw:n	bed-wetting
การ ร่วมประ เวณี	ga:n **ruam**pra we:nee	sexual intercourse
การ รัก ษา	ga:n *rak sa:*	cure *n.*
การ รับ ประกัน	ga:n *rap* pra**gan**	guarantee, certify
การ รับ ผิด ชอบ	ga:n *rap* phit **chaw:p**	responsibility *n.*
การ รับ ราช การ ทหาร	ga:n *rap* ra:tcha ga:n tha*ha:n*	military service
การ รับ เหมา	ga:n *rap mao*	order *n.*
การ ลด อาหาร	ga:n *lOt* a:*ha:n*	diet *n.*
การ เล่น	ga:n len	game *n.*
การ เล่น ไพ่	ga:n **len phai**	pack of cards
การ เลือก ตั้ง	ga:n **leuak tang**	election *n.*
การ เวน คืน	ga:n we:n kheu:n	expropriation *n.*
การ ศึก ษา ภาค บัง คับ	ga:n seuk *sa:* **pha:k** bang *khap*	compulsory education
การ สมรส	ga:n *sOm rOt*	wedding *n.*
การ สร้าง เพิ่ม เติม	ga:n **sa:ng pheuh:m** teuh:m	extension
การ สวด มนต์	ga:n suat mOn	prayer
การ สอน	ga:n *saw:n*	instruction *n.*
การ สอน ภาษา ต่าง ประเทศ	ga:n *saw:n* pha:*sa: ta:ng* pra**the:t**	foreign-language teaching
การ สอน วิธี	ga:n *saw:n withee*	instruction *n.*
การ สอบ ไล่	ga:n saw:p **lai**	examination, test *n.*
การ สอบ สวน	ga:n saw:p *suan*	investigation *n.*
การ สัมผัส	ga:n *samphat*	contact *n.*
การ สาร ภาพ	ga:n sa:*ra* **pha:p**	confession *n.*
การ สาร ภาพ บาป	ga:n sa:*ra* **pha:p** ba:p	confessional *n.*
การ สืบ สวน	ga:n seu:p *suan*	inquiry *n.*
การ เสีย เลือด	ga:n sia **leuat**	loss of blood
การ แสดง แก้ ผ้า	ga:n satae:ng **gae: pha:**	striptease *n.*
การ แสดง ดนตรี	ga:n satae:ng dawntree	concert *n.*
การ หมด ราคา	ga:n mOt ra:kha:	deflation *n.*
การ หมั้น	ga:n **man**	engagement *n.*
การ หย่า ร้าง	ga:n ya: *ra:ng*	divorce *n.*
การ หว่าน	ga:n wa:n	seed *n.*
การ ให้ เงิน อุดหนุน	ga:n hai ngeuhn oodnoon	subsidy *n.*
การ ให้ อาหาร บำ รุง	ga:n hai a:*ha:n* bam roong	feeding *n.*
การ อนุมัติ	ga:n anoo**mat**	visa *n.*
การ ออก เดิน ทาง	ga:n aw:k deuh:n tha:ng	departure *n.*
การป้องกันกระแสไฟฟ้ามิให้รั่ว	ga:n pawnkgan grasae:fai *fa:*mihai rua	isolation *n.*
การให้สัมภาษณ์หนังสือพิมพ์	ga:n hai *sampha:t nang seu:* phim	press conference *n.*

กาล สม บูรณ์	ga:n *sOm* boo:n	past perfect
กาลี	ga:lee	whore
กาว	ga:o	adhesive, glue *n.*
กาว	ga:o	glue *n.*
กาว	ga:o	gum, glue
กำ เดา	gamdao	nosebleed
กำ ปั้น	gam**pan**	fist *n.*
กำกวม	gamguam	ambiguous
กำบัง	gambang	shelter *v.*, cover *v.*, protect *v.*
กำแพง	gamphae:ng	wall *n.*
กำมะถัน	gam***ma****than*	sulphur *n.*
กำมะหยี่	gam***ma***yee	velvet *n.*
กำไร	gamrai	profit *n.*
กำลัง	gamlang	strength *n.*
กำลัง	gamlang	power *n.*
กำไล	gamlai	bangle *n.*
กำหนด	gamnOt	control *v.*
กิ่ง	ging	branch, bough (of trees)
กิ้ง กือ	**ging** geu:	millipede
กิน	gin	eat *v.*
กิน ข้าว	gin **kha:o**	eat *v.*
กิน หญ้า	gin **ya:**	graze *v.*
กิ๊บ	***gip***	hairclip
กิโล	gilO:	kilo
กิโลกรัม	gilO:kram	kilogramme
กิโลเมตร	gilO:***me:t***	kilometre
กี่	gee	how much, how many
กี่ ครั้ง	gee *khrang*	how often
กี่ โมง	gee mO:ng	what time?
กีด ขวาง	geet *khwa:ng*	impede *v.*, hinder *v.*
กีด ขวาง	geet *khwa:ng*	obstacle
กีตาร์	gee**ta:**	guitar
กีฬา	geela:	sport *n.*
กุ้ง	**goong**	prawn
กุ้ง	**goong**	lobster
กุญแจ	goonjae:	key *n.*
กุญแจ ปาก ตาย	goonjae: pa:k ta:i	spanner *n.* (tool)
กุญแจ ปาก ตาย	goonjae: pa:k ta:i	wrench *n.* (tool)
กุมภา พันธ์	goompha: phan	February
กุหลาบ	goola:p	rose *n.*
กู	goo:	I, me (impolite)
เก่ง	geng	clever, competent *adj.*
เก่ง	geng	efficient *adj.*
เก็บ	gep	pick *v.*

เก็บ	gep	collect *v.*
เก็บ ของ	gep *khaw:ng*	pack *v.*
เก็บ เงิน	gep ngeuhn	save money
เก็บ ไว้	gep ***wai***	keep *v.*
เกย์	ge:	gay
เกล็ด หิมะ	glet hi***ma***	snowflake
เกลียด	gliat	hate *v.*
เกลือ	gleua	salt *n.*
เกลือ แอม โมเนีย	gleua ae:m mO:nia	ammonium chloride
เกา	gao	scratch *v.*
เก่า	gao	old (thing)
เก้า	**ga:o**	nine
เก้า อี้	**gao ee**	chair *n.*
เก้า อี้ ผ้า ใบ	**gao ee pha:** bai	deck-chair
เกาะ	gaw	island
เกาะ เกี่ยว	gaw gio	board *v.*
เกิด	geuh:t	born *v.*
เกิด	geuh:t	happen *v.*, occur *v.*
เกิด อุบัติเหตุ	geuh:t oobattihe:t	accident
เกิน ความ ต้อง การ	geuh:n khwa:n **tawng** kha:n	excessive *adj.*
เกิน ไป	geuh:n pai	to...
เกียร ติยศ	giad ti***yOt***	honour *n.*
เกียร์ ถอย หลัง	gia *thoi lang*	reverse gear
เกียร์ รถ	gia ***rOt***	gear
เกี่ยว	gio	harvest *v.*
เกี่ยว กับ เพศ	gio gap **phe:t**	sexual
เกี่ยว กับ ไฟฟ้า	gio gap fai ***fa:***	electrical
เกี่ยว กับ เหตุ ผล	gio gap he:d *phOn*	logical
เกี่ยว ข้าว	gio **kha:o**	harvest rice
เกี้ยว	**gio**	flirt *v.*
เกือบ	geuap	nearly, almost
เกือบ	geuap	almost
แก่	gae:	old (human being)
แก้ ไข ให้ ถูก ต้อง	**gae:** *khai* **hai** thoo:k **tawng**	correct *v.*
แก้ แค้น	**gae:** ***khae:n***	revenge *v.*, avenge *v.*
แก้ ห่อ	**gae:** haw:	unpack *v.*
แก้ ออก	**gae:** aw:k	untie *v.*
แกง	gae:ng	curry *n.*
แกน	gae:n	axis
แก้ม	**gae:m**	cheek
แกล้ง	**glae:ng**	annoy *v.*
แก้ว	**gae:o**	glass
แก้ว ตา ดำ	**gae:o** ta: dam	pupil *n.* (of the eye)
แก้ว หู	**gae:o** *hoo:*	eardrum

แก๊ส	***gae:s***	gas
แก๊ส น้ำ ตา	***gae:s nam*** ta:	tear gas *n.*
แกะ	gae	sheep
โก้	**gO:**	elegant
โก โก้	gO: **gO:**	cocoa
โก ดัง	gO: dang	warehouse *n.*
โก เมน	gO: me:n	garnet
โก หก	gO: hOk	lie *v.*, tell a lie
โกง	gO:ng	cheat *v.*
โกน หนวด	gO:n nuat	shave *v.*
โกรธ	grO:t	angry *adj.*
โกศ	gO:t	urn *n.*
ใกล้	**glai**	close, near *adv.*
ใกล้	**glai**	near, close *adv.*
ไก่	gai	tourist guide
ไก่	gai	cock
ไก่	gai	chicken
ไก่ ขัน	gai *khan*	crow *v.*
ไก่ งวง	gai nguang	turkey (animal)
ไก่ ชน	gai chOn	fighting cock
ไก่ ฟ้า	gai ***fa:***	pheasant
ไก่ ย่าง	gai **ya:ng**	roast chicken
ไกล	glai	far, far away
ไกว	guai	swing *v.*

ข

ขณะ	khana	if
ขณะ ที่	khana **thee**	while, during *conj.*
ขน ตา	*khOn* ta:	eyelash
ขน นก	*khOn* ***nOk***	feather
ขน ย้าย	*khOn* ***ya:i***	remove *v.*, clear *v.*
ขน รัก แร้	*khOn* ***rak rae:***	armpit hairs
ขน ลุก	*khOn* ***look***	hair stands on end
ขน สัตว์	*khOn* sat	fur *n.*
ขน ใส่	*khOn* sai	load *v.*
ขนบ ธรรม เนียม	kha*nOp* tham niam	custom, tradition
ขนม	kha*nOm*	sweet *n.*, dessert
ขนม เค็ก	kha*nOm* ***khaek***	cake
ขนม ปัง	kha*nOm* pang	bread *n.*
ขนม ปัง กรอบ	kha*nOm* pang graw:p	biscuit
ขนม ปัง นุ่ม	kha*nOm* pang **noom**	dough
ขนม ปัง ปิ้ง	kha*nOm* pang **ping**	toast *n.*, slices of toast

ขนม เปลือก หุ้ม แข็ง กรอบ	kha*nOm* pleuak **hoom** *khaeng* graw:p	cookies, biscuits
ขนาน	kha*na:n*	parallel
ขบ	khOp	crack *v.* (a nut)
ขบวน ยาน พา หนะ	khapuan ya:n pha: ha***na***	caravan of vehicles
ขม	*khOm*	bitter
ข่ม ขืน	khOm *kheu:n*	rape *v.*
ขมับ	khamap	temple (of the head)
ขมิ้น	kha**min**	turmeric *n.*
ขโมย	khamO:i	thief *n.*
ขโมย	khamO:i	steal *v.*
ขยะ	khaya	rubbish *n.*
ขยะ	khaya	garbage *n.*
ขยะ แขยง	khaya kha*yae:ng*	abhor *v.*
ขยัน	kha*yan*	diligent *adj.*
ขยัน ขัน แข็ง	kha*yan* khan *khaeng*	diligent *adj.*
ขยาย	kha*ya:i*	enlarge *v.*
ขยำ	khayam	knead *v.*
ขยิบ	khayip	wink *v.*
ขรึม	*khreum*	serious *adj.*
ขรึม	*khreum*	sober *adj.*
ขรุ ขระ	khroo khra	bumpy *adj.*
ขลุ่ย	khlooi	flute *n.*
ขวด	khuat	bottle *n.*
ขวด เกลือ	khuat gleua	salt shaker
ขวด พริก ไทย	khuat ***phrik*** thai	pepper caster
ข่วน	khuan	scratch *v.*
ขวา	*khwa:*	right *n.* (direction)
ขวาน	*khwa:n*	axe
ขวาน	*khwa:n*	hatchet, axe
ขอ	*khaw:*	hook, gaff, clasp *n.*
ขอ ทาน	*khaw:* tha:n	beg *v.*
ขอ โทษ	*khaw:* **thO:t**	Excuse me!
ขอ โทษ	*khaw:* **thO:t**	Pardon me!
ขอ ยืม	*khaw:* yeu:m	lend
ขอ ร้อง	*khaw:* ***raw:ng***	request *v.*
ข้อ	**khaw:**	joint (of the body)
ข้อ กำ หนด	**khaw:** gam nOt	rules, regulations
ข้อ ความ	**khaw:** khwa:m	term, statement *n.*
ข้อ ความ	**khaw:** khwa:m	message
ข้อ เคล็ด	**khaw:** ***khled***	dislocate *v.*
ข้อ ต่อ	**khaw:** taw:	joint *n.*
ข้อ เท้า	**khaw:** ***tha:o***	ankle
ข้อ บก พร่อง	**khaw:** bOk **phrawng**	mistake
ข้อ มือ	**khaw:** meu:	wrist

ข้อ ศอก	**khaw:** <u>saw:k</u>	elbow
ข้อ เสนอ	**khaw:** sa*neuh:*	offer
ข้อ เสนอ	**khaw:** sa*neuh:*	suggestion
ข้อ เหวี่ยง	**khaw:** <u>wiang</u>	crankshaft
ของ	*khaw:ng*	of
ของ ขวัญ	*khaw:ng khwan*	gift *n.*
ของ ขวัญ	*khaw:ng khwan*	present *n.* (gift)
ของ ขวัญ วัน เกิด	*khaw:ng khwan* wan <u>geuh:t</u>	birthday present
ของ คุณ	*khaw:ng* khoon	your
ของ ใคร	*khaw:ng* khrai	whose
ของ ตน เอง	*khaw:ng* tOn e:ng	own, of one's own *v.*
ของ ที่ ระลึก	*khaw:ng* **thee ra***leuk*	souvenir
ของ แท้	*khaw:ng* ***thae:***	genuine
ของ แทน	*khaw:ng* thae:n	replacement *n.*
ของ บริจาค	*khaw:ng* baw*ri*<u>ja:k</u>	donation *n.*
ของ โบราณ	*khaw:ng* bO:ra:n	antique
ของ ป้อง กัน	*khaw:ng* **pawng** gan	contraceptive
ของ ฟุ่ม เฟือย	*khaw:ng* **foom** feuai	luxury
ของ มัน	*khaw:ng* man	yours
ของ เรา	*khaw:ng* rao	our
ของ เล่น	*khaw:ng* **len**	toy *n.*
ของ สกปรก	*khaw:ng* sOkaprOk	dirt *n.*
ของ หวาน	*khaw:ng* wa:n	dessert *n.*
ของ หวาน	*khaw:ng* wa:n	sweets, candy
ของ เหลว	*khaw:ng* <u>le:-oo</u>	liquid *n.*
ของ ให้ ยืม	*khaw:ng* **hai** yeu:m	loan *n.*
ของ อะไร	*khaw:ng* <u>arai</u>	accessory
ข้อง ใส่ ปลา	**khawng** <u>sai</u> pla:	creel
ขอบ	<u>khaw:p</u>	edge *n.*
ขอบ คุณ	<u>khaw:p</u> khoon	Thank you!
ขอบ ฟ้า	<u>khaw:p</u> *fa:*	horizon
ขอบ วง ล้อ	<u>khaw:p</u> wOng law:	rim *n.* (of a wheel)
ขัด ขวาง	<u>khat</u> *khwa:ng*	interrupt *v.*, object
ขัด คอ	<u>khat</u> khaw:	interrupt *v.*
ขัด เงา	<u>khat</u> ngao	polish *v.*
ขัด จังหวะ	<u>khat</u> jang<u>wa</u>	interrupt *v.*
ขัด ถู	<u>khat</u> *thoo:*	scrub *v.*
ขัด ยอก	<u>khat</u> **yaw:k**	muscle ache
ขั้น	**khan**	stage *n.*
ขั้น บันได	**khan** bandai	stair
ขัน เกลียว	*khan* glio	screw up, bolt
ขัน เกลียว	*khan* glio	screw on
ขัน เอา สะกรู ออก	*khan* ao <u>sagroo:</u> <u>aw:k</u>	screw off
ขับ	<u>khap</u>	drive *v.*

ขับ รถ	khap *rOt*	drive a car
ขับ ไล่	khap **lai**	expel *v.*
ขับ อ้อม ไป	khap **aw:m** pai	drive around
ขั้ว ไฟ บวก	**khua** fai buak	anode
ขั้ว ไฟฟ้า	**khua** fai *fa:*	electrode
ขั้ว โลก ใต้	**khua lO:k ta:i**	South Pole
ขั้ว โลก ใต้	**khua lO:k ta:i**	Antarctic
ขั้ว โลก เหนือ	**khua lO:k** *neua*	North Pole
ขา	*kha:*	leg *n.* (of the body)
ขา	*kha:*	trouser leg
ขา กรร ไกร บน	*kha:* gan grai bOn	upper jaw
ขา เทียม	*kha:* thiam	prosthesis
ขา หนีบ	*kha:* neep	knock-knees
ข้า ราช การ	**kha: ra:***cha* ga:n	official, government official
ขาก	kha:k	spit *v.*
ขาก เสลด	kha:k sale:t	spit out
ข้าง	**kha:ng**	side *n.*
ข้าง เคียง กัน	**kha:ng** khiang gan	side by side
ข้าง เดียว	**kha:ng** dio	one side
ข้าง นอก	**kha:ng naw:k**	outside
ข้าง ใน	**kha:ng** nai	inside
ข้าง บน	**kha:ng** bOn	above
ข้าง ล่าง	**kha:ng la:ng**	below
ข้าง ล่าง	**kha:ng la:ng**	down, down stairs
ข้าง หน้า	**kha:ng na:**	in front of
ข้าง หน้า	**kha:ng na:**	ahead, in front of
ข้าง หลัง	**kha:ng** *lang*	behind
ข้างๆ	**kha:ng kha:ng**	beside, next to it
ขาด	kha:t	torn *adj.*
ขาด	kha:t	missing, to be incomplete
ขาด ความ ชำ นาญ	kha:t khwa:m cham na:n	inexperienced
ขาด ตัว	kha:t tua	net price
ขาด ไป	kha:t pai	missing
ข้าม	**kha:m**	cross *v.*
ขาย	*kha:i*	sell *v.*
ขาย หน้า	*kha:i* **na:**	ashamed
ขาย หมด แล้ว	*kha:i* mOt **lae:aw**	sold out
ข่าว	kha:o	news *n.*
ข้าว	**kha:o**	rice *n.*
ข้าว ต้ม	**kha:o tOm**	rice soup
ข้าว ผัด	**kha:o** phat	fried rice
ข้าว โพด	**kha:o phO:t**	maize
ข้าว สวย	**kha:o** *suay*	rice (normal cooked)
ข้าว สาลี	**kha:o** sa:lee	wheat *n.*

ข้าว หลาม ตัด	**kha:o** *la:m* <u>tat</u>	diamonds (in the pack of cards)
ข้าว หลาม ตัด	**kha:o** *la:m* <u>tat</u>	rice in bamboo
ข้าว เหนียว	**kha:o** *nio*	sticky rice
ข้าว โอ๊ต	**kha:o** *O:t*	oats
ขำ	*kham*	funny *adj.*
ขิง	*khing*	ginger
ขี่ จักรยาน	<u>khee</u> jagraya:n	cycle *v.*
ขี่ ม้า	<u>khee</u> (***ma:***)	ride *v.* (a horse)
ขี้	**khee**	excrement (colloq.)
ขี้	**khee**	shit
ขี้ เกียจ	**khee** <u>giat</u>	lazy *adj.*
ขี้ โกง	**khee** gO:ng	fraudulent *adj.*
ขี้ ขลาด	**khee** <u>khla:t</u>	cowardly, craven, timid *adj.*
ขี้ ข้า	**khee** kha:	slave
ขี้ โคลน	**khee** khlO:n	mud, sludge
ขี้ เถ้า	**khee** thao	ash
ขี้ ผึ้ง	**khee** pheung	wax *n.*
ขี้ รัง แค	**khee** rang khae:	dandruff *n.*
ขี้ หลง ขี้ ลืม	**khee** *lOng* **khee** leu:m	forgetful *adj.*
ขี้ หู	**khee** hoo:	earwax
ขี้ เหนียว	**khee** nio	stingy, mean
ขี้ อาย	**khee** a:i	shy *adj.*
ขีด ฆ่า	<u>kheet</u> **kha:**	cross out
ขีด สูง สุด	<u>kheet</u> *soo:ng* <u>sood</u>	meridian
ขีด เส้น ใต้	<u>kheet</u> **sen ta:i**	underline *v.*
ขึง	*kheung*	stretch *v.*
ขึ้น	**kheun**	get in, get on
ขึ้น	**kheun**	go up *v.,* to go up
ขุด	<u>khoot</u>	dig *v.*
ขุด	<u>khoot</u>	dig (up) *v.,* turn (over) *v.*
ขุ่น	khoon	cloudy (water)
ขุน ให้ อ้วน พี	*khoon* **hai uan** phee	fatten *v.*
ขุม ขน	<u>khoom</u> khOn	pore *n.* (in the skin)
ขู่	<u>khoo:</u>	threaten *v.*
เขต	<u>khe:t</u>	region, area
เขต	<u>khe:t</u>	bound, boundary, border
เขต	<u>khe:t</u>	district
เขต เลือก ตั้ง	<u>khe:t</u> **leuak tang**	ward, constituency *n.*
เข็น	*khen*	shift *v.,* push *v.*
เข็ม	*khem*	needle, pin
เข็ม กลัด	*khem* <u>glat</u>	brooch
เข็ม ขัด	*khem* <u>khat</u>	belt
เข็ม ขัด นิรภัย	*khem* <u>khat</u> niraphai	safety belt
เข็ม ฉีด ยา	*khem* <u>cheet</u> ya:	injection

เข็ม ชี้	*khem* ***chee***	pointer, needle
เข็ม ทิศ	*khem* ***thit***	compass *n.*
เข็ม หมุด	*khem* moot	pin, pinhead
เข็มวัด ความ เร็ว	*khem**wat*** khwa:m re-oo	speedometer
เข็มวัด รอบ เครื่อง ยนต์	*khem**wat*** **raw:p khreuang** yOn	revolution counter
เข้ม งวด	**khem nguat**	strict *adj.*
เขมร	kha*me:n*	Cambodia
เขยก	khaye:k	limp *v.*
เขย่า	khayao	shake *v.*
เขลา	*khlao*	stupid, foolish
เขา	*khao*	she
เขา	*khao*	he
เขา	*khao*	him
เขา ลือ	*khao* leu:	rumour
เขา เล่า กัน ว่า	*khao* **lao** gan **wa:**	alleged
เขา วง กต	*khao* wOng gOt	labyrinth
เข้า	**khao**	enter *v.*
เข้า ใจ	**khao** jai	understand *v.*
เข้า ใจ ผิด	**khao** jai phit	misunderstand *v.*
เข้า เส้น	**khao sen**	intravenous
เข้า(ไป)	**khao**(pai)	enter, go in to
เขียน	*khian*	write *v.*
เขียน ถึง	*khian theung*	write to
เขียน ภาพ ล้อ	*khian* **pha:p** ***law:***	caricature *v.*
เขียน หวัด	*khian* wat	scrawl *v.*
เขื่อน	kheuan	embankment
เขื่อน	kheuan	dam *n.*
แขก	khae:k	visitor
แข็ง	*khaeng*	hard
แข็ง ทื่อ	*khaeng* **theu:**	stiff *adj.* (not soft)
แข็ง แรง	*khaeng* rae:ng	strong *adj.*
แข่ง รถ	khaeng ***rOt***	motorrace
แขน	*khae:n*	arm (of the body)
แขน	*khae:n*	sleeve *n.*
แขวน	*khwae:n*	hang up
แขวน	*khwae:n*	hang *v.*
ไข ควง	*khai* khuang	screwdriver
ไข มัน	khai man	fat *n.*
ไข มัน ใน เลือด	khai man nai **leuat**	blood fat
ไข สกรู	*khai* sagroo:	screw *v.*
ไข สกรู	*khai* sagroo:	unscrew *v.*
ไข่	khai	egg *n.*
ไข่ ขาว	khai *kha:o*	albumen
ไข่ เจียว	khai jio	omelette

ไข่ ดาว	<u>khai</u> da:o	fried egg
ไข่ แดง	<u>khai</u> dae:ng	yolk *n.*
ไข่ มุก เลี้ยง	<u>khai</u> ***mook liang***	cultured pearl
ไข้	**khai**	fever *n.*
ไข้ คอ ตีบ	**khai** khaw: <u>teep</u>	diphtheria
ไข้ ใจ	**khai** jai	lovesickness
ไข้ ราก สาด	**khai ra:k sa:t**	typhoid
ไข้ หวัด ใหญ่	**khai** <u>wat</u> <u>yai</u>	influenza

ค

คง กะพัน	khOng gaphan	invulnerable
คง จะ	khOng <u>ja</u>	possibly
คง จะ	khOng <u>ja</u>	perhaps
คง ที่	khOng **thee**	remain *adj.*
คง อยู่	khOng <u>yoo:</u>	stay
คณิต ศาสตร์	kha***nit*** ta<u>sa:t</u>	mathematics
คดี	khadee	process *n.* (legal)
คดี อาญา	khadee a:ya:	trial, criminal case
ค้น	***khOn***	search *v.*
ค้น บ้าน	***khOn*** **ba:n**	house search
ค้น พบ	***khOn*** <u>phOp</u>	discover *v.*
คน	khOn	human being
คน	khOn	people
คน	khOn	person *n.*
คน กิน เจ	khOn gin je:	vegetarian
คน โกง	khOn gO:ng	swindler *n.*
คน ขลาด	khOn <u>khla:t</u>	craven, coward
คน ขอ ทาน	khOn *khaw:* tha:n	beggar *n.*
คน ขับ รถ	khOn <u>khap</u> ***rOt***	driver *n.*
คน ขับ รถ ยนต์	khOn <u>khap</u> ***rOt*** yOn	chauffeur
คน ไข้	khOn **khai**	patient
คน แคระ	khOn ***khrae***	dwarf
คน งาน	khOn nga:n	worker *n.*
คน โง่	khOn **ngO:**	idiot
คน ชั้น ต่ำ	khOn *chan* <u>tam</u>	lower social class
คน ช่าง พูด	khOn **chang phoo:t**	chatter
คน ดำ น้ำ	khOn dam ***na:m***	diver *n.*
คน ดู	khOn doo:	spectator *n.*
คน ดู	khOn doo:	viewer *n.*
คน เดิน	khOn deuh:n	pedestrian
คน เดียว	khOn dio	alone

คน ต่าง ประเทศ	khOn ta:ng prathe:t	foreigner
คน ติด เหล้า	khOn tit lao	alcoholic *n.*
คน ทำ ขนม ปัง	khOn tham kha*n*Om pang	baker
คน ที่ เห็น แก่ ตัว	khOn *thee hen* gae: tua	egoist
คน โท น้ำ	khOn thO: *na:m*	jug
คน ไทย	khOn thai	Thai *n.* (people)
คน บ้าๆ	khOn **ba: ba:**	goof, idiot
คน ปีน เขา	khOn peen *khao*	mountain climber
คน เฝ้า ประตู	khOn **fao** *pratoo:*	gatekeeper
คน เฝ้า ประตู	khOn **fao** *pratoo:*	porter
คน พเน จร	khOn phane: jaw:n	nomad
คน พื้น เมือง	khOn *pheu:n* meuang	native *n.*
คน มุง หลัง คา	khOn moong *lang* kha:	roofer *n.*
คน ยิว	khOn yio	Jew
คน รับ ใช้	khOn *rap chai*	servant
คน รู้ จัก	khOn *roo:* jak	acquaintance
คน เลี้ยง ผึ้ง	khOn *liang* **pheung**	beekeeper
คน เลี้ยง สัตว์	khOn *liang* sat	herdsman
คน หน้า เลือด	khOn **na: leuad**	usurer
คน ไหน	khOn *nai*	who?
คน อ่าน หนัง สือ ไม่ ออก	khOn *a:n nang seu:* **mai** aw:k	illiterate (person)
คบ	khOp	torch *n.*
คม	khOm	sharp *adj.* (knife)
ครบ	***khrOp***	complete *adj.*
ครบ กำ หนด	***khrOp*** gam nOd	due
ครบ ครัน	***khrOp*** khran	complete *adj.*
ครรภ์	khan	womb
ครอบ ครัว	**khraw:p** khrua	family *n.*
ครั้ง	***khrang***	time *n.* (occurrence)
ครั้ง นี้	***khrang nee***	this time
ครั้ง หนึ่ง	***khrang*** neung	once
คราง	khra:ng	groan *v.*
คราด	**khra:t**	rake
คริสต์	***khris***	Christ
คริสต์มาส	***khri*sama:d**	Christmas
คริสตัง	***khri*stang**	Christian (catholic)
คริสเตียน	***khri*stiyn**	Christian (evangelic)
ครีบ ปลา	**khreep** pla:	fin
ครีบ ปลา ฉลาม	**khreep** pla: cha*la:m*	shark fin
ครีม	khreem	cream
ครีม กัน แดด	khreem gan dae:d	suncream *n.*
ครึ่ง	**khreung**	half
ครึ่ง วง กลม	**khreung** wOng glOm	semicircle
ครุฑ	**khroot**	garuda

ครู	khroo:	teacher *n.*
คลอง	khlaw:ng	canal
คล่อง	**khlawng**	mobile
คล่อง แคล่ว	**khlawng khlae:o**	adroit *adj.*
คลอด	**khlaw:t**	give birth to
คลอน แคลน	khlaw:n khlae:n	wobble *v.*
คลอรีน	khlaw:reen	chlorine
คละ กัน	*khla* gan	mixed, assorted
คลั่ง ศาสนา	**khlang** <u>sa:ts</u>*ana:*	fanatic *adj.*
คลาน	khla:n	crawl *v.*
คลาย	khla:i	disentangle *v.*
คล้าย คลึง	*khlai* khleung	similar *adj.*
คลาสสิก	khla:sik	classical
คลื่น	**khleu:n**	wave *n.*
คลื่น กระทบ ฝั่ง	**khleu:n** <u>grathOp</u> fang	surf, breakers
คลื่น ไส้	**khleu:n sai**	disgust *v.*
ควบ คุม	**khuap** khoom	control *v.*
ควร	khuan	should *v.*, ought
ควัน	khwan	smoke *n.*
ควัน รถ	khwan *rOt*	car exhaust fume
ความ กด ดัน ของบรรยากาศ	khwa:m *gOt* dan *khaw:ng* banya: <u>ga:t</u>	air pressure
ความ โกรธ	khwa:m <u>grO:t</u>	anger *n.*
ความ ครึ่งๆ กลางๆ	**khwa:m khreung khreung** gla:ng gla:ng	imperfect tense
ความ คิด	khwa:m *khit*	idea
ความ คิด เห็น	khwa:m *khit hen*	opinion *n.*
ความ ดัน โล หิต	khwa:m dan lO: <u>hit</u>	blood pressure
ความ ดัน โล หิต ต่ำ	khwa:m dan lO: <u>hit tam</u>	blood pressure, too low
ความ ดัน โล หิต สูง	khwa:m dan lO: <u>hit</u> *soo:ng*	hypertension, high blood pressure
ความ ตื่น ตนก ตก ใจ	khwa:m <u>teu:n</u> tanOk <u>tOk</u> jai	panic
ความ ถ่วง	khwa:m thuang	force of gravity
ความ ถี่	khwa:m <u>thee</u>	frequency
ความ ถี่ สูง	khwa:m <u>thee</u> *soo:ng*	high frequency
ความ ทรง จำ	khwa:m sOng jam	memory
ความ ปรา ถนา	khwa:m <u>pra:t</u> tha*na:*	wish *n.*
ความ เป็น มิตร	khwa:m pen *mit*	friendship
ความ เป็น สามี ภรรยา	khwa:m pen sa:mee phalaya:	marriage
ความ ผิด ฐาน พยาน เท็จ	khwa:m *phit tha:n* phaya:n *thet*	perjury
ความ พยายาม จะ เอา ชีวิต	khwa:m *pha*ya:ya:m <u>ja</u> ao chee*wit*	assassination attempt
ความ มี ศิล ธรรม	khwa:m mee *sinla* tham	morals
ความ ไม่ มี เพศ	khwa:m *mai* mee phe:t	neuter
ความ ระมัด ระวัง	khwa:m *ramat ra*wang	caution *n.*
ความ เร็ว	khwa:m re-oo	speed *n.*
ความ ลับ	khwa:m *lap*	secret *n.*
ความ สง สัย	khwa:m *sOng sai*	suspicion *n.*

ความ สงบ	khwa:m san<u>gOp</u>	peace *n.*
ความ สม ดุล	khwa:m *sOm* doon	balance *n.*
ความ สุข	khwa:m <u>sook</u>	luck *n.*
ความ เสีย หาย	khwa:m *sia ha:i*	damage *v.*
ความ เสี่ยง	khwa:m <u>siang</u>	risk *n.*
ความ หา ยาก	khwa:m *ha:* **ya:k**	rarity
ความ เห็น อก เห็น ใจ	khwa:m *hen* <u>aw:k</u> *hen* jai	sympathy *n.*
ความ อ้วน เทอะ ทะ	khwa:m **uan *theuh tha***	obesity
ควาย	khwa:i	buffalo *n.*
ควาย	khwa:i	water buffalo
คว่ำ	**khwam**	turn over *v.*
ควินิน	***khwi***nin	quinine
คอ	khaw:	neck
คอ เสื้อ	khaw: **seua**	collar
คอ หอย	khaw: *haw:i*	larynx
คอ หอย พอก	khaw: *haw:i* **phaw:k**	gout
คอก พยาน	**khaw:k** phaya:n	witness stand *n.*
ค้อน	***khaw:n***	hammer *n.*
คอน กรีต	khaw:n <u>greet</u>	concrete
คอนเทคเลนส์	khawn<u>thek</u>le:n	contact lens
คอมพิวเตอร์	khawmphio**teuh:**	computer
คอย	khaw:i	wait *v.*
ค่อยๆ	**khoi khoi**	gently
คะแนน	***kha***nae:n	mark (on exams)
คะแนน	***kha***nae:n	score *n.* (point on an exam)
คัน	khan	itch *v.*
คัน เกียร์	khan gia	gear-change
คัน ไถ	khan *thai*	plough *n.*
คัน เบ็ด	khan <u>bet</u>	fishing-rod
คัน เร่ง	khan **reng**	accelerator
คัน สตารท์ รถ	khan sa***ta:t rOt***	starter (at the motorcycle)
คั้น	***khan***	squeeze *v.*
คับ	***khap***	tight, skimp *adj.*
คัมภีร์	khamphee	bible
ค่า จอด รถ	**kha:** <u>jaw:t</u> ***rOt***	parking fee
ค่า จ้าง	**kha: ja:ng**	hire, payment
ค่า เช่า	**kha: chao**	rent *n.*
ค่า ใช้ จ่าย	**kha: *chai*** <u>ja:i</u>	expenses
ค่า โดย สาร	**kha:** dO:i *sa:n*	fare
ค่า ทำ ขวัญ	**kha:** tham *khwan*	compensation *n.*
ค่า โทรศัพท์	**kha:** thO:ra<u>sap</u>	telephone charge
ค่า ธรรม เนียม	**kha:** tham niam	charge, fee
ค่า ปิด ปาก	**kha:** <u>pit</u> <u>pa:k</u>	hush money
ค่า ไปรษณีย์	**kha:** praisanee	postage *n.*

ค่า ผ่าน ประตู	**kha:** pha:n pratoo:	admission charge
ค่า รถ เมล์	**kha:** ***rOt*** me:	bus fare
ค้า ขาย	***kha:*** *kha:i*	trade *v.*, to do business
ค้า ส่ง	***kha:*** sOng	wholesale
คาง	kha:ng	chin
คาง คก	kha:ng **khOk**	toad (animal)
ค้าง คาว	***kha:ng*** kha:o	bat (animal)
ค้าง คืน	***kha:ng*** kheu:n	stay over night
คาด	**kha:t**	gird *v.*, wear *v.*
คาด คะเน	**kha:t** ***kha***ne:	estimate *v.*
คาทอลิค	khathawlik	catholic
ค้าน	***kha:n***	oppose *v.*
คาบ	kha:p	retrieve *v.*
คาเฟอีน	kha:fe:een	caffeine
ค่าย	**kha:i**	camp, army camp
ค่าย อพยพ	**kha:i** Opa***yOp***	refugee camp
คำ	kham	word *n.*
คำ กริยา	kham ***giri***ya:	verb *n.*
คำ คัด ค้าน	kham ***khat kha:n***	objection *n.*
คำ ตอบ	kham taw:p	answer *n.*
คำ ตัด สิน	kham tat *sin*	judgment
คำ ต่าง ประเทศ	kham ta:ng pra**the:t**	foreign word
คำ ถาม	kham *tha:m*	question *n.*
คำ นวณ	kham nuan	calculate *v.*
คำ นวณ ดู	kham nuan doo:	calculate *v.*
คำ นาม	kham na:m	noun
คำ นำ	kham nam	preface
คำ แนะนำ	kham ***nae***nam	advice *n.*
คำ ปราศรัย	kham pra:*sai*	speech *n.*
คำ ราม	kham ra:m	growl *v.*
คำ วิเศษณ์	kham ***wi***se:t	adverb
คำ ศัพท์	kham sap	vocabulary
คำ สอน พระ เยซู	kham *saw:n* ***phra*** ye:soo:	gospel
คำ สั่ง	kham sang	order, command *n.*
คำ สั่ง	kham sang	commandment
คำ สั่ง ของ ศาล	kham sang khaw:ng *sa:n*	judgment
คำ สา บาน	kham *sa:* ba:n	oath *n.*
คำ สาป	kham sa:p	curse *n.*
คำ ให้ การ	kham **hai** ga:n	questioning, interrogation
คิด	***khit***	think *v.*
คิด	***khit***	concentrate *v.*
คิด ถึง	***khit*** *theung*	miss *v.* (think of somebody)
คิด ถึง	***khit*** *theung*	think about *v.*
คิด ถึง บ้าน	***khit*** *theung* **ba:n**	homesickness

คิด ผิด	*khit* <u>phit</u>	mistaken, are mistaken
คิด เลข	*khit* **le:k**	calculate *v.*
คิด ว่า	*khit* **wa:**	think that... *v.*
คิ้ว	*khio*	eyebrow
คี่	**khee**	odd, uneven
คีม	kheem	tongs *n.* (tool)
คืน	kheu:n	night *n.*
คืน นี้	kheu:n *nee*	this evening
คืน นี้	kheu:n *nee*	tonight
คืนชีพ	kheu:n **cheep**	rise (from the dead)
คุก	**khook**	jail *n.*
คุก	**khook**	prison, jail
คุณ	khoon	you
คุณ	khoon	Mr.. ,Mrs.., Miss
คุณ วุฒิ	khoon na**woot**	quality *n.*
คุณ ศัพท์	khoona <u>sap</u>	adjective
คุณ สม บัติ	khoona sOm <u>bat</u>	quality, property
คุม ขัง	khoon *khang*	lock up (a person)
คุม ครอง	**khoom** khraw:ng	protect *v.*
คุย	khooi	chat *v.*, talk *v.*
คู่	**khoo:**	pair
คู่ ขา	**khoo:** *kha:*	partner
คู่ ชีวิต	**khoo:** chee**wit**	spouse, couple
คู่ บ่าว สาว	**khoo:** <u>ba:o</u> *sa:o*	bride and bridegroom
คู่ รัก	**khoo:** *rak*	courting couple
คู่ หมั้น	**khoo:** **man**	fiancee
คู หา	khoo: *ha:*	apartment
คู หา	khoo: *ha:*	building unit
คูณ	khoo:n	multiply *v.*
คูปอง	khoo:paw:ng	voucher
คูปอง	khoo:paw:ng	coupon
เค็ม	khem	salty *adj.*
เคมี	khemee	chemistry *n.*
เคย	kheuh:i	used to
เคร่ง ศาสนา	**khreng** <u>sa:ts</u>a*na:*	religious *adj.*
เครา	khrao	beard *n.*
เครื่อง	**khreuang**	apparatus *n.*
เครื่อง	**khreuang**	device *n.*
เครื่อง	**khreuang**	machine, device
เครื่อง กรอง	**khreuang** graw:ng	filter *n.*
เครื่อง ก่อ สร้าง	**khreuang** <u>gaw:</u> **sa:ng**	building material
เครื่อง กำหนด ไฟ ฟ้า	**khreuang** gam<u>nOt</u> fai *fa:*	generator
เครื่อง โกน หนวด	**khreuang** g**O:**n nuat	shaver
เครื่อง ขยาย เสียง	**khreuang** kha*ya:i siang*	microphone

เครื่อง ขยาย เสียง	**khreuang** kha*ya:i siang*	amplifier *n.*
เครื่อง ขุด	**khreuang** khoot	digger, excavator
เครื่อง คิด เลข	**khreuang *khit* le:k**	calculator
เครื่อง เคมี	**khreuang** khemee	chemicals
เครื่อง เคลือบ ดิน เผา	**khreuang khleuap** din **phao**	ceramics, pottery
เครื่อง จักร กล	**khreuang** jak gOn	machinery
เครื่อง จักร ไอ น้ำ	**khreuang** jak ai ***na:m***	steam engine
เครื่อง จับ เท็จ	**khreuang** jap ***thet***	lie detector
เครื่อง เจาะ รู	**khreuang** jaw roo:	perforator *n.*
เครื่อง แจ้งเพลิง ไหม้	**khreuang jae:ng**phleuh:ng **mai**	fire-alarm box
เครื่อง ฉาย	**khreuang** *cha:i*	projector
เครื่อง ฉาย หนัง	**khreuang** *cha:i nang*	cinematograph, projector
เครื่อง ฉุด ลาก	**khreuang** choot **la:k**	traction engine
เครื่อง ซัก ผ้า	**khreuang *sak* pha:**	washing machine *n.*
เครื่อง ดนตรี	**khreuang** dOntree	music instrument
เครื่อง ดับ เพลิง	**khreuang** dap phleuh:ng	fire extinguisher
เครื่อง ดำ น้ำ	**khreuang** dam ***na:m***	diving gear
เครื่อง ดื่ม	**khreuang** deu:m	drink, beverage *n.*
เครื่อง ดูด ฝุ่น	**khreuang** doo:t foon	vacuum cleaner
เครื่อง ตัด หญ้า	**khreuang** tat **ya:**	lawn mower
เครื่อง แต่ง กาย	**khreuang** taeng ga:i	dress, clothing *n.*
เครื่อง ทำ ความ ร้อน	**khreuang** tham khwa:m ***raw:n***	radiator
เครื่อง เทศ	**khreuang the:t**	spice *n.*
เครื่อง บิน	**khreuang** bin	aeroplane
เครื่อง บิน	**khreuang** bin	airplane
เครื่อง บิน	**khreuang** bin	plane *n.* (aeroplane)
เครื่อง บิน ตก	**khreuang** bin tOk	airplane crash
เครื่อง บิน ทะเล	**khreuang** bin thale:	seaplane
เครื่อง บิน ไอ พ่น	**khreuang** bin ai **phOn**	jet, jet plane
เครื่อง แบบ	**khreuang** bae:p	uniform *n.*
เครื่อง ประดับ	**khreuang** pradap	jewelry
เครื่อง ประทิน โฉม	**khreuang** prathin chO:m	cosmetics
เครื่อง ปั่น ไฟ	**khreuang** pan fai	dynamo, alternator
เครื่อง ปั๊ม น้ำ	**khreuang *pam na:m***	pump *n.*
เครื่อง พิมพ์ ดีด	**khreuang** phim deet	typewriter *n.*
เครื่อง ฟัง	**khreuang** fang	hearing aid
เครื่อง มือ	**khreuang** meu:	tool *n.*, instrument *n.*
เครื่อง ยนต์	**khreuang** yOn	engine *n.*
เครื่อง รับ วิทยุ	**khreuang *rap wi***tha*yoo*	radio set
เครื่อง ล้าง จาน	**khreuang *la:ng*** ja:n	dishwasher
เครื่อง เล่น ซีดี	**khreuang len** seedee	CD-player
เครื่อง เล่น เทป	**khreuang len *the:p***	tape deck *n.*
เครื่อง เล่น วีดีโอ	**khreuang len** weedeeO:	video recorder
เครื่อง วัด	**khreuang *wat***	measuring instrument

เครื่อง วัด ปรอท	**khreuang** ***wat*** paraw:t	barometer
เครื่อง สัญ ญาณ ภัย	**khreuang** san ya:n phai	alarm system
เครื่อง เสียง รถ ยนต์	**khreuang** *siang* ***rOt*** yOn	car radio
เครื่อง หมาย	**khreuang** *ma:i*	sign *n.*, mark *n.*
เครื่อง หมาย ตก ใจ	**khreuang** *ma:i* tOk jai	exclamation mark
เครื่อง หลัง	**khreuang** *lang*	rucksack
เครื่อง อบ ผ้า	**khreuang** Op **pha:**	tumble dryer
เครื่อง อะไหล่ รถ ยนต์	**khreuang** alai ***rOt*** yOn	car accessories
เครื่อง อัด สำ เนา	**khreuang** at *sam* nao	photocopier
เครื่อง เอ็กซ์เรย์	**khreuang** ***ek***sare:	X-ray unit
เครื่อง แอร์	**khreuang** ae:r	air-condition
เคลื่อน	**khleuan**	glide *v.*
เคลื่อน ไหว	**khleuan** *wai*	move *v.*
เคลือบ	**khleuap**	glaze *v.*, enamel *v.*, coat *v.*
เคาะ	***khaw***	knock *v.*
เคี้ยว	***khio***	chew *v*
เคี้ยว หมาก	***khio*** ma:k	chewing tobacco
เคือง	kheuang	annoy, to be annoyed with
แคตตาลอก	***khaet***ta:***lawk***	catalogue
แคบๆ	**khae:p khae:p**	narrow
แค๊ปซูล	khaepsoo:l	capsule
แครอท	khae:rawt	carrot
แคลเซียม	khae:l**siam**	calcium
แคลเซียม ซัลเฟต	khae:l**siam** sanfe:t	gypsum
แคลอรี่	khae:law:**ree**	calorie
โค	khO:	cow
โคเคน	khO:khe:n	cocaine
โค่น	**khO:n**	fell (tree)
โคม ไฟ	khO:m fai	lantern, lamp
โครง	khrO:ng	skeleton
โครง การ	khrO:ng ga:n	plan, scheme, plot *v.*
โครง ภาพ ร่าง	khrO:ng **pha:p ra:ng**	frame, contour, outline
โคลง	khlO:ng	poem
โคลน	khlO:n	mud, loam
โคลน	khlO:n	mush, mud, slush
ใคร	khrai	whom
ใคร	khrai	who

ฆ

ฆ่า	**kha:**	murder *v.*
ฆ่า	**kha:**	slaughter *v.*
ฆ่า	**kha:**	kill *v.*, murder *v.*

ฆ่า เชื้อ โรค	kha: cheua rO:k	disinfect v.
ฆ่า ตัว ตาย	kha: tua ta:i	suicide (colloq.)
ฆ่า ให้ ตาย	kha: hai ta:i	kill v.
ฆา ตกร	kha: tagOn	murderer, killer
ฆา ตกรรม	kha: tagam	murder, killing n.
เฆี่ยน	khian	whip v., beat v., to hit a person
โฆ ษณา	khO: sana:	advertise v.
โฆ ษณา	khO: sana:	advertising n.

ง

งก	ngOk	greedy adj.
งวง ช้าง	nguang *cha:ng*	trunk (of the elephant)
ง่วง นอน	nguang naw:n	sleepy adj.
งอ	ngaw:	bend v.
งอ ลง	ngaw: lOng	bend (down)
งอบ	ngaw:p	hat
ง่อย	ngoi	paralyzed adj.
ง่อย	ngoi	paralysis n.
ง่อย เปลี้ย เสีย ขา	ngoi plia *sia kha:*	lame
งั่ง	ngang	fool, stupid person n.
งัด เข้า มา	*ngat* khao ma:	break in
งา	nga:	sesame
งา ช้าง	nga: *cha:ng*	ivory n.
งาน	nga:n	job
งาน	nga:n	work
งาน แข่ง เรือ	nga:n khaeng reua	regatta
งาน ฉลอง	nga:n cha*law:ng*	celebration
งาน บ้าน	nga:n ba:n	housework
งาน พิเศษ	nga:n *phi*se:t	by-work, extra work
ง่าย	nga:i	simple (not difficult)
ง่าย	nga:i	easy adj.
งีบ	ngeep	doze v.
งู	ngoo:	snake n.
งู เหลือม	ngoo: *leuam*	boa (snake)
งู เห่า	ngoo: hao	cobra
เงา	ngao	shadow n.
เงา ใน กระจก	ngao nai grajOk	mirror image
เงาะ	*ngaw*	rambutan
เงิน	ngeuhn	money
เงิน	ngeuhn	silver n.
เงิน กู้	ngeuhn goo:	loan n.

เงิน ค่า ใช้ จ่าย ใน บ้าน	ngeuhn **kha:** *chai* ja:i nai **ba:n**	housekeeping money
เงิน ค่า ไถ่	ngeuhn **kha:** <u>thai</u>	ransom
เงิน ค่า ทำ ขวัญ	ngeuhn **kha:** tham *khwan*	smart-money
เงิน ค่า ธรรม เนียม	ngeuhn **kha:** tham niam	bonus
เงิน เดือน	ngeuhn deuan	salary *n.*
เงิน ตรา ต่าง ประเทศ	ngeuhn tra: <u>ta:ng</u> <u>pra</u>**the:t**	foreign currencies
เงิน ปลอม	ngeuhn plaw:m	counterfeit money
เงิน มัด จำ	ngeuhn *mat* jam	deposit *n.*
เงิน สด	ngeuhn <u>sOt</u>	cash
เงิน สิน บน	ngeuhn *sin* bOn	bribe money
เงียบ	**ngiap**	quiet, calm *adj.*
เงียบ	**ngiap**	silent *adj.*
เงื่อน	**ngeuan**	knot
โง่	**ngO:**	stupid *adj.* dump *adj.*
โง่	**ngO:**	naive *adj.* (foolish)

จ

จง ใจ	jOng jai	deliberate
จง ใจ	jOng jai	intend
จด จำ	<u>jOt</u> jam	remember *v.*
จดหมาย	<u>jOt</u>*ma:i*	letter *n.*
จดหมาย ขู่	<u>jOt</u>*ma:i* <u>khoo:</u>	threatening letter
จดหมาย รัก	<u>jOt</u>*ma:i* *rak*	love letter
จดหมาย ลง ทะเบียน	<u>jOt</u>*ma:i* <u>l</u>Ong *tha*bian	registered letter
จดหมาย ลา	<u>jOt</u>*ma:i* la:	farewell letter
จตุ บาท	jatoo <u>ba:t</u>	quadruped
จน	jOn	poor *adj.*
จบ	<u>jOp</u>	graduate
จบ	<u>jOp</u>	end, close
จม	jOm	sink *v.*
จม น้ำ	jOm *na:m*	drown *v.*
จม น้ำ	jOm *na:m*	sink *v.* (go under water)
จมูก	<u>jamoo:k</u>	nose
จร จัด	jaw:n <u>jat</u>	homeless person
จรวด	<u>jaruat</u>	rocket
จระเข้	jaw:*rakhe:*	crocodile
จรา จร	jara: jaw:n	traffic *n.*
จริง	jing	true *adj.*
จริง	jing	real *adj.*
จริง ใจ	jing jai	sincere, honest *adj.*
จอ	jaw:	screen *n.*
จอก	<u>jaw:k</u>	tumbler, mug *n.*

จ้อง	**jawng**	stare at, gaze *v.*
จ้อง	**jawng**	gaze *v.*
จอง ที่	jaw:ng **thee**	reserve (a seat)
จอง ห้อง	jaw:ng **hawng**	reserve (a room)
จอด	jaw:t	stop *v.* (a car)
จอด	jaw:t	land *v.* (an aeroplane)
จอด	jaw:t	park *v.* (a vehicle)
จอม ปลวก	jaw:m pluak	ant hill
จะ	ja	shall (will)
จะ	ja	will *v.*
จัก จั่น	*jaga* jan	cicada
จั๊กจี้	*jak*gajee	ticklish *adj.*
จัก ษุพะยาน	jak soo*pha*ya:n	eyewitness
จักร เย็บ ผ้า	jak *yep* pha:	sewing machine
จักรยาน	jakraya:n	bike
จักรยาน ยนต์	jakraya:n yOn	motorcycle
จักรวาล	jakrawa:n	universe *n.*
จังหวะ	jangwa	beat (music)
จังหวัด	jangwat	province
จัด	jat	arrange *v.*
จัด แจง	jat jae:ng	organize *v.*
จัด ไว้ เป็น พวกๆ	jat *wai* pen **phuak phuak**	arrange *v.*, sort *v.*
จัด ให้ เรียบ ร้อย	jat **hai** *riap raw:i*	tidy up
จันทน์ เทศ	jan the:t	nutmeg apple
จันทร คราส	jan*tha* khra:t	lunar eclipse
จับ	jap	grab *v.*
จับ	jap	catch *v.*
จับ	jap	take *v.*
จับ	jap	touch *v.* (with the fingers)
จับ	jap	hold *v.*, catch *v.*
จับ แน่น	jap **nen**	seize *v.* (hold *v.*)
จับ ปลา	jap pla:	fish *v.*
จ่า หน้า ซอง	ja: **na:** saw:ng	address (on an envelope)
จาก หัว ใจ	ja:k *hua* jai	hearty, cordial
จาก ไหน	ja:k *nai*	where from
จาง	ja:ng	wane, fade, disperse
จ้าง	**ja:ng**	employ *v.*
จาน	ja:n	plate *n.*
จาน จ่าย	ja:n ja:i	distributor (at the engine)
จาน ดาว เทียม	ja:n da:o thiam	satellite dish
จาน รอง ถ้วย	ja:n raw:ng **thuay**	saucer
จาม	ja:m	sneeze *v.*
จ่าย	ja:i	pay *v.*
จ่าย (ยา)	ja:i (ya:)	give (medicine)

จ่าย เงิน	<u>ja:i</u> ngeuhn	pay *v.*
จ่าย เงิน ผ่อน เป็น งวด	<u>ja:i</u> ngeuhn phawn pen **nguat**	pay by installments
จำ	jam	remember, recognize
จำ ใจ	jam jai	force *v.*
จำ ได้	jam **da:i**	remember, recall
จำ นวน ที่ ขาย ได้	jam nuan **thee** *kha:i* **da:i**	sales *n.*
จำ นวน พัน ล้าน	jam nuan phan *la:n*	billion
จำ นวน พิมพ์	jam nuan phim	print quantity
จำ นำ	jam nam	pawn *v.*
จำ แลง	jam lae:ng	transform *v.*
จิก	<u>jik</u>	peck *v.*
จิ้ง จก	**jing** <u>jOk</u>	lizard
จิ้ง จก	**jing** <u>jOk</u>	gecko
จิ้ง หรีด	**jing** <u>reet</u>	cricket (insect)
จิง โจ้	jing **jO:**	kangaroo
จิต	jit	spirit *n.* (soul)
จิต แพทย์	jida **phae:t**	psychiatrist
จิบ	<u>jip</u>	sip *v.*
จิ้ม	**jim**	dip in
จิ้ม (ฟัน)	**jim** (fan)	pick (one's teeth)
จิ๋ม	*jim*	vagina
จี้	**jee**	pendant
จีบ ปาก	<u>jeep</u> <u>pa:k</u>	sulk *v.*
จึง	<u>jeung</u>	therefore, so *adv.*
จืด	<u>jeu:t</u>	insipid
จุก	<u>jook</u>	topknot *n.* (in the hair)
จุก ไม้ ก๊อก	<u>jook</u> *ma:i gawg*	cork *n.*
จุด	<u>joot</u>	spot, point *n.*
จุด	<u>joot</u>	point, dot, period, (.)
จุด ตาม หน้า	<u>joot</u> ta:m **na:**	freckles
จุด น้ำ แข็ง	<u>joot</u> *nam khaeng*	freezing point
จุด น้ำ เดือด	<u>joot</u> *nam* <u>deuat</u>	boiling point
จุด ไฟ	<u>joot</u> fai	light *v.*, set on fire
จุด ลูก น้ำ	<u>joot</u> **loo:k** *na:m*	comma
จุด หมาย	<u>joot</u> *ma:i*	destination
จุ่ม	<u>joom</u>	dive in
จุล ชี วัน	joola chee wan	microbe
จู่ โจม	<u>joo:</u> jO:m	surprise, rush, attack *v.*
จูง	joo:ng	tow, drag *v.*
จูบ	<u>joo:p</u>	kiss *n.*
จูบ	<u>joo:p</u>	kiss *v.*
จูบ ฟอด	<u>joo:p</u> **faw:t**	eat noisily
เจ็ด	<u>jet</u>	seven
เจ็บ	<u>jep</u>	ache *v.*, pain *v.*

เจ็บ คอ	jep khaw:	sore throat
เจ็บ ตา	jep ta:	eye disease
เจอ	jeuh:	find v.
เจอ	jeuh:	meet v.
เจ้า ของ	**jao** khaw:ng	owner
เจ้า ของ บ้าน	**jao** khaw:ng **ba:n**	house-owner
เจ้า ชาย	**jao** cha:i	prince
เจ้า ชู้	**jao** choo:	philanderer
เจ้า ชู้	**jao** choo:	chevalier
เจ้า ทรัพย์	**jao** sap	owner, proprietor
เจ้า บ่าว	**jao** ba:o	bridegroom
เจ้า ภาพ	**jao pha:p**	host
เจ้า สาว	**jao** sa:o	bride
เจ้า หญิง	**jao** ying	princess
เจ้า หนี้	**jao nee**	creditor n.
เจ้า อารมณ์	**jao** a:rOm	moody
เจาะ	jaw	drill v., bore v.
เจาะ รู	jaw roo:	perforate v.
เจี๊ยบ จ๊าบ	**jiap ja:p**	twitter v.
เจียม ตัว	jiam tua	modest
แจ กัน	jae: gan	vase n.
แจก	jae:k	share v.
แจก	jae:k	distribute v.
แจ้ง ความ	**jae:ng** khwa:m	report (to the police)
แจ้ง ให้ ทราบ	**jae:ng hai sa:p**	quit
แจ่ม แจ้ง	jaem jae:ng	clear (no clouds)
โจ๊ก	**jO:k**	joke v.
โจทก์	jO:t	accuser, plaintiff
โจทย์	jO:t	arithmetical problem
โจม ตี	jO:m tee	attack v.
โจร	jO:n	robber n.
โจร กรรม	jO:nra gram	robbery n.
โจร สลัด	jO:n salat	pirate
ใจ กลาง กระดูก	jai gla:ng gradoo:k	spinal cord
ใจ แคบ	jai **khae:p**	egoistic adj.
ใจ ดำ	jai dam	black hearted adj.
ใจ ดี	jai dee	friendly
ใจ ดี	jai dee	magnanimous
ใจ ดี	jai dee	kind adj.
ใจ แตก	jai tae:k	spoiled adj.
ใจ บาป	jai ba:p	sinful
ใจ บุญ	jai boon	kindhearted, generous adj.
ใจ เย็น	jai yen	cool-headed
ใจ ร้อน	jai raw:n	impulsive

ใจ ร้อน	jai *raw:n*	passionate
ใจ ร้าย	jai *ra:i*	malicious
ใจ เร็ว	jai re-oo	hasty
ใจ หาย	jai *ha:i*	confused *adj.*

ฉ

ฉบับ	cha<u>bap</u>	copy, issue
ฉบับ	cha<u>bap</u>	issue *n.*
ฉมวก	cha<u>muak</u>	harpoon
ฉลาด	cha<u>la:t</u>	intelligent, clever, talented
ฉลาด	cha<u>la:t</u>	artful, clever
ฉลาด	cha<u>la:t</u>	clever *adj.*
ฉลาม	cha*la:m*	shark
ฉ้อ โกง	**chaw:** gO:ng	cheat *v.*
ฉัน	*chan*	I, me
ฉับ พลัน	<u>chap</u> phlan	suddenly
ฉาย	*cha:i*	shine *v.*
ฉิ่ง	<u>ching</u>	cymbal
ฉิบ หาย	**chip** *ha:i*	bankrupt
ฉี่	<u>chee</u>	pee *v.*
ฉีก	cheek	tear off *v.*
ฉีด	<u>cheet</u>	inject *v.*
ฉีด	<u>cheet</u>	squirt *v.*
ฉีด ยา	<u>cheet</u> ya:	inject medicine
เฉด	<u>che:t</u>	chase away (a person)
เฉลย	cha*leuh:i*	solve *v.*, answer *v.*
เฉลี่ย	cha<u>lia</u>	average
เฉอะ	<u>chaw</u>	swampy *adj.*
ไฉ ไล	*chai* lai	enchanting *adj.*

ช

ชก มวย	***chOk*** muay	boxing *v.*
ชง	chOng	stir *v.* (coffee, tea)
ชน	chOn	collide, knock *v.*
ชน	chOn	run into
ชน ไก่	chOn <u>gai</u>	cockfight
ชน คว่ำ	chOn **khwam**	knock over
ชนะ	cha*na*	win *v.*
ชม	chOm	praise *v.*

ช่วย	**chuay**	help *v.*, assist *v.*
ช่วย ชีวิต	**chuay** chee***wit***	rescue *v.*
ช่วย ด้วย	**chuay duay**	Help!
ช่วย ตน เอง	**chuay** tOn e:ng	self-service
ช่อ	**chaw:**	bunch, cluster *n.*
ช่อ ดอก ไม้	**chaw:** daw:k ***ma:i***	bouquet
ช่อ ตูม	**chaw:** too:m	bud *n.*
ช็อคโกแลต	***chawk***gaw:***laet***	chocolate
ช่อง	**chawng**	hole, pit, passage
ช่อง กุญแจ สตาร์ท รถ	**chawng** goonjae: sa***ta:t rOt***	ignition lock
ช่อง เก็บ ของ หน้า รถ	**chawng** gep *khaw:ng* **na: *rOt***	glove compartment
ช่อง เขา	**chawng** *khao*	mountain pass
ช่อง ภู เขา ไฟ	**chawng** phoo: *khao* fai	crater *n.*
ช้อน	***chaw:n***	spoon
ช้อน โต๊ะ	***chaw:n tO***	tablespoon *n.*
ชอบ	**chaw:p**	like *v.*
ชอบ ใจ	**chaw:p** jai	pleased with, to be pleased with
ชอบ ถือ ลาง	**chaw:p** *theu:* la:ng	superstitious *adj.*
ชอบ มาก กว่า	**chaw:p ma:k** gua:	prefer *v.*
ช็อปปิ้ง พลาซา	***chawp*ping** phla:**sa:**	shopping centre
ชอล์ก	**chawk**	chalk
ชะ เอม	***cha*** ae:m	licorice *n.*
ชะนี	***chanee***	gibbon
ชัก	***chak***	hoist *v.*
ชัก จูง	***chak*** joo:ng	persuade *v.*
ชัก ว่าว	***chak*** **wao**	masturbate *v.* (colloq.)
ชั่ง	**chang**	weigh *v.*
ชั่ง น้ำ หนัก	**chang *nam*** nak	weigh *v.*
ชัด	***chat***	clear, obvious, definite *adv.*
ชัด	***chat***	sharp *adj.* (photograph)
ชั้น	***chan***	floor *n.*
ชั้น	***chan***	class
ชั้น	***chan***	story, floor
ชั้น	***chan***	shelf
ชัย ชนะ	chai cha***na***	win *v.*
ชั่ว	**chua**	bad, wild, rascally
ชั่ว ขณะ	**chua** khana	for a while
ชั่ว ขณะ	**chua** khana	temporary
ชั่ว คราว	**chua** khrao	temporary, provisional
ชั่ว โมง	**chua** mO:ng	hour
ชั่ว ร้าย	**chua *ra:i***	disgusting *adv.*
ชา	cha:	tea *n.*
ช่าง	**chang**	skilled worker
ช่าง	**chang**	craftsman

ช่าง กล	**chang** gOn	mechanic
ช่าง กลึง	**chang** gleung	wood turner
ช่าง ก่อ สร้าง	**chang** <u>gaw:</u> **sa:ng**	bricklayer
ช่าง เขียน	**chang** *khian*	painter (for pictures)
ช่าง ตัด เสื้อ กาง เกง	**chang** <u>tat</u> **seua** ga:ng ge:ng	tailor *n.*
ช่าง ถ่าย รูป	**chang** <u>tha:i</u> roo:p	photographer
ช่าง ทอง	**chang** thaw:ng	goldsmith
ช่าง ทำ กุญแจ	**chang** tham goonjae:	locksmith
ช่าง ทำ ผม	**chang** tham *phOm*	hairdresser
ช่าง ทำ แว่น ตา	**chang** tham **waen** ta:	optician
ช่าง ประปา	**chang** <u>prapa:</u>	plumber
ช่าง ไฟ ฟ้า	**chang** fai *fa:*	electrician
ช่าง ไม้	**chang** *ma:i*	carpenter
ช่าง ไม้	**chang** *ma:i*	joiner
ช่าง สี	**chang** *see*	painter
ช้าง	*cha:ng*	elephant *n.*
ช้า	*cha:*	slow *adj.*
ช้าง น้ำ	*cha:ng na:m*	hippopotamus
ช้าง น้ำ	*cha:ng na:m*	walrus
ชาดิตส์	sa:<u>tit</u>	sadist
ชาติ	**cha:t**	nation *n.*
ชาม	cha:m	bowl *n.*
ชาม อ่าง	cha:m <u>a:ng</u>	bowl, vessel *n.*
ชาย	cha:i	masculine
ชาว	cha:o	people
ชาว นา	cha:o na:	farmer, rice farmer
ชาว ประมง	cha:o <u>pramOng</u>	fisherman
ชาว ไร่	cha:o **rai**	farmer
ชาว สวน	cha:o *suan*	gardener
ชาว อียิปต์	cha:o eeyip	Egyptian
ชำ รุด	cham **root**	damaged, dilapidated *adj.*
ชำระ เป็น งวดๆ	cham*ra* pen nguat nguat	payment by installments
ชำระ ล่วง หน้า	cham*ra* **luang na:**	advance payment
ชิง ช้า	ching *cha:*	swing *n.*
ชิ้น	*chin*	slice, piece
ชิม	chim	taste *v.*
ชี้	*chee*	point *v.*
ชีพ จร	**chee**pha jaw:n	pulse
ชีพ จร เต้น	**chee**pha jaw:n **ten**	pulse beat
ชีว วิทยา	cheewa *wi*thaya:	biology
ชีวิต	chee*wit*	life *n.*
ชื่น ใจ	**cheu:n** jai	refreshing *adj.*
ชื่อ	**cheu:**	name *n.*
ชื่อ ตัว	**cheu:** tua	first name

ชื่อ เล่น	**cheu: len**	pet name
ชื่อ เล่น	**cheu: len**	nickname
ชุด	*choot*	suit *n.*, costume
ชุด เครื่อง มือ	*choot* **khreuang** meu:	cutlery
ชุด ชง กาแฟ	*choot* chOng ga:fae:	coffee set
ชุด นอน	*choot* naw:n	pyjamas
ชุด ว่าย น้ำ	*choot* **wa:i** *na:m*	swimsuit *n.*
ชุน	choon	sew on
ชุบ ขนม ปัง	**choop** kha*nOm* pang	bread *v.*
ชุบ โครเมียม	**choop** khrO:**miam**	chromium-plate *v.*
ชุบ เงิน	**choop** ngeuhn	silver-plate *v.*
ชุบ ทอง	**choop** thaw:ng	gold-plated, gild
ชุม นุม ชน	choom noom chOn	community, public *n.*
ชู้	*choo:*	adulterer
เช็ค	*chek*	cheque
เช็ด	*chet*	wipe *v.*
เช็ด ให้ แห้ง	*chet* **hai haeng**	dry up
เช่น	**chen**	like (for example)
เช่น	**chen**	such as
เช่น	**chen**	for example
เชอรี่	cheuh:**ree**	cherry
เช่า	**chao**	rent *v.*, hire *v.*
เช้า	*cha:o*	morning
เช้า มืด	*cha:o* **meu:t**	dawn *n.*
เชิญ	cheuh:n	invite *v.*
เชิญ เข้า มา	cheuh:n **khao** ma:	come inside!
เชียร์	chia	cheer *v.*
เชื่อ	**cheua**	believe *v.*
เชื่อ ใจ	**cheua** jai	trust *adj.*
เชื่อ ฟัง	**cheua** fang	obey
เชื้อ โรค	*cheua* **rO:k**	bacterium
เชื้อ ไวรัส	*cheua* **wairas**	virus
เชือก	**cheuak**	cord, rope *n.*
เชือก	**cheuak**	rope *n.*
เชือก ผูก รอง เท้า	**cheuak** phoo:k raw:ng *tha:o*	shoelace *n.*
เชื่อง	**cheuang**	tame *adj.*
แช่ง	**chaeng**	curse *v.*
แชมเปญ	chaempe:n	champagne
โชค ชะตา ราศี	chO:k chata: ra:*see*	horoscope
โชค ชะตา ราศี	chO:k chata: ra:*see*	sign of the zodiac
โชค ดี	chO:k dee	luck, good luck
โชค ไม่ ดี	chO:k **mai** dee	unlucky *adj.*
ใช่	**chai**	yes, that's right, Right!
ใช้	*cha:i*	use *v.*

ใช้ จ่าย	***chai*** ja:i	spent *v.*
ใช้ โซ่ ผูก	***chai* sO:** phoo:k	link *v.*, to tie with a chain
ใช้ ได้	***chai* da:i**	valid
ใช้ ไม่ ได้	***chai* mai da:i**	useless *adj.*
ใช้ เลื่อย ตัด	***chai* leuai** tat	saw off
ใช้ เวลา	***chai*** we:la:	spend time
ใช้ สด	***chai*** sOt	bachelor
ใช้ หมด	***chai*** mOt	used up (all gone)

ซ

ซน	sOn	naughty
ซอ	saw:	violin
ซอง	saw:ng	envelope
ซอง บุหรี่	saw:ng booree	cigarette packet
ซ่อง โสเภณี	**sawng** sO:phenee	brothel
ซ่อน	**sawn**	hide *v.*, keep away
ซ่อน ตัว	**sawn** tua	hide *v.*(one selfe)
ซ่อม	**sawm**	repair *v.*
ซ่อม แซม	**sawm** sae:m	mend *v.*
ซอย	saw:i	side street
ซอส	saw:s	sauce
ซอส มะเขือเทศ	saw:s makheua**the:t**	ketchup
ซัก ผ้า	***sak* pha:**	wash clothes *v.*
ซาก เน่า	**sa:k nao**	carrion
ซาก เรือ แตก	**sa:k** reua tae:k	wreck *n.* (ship)
ซาก ศพ	**sa:k** sOp	carcass
ซาตาน	sa:ta:n	devil
ซ้าย	***sa:i***	left
ซิป	***sip***	zip-fastener
ซิเมนต์ อุด ฟัน	simen oot fan	filling
ซี่ โครง	**see** khrO:ng	rib
ซี่ ล้อ รถ	**see *law: rOt***	spoke *n.*
ซีก โลก	**seek lO:k**	hemisphere (of the world)
ซีด เซียว	**seet** sio	pale *adj.*
ซีอิ๊ว	see-**io**	soy sauce
ซึ่ง กัน มิ ให้ เสียง ลอด ได้	**seung** gan mi **hai** *siang* **law:t da:i**	soundproof
ซึ่ง คอย เซ้า ซี้	**seung** khaw:i ***sao see***	importunate
ซึ่ง ป้อง กัน เชื้อ โรค	**seung pawng** gan ***cheua* rO:k**	antiseptic *adj.*
ซึ่ง เป็น ที่ เปิด เผย	**seung** pen **thee** peuh:t ***pheuh:i***	public *adj.*
ซึ่ง เรื้อ รัง	**seung reua** rang	chronological
ซึ่งอยู่ได้ทั้งในน้ำและบนบก	**seung**yoo:**da:i***thang*nai***na:mlae***bOnbOk	amphibious
ซื่อ ตรง	**seu:** trOng	loyal, faithful

ซื่อ ตรง	**seu:** trOng	faithful
ซื่อ สัตย์	**seu:** sat	honest *adj.*
ซื้อ	***seu:***	buying
ซื้อ	***seu:***	buy *v.*
ซื้อ เงิน ผ่อน	***seu:*** ngeuhn phawn	buy on installment
ซุบ ซิบ	***soop sip***	whisper *v.*
ซุป	***soop***	soup *n.*
เซ	se:	stagger *v.*, lurch *v.*
เซ็น สัญญา	sen *san*ya:	conclude (contract)
เซนติเมตร	senti***me:t***	centimetre
เซฟ	***se:f***	safe *n.*
เซรุ่ม	se:**room**	serum
เซาะ	***saw***	erode
โซ่	**sO:**	chain *n.*
โซ่	**sO:**	fetter *n.*
โซดา	sO:da:	soda
โซฟา	sO:fa:	sofa *n.*

ญ

ญัตติ	***ya***ti	application, motion
ญาติ	**ya:t**	relatives
ญี่ปุ่น	**yee**poon	Japanese

ฎ

ฎีกา	deega:	petition

ณ

ณ	***na***	at, of, on *prep.*
ณ	***na***	of, at, on *prep.*
ณ	***na***	on, at, of *prep.*
ณที่ อื่น ใด	***na*****thee** eu:n dai	elsewhere

ด

ดนตรี	dOntree	music *n.*
ดม	dOm	smell *v.*, sniff *v.*
ดวง จันทร์	duang jan	moon
ดวง จันทร์ ครึ่ง ซีก	duang jan **khreung seek**	half-moon
ด่วน	duan	urgent, fast, express *adj.*

ด้วย	**duay**	also, with
ด้วย กัน	**duay** gan	mutual
ด้วย ความ เคารพ นับ ถือ	**duay** khwa:m khao ***rOp nap*** *theu:*	with respect
ด้วย กัน	**duay** gan	together
ด้วย มือ เอง	**duay** meu: e:ng	personal
ดอก กะหล่ำ	daw:k galam	cauliflower
ดอก จิก	daw:k jig	club (in the pack of cards)
ดอก ตูม	daw:k too:m	bud *n.*
ดอก ทบ ต้น	daw:k ***thOp*** **tOm**	compound interest
ดอก บัว	daw:k bua	lotus
ดอก เบี้ย	daw:k **bia**	interest
ดอก ฝิ่น	daw:k fin	poppy
ดอก ไม้	daw:k ***ma:i***	flower *n.*
ดอก ไม้	daw:k ***ma:i***	blossom
ดอก ไม้ เพลิง	daw:k ***ma:i*** phleuh:ng	fireworks
ดอง	daw:ng	marinate *v.*
ดอง ศพ	daw:ng sOp	embalm
ดัก แด้	dak **dae:**	cocoon, larva *n.*
ดัง	dang	loud *adj.*
ดัง นั้น	dang ***nan***	therefore *adv.*
ดัง นั้น	dang ***nan***	so (therefore)
ดัด	dat	bend *v.*
ดับ	dap	extinguish *v.*
ดับ พิษ ไข้	dap ***phit*** **khai**	fever lowering
ด่า ว่า	da: **wa:**	scold *v.*, chide *v.*
ด่าง ทับ ทิม	da:ng ***thap*** thim	potassium permanganate
ดาด ฟ้า	da:t ***fa:***	deck *n.*
ด่าน	da:n	checkpoint
ด้าน	**da:n**	dull *adj.*
ด้าน มี ลม	**da:n** mee lOm	windward
ด้าน อับ ลม	**da:n** ab lOm	lee
ด้าม	**da:m**	handle, hilt, haft
ดาย	da:i	mow *v.*, cut *v.* (grass)
ด้าย	**da:i**	thread *n.*
ดารา ศาสตร์	da:ra: sa:t	astronomy
ดาว	da:o	star *n.* (in the sky)
ดาว ตก	da:o tOk	meteor
ดาว เทียม	da:o thiam	satellite
ดาว นพเคราะห์	da:o ***nOpphakhraw***	planet
ดาว พระเกตุ	da:o ***phra***ge:t	Neptune
ดาว พระพุธ	da:o ***phra***phoot	Mercury
ดาว พระศุกร์	da:o ***phra***sook	Venus
ดาว พฤหัส	da:o pha***reu***hat	Jupiter
ดาว พลูโต	da:o phloo:tO:	Pluto

ดาว มฤ ตยู	da:o ma*leuk* tayoo:	Uranus
ดาว หมู่	da:o <u>moo:</u>	constellation
ดาว หาง	da:o ha:ng	comet
ดาว เหนือ	da:o neua	Pole Star
ดำ น้ำ	dam **na:m**	dive v.
ดิฉัน	<u>di</u>chan	I, me (for women)
ดิน	din	ground, earth n.
ดิน กรวด	din <u>gruat</u>	gravel, grit
ดิน แดน	din dae:n	land n.
ดิน ถล่ม	din thal<u>Om</u>	landslide
ดิน ปืน	din peu:n	gunpowder
ดิน เผา	din *phao*	porcelain, china
ดิน ระเบิด	din *ra*<u>beuh:t</u>	dynamite
ดินสอ	din*saw:*	pencil n.
ดิ้น รน	**din** rOn	struggle v.
ดิบ	<u>dip</u>	raw adj.
ดิบ	<u>dip</u>	unripe
ดิรัจ ฉาน	<u>di</u>*rat cha:n*	beast
ดี	dee	good, well, nice adj.
ดี	dee	gall bladder
ดี กว่า	dee <u>gua:</u>	better than
ดี ขึ้น	dee **kheun**	better
ดี งาม	dee nga:m	nice adj.
ดี ใจ	dee jai	happy adj.
ดี ใจ	dee jai	glad
ดี ใจ	dee jai	satisfied
ดี ซ่าน	dee **sa:n**	jaundice
ดี มาก	dee **ma:k**	very good
ดีบุก	dee<u>book</u>	tin n.
ดึง	deung	pull off, pull v.
ดื่ม	<u>deu:m</u>	drink v.
ดื้อ	**deu:**	stubborn adj.
ดื้อ ดัน	**deu:** dan	stubborn adj.
ดู	doo:	watch v., look v.
ดู	doo:	look v., look at
ดู คล้าย คลึง	doo: *khlai* khleung	similar adj.
ดู แล	doo: lae:	keep an eye on
ดู แล	doo: lae:	take care of
ดูด	<u>doo:t</u>	suck v.
เด็ก	<u>dek</u>	child n.
เด็ก กำพร้า	dek gam*phra:*	orphan
เด็ก ขาย หนัง สือ พิมพ์	<u>dek</u> *khai nang seu:* phim	newsboy
เด็ก เรือ	<u>dek</u> reua	ship's boy
เด็ก เสิร์ฟ	<u>dek</u> seuh:f	waiter n.

เด็ก หญิง	<u>dek</u> *ying*	girl
เด้ง	**deng**	bounce *v.*
เดซิเมตร	de:si*me:t*	decimeter
เดิน	deuh:n	walk *v.*
เดิน กะโผลก กะเผลก	deuh:n gaphlO:k gaphle:k	hobble *v.*
เดิน ทอด น่อง	deuh:n **thaw:t nawng**	roam about
เดิน ทาง	deuh:n tha:ng	travel *v.*
เดิน ย่อง	deuh:n **yawng**	creep *v.*
เดิน ลาก เท้า	deuh:n **la:k** *tha:o*	shuffle along
เดิน เล่น	deuh:n len	go for a walk
เดิน เล่น	deuh:n len	walk *n.*
เดียว	dio	exclusive, individual, single
เดียว	dio	individual, single, exclusive
เดียว	dio	single, exclusive, individual
เดี๋ยว	*dio*	moment!
เดี๋ยว นี้	*dio* **nee**	now
เดือด เป็น ฟอง	<u>deuat</u> pen faw:ng	ferment *v.*
เดือน	deuan	month
เดือย	deuai	dowel
แดด ออก	<u>dae:t</u> <u>aw:k</u>	sunshine
โดย	dO:i	through, by
โดย เฉพาะ	dO:i cha*phaw*	especially
โดย ละ เอียด	dO:i *la* iat	thorough *adj.*
ได้	**da:i**	can, be able to
ได้ กลับ มา	**da:i** <u>glap</u> ma:	get back
ได้ กำไร	**da:i** gamrai	earn *v.*
ได้ ยิน	**da:i** yin	hear *v.*
ได้ รับ	**da:i** *rap*	receive *v.*

ต

ตก	<u>tOk</u>	fall *v.*
ตก จาก ราง	<u>tOk</u> ja:k ra:ng	derailed
ตก ใจ	<u>tOk</u> jai	frightened *adj.*
ตก ปลา	<u>tOk</u> pla:	fish *v.* (angle)
ตก ปลา	<u>tOk</u> pla:	angle *v.*, fishing *v.*
ตก ลง	<u>tOk</u> lOng	agree *v.*
ตก ลง	<u>tOk</u> lOng	o.k.
ตก ลง กัน ได้	<u>tOk</u> lOng gan **da:i**	unite *v.*
ตด	<u>tOt</u>	fart *v.* (slang)
ต้น ขา	**tOn** *kha:*	thigh
ต้น คริสต์มาส	**tOn** *khri*sama:t	Christmas tree
ต้น คอ	**tOn** khaw:	neck

THAI - ENGLISH

ต้น ฉบับ	**tOn** cha<u>bap</u>	manuscript, script
ต้น ตำ แย	**tOn** tam yae:	nettle
ต้น น้ำ	**tOn** *na:m*	spring *n.* (of a river)
ต้น ปาล์ม	**tOn** pa:m	palm
ต้น ไม้	**tOn** *ma:i*	tree *n.*
ต้น ไม้ ใบ สาม แฉก	**tOn** *ma:i* bai *sa:m* <u>chae:k</u>	clover
ต้น สัก	**tOn** <u>sak</u>	teak tree
ตบ แต่ง	<u>tOp</u> taeng	adorn *v.*
ตบ มือ	<u>tOp</u> meu:	clap hands *v.*
ตม	tOm	bog, moor
ต้ม	**tOm**	boil *v.*
ตรง	trOng	straight *adj.*
ตรง กัน ข้าม	trOng gan **kha:m**	reverse
ตรง ข้าม	trOng **kha:m**	opposite
ตรง ไป	trOng pai	direct *adj.*
ตรง ไป	trOng pai	straight ahead
ตรง เวลา	trOng we:la:	punctual *adj.*
ตรวจ	<u>truat</u>	examine *v.*
ตรวจ ข่าว	<u>truat</u> <u>kha:o</u>	censor *v.*
ตรวจ ตรา	<u>truat</u> tra:	inspect *v.*
ตรวจ ทาน	<u>truat</u> tha:n	correct *v.*
ตรวจ สอบ	<u>truat</u> <u>saw:p</u>	check *v.*
ตรอก	<u>traw:k</u>	lane, alley
ตรอง ดู	<u>traw:ng</u> doo:	consider *v.*
ตรอง ดู	<u>traw:ng</u> doo:	think over *v.*
ตรา	tra:	mark, sign, symbol *n.*
ตรา	tra:	stamp *n.* (for stamping)
ตรา	tra:	print *n.*, imprint *n.*
ตรึง	treung	pin, stick *v.*
ตรึง	treung	stick, pin, *v.*
ตรึง เครียด	treung **khriat**	strenuous
ตลก	ta<u>lOk</u>	funny *adj.*
ตลก เล่น	ta<u>lOk</u> **len**	joke
ตลบ ตะแลง	ta<u>lOp</u> talae:ng	insidious *v.*
ตลอด	ta<u>law:t</u>	round the clock
ตลอด (ไป)	ta<u>law:t</u> (pai)	forever
ตลอด (ไป)	ta<u>law:t</u> (pai)	perpetually
ตลอด ชีวิต	ta<u>law:t</u> chee*wit*	lifelong, for life
ตลับ ลูก ลื่น	talap **loo:k leu:n**	ball bearing
ตลาด	ta<u>la:t</u>	market *n.*
ตลาด มืด	ta<u>la:t</u> meu:t	black market
ตลาด หุ้น	ta<u>la:t</u> **hoon**	stock market
ต่อ	<u>taw:</u>	continue, to carry on
ต่อ	<u>taw:</u>	extend *v.*

ต่อ	taw:	further, continue
ต่อ ไป	taw: pai	continue *v.*
ต่อ รถ	taw: ***rOt***	change v. (bus, train, ...)
ต่อ สาย	taw: *sa:i*	connect v. (phone)
ต่อ ให้ ติด กัน	taw: **hai** tid gan	joint *v.*
ตอก	taw:k	hammer *v.*, nail *v.*
ต้อง	**tawng**	must, have to
ต้อง การ	**tawng** ga:n	need, want *v.*
ต้อง การ	**tawng** ga:n	would like
ต้อง การ	**tawng** ga:n	want *v.*
ต้อง เป็น ทหาร	**tawng** pen tha*ha:n*	liable for military service
ต้อง เสีย ภาษี ศุลกา กร	**tawng** *sia* pha:*see* soonlaga: gaw:n	dutiable
ต้อง หา	**tawng** *ha:*	accused *v.*
ตอน	taw:n	section *n.*
ตอน	taw:n	castrate *v.*
ตอน	taw:n	at (time)
ตอน กลาง คืน	taw:n gla:ng kheu:n	night, at night
ตอน กลาง วัน	taw:n gla:ng wan	during the day
ตอน เช้า	taw:n ***cha:o***	in the morning
ตอน เช้า	taw:n ***cha:o***	morning, in the morning
ตอน ที่	taw:n **thee**	as
ตอน นี้	taw:n ***nee***	now
ตอน บ่าย	taw:n ba:i	afternoon, in the afternoon
ตอน เย็น	taw:n yen	evening, in the evening
ตอน สาย	taw:n *sa:i*	morning, late morning
ตอน ไหน	taw:n *nai*	when
ต้อน รับ	**taw:n *rap***	greet *v.*
ตอบ	taw:p	answer *v.*
ต่อม	tawm	gland
ต่อม ไข มัน	tawm *khai* man	sebaceous gland
ต่อม น้ำ ลาย	tawm ***nam*** la:i	salivary gland
ต่อม น้ำ เหลือง	tawm ***nam*** *leuang*	lymph gland
ตะกร้า	**tagra:**	basket *n.*
ตะกร้า ทิ้ง ขยะ	**tagra:** ***thing*** khaya	waste-paper basket
ตะกร้า ใส่ เสื้อ ผ้า	**tagra:** sai **seua pha:**	laundry basket
ตะกรุด	tagroot	talisman
ตะกละ	tagla	gluttonous
ตะกวด	taguat	monitor lizard
ตะกั่ว	tagua	lead *n.*
ตะกาย	taga:i	climb *v.*
ตะเกียง	tagiang	lamp, lantern
ตะเกียง แก๊ส	tagiang ***gae:s***	gas lamp
ตะเกียบ	tagiap	chopsticks
ตะแกรง	tagrae:ng	sieve *n.*

ตะแกรง ร่อน	tagrae:ng **rawn**	sieve *v.*
ตะโกน	tagO:n	shout *v.*, yell *v.*
ตะไกร ตัด เล็บ	tagrai tat ***lep***	nail-scissors
ตะขอ	ta*khaw:*	hook *n.*
ตะขาบ	takha:p	centipede
ตะคริว	takhrio	cramp
ตะไคร่	ta**khrai**	moss
ตะไคร้	ta***khrai***	lemon grass
ตะบอง เพชร	tabaw:ng ***phet***	cactus
ตะไบ	tabai	file (tool)
ตะไบ เล็บ	tabai ***lep***	nail file
ตะปู	tapoo:	nail *n.* (to hammer)
ตะปู เกรียว	tapoo: grio	screw *n.*
ตะปู หัว แบนโค้ง	tapoo: *hua* bae:n ***khO:ng***	rivet
ตะโพก	ta**phO:k**	hip (of the body)
ตะวัน ยอ แสง	tawan yaw: *sae:ng*	dawn, twilight
ตะวัน ออก ไกล	tawan aw:k glai	Far East
ตัก	tak	lap
ตั๊กแตน	***tak***atae:n	locust
ตั๊กแตน	***tak***atae:n	grasshopper
ตั้ง ครรภ์	**tang** khran	impregnate, make pregnant
ตั้ง ใจ	**tang** jai	intend
ตั้ง แต่	**tang** tae:	since
ตัง เม	tang me:	caramel *n.*
ตัด	tat	cut *v.*
ตัด	tat	tailor *v.*
ตัด ตอน	tat taw:n	cut off (water, electricity)
ตัด ผม	tat *phOm*	haircut *n.*
ตัด สิน	tat *sin*	judge *v.*
ตัด สิน	tat *sin*	sentence *v.*
ตัด สิน ใจ	tat *sin* jai	decide *v.*
ตัด หัว	tat *hua*	behead *v.*
ตัด ออก	tat aw:k	cut off
ตัด ออก จาก กอง มรดก	tat aw:k ja:k gaw:ng mO***ra***dOk	disinherit *v.*
ตัน	tan	ton
ตับ	tap	liver
ตับ อ่อน	tap aw:n	pancreas
ตัว	tua	body
ตัว การ	tua ga:n	principal
ตัว ตลก	tua talOk	clown
ตัว ตลก	tua talOk	comedian
ตัว ต่อ	tua taw:	wasp
ตัว ถัง รถ	tua *thang* ***rOt***	body, car body
ตัว แทน	tua thae:n	agent, selling agent

ตัว โน้ต	tua *nO:t*	note *n.* (musical)
ตัว ประกัน	tua pragan	hostage
ตัว ผู้	tua **phoo:**	male (animal)
ตัว พิมพ์	tua phim	block letters
ตัว พิมพ์ แบบ ตัว เอน	tua phim <u>bae:p</u> tua e:n	italics
ตัว เมีย	tua mia	female (animal)
ตัว ย่อ	tua **yaw:**	abbreviation
ตัว ยี ราฟ คอ ยาว	tua yeera:f khaw: ya:o	giraffe
ตัว เลข	tua **le:k**	number
ตัว สั่น	tua <u>san</u>	shake *v.*
ตัว สั่น	tua <u>san</u>	tremble *v.*
ตัว หนอน	tua *naw:n*	maggot
ตัว หนัง สือ	tua *nang seu:*	letter (alphabetic character)
ตัว ไหม	tua *mai*	silkworm
ตัว อย่าง	tua <u>ya:ng</u>	example *n.*
ตัว อย่าง	tua <u>ya:ng</u>	specimen
ตัว อักษร แบบ โฟเนทิค	tua agsaw:n <u>bae:p</u> fO:ne:thik	phonetic transcription
ตัว เอง	tua e:ng	oneself
ตั๋ว	*tua*	ticket *n.*
ตั๋ว จำ นำ	*tua* jam nam	pawn ticket
ตั๋ว ผูก	*tua* <u>phoo:k</u>	season ticket
ตั๋ว ฟรี	*tua* free	free ticket
ตา	ta:	eye *n.*
ตา	ta:	grandfather (maternal)
ตา ข่าย	ta: <u>kha:i</u>	net, network
ตา เข	ta: khe:	squint *v.*
ตา ชั่ง	ta: **chang**	scales, balance *n.*
ตา บอด	ta: <u>baw:t</u>	blind *v.*
ตา เรียว	ta: rio	almond eyes
ต่าง ประเทศ	<u>ta:ng</u> **prathe:t**	foreign country
ต่าง หู	<u>ta:ng</u> *hoo:*	earring *n.*
ต่างๆ	<u>tang ta:ng</u>	different
ต่างๆ	<u>tang ta:ng</u>	various *adj.*, varied
ตาม	ta:m	along
ตาม	ta:m	follow *v.*
ตาม แผน การณ์	ta:m *phae:n* ga:n	systematic
ตาม ลำพัง	ta:m lamphang	single (alone)
ตาย	ta:i	die *v.*
ตาย	ta:i	dead *adj.*
ตาราง	ta:ra:ng	square
ตาราง	ta:ra:ng	table *n.* (of numbers etc.)
ตาราง กิโลเมตร	ta:ra:ng gilO:*me:t*	sq. km
ตาราง บอก เวลา	ta:ra:ng <u>baw:k</u> we:la:	schedule *n.*
ตาราง บอก เวลา	ta:ra:ng <u>baw:k</u> we:la:	time-table *n.*

THAI - ENGLISH

ตาราง เมตร	ta:ra:ng ***me:t***	sq. m
ตำ นาน	tam na:n	legend
ตำบล	tambOn	district
ตำรวจ	tamruat	police, policeman
ตำรา	tamra:	textbook *n.*
ตำรา กับ ข้าว	tamra: gap **kha:o**	cookery book
ตำหนัก	tamnak	palace (of the king)
ติด	tit	stick *v.*, attach *v.*
ติด	tit	affix *v.*
ติด	tit	attach *v.*, stick *v.*
ติด	tit	install *v.*
ติด	tit	glue *v.*
ติด	tit	addicted
ติด ต่อ	tit taw:	contact *v.*
ติด ต่อ	tit taw:	infectious
ติด ต่อ กับ ...	tit taw: gap ...	contact with
ติด ตาม	tit ta:m	follow *v.*
ติด เหล้า	tit **lao**	alcohol addicted
ตี	tee	hit *v.*
ตี กลอง	tee glaw:ng	drum *v.*
ตี ตั๋ว	tee *tua*	book *v.*
ตีสนิท	tee sanit	become friends
ตีน กบ	teen gOp	diving fins
ตึก	teuk	building, brick building
ตึก ระ ฟ้า	teuk ***ra fa:***	skyscraper
ตืด	teu:t	tapeworm *n.*
ตื่น	teu:n	awake *v.*
ตื่น เต้น	teu:n **ten**	excited *adj.*
ตื่น นอน	teu:n naw:n	get up (from sleeping)
ตื่น นอน	teu:n naw:n	wake up (oneself)
ตื่น เวที	teu:n we:thee	stagefright
ตื้น	**teu:n**	shallow
ตุ๊กตา	***took***ata:	doll
ตุน	toon	mole (animal)
ตุลา การ	toola: ga:n	judge *n.*
ตุลา คม	toola: khOm	October
ตู้	**too:**	cabinet
ตู้ โชว์	**too: chO:**	shop window
ตู้ ถ้วย ชาม	**too: thuay** cha:m	cupboard
ตู้ โทรศัพท์	**too:** thO:rasap	telephone-box
ตู้ ปลา	**too:** pla:	aquarium, (fish-tank)
ตู้ ไปรษณีย์	**too:** praisanee	letter box
ตู้ ไปรษณีย์	**too:** praisanee	PO box (post office box)
ตู้ เย็น	**too:** yen	refrigerator *n.*

ตู้ เสื้อ ผ้า

ตู้ เสื้อ ผ้า	**too: seua pha:**	wardrobe *n.*
ตูด	<u>too:t</u>	ass *n.* (impolite), butt
ตูด	<u>too:t</u>	bottom, anus
เต้น รำ	**ten** ram	dance *v.*
เต็ม	tem	full *adj.*
เต็ม ใจ	tem jai	voluntary, willing *adj.*
เต็ม ใจ	tem jai	willing
เตร็ด เตร่	<u>tret tre:</u>	dawdle *v.*
เตรียม	triam	prepare *v.*
เตรียม ตัว	triam tua	prepare for
เตรียม พร้อม	triam *phraw:m*	prepare oneself
เตะ	<u>te</u>	boot *v.*
เตะ	<u>te</u>	kick *v.*
เต่า	<u>tao</u>	turtle *n.*
เตา แก๊ส	tao *gae:s*	gas stove
เตา ปิ้ง ขนม ปัง	tao **ping** kha*n*O*m* pang	toaster *n.*
เตา ผิง	tao *phing*	chimney
เตา ไฟ	tao fai	stove *n.*
เตา ไมโครเวฟ	tao maikhrO:we:p	microwave oven
เตา รีด	tao **reet**	iron *n.* (for clothes)
เตา อบ	tao <u>Op</u>	oven
เติม	teuh:m	fill, fill in, add
เติม น้ำ มัน	teuh:m *nam* man	refuel (petrol)
เตี้ย	**tia**	short, low
เตียง	tiang	bed *n.*
เตียง คน ไข้	tiang khOn **khai**	sickbed
เตียง คู่	tiang **khoo:**	double bed
เตือน	teuan	warn *v.*
แต่	<u>tae:</u>	but
แต่ ก่อน	<u>tae: gaw:n</u>	formerly, previously
แต่ ก่อน	<u>tae: gaw:n</u>	previously, formerly
แต่ ว่า	<u>tae: **wa:**</u>	but, except that
แตก ง่าย	<u>tae:k</u> **nga:i**	breakable
แตง กวา	tae:ng gua:	cucumber
แตง กวา ดอง	tae:ng gua: daw:ng	gherkin
แตง กวา ดอง	tae:ng gua: daw:ng	preserved cucumber
แตง โม	tae:ng mO:	watermelon
แตง โม	tae:ng mO:	melon
แต่ง งาน	<u>taeng</u> nga:n	marry *v.*
แต่ง ตัว	<u>taeng</u> tua	dress *v.*
แต่ง ตัว ปลอม	<u>taeng</u> tua plaw:m	disguise *v.*
แตน	tae:n	hornet
แต้ม เอี่ยว	**tae:m** <u>io</u>	ace (in the pack of cards)
แตร	trae:	horn

แตร	trae:	trumpet, horn
แตะ	tae	touch v.
แตะ เบรก	tae bre:k	brake v.
โต้	tO:	oppose v.
โต๊ะ	tO	table n.
โต๊ะ เขียน หนัง สือ	tO khian nang seu:	desk n.
โต๊ะ รับ เงิน	tO rap ngeuhn	counter, desk (at the bank)
โต๊ะ รีด ผ้า	tO reet pha:	ironing board
โต๊ะ หัว เตียง	tO hua tiang	bedside table
ใต้	ta:i	below
ใต้	ta:i	under prep.
ใต้ ดิน	ta:i din	subterranean, underground adj.
ไต	tai	kidney
ไต่ สวน	tai suan	investigate v.

ถ

ถก เถียง	thOk thiang	discuss v.
ถนน	thanOn	road n.
ถนน	thanOn	street n.
ถนัด มือ ขวา	thanat meu: khwa:	dextral
ถ่วง จำ เพาะ	thuang jam phaw	specific gravity
ถ้วย	thuay	cup n.
ถ้วย ชาม	thuay cha:m	dishes n.
ถ้วย ราง วัล	thuay ra:ng wan	cup, trophy
ถอง	thaw:ng	bump with the elbow
ถอด	thaw:t	take off (clothing, eyeglasses)
ถอน ใจ	thaw:n jai	sigh v.
ถอน ตัว ออก	thaw:n tua aw:k	withdraw (soldier, player)
ถัก	thak	knit, braid, crochet v.
ถัง	thang	barrel n.
ถัง น้ำ	thang na:m	bucket n.
ถัง น้ำ มัน	thang nam man	oil tank
ถัง เบียร์	thang bia	beer barrel
ถั่ว	thua	bean n.
ถั่ว	thua	pea
ถั่ว งอก	thua ngaw:k	soybean sprouts
ถั่ว ลิสง	thua lisOng	peanut
ถ้า	tha:	if
ถ้า อย่าง นั้น	tha: ya:ng nan	then, if so, in this case
ถาง	tha:ng	clear v., cut v. (trees etc.)
ถาด	tha:t	tray n.
ถ่าน หิน	tha:n hin	coal

ถาม	*tha:m*	ask v. (question)
ถาม	*tha:m*	question v.
ถ่าย	<u>tha:i</u>	discharge v.
ถ่าย ปัสสาวะ	<u>tha:i</u> pad*sa:wa*	urinate v.
ถ่าย รูป	<u>tha:i</u> **roo:p**	photograph v., take a photograph
ถ่าย เอ็กซเรย์	<u>tha:i</u> *ek*sare:	X-ray v.
ถ่าย เอกสาร	<u>tha:i</u> e:kasa:n	photocopy n.
ถ่าย เอกสาร	<u>tha:i</u> e:kasa:n	photocopy v.
ถ่าย เอกสาร	<u>tha:i</u> e:kasa:n	copy v.
ถ้ำ	**tham**	cave n.
ถึง	*theung*	arrive v. (reach)
ถึง	*theung*	to (a place) prep.
ถือ	*theu:*	hold v. (in the hand)
ถือ	*theu:*	carry v.
ถือ ดี	*theu:* dee	arrogant adj.
ถุง	*thoong*	bag, sack
ถุง กระดาษ	*thoong* <u>grada:t</u>	paper bag
ถุง เท้า	*thoong* **tha:o**	socks
ถุง เท้า	*thoong* **tha:o**	stocking n.
ถุง พลาสติก	*thoong* **phla:stik**	plastic bag
ถุง มี ชัย	*thoong* mee chai	condom
ถุง มือ	*thoong* meu:	gloves
ถุง อัณฑะ	*thoong* an*tha*	scrotum
ถุย น้ำ ลาย	*thooi nam* la:i	spit v.
ถู	*thoo:*	rub off v.
ถูก	<u>thoo:k</u>	cheap
ถูก	<u>thoo:k</u>	right, correct adj.
ถูก	<u>thoo:k</u>	correct adj.
ถูก จับ	<u>thoo:k</u> jap	arrested
ถูก ต้อง	<u>thoo:k</u> **tawng**	correct adj.
ถูก ยา พิษ	<u>thoo:k</u> ya: **phit**	poisoned adj.
เถียง	*thiang*	argue, dispute v.
แถว	*thae:o*	line, row
แถว	*thae:o*	row, line
ไถ	*thai*	plough v.

ท

ทด น้ำ	***thOt na:m***	irrigate v.
ทด ลอง	***thOt*** lOng	test v., try v.
ทด ลอง	***thOt*** lOng	try v., test v.
ทน	thOn	bear v., stand v.

ทน ทุกข์	thOn thook	suffer v.
ทนาย	thana:i	lawyer n.
ทนาย ความ	thana:i khwa:m	lawyer n.
ทนาย ความ	thana:i khwa:m	attorney
ทนาย ความ	thana:i khwa:m	notary
ทร ยศ	thaw:ra yOt	betray v.
ทรง ผม	sOng phOm	hairstyle
ทรัพย์ สม บัติ	sap sOm bat	belonging, property
ทรัพย์ สม บัติ	sap sOm bat	treasure n.
ทรัพย์ สิน	sap sin	property n.
ทรัพยา กร	saphaya: gaw:n	mineral resources
ทราบ	sa:p	know (polite)
ทราย	sa:i	sand n.
ทวี	thawee	increase v.
ทวีป	thaweep	continent
ทศนิ ยม	thOsani yOm	decimal system
ทหาร	thaha:n	military
ทหาร	thaha:n	officer, soldier
ทหาร	thaha:n	soldier
ทอ	thaw:	weave v.
ท่อ	thaw:	pipe n.
ท่อ น้ำ ทิ้ง	thaw: nam thing	drainpipe
ท่อ ประปา	thaw: prapa:	water pipe
ท่อ หาย ใจ	thaw: ha:i jai	snorkel n.
ท่อ ไอ เสีย	thaw: ai sia	exhaust pipe
ทอง	thaw:ng	gold
ทอง แดง	thaw:ng dae:ng	copper n.
ทอง เหลือง	thaw:ng leuang	brass n.
ท่อง เที่ยว	thawng thio	hike, tramp
ท้อง	thaw:ng	stomach n.
ท้อง ผูก	thaw:ng phoo:k	constipation
ท้อง เฟ้อ	thaw:ng feuh:	flatulence
ท้อง เสีย	thaw:ng sia	diarrhea
ทอด	thaw:t	fried
ทอด ลูก เต๋า	thaw:t loo:k tao	dice v.
ทอด สมอ	thaw:t samaw:	anchor v.
ทอน (เงิน)	thaw:n (ngeuhn)	withdraw (money)
ทะเบียน	thabian	register n.
ทะเบียน บ้าน	thabian ba:n	house register
ทะเยอ ทะยาน	thayeuh: thaya:n	ambitious v.
ทะลึ่ง	thaleung	insolent
ทะลุ	thaloo	penetrate, pierce v.
ทะเล	thale:	sea n.
ทะเล ทราย	thale: sa:i	desert n.

ทะเล สาบ	*tha*le: <u>sa:p</u>	lake
ทะเล เหนือ	*tha*le: *neua*	North Sea
ทะเลาะ	***thalaw***	quarrel *v.*
ทัก ท้วง	***thak thuang***	protest *v.*
ทัก ทาย	***thak*** tha:i	greet v.
ทั่ง	**thang**	anvil
ทั้ง สอง	*thang* saw:ng	both
ทั้ง หมด	*thang* <u>mOt</u>	everything
ทั้ง หมด	*thang* <u>mOt</u>	whole
ทัน เวลา	than we:la:	punctual *adj.*
ทันที	thanthee	immediately
ทับ	<u>thap</u>	run over (with a car)
ทับ ทิม	<u>thap</u> thim	ruby
ทั่ว ไป	**thua** pai	general, universal *adj.*
ทั่ว ไป	**thua** pai	everywhere
ทา	tha:	rub in *v.*
ทา (สี)	tha: (*see*)	paint *v.*
ทา กาว	tha: ga:o	paste *v.*
ทา ยาท	tha: **ya:t**	heir, heiress
ทา รก	tha: <u>rOk</u>	baby *n.*
ทา รุณ	tha: roon	inhuman
ทา รุณ	tha: roon	brutal
ทา หน้า ทา ปาก	tha: **na:** tha: <u>pa:k</u>	make up *v.*
ท่า ทาง	**tha:** tha:ng	attitude
ท่า เรือ	**tha:** reua	landing stage
ท่า เรือ	**tha:** reua	wharf *n.*
ท่า เรือ	**tha:** reua	port *n.* (for shipping)
ท้า พนัน	*tha:* phanan	bet *v.*
ทาง เข้า	tha:ng **khao**	entrance
ทาง เข้า ทาง ออก	tha:ng **khao** tha:ng <u>aw:k</u>	exit (and entry)
ทาง คน เดิน ข้าม	tha:ng khOn deuh:n **kha:n**	pedestrian crossing
ทาง โค จร	tha:ng khO: jOn	orbit
ทาง ช้าง เผือก	tha:ng *cha:ng* <u>pheuak</u>	Milky Way
ทาง เดิน	tha:ng deuh:n	pavement, sidewalk
ทาง เดิน	tha:ng deuh:n	footpath
ทาง เดิน	tha:ng deuh:n	sidewalk *n.*
ทาง เดิน	tha:ng deuh:n	corridor
ทาง ตัน	tha:ng tan	cul-de-sac
ทาง ใน ป่า	tha:ng nai <u>pa:</u>	forest way
ทาง ม้า ลาย	tha:ng *ma:* la:i	zebra crossing
ทาง แยก	tha:ng **yae:k**	branch off (a way)
ทาง รถ ไฟ	tha:ng *rOt* fai	railway tracks
ทาง รถ ยนต์	tha:ng *rOt* yOn	motorway
ทาง รถ ราง	tha:ng *rOt* ra:ng	tram *n.*

ทาง ลัด	tha:ng *lat*	short cut
ทาง ลาด ขึ้น	tha:ng la:t kheun	ramp
ทาง ออก	tha:ng <u>aw:k</u>	exit *n.*
ทาง ออก ฉุก เฉิน	tha:ng <u>aw:k</u> <u>chook</u> cheuh:n	emergency exit
ทาง อ้อม	tha:ng **aw:m**	detour *n.*
ทาน	tha:n	alms
ทาน ข้าว	tha:n kha:o	eat *v.* (polite)
ทาน ตะวัน	tha:n <u>tawan</u>	sunflower *n.*
ทาน อาหาร เย็น	tha:n a:*ha:n* yen	dinner
ทาย	tha:i	guess *v.*
ทาส	**tha:t**	slave
ทำ	tham	make *v.*, do *v.*
ทำ	tham	do *v.*
ทำ กับ ข้าว	tham <u>gap</u> **kha:o**	cook *v.*
ทำ การ ทด ลอง	tham ga:n *thOt* law:ng	experiment *v.*
ทำ ขวัญ	tham *khwan*	compensate *v.*
ทำ ความ สะอาด	tham khwa:m <u>sa-a:t</u>	clean *v.*
ทำ เครื่อง หมาย	tham khreuang *ma:i*	tick off, check off
ทำ เครื่อง หมาย	tham khreuang *ma:i*	mark *v.*
ทำ งาน	tham nga:n	work *v.*
ทำ งาน บ้าน	tham nga:n **ba:n**	homework
ทำ งาน พิเศษ	tham nga:n *phi*se:t	extra work
ทำ งาน ล่วง เวลา	tham nga:n luang we:la:	overtime, work overtime
ทำ งาน หนัก	tham nga:n <u>nak</u>	work hard
ทำ ได้ เป็น ที่ พอ ใจ	tham da:i pen thee phaw: jai	satisfy *v.*
ทำ แท้ง	tham *thae:ng*	abort *v.*
ทำ โทษ	tham **thO:t**	punish *v.*
ทำ นาย	tham na:i	prophesy *v.*
ทำ ปลอม	tham plaw:m	counterfeit *v.*
ทำ ผม	tham *phOm*	do the hair
ทำ แผล	tham *phlae:*	bandage *v.*
ทำ ร้าย	tham *ra:i*	make mischief
ทำ ลาย	tham la:i	destroy *v.*
ทำ ลาย ความ บริสุทธิ์	tham la:i khwa:m baw*ri*<u>soot</u>	deflower *v.*
ทำ เล็บ	tham *lep*	manicure
ทำ ให้ เกิด ติด โรค	tham **hai** <u>geuh:t</u> tit **rO:k**	contaminate *v.*
ทำ ให้ เกิด เป็น สนิม	tham **hai** <u>geuh:t</u> pen sa*nim*	rust *v.*
ทำ ให้ เกิด ผล	tham **hai** <u>geuh:t</u> *phOn*	inseminate *v.*
ทำ ให้ เข้า ใจ	tham **hai** khao jai	clarify *v.*
ทำ ให้ เชื่อ	tham **hai cheua**	convince *v.*
ทำ ให้ เดือด	tham **hai** <u>deuat</u>	boil *v.*
ทำ ให้ ตก ใจ	tham **hai** <u>tOk</u> jai	frighten *v.*
ทำ ให้ ตก ใจ	tham **hai** <u>tOk</u> jai	scare *v.* (frighten)
ทำ ให้ ท้อ ใจ	tham **hai** *thaw:* jai	discourage *v.t.*

ทำ ให้ เบา ลง	tham **hai** ba:ng lOng	thin out, clear
ทำ ให้ แปลก ใจ	tham **hai** *plae:k* jai	surprise *v.*
ทำ ให้ ผิด หวัง	tham **hai** phit *wang*	disappoint *v.t.*
ทำ ให้ มืด	tham **hai meu:t**	darken *v.*
ทำ ให้ ร้อน	tham **hai** ***raw:n***	heat *v.*
ทำ ให้ ราบ	tham **hai ra:p**	plain *v.*
ทำ ให้ สนุก	tham **hai** sanook	cheer up
ทำ ให้ สม ดุล	tham **hai** *sOm* doon	balance *v.*
ทำ ให้ สวย	tham **hai** *suay*	embellish *v.*
ทำ ให้ เหนื่อย	tham **hai** neuai	tiring
ทำ ให้ อ่อน นุ่ม	tham **hai** aw:n **noom**	soften
ทำ อย่าง รีบ ร้อน	tham ya:ng **reep** ***raw:n***	rush *v.*
ทำ เอง	tham e:ng	do it yourself
ทำไม	thammai	why
ทิง เจอร์	thing jeuh:	tincture *n.*
ทิ้ง	***thing***	throw away *v.*
ทิ่ม (เข็ม)	**thim** (*khem*)	prick *v.* (with a needle)
ทิวลิป	thiolip	tulip
ทิศ ตะวัน ตก	***thit*** tawan tOk	west
ทิศ ตะวัน ออก	***thit*** tawan aw:k	east
ทิศ ใต้	***thit*** **ta:i**	south
ทิศ เหนือ	***thit*** *neua*	north
ที่	**thee**	at (a place, time)
ที่	**thee**	on, in, at
ที่	**thee**	portion
ที่	**thee**	place
ที่	**thee**	in, on, at
ที่ กำ บัง	**thee** gam bang	hideaway
ที่ เก็บ	**thee** gep	storage place
ที่ เก็บ ของ ท้าย รถ	**thee** gep *khaw:ng* ***tha:i rOt***	boot, trunk *n.* (of a car)
ที่ เกิด	**thee** geuh:t	birth place
ที่ เกิด เหตุ	**thee** geuh:t he:t	place of occurrence
ที่ เขี่ย บุหรี่	**thee** khia booree	ashtray
ที่ แขวน คอ นัก โทษ	**thee** *khwae:n* khaw: ***nak*** **thO:t**	gallows
ที่ จอด รถ	**thee** jaw:t ***rOt***	car park
ที่ ดิน	**thee** din	plot *n.* (land)
ที่ ตัก ผง	**thee** tak phOng	dustpan
ที่ ตี ตั๋ว	**thee** tee *tua*	ticket office
ที่ ทำ การ ไปรษณีย์	**thee** tham ga:n praisanee	post office
ที่ นอน	**thee** naw:n	mattress *n.*
ที่ นั่ง	**thee nang**	seat *n.*
ที่ นั่ง คน ขับ	**thee nang** khOn khap	driver's seat
ที่ นั่ง ด้าน หน้า	**thee nang da:n na:**	front seat
ที่ นี่	**thee nee**	here

ที่ นู้น	**thee *noo:n***	there
ที่ ปรึก ษา	**thee** phreuk *sa:*	consultant
ที่ ปรึก ษา กฎ หมาย	**thee** phreuk *sa:* gOt *ma:i*	legal adviser
ที่ ปัด น้ำ ฝน	**thee** pat ***nam*** *fOn*	windscreen wiper
ที่ เปิด	**thee** peuh:t	opener
ที่ เปิด กระป๋อง	**thee** peuh:t gra*pawng*	tin opener
ที่ เปิด ขวด	**thee** peuh:t khuat	bottle-opener
ที่ เปิด ประตู	**thee** peuh:t pratoo:	doorhandle
ที่ พัก เท้า	**thee *phak tha:o***	footrest
ที่ พัก บน ภูเขา	**thee *phak*** bOn phoo:*khao*	mountain station
ที่ ไม่ เหมาะสม	**thee mai** maw*sOm*	unpleasant
ที่ รัก	**thee *rak***	darling
ที่ ราบ	**thee ra:p**	plain *n.*
ที่ ราบ สูง	**thee ra:p** *soo:ng*	plateau
ที่ วาง แขน	**thee** wa:ng *khae:n*	arm (from a chair)
ที่ สุด	**thee** soot	most
ที่ หนึ่ง	**thee** neung	first
ที่ ไหน	**thee** *nai*	where
ที่ อยู่	**thee** yoo:	address *n.*
ที่ อื่น	**thee** eu:n	elsewhere
ทีม	theem	team *n.*
ทีม ฟุตบอล	theem ***foot***baw:n	football team
ทึ่ม	**theum**	idiotic
ทุก	***thook***	all
ทุก คน	***thook*** khOn	everyone
ทุก ครั้ง	***thook khrang***	everytime
ทุก ที่	***thook*** **thee**	everywhere
ทุก วัน	***thook*** wan	daily *adj.*
ทุก อย่าง	***thook*** ya:ng	everything
ทุก อาทิตย์	***thook*** a:***thit***	weekly
ทุ่ง นา	**thoong** na:	field *n.* (rice field)
ทุน	thoon	capital (money)
ทุน เล่า เรียน	thoon **lao** rian	scholarship
ทุ่น เรือ	**thoon** reua	buoy
ทุบ ตี	**thoob** tee	beat *v.*
ทุเรียน	thoorian	durian
ทูต สวรรค์	**thoo:t** sa*wan*	angel *n.*
เท	the:	pour *v.*
เท	the:	dump, pour *v.*
เทคนิค	***thek***nik	technique *n.*
เทนนิส	then***nis***	tennis
เทป ใส	***the:p*** *sai*	Sellotape
เทพ นิยาย	***the:p ni***ya:i	fairy tale
เท่า กัน	**thao** gan	equal *adj.*

เท่า กับ	**thao** <u>gap</u>	equal to, (=)
เท่านั้น	**thao***nan*	only
เท่าไร	**thao**rai	how much, how many
เท้า	*tha:o*	foot (of the body)
เท้า เปล่า	*tha:o* <u>plao</u>	barefoot
เทาเว่อร์	thao***weuh:***	tower block
เที่ยง คืน	**thiang** kheu:n	midnight
เที่ยง วัน	**thiang** wan	noon
เทียน	thian	candle *n.*
เทียม	thiam	harness *v.*
เทียม	thiam	artificial
เที่ยว ชม	**thio** chOm	sightseeing *v.*
เทือก เขา	**theuak** *khao*	mountains
แท็กซี่	*thaeksee*	taxi *n.*
แทง	thae:ng	pierce *v.*
แท่ง	**thaeng**	ingot
แทน	thae:n	substitute, replace *v.*
แทน ที่ จะ	thae:n **thee** <u>ja</u>	instead of
แทรก แซง	**sae:k** sae:ng	interfere *v.*
แทะ	*thae*	nibble *v.*
แทะ	*thae*	gnaw *v.*
โทร	thO:	phone *v.* (colloq.)
โทร กลับ	thO: <u>glap</u>	call back (telephone)
โทร โข่ง	thO:ra <u>khO:ng</u>	megaphone
โทรทัศน์	thO:ra***that***	television set
โทรเลข	thO:ra**le:k**	telegram *n.*
โทรศัพท์	thO:ra<u>sap</u>	telephone *n.*
โทรศัพท์	thO:ra<u>sap</u>	phone *v.*
โทรศัพท์	thO:ra<u>sap</u>	telephone *v.*
โทรศัพท์ ฉุก เฉิน	thO:ra<u>sap</u> <u>chook</u> *cheuh:n*	emergency telephone
โทรศัพท์ ทาง ไกล	thO:ra<u>sap</u> tha:ng glai	long-distance call
โทษ	**thO:t**	penalty *n.*
โทษ	**thO:t**	punishment *n.*
โทษ ประหาร ชีวิต	**thO:t** pra*ha:n* chee***wit***	death penalty
ไทย	thai	Thai

ธ

ธง	thOng	flag *n.*
ธง ชาติ	thOng **cha:t**	national flag
ธนาคาร	thana:kha:n	bank (for money)
ธนาคาร ออม สิน	thana:kha:n aw:m *sin*	savings bank
ธนาบัตร	thana:<u>bat</u>	banknote

ธรรม ชาติ	thamma **cha:t**	nature
ธรรม ดา	thamma da:	normal *adj.*
ธรรม ดา	thamma da:	usual *adj.*
ธรรม ดา	thamma da:	common, normal
ธรรม ดา	thamma da:	ordinary *adj.*
ธรรม มาสน์	thamma:t	pulpit
ธันวา คม	thanwa: khOm	December
ธาตุ	**tha:t**	element *n.*
ธาตุ ฟอสฟอรัส	**tha:t** faw:sfaw:***rat***	phosphorus
ธาราศาสตร์	tha:la:sa:t	hydraulics
ธุรกิจ	***thoora***git	business
ธุระ	***thoora***	business
ธูป	**thoo:p**	joss stick
เธค	thek	disco
เธอ	theuh:	she

น

นก	***nOk***	bird *n.*
นก กระจอก	***nOk*** grajaw:k	sparrow *n.*
นก กระจอก เทศ	***nOk*** grajaw:k **the:t**	ostrich
นก กระจาบ	***nOk*** graja:p	rice bird
นก กระตั้ว	***nOk*** gra**tua**	cockatoo
นก กระทา	***nOk*** gratha:	quail
นก กระทา	***nOk*** gratha:	partridge
นก กระทุง	***nOk*** grathoong	pelican
นก กระยาง	***nOk*** graya:ng	heron
นก กาง เขน	***nOk*** ga:ng khe:n	thrush
นก แก้ว	***nOk*** **gae:o**	parrot
นก คี รี บูน	***nOk*** khee ree boo:n	canary
นก ดุ เหวา	***nOk*** doo wao	raven
นก ตอ	***nOk*** taw:	decoy
นก นาง นวล	***nOk*** na:ng nuan	seagull
นก นาง แอ่น	***nOk*** na:ng aen	swallow *n.*
นก พิ ราบ	***nOk phi*** ra:p	pigeon
นก เพนกวิน	***nOk*** phen**gooin**	penguin
นก ยูง	***nOk*** yoo:ng	peacock
นก หวีด	***nOk*** weet	whistle *n.*
นก หัว ขวาน	***nOk*** *hua khwa:n*	woodpecker
นก อินทรี	***nOk*** insee	eagle
นก ฮูก	***nOk*** **hoo:k**	owl
นม	nOm	breasts, bosom

นม	nOm	bosom, breasts
นม	nOm	milk *n.*
นม ที่ จับ ตัว แข็ง เป็น ก้อน	nOm **thee** chap tua *khaeng* pen **gaw:n**	curd
นม เปรี้ยว	nOm **prio**	yogurt *n.*
นม ผง	nOm *phOng*	milkpowder
นม ยาน	nOm ya:n	sagging breasts
นรก	na***rOk***	hell *n.*
นว นิยาย	nawa niya:i	novel
นวด	**nuat**	massage *v.*
นวด ข้าว	**nuat kha:o**	thresh *v.*
นวม	nuam	boxing gloves
นอ	naw:	horn, (rhinoceros horn)
นอก จาก	**naw:k** ja:k	apart from
นอก ใจ	**naw:k** jai	unfaithful *adj.*
นอก ราช การ	**naw:k ra:*cha*** ga:n	off-duty
น่อง	**nawng**	calf (anat.)
น้อง	***naw:ng***	siblings (younger)
น้อง เขย	***naw:ng*** *kheuh:i*	brother-in-law (younger)
น้อง ชาย	***naw:ng*** cha:i	brother (younger)
น้อง สะใภ้	***naw:ng*** **saphai**	sister-in-law (younger)
น้อง สาว	***naw:ng*** *sa:o*	sister (younger)
นอน	naw:n	lie *v.*, sleep *v.*
นอน	naw:n	sleep *v.*
นอน กรน	naw:n grO:n	snore *v.*
นอน เกิน เวลา	naw:n geuh:n we:la:	overslept
นอน ไม่ หลับ	naw:n **mai** lap	sleepless *adj.*
น้อย	***naw:i***	little (not much)
น้อย ใจ	***naw:i*** jai	hurt *adj.* (feeling)
นัก การ ฑูต	***nak*** ga:n **thoo:t**	diplomat *n.*
นัก การ ทูต	***nak*** ga:n **thoo:t**	ambassador
นัก การ เมือง	***nak*** ga:n meuang	politician *n.*
นัก กีฬา	***nak*** geela:	athlete
นัก ข่าว	***nak*** kha:o	journalist
นัก เขียน	***nak*** *khian*	writer, author
นัก เคมี	***nak*** khe:mee	chemist
นัก ดาราศาสตร์	***nak*** da:ra:sa:t	astronomer
นัก เต้น รำ	***nak*** **ten** ram	dancer *n.*
นัก ท่อง เที่ยว	***nak*** **tawng thio**	tourist *n.*
นัก โทษ	***nak*** **thO:t**	prisoner
นัก ธุรกิจ	***nak thoora*** git	businessman
นัก บิน	***nak*** bin	pilot *n.*
นัก โบราณ คดี	***nak*** bO:ra:n khadee	archeologist
นัก ฟัน ดาบ	***nak*** fan da:p	fencer (athlete)
นัก ภาษา ศาสตร์	***nak*** pha:*sa:* sa:t	linguist

นัก ร้อง	*nak raw:ng*	singer
นัก รัก	*nak rak*	lover
นัก เรียน	*nak* rian	pupil, student
นัก เรียน	*nak* rian	student *n.*
นัก เรียน ประจำ	*nak* rian prajam	boarder
นัก ล้วง กระเป๋า	*nak* luang grapao	pickpocket
นัก ล่า สัตว์	*nak* gla: sat	hunter
นัก วิทยา ศาสตร์	*nak* withaya: sa:t	scientist *n.*
นัก ศึก ษา	*nak* seuk sa:	student, university student
นัก สมัคร เล่น	*nak* samak len	amateur *n.*
นัก สมัคร เล่น	*nak* samak len	layman
นัก สะกด จิต	*nak* sagOt jit	hypnotist
นัก สืบ	*nak* seu:p	detective *n.*
นัก แสดง	*nak* satae:ng	actor
นัก แสดง กล	*nak* satae:ng gOn	magician *n.*
นั่ง	**nang**	take a seat, sit *v.*
นั่ง	**nang**	sit *v.*
นั่ง วิปัสสนา	**nang** *wi*patsana:	meditate *v.*
นัด (กับ)	*nat* (gap...)	make an appointment (with ..)
นั่น	**nan**	there
นั้น	*nan*	that *adj.*
นั้น	*nan*	that *pron.*
นับ	*nap*	count *v.*
นา	na:	rice field
นา นา ประเทศ	na: na: prathe:t	international
นา ยก เทศ มนตรี	na: yOk the:tsa mOntree	mayor
น่า เกลียด	**na:** gliat	ugly *adj.*
น่า ดู	**na:** doo:	attractive
น่า รัก	**na:** *rak*	lovely *adj.*
น่า รัก ใคร่	**na:** *rak* **khrai**	lovely *adj.*
น่า เสีย ใจ	**na:** *sia* jai	regrettable *adj.*
น่า เสีย ดาย	**na:** *sia* da:i	pitiful
น่า อาย	**na:** a:i	shy, ashamed *adj.*
น่า อิจ ฉา	**na:** it *cha:*	enviable
น่า เอ็น ดู	**na:** en doo:	cute *adj.*
น้า	*na:*	aunt (younger as father, mother)
นาก	**na:k**	otter
นาง งาม จักร วาล	na:ng nga:m jagra wa:n	Miss universe
นาง เงือก	na:ng **ngeuag**	mermaid
นาง บำ เรอ	na:ng bam reuh:	prostitute *n.*
นาง แบบ	na:ng bae:p	model (human being)
นาง แบบ ถ่าย รูป	na:ng bae:p tha:i **roo:p**	model, photo-model
นาง ผดุง ครรภ์	na:ng phadoonk khran	midwife
นาง ฟ้า	na:ng *fa:*	fairy

นาที	na:thee	minute
นาน	na:n	long *adj.* (in time)
นาน เท่าไร	na:n **thaorai**	how long
นาน ปี	na:n pee	years long
นาม บัตร	na:m <u>bat</u>	visiting card
นาม สกุล	na:m sagoon	surname *n.*
นาม สกุล	na:m sagoon	family name
นาม สกุล	na:m sagoon	last name
นาย	na:i	master
นาย จ้าง	na:i **ja:ng**	boss
นาย จ้าง	na:i **ja:ng**	employer *n.*
นาย ช่าง	na:i **chang**	engineer (colloq.)
นาย ท้าย	na:i *tha:i*	shipowner
นาย ธนาคาร	na:i thana:kha:n	banker *n.*
นาย หน้า	na:i **na:**	broker
นาวี	na:wee	navy *n.*
นาฬิกา	na:*li*ga:	clock *n.* (watch)
นาฬิกา	na:*li*ga:	o 'clock
นาฬิกา	na:*li*ga:	watch *n.* (clock)
นาฬิกา ข้อ มือ	na:*li*ga: **khaw:** meu:	wristwatch
นาฬิกา ปลุก	na:*li*ga: <u>plook</u>	alarm clock
นาฬิกา พก	na:*li*ga: **phOk**	fob watch
น้ำ	*na:m*	water *n.*
น้ำ กรด	*nam* <u>grOt</u>	acid *n.*
น้ำ ขึ้น	*nam* **kheun**	flood, tide
น้ำ เข้า ไม่ ได้	*nam* khao mai da:i	waterproof *adj.*
น้ำ แข็ง	*nam* **khaeng**	ice *n.*
น้ำ แข็ง ละ ลาย	*nam* khaeng *la* **la:i**	thaw *v.*
น้ำ ค้าง	*nam* **kha:ng**	dew *n.*
น้ำ ค้าง แข็ง	*nam* **kha:ng** *khaeng*	frost
น้ำ จิ้ม	*nam* **jim**	sauce
น้ำ ด่าง	*nam* <u>da:ng</u>	lye
น้ำ ดื่ม	*nam* <u>deu:m</u>	drinking water
น้ำ ตก	*nam* <u>tOk</u>	waterfall *n.*
น้ำ ตา	*nam* ta:	tear *n.*
น้ำ ตาล	*nam* ta:n	sugar *n.*
น้ำ ท่วม	*nam* **thuam**	flood *n.*
น้ำ ท่วม	*nam* **thuam**	flood *v.*
น้ำ ท่วม	*nam* **thuam**	inundation
น้ำ ประปา	*nam* <u>prapa:</u>	tap water *n.*
น้ำ ปลา	*nam* pla:	fish sauce
น้ำ ผึ้ง	*nam* **pheung**	honey *n.*
น้ำ ผึ้ง พระจันทร์	*nam* **pheung** *phra*jan	honeymoon
น้ำ ฝน	*nam* *fOn*	rainwater

น้ำ พริก	*nam phrik*	chili paste
น้ำ พุ	*nam phoo*	fountain *n.*
น้ำ มัน	*nam* man	gasoline
น้ำ มัน	*nam* man	oil *n.*
น้ำ มัน ก๊าด	*nam* man *ga:t*	kerosene *n.*
น้ำ มัน เชื้อ เพลิง	*nam* man *cheua* phleuh:ng	petrol
น้ำ มัน เชื้อ เพลิง	*nam* man *cheua* phleuh:ng	fuel oil
น้ำ มัน ดิน	*nam* man din	tar *n.*
น้ำ มัน ตับ ปลา	*nam* man <u>tap</u> pla:	cod-liver oil
น้ำ มัน ปิโตรเลียม	*nam* man pitrO:**liam**	mineral oil
น้ำ มัน สน	*nam* man *sOn*	turpentine *n.*
น้ำ ยา ล้าง จาน	*nam* ya: *la:ng* ja:n	washing-up liquid *n.*
น้ำ แร่	*nam* **rae:**	mineral water
น้ำ ลง	*nam* lOng	ebb
น้ำ ลาย	*nam* la:i	saliva *n.*
น้ำ ลาย	*nam* la:i	spit *n.*
น้ำ วน	*nam* wOn	whirlpool *n.*
น้ำ ส้ม	*nam* **sOm**	orange juice
น้ำ ส้ม สาย ชู	*nam* sOm *sa:i* choo:	vinegar *n.*
น้ำ โส โครก	*nam* sO: **krO:k**	waste water
น้ำ หนัก	*nam* <u>nak</u>	weight *n.*
น้ำ หนัก เกิน	*nam* <u>nak</u> geuh:n	overweight
น้ำ หนัก เนื้อ แท้	*nam* <u>nak</u> *neua tae:*	net weight
น้ำ หนัก เพิ่ม	*nam* <u>nak</u> *pheuh:m*	increase (weight)
น้ำ หนัก ลด	*nam* <u>nak</u> *lOt*	lose weight
น้ำ หมึก	*nam* <u>meuk</u>	ink
น้ำ หวาน	*nam* wa:n	lemonade
น้ำ หวาน ใน ดอก ไม้	*nam* wa:n nai <u>daw:k</u> *ma:i*	nectar
น้ำ หอม	*nam* haw:m	perfume
นิเกิล	**nigeuhn**	nickel
นิโกร	*ni*grO:	Negro
นิคม	*ni*khOm	settlement *n.*
นิโคติน	*ni*khO:tin	nicotine
นิ่ง	**ning**	silent
นิ่ง เงียบ	**ning ngiap**	conceal *v.*, hide *v.*
นิด เดียว	*nit* dio	a little only
นิด หน่อย	*nit* <u>naw:i</u>	a little bit
นิติ เวช	*ni*ti **we:t**	forensic medicine
นิทรรศ การ	*nithat*sa ga:n	exhibition
นิทรรศ การ ศิลป	*nithat*sa ga:n sinlapa	art exhibition
นิทาน	*ni*tha:n	fable
นิยม	*ni*yOm	popular *adj.*
นิรัน ดร	*ni*ran daw:n	eternal, forever
นิล	nin	onyx

นิ่ว	<u>nio</u>	gallstone
นิ้ว	*nio*	finger
นิ้ว กลาง	*nio* gla:ng	middle finger
นิ้ว ชี้	*nio chee*	forefinger
นิ้ว เท้า	*nio tha:o*	toe *n.*
นิสัย	*nisai*	character
นิสัย	*nisai*	personality
นิสัย	*nisai*	habit, custom
นี้	*nee*	this
นี่...หรือนั่น...	*nee... reu: nan...*	this or that
นึก	*neuk*	think, conceive *v.*
นุ่ง	*noong*	dress *v.*, put on
นุ่ง ผ้า	**noong pha:**	dressed
นุ่ม	**noom**	soft *adj.*
นูน	noo:n	convex
เน รเทศ	ne: rathe:t	exile *v.*
เน รเทศ	ne: rathe:t	banish *v.*
เนกาตีป	ne:ga<u>teep</u>	negative (photo)
เนคไท	**nek**thai	tie, necktie
เน้น	*nen*	emphasize *v.*
เนย	neuh:i	butter
เนย แข็ง	neuh:i *khaeng*	cheese
เน่า	**nao**	rotten *adj.*
เน่า	**nao**	rot *v.*
เนิน	neuh:n	hill *n.*
เนิน เขา	neuh:n *khao*	hill *n.*
เนิน ทราย	neuh:n sa:i	dune
เนื้อ	*neua*	meat *n.*
เนื้อ งอก	*neua* **ngaw:k**	tumor, growth *n.*
เนื้อ เรื่อง	*neua* leuang	content, matter
เนื้อ วัว	*neua* wua	beef
เนื่อง จาก	*neuang ja:k*	due to
แน่	**nae:**	certain *adj.*
แน่น	**nae:n**	dense, tight *adj.*
แนะ นำ	*nae* nam	recommend *v.*
ใน	nai	in, on, at
ใน ที่ สุด	nai **thee** <u>soot</u>	at last, eventually
ใน ภาย หน้า	nai pha:i **na:**	soon *adj.*
ใน ระหว่าง	nai *ra*<u>wa:ng</u>	during
ใน ระหว่าง นั้น	nai *ra*<u>wa:ng</u> nan	meanwhile
ใน เวลา เดียว กัน	nai we:la: dio gan	simultaneous

บ ข ส	baw: khaw: saw:	bus terminal
บท	bOt	lesson
บท ที่	bOt **thee**	chapter
บน	bOn	above
บรร จุ	ban choo	pack *v.*
บรร ณาธิการ	ban na:***thi***ga:n	editor
บรร ยา กาศ	ban ya: ga:t	atmosphere
บรรพบุรุษ	ban-pha-boo-root	ancestor
บรรลุ จุด หมาย	banloo joot *ma:i*	successed
บรรลุ นิติ ภาวะ	ban***loo ni***ti pha:***wa***	attain legal age
บริ โภค	baw***ri*** **phO:k**	consume *v.*
บริการ	baw***ri***ga:n	serve *v.*
บริการ	baw***ri***ga:n	service *n.*
บริการ	baw***ri***ga:n	service *v.*
บริจาค	baw***ri***ja:k	donate *v.*
บริษัท	baw***ri***sat	company
บริษัท การ บิน	baw***ri***sat ga:n bin	airline
บริษัท ท่อง เที่ยว	baw***ri***sat **thawng thio**	travel agency
บริสุทธิ์	baw***ri***soot	virgin *adj.*
บริหาร	baw***ri****ha:n*	manage *v.*
บวก	buak	add, sum
บวก	buak	plus
บวม	buam	inflamed (med.)
บวม	buam	swollen *adj.*
บ่อ	baw:	pond
บ่อ เกิด	baw: geuh:t	source
บ่อ โคลน	baw: khlO:n	puddle
บ่อ น้ำ	baw: ***na:m***	fountain, water well
บอก	baw:k	tell *v.*
บอก ปฏิเสธ	baw:k patise:t	refuse an invitation
บ้อง	***bawng***	silly
บ่อย	boi	often, frequent
บอร์ด ประกาศ	baw:t praga:t	pinboard
บอลติก	baw:ltik	Baltic Sea
บะหมี่	ba-mee	egg noodle
บัง	bang	obstruct *v.* (the view)
บัง โคลน	bang khlO:n	mudguard
บัง เบียด	bang biat	misappropriate, embezzle *v.*
บัง เอิญ	bang euh:n	by chance
บัญชี	banchee	bank account
บัญชี	banchee	account
บัญชี กระแส ราย วัน	banchee gra*sae:* ra:i wan	current account
บัญชี เงิน ฝาก	banchee ngeuhn fa:k	savings account
บัณ ฑิต	ban dit	university graduate

บัณ ฑิต สถาน	ban *dit* sa*ta:n*	academy
บัดกรี	batgree	solder *v.*, weld *v.*
บัตร ข้า ราช การ	bat **kha: ra:*cha*** ga:n	identity card for government officer
บัตร เครดิต	bat khre:dit	credit card
บัตร เชิญ	bat cheuh:n	invitation card
บัตร ประชา ชน	bat praja: chOn	identity card
บัตร แสดง ยิน ดี	bat sadae:ng yin dee	congratulations card
บัน ทึก	ban *theuk*	note, memo
บัน ทึก	ban *theuk*	record *v.*, write down
บันได	bandai	ladder, stair
บันได	bandai	stairs
บันได รถ	bandai *rOt*	pedal *n.*
บันได เลื่อน	bandai **leuan**	escalator
บัล ลังก์	ban lang	throne
บั้น เอว	**ban** e:-oo	waist
บัว รด น้ำ	bua *rOt na:m*	watering can
บ้า	**ba:**	crazy
บ้า	**ba:**	mad, insane
บ้า กาม	**ba:** ga:m	randy
บ้า หมู	**ba:** *moo:*	epilepsy
บาง	ba:ng	thin *adj.* (for things)
บาง	ba:ng	some *adj.*
บาง คน	ba:ng khOn	someone, somebody
บาง ครั้ง	ba:ng **khrang**	sometime
บ่าง	ba:ng	flying squirrel
บาด เจ็บ	ba:t jep	injured *adj.*
บาด ทะยัก	ba:t **thayak**	tetanus
บาด แผล	ba:t *phlae:*	cut *n.* (injury)
บาด แผล	ba:t *phlae:*	wound *n.*
บาท	ba:t	baht (currency)
บาน	ba:n	bloom *v.*
บาน กระจก	ba:n grajOk	greenhouse
บาน เกล็ด	ba:n glet	window shutter
บาน พับ	ba:n **phap**	hinge
บ้าน	**ba:n**	home *n.*
บ้าน	**ba:n**	house, home *n.*
บ้าน เกิด	**ba:n** geuh:t	home
บ้าน พัก คน ชรา	**ba:n** *phak* khOn chara:	home for the elderly
บ้าน สวน	**ba:n** *suan*	farm *n.*
บาป	ba:p	sin *n.*, evil *n.*
บาร์	ba:	bar (for a drink)
บาร์ คู่	ba: **khoo:**	parallel bars
บาสเกต บอล	ba:sget baw:n	basketball
บำ นาญ	bam na:n	pension

บิ	bi	crumble *v.*
บิด เป็น ชิ้น เล็กๆ	bit pen *chin lek lek*	crumble *v.*
บิน	bin	fly *v.*, hover *v.*
บีบ คอ	beep khaw:	strangle *v.*
บีบ แตร	beep trae:	hoot *v.*
บุ้ง	boong	caterpillar
บุรุษ ไปรษณีย์	booroot praisanee	postman
บุหรี่	booree	cigarette
บุหรี่ ซิการ์	booree siga:	cigar
บูชา	boo:cha:	worship *v.* (budda)
เบ็ด	bet	hook, fishing hook
เบรก	bre:k	brake *n.*
เบรก มือ	bre:k meu:	handbreak
เบอร์	beuh:	number
เบอร์ โทรศัพท์	beuh: thO:rasap	telephone number
เบา	bao	light *adj.* (not heavy)
เบา	bao	quiet *adj.*
เบา ลง	bao lOng	lighten *v.* (weight)
เบา ลง	bao lOng	reduce *v.* (volume)
เบา หวาน	bao *wa:n*	diabetes
เบาะ	bO	cushion *n.*
เบียร์	bia	beer
เบี้ยว	**bio**	crooked, deformed
เบื่อ	beua	boring *adj.*
เบื่อ ชีวิต	beua chee*wit*	weary of life
แบก	bae:k	bear, carry *v.*
แบ่ง	baenk	divide *v.*, share *v.*
แบ่ง ครึ่ง	baenk **khreung**	halve *v.*
แบตเตอรี่	baette**ree**	battery *n.*
แบบ	bae:p	model, type *n.*
แบบ	bae:p	stencil *n.*
แบบ จำ ลอง	bae:p jam law:ng	model, (house, car)
แบบ ตัด เสื้อ	bae:p tat **seua**	pattern
แบบ ฝึก หัด	bae:p feuk hat	exercise (in school)
แบบ ฝึก หัด	bae:p feuk hat	homework
แบบ ฝึก หัด	bae:p feuk hat	practice
แบบ ฟอร์ม	bae:p faw:m	form (a printed form)
แบบ เรียน	bae:p rian	school book
โบก	bO:k	wave *v.*, beckon *v.*
โบย	bO:i	beat, whip *v.*
โบลิ่ง	bO:**ling**	bowling *n.*
โบว์	bO:	bow *n.* (of ribbon)
โบสถ์	bO:t	church
ใบ	bai	dumb *adj.*, mute *adj.*

ใบ	bai	mute *adj.*, dumb *adj.*
ใบ เกิด	bai geuh:t	birth certificate
ใบ ขับ ขี่	bai khap khee	driving license
ใบ ค่า ระวาง	bai kha: rawa:ng	consignment note
ใบ เจียด ยา	bai jiat ya:	prescription
ใบ ทะเบียน สมรส	bai thabian sOmrOt	marriage certificate
ใบ แทรก	bai sae:k	supplement, inset
ใบ แทรก หนัง สือ พิมพ์	bai sae:k nang seu: phim	newspaper supplement
ใบ ปก	bai pOk	cover, book cover *n.*
ใบ เปลี่ยน ชื่อ	bai plian cheu:	name change certificate
ใบ พัด	bai phat	screw (marine propeller)
ใบ มีด	bai meet	blade
ใบ ไม้	bai ma:i	leaf (of a tree)
ใบ รับ	bai rap	receipt
ใบ รับ รอง ความ โสด	bai rap raw:ng khwam sOt	certificate of marital status
ใบ รับ รอง แพทย์	bai rap raw:ng phae:t	health certificate
ใบ รับรอง เงินเดือน	bai rapraw:ng ngeuhn deuan	income statement
ใบ เรือ	bai reua	sail *n.*
ใบ ส่ง ของ	bai sOng khaw:ng	invoice
ใบ สำ คัญ	bai sam khan	identity card
ใบ สุทธิ	bai soothi	school leaving certificate
ใบ เสร็จ	bai set	receipt
ใบ เสร็จ	bai set	bill, receipt
ใบ เสีย ภาษี	bai sia pha:see	tax card
ใบ หย่า	bai ya:	divorce certificate
ใบ หู	bai hoo:	earlobe
ใบ อนุญาต	bai anooya:t	license *n.*
ใบ อนุญาต ทำ งาน	bai anooya:t tham nga:n	work permit

ป

ปก ครอง	pOk khraw:ng	govern *v.*, rule *v.*
ปก ครอง	pOk khraw:ng	rule *v.*, govern *v.*
ปก คลุม	pOk khloom	cover *v.*
ปก ป้อง	pOk pawng	protect *v.*
ปฏิ เสธ	pathi se:t	deny *v.*
ปฏิ เสธ	pathi se:t	refuse *v.*
ปฏิทิน	pathi thin	calendar
ปน กัน ยุ่ง	pOn gan yoong	tangle (up), confused
ปม ด้อย	pOm doi	inferiority complex
ปรมาณู	parama:noo:	atom
ปรอง ดอง	praw:ng daw:ng	reconcile *v.*

ปรอง ดอง	praw:ng daw:ng	compromise *v.*
ปรอท	pa<u>raw</u>:t	mercury
ปรอท	pa<u>raw</u>:t	thermometer *n.*
ปรอท วัด ความ ร้อน	pa<u>raw</u>:t *wat* khwa:m *raw:n*	fever thermometer
ประกวด	pra<u>guat</u>	exhibit, compete *v.*
ประกัน	pra<u>gan</u>	assurance
ประกัน ชีวิต	pra<u>gan</u> chee*wit*	life insurance
ประกัน ภัย อุบัติเหตุ เดินทาง	pra<u>gan</u> phai <u>ooba</u>tihe:t deuh:ntha:ng	travel assurance
ประกา รัง	pra<u>ga</u>: rang	coral *n.*
ประกาย	pra<u>ga</u>:i	spark *n.*
ประกาย	pra<u>ga</u>:i	sparkle *adj.*
ประกาศ	pra<u>ga</u>:t	announce *v.*
ประกาศ โฆษณา	pra<u>ga</u>:t khOtsana:	advertise *v.*
ประกาศนี ยบัตร	pra<u>ga</u>:sanee ya<u>bat</u>	certificate, diploma
ประจำ เดือน	pra<u>jam</u> deuan	menstruation
ประชา กร	pra<u>cha</u>: gaw:n	population *n.*
ประชา ชน	pra<u>cha</u>: chOn	people, nation
ประชา ธิปไตย	pra<u>cha</u>: *thip*patai	democracy *n.*
ประชา สัมพันธ์	pra<u>cha</u>: *sam*phan	information
ประชุม	pra<u>choom</u>	meeting
ประดับ	pra<u>dap</u>	decorate *v.*, garnish *v.*
ประดิษฐ์ กรรม	pra<u>dit</u> gram	invention
ประตู	pra<u>too</u>:	door, gate, goal *n.*
ประท้วง	pra*thuang*	protest *v.*
ประทัด	pra*that*	firecracker
ประทับ ตรา	pra*thap* tra:	stamp *v.*
ประเทศ	pra*the*:t	country
ประเทศ กำลัง พัฒนา	pra*the*:t gamlang *phat*thana:	developing country
ประเทศ เยอรมัน	pra*the*:t yeuhraman	Germany
ประธาน ของ ประโยค	pra<u>tha</u>:n *khaw:ng* prayO:k	nominative
ประธาน บริษัท	pra<u>tha</u>:n baw*ri*sat	president (of a company)
ประธานา ธิบดี	pra<u>tha</u>:na: **thi**bOdee	president (from a country)
ประภา คาร	pra<u>pha</u>: kha:n	lighthouse
ประมวล กฎ หมาย อาญา	pra<u>nuan</u> <u>gOt</u> *ma:i* a:ya:	penal code
ประมาณ	pra<u>ma</u>:n	about (approx.)
ประมาณ	pra<u>ma</u>:n	approximately, about
ประมูล ราคา ขาย	pra<u>moo</u>:n ra:kha: *kha:i*	auction v.
ประมูล สูง กว่า	pra<u>moo</u>:n soo:ng <u>gwa</u>:	overbid v.
ประโยค	pra<u>yO</u>:k	sentence *n.* (of words)
ประสบ การณ์	pra<u>sOp</u> ga:n	experience
ประสาท ไว	pra<u>sa</u>:t wai	irritable
ประหยัด	pra<u>yat</u>	saving *n.*
ประหยัด	pra<u>yat</u>	save *v.*
ประหลาด ใจ	pra<u>la</u>:t jai	amazed *adj.*

ประหลาด ใจ	<u>prala:t</u> jai	marvel v.
ประหลาด ใจ	<u>prala:t</u> jai	surprised adj.
ประหาร ชีวิต	<u>pra</u>ha:n chee*wit*	execute v.
ปรัศนี	pradsanee	question mark
ปราศ จาก เมฆ	pra:sa ja:k **me:k**	cloudless
ปราสาท	pra:<u>sa:t</u>	castle n.
ปริศนา	prisana:	puzzle n.
ปริศนา	prisana:	riddle n.
ปริศนา อักษร ไขว้	prisana: agsaw:n **khwai**	crossword
ปลด ปล่อย	<u>plOt plaw:i</u>	free v.
ปล้น	**plOn**	rob v., steal v.
ปลวก	<u>pluak</u>	termite
ปลอก	<u>plaw:k</u>	peel v.
ปลอก แขน	<u>plaw:k</u> *khae:n*	armband
ปลอก คอ	<u>plaw:k</u> khaw:	collar
ปลอก นิ้ว	<u>plaw:k</u> *nio*	thimble n.
ปลอก หมอน	<u>plaw:k</u> maw:n	pillowcase
ปลอด ภัย	<u>plaw:t</u> phai	safe adj., secure adj.
ปลอบ ใจ	<u>plaw:p</u> jai	comfort, appease, soothe v.
ปลอบ โยน	<u>plaw:p</u> yO:n	comfort, calm v.
ปลอม	plaw:m	forged
ปล่อง	<u>plawng</u>	chimney
ปล่อย	<u>ploi</u>	release v.
ปล่อย ตัว	<u>ploi</u> tua	absolve v.
ปลัก	<u>plak</u>	swamp
ปลั๊ก ตัว เมีย	**plak** tua mia	socket, wallsocket
ปลา	pla:	fish n.
ปลา กระเบน	pla: <u>grabe:n</u>	ray, skate (animal)
ปลา แซลมอน	pla: sae:l**mawn**	salmon
ปลา ดุก	pla: <u>dook</u>	catfish
ปลา ทูน่า	pla: thoo:**na:**	tuna n.
ปลา ปักเป้า	pla: *pakpao*	globefish
ปลา โลมา	pla: lO:ma:	dolphin
ปลา วาฬ	pla: wa:n	whale n.
ปลา หมึก	pla: <u>meuk</u>	cuttlefish, squid
ปลา แห้ง	pla: **haeng**	stockfish
ปลา ไหล	pla: *lai*	eel
ปลาย แขน	pla:i *khae:n*	forearm
ปลาย นิ้ว	pla:i *nio*	fingertip
ปลาสเตอร์	**pla:steuh:**	plaster
ปลิง	pling	leech
ปลิด	<u>plit</u>	pick off v.
ปลิว	plio	flow, blow v.
ปลุก	<u>plook</u>	wake up (someone)

ปลูก	ploo:k	cultivate v.
ปลูก	ploo:k	plant v.
ปลูก ขึ้น ใหม่	ploo:k **kheun** mai	replant v.
ปลูก ฝี	ploo:k *fee*	vaccinate v.
ปวด	puat	ache v., pain v.
ปวด ท้อง	puat *thaw:ng*	stomachache
ปวด ประจำ เดือน	puat prajam deuan	monthly ache
ปวด ฟัน	puat fan	toothache n.
ปวด เมื่อย	puat **meuai**	muscle ache
ปวด หัว	puat *hua*	headache
ป่วย	puay	sick, ill
ปอ	paw:	hemp n.
ปอ กระเจา	paw: grajao	jute n.
ปอก	paw:k	peal v.
ป้อง กัน	**pawng** gan	prevent v.
ปอด	paw:t	lung
ปอด บวม	paw:t buam	pneumonia
ป้อน	**paw:n**	feed v. (a baby)
ปอนด์	paw:n	pound n.
ปะ	pa	patch up v.
ปัจจุบัน	patjooban	presence
ปัจจุบัน	patjooban	nowadays adv.
ปัญญา อ่อน	panya: aw:n	feeble-minded
ปัญญา อ่อน	panya: aw:n	mentally handicapped
ปัญหา	pan*ha:*	problem n.
ปัด เป่า	pat pao	dust v.
ปั้น จั่น	**pan** jan	crane
ปั้ม น้ำ มัน	*pam nam* man	petrol station
ปัสสาวะ	pat*sa:wa*	urine n.
ป่า	pa:	forest
ป่า ช้า	pa: *cha:*	cemetery, graveyard
ป่า ใหญ่	pa: yai	jungle
ป่า ใหญ่	pa: yai	primeval forest
ป้า	**pa:**	aunt (older as father, mother)
ปาก	pa:k	mouth
ปาก	pa:k	snout
ปากกา	pa:kga:	ball pen
ปากกา	pa:kga:	pen n.
ปากกา จับ ยึด	pa:kga: jap *yeut*	vice n. (tool)
ปากกา หมึก ซึม	pa:kga: meuk seun	fountain pen
ปาน กลาง	pa:n gla:ng	moderate, mediocre
ปาน ที่ มี มา แต่ กำ เนิด	pa:n **thee** mee ma: tae: gam neuh:t	birthmark
ป้าย	**pa:i**	inscribe
ป้าย	**pa:i**	stop n., bus stop

ป้าย	**pa:i**	sign *n.*
ป้าย จรา จร	**pa:i** jara: jaw:n	traffic sign *n.*
ป้าย ทะเบียน รถ	**pa:i *tha*** bian ***rOt***	license plate
ป้าย ทะเบียน รถ	**pa:i *tha*** bian ***rOt***	number plate
ป้าย รถ เมล์	**pa:i *rOt*** me:	bus stop
ปิง ปอง	ping pawng	table tennis
ปิด	pit	switch off
ปิด	pit	closed *adj.*
ปิด	pit	close *v.* (shut)
ปิด ผนึก	pit phaneuk	seal *v.*
ปิด แสตมป์	pit satae:m	postmark *v.*
ปี	pee	year
ปี ของ แสง	pee *khaw:ng sae:ng*	light year
ปี ละ	pee la	annual
ปี ใหม่	pee mai	new year
ปี อธิก มาส	pee a***thi***ga **ma:t**	leap year
ปีศาจ กาลี	peesa:t ga:lee	Satan
ปี่ แซ๊กโซโฟน	pee ***saek***sO:fO:n	saxophone
ปี๊บ	***pip***	canister
ปืน	peu:n	gun, rifle
ปืน พก	peu:n ***phOk***	pistol
ปืน ใหญ่	peu:n ya:i	cannon
ปุ๋ย	*poo:i*	fertilizer *n.*
ปู	poo:	crab *n.* (shellfish)
ปู่	poo:	grandfather (paternal)
ปู่ ทวด	poo: **thuad**	great-grandfather
ปูน	poo:n	cement *n.*
ปูน ขาว	poo:n *kha:o*	lime (material)
ปูน ปลาสเตอร์	poo:n **pla:steuh:**	plaster cast
เป็ด	pet	duck (animal)
เป็น	pen	be *v.*
เป็น กลาง	pen gla:ng	neutral *adj.*
เป็น ของ	pen *khaw:ng*	belong to
เป็น ครั้ง เป็น คราว	pen ***khrang*** pen khrao	now and then, sometimes
เป็น ต้น	pen **tOn**	etc.
เป็น ต้น ฉบับ เดิม	pen **tOn** chabap deuh:m	original
เป็น ที่ นิยม กัน ทั่ว ไป	pen **thee *ni***yOm gan **thua** pai	popular *adj.*
เป็น ที่ รู้ กัน	pen **thee *roo:*** gan	known
เป็น น้ำ แข็ง	pen ***nam*** *khaeng*	frozen *adj.*
เป็น ไป ได้	pen pai **da:i**	possible *adj.*
เป็น ไป ไม่ ได้	pen pai **mai da:i**	impossible
เป็น ฝ่าย รับ	pen fa:i ***rap***	defensive
เป็น ภัย ต่อ สุขภาพ	pen phai taw: sookha**pha:p**	unhealthy *adj.*
เป็น รู พรุน	pen roo: phroon	porous

เป็น เรื่อง เกี่ยวกับ ความ ใคร่	pen **reuang** <u>gio gap</u> khwa:m **khrai**	erotic
เป็น โรค เส้น ประสาท	pen **rO:k sen** <u>prasa:t</u>	nervous
เป็น ลม	pen lOm	faint v.
เป็น ลม	pen lOm	unconscious adj.
เป็น สนิม	pen sa*nim*	rust v.
เป็น สนิม	pen sa*nim*	rusty adj.
เป็น หนี้	pen **nee**	debt, due
เป็น ห่วง	pen <u>huang</u>	worry v.
เป็น หวัด	pen <u>wat</u>	cold n., (have a cold)
เป็น ไอ	pen ai	steam adj.
เปรอะ เปื้อน	<u>preuh</u> **peuan**	dirty, foul adj.
เปราะ	<u>praw</u>	fragile
เปรี้ยว	**prio**	sour
เปรี้ยว หวาน	**prio** wa:n	sweet and sour
เปล	ple:	cradle
เปลว	ple:-oo	flame n.
เปล่า ประโยชน์	<u>pla:o</u> prayO:t	vain, in vain
เปลี่ยน	<u>plian</u>	change v.
เปลี่ยน	<u>plian</u>	exchange
เปลี่ยน แปลง	<u>plian</u> plae:ng	restore v.
เปลี่ยน แปลง	<u>plian</u> plae:ng	transform v.
เปลี่ยน แปลง	<u>plian</u> plae:ng	correct v.
เปลี่ยน แปลง	<u>plian</u> plae:ng	modify v.
เปลี่ยน แปลง ใหม่	<u>plian</u> plae:ng <u>mai</u>	renovate v.
เปลี่ยน รถ	<u>plian</u> *rOt*	change v. (bus, train, ...)
เปลี่ยน เสื้อ ผ้า	<u>plian</u> **seua pha:**	change clothes
เปลือก	<u>pleuak</u>	rind
เปลือก แข็ง	<u>pleuak</u> *khaeng*	husk, hull n.
เปลือก หอย	<u>pleuak</u> *haw:i*	shell n.
เปลื้อง ผ้า	**pleuang pha:**	undress v.
เปลือย	<u>pleuai</u>	naked
เปลือย นม	<u>pleuai</u> nOm	topless adj.
เปลือย ล่อน จ้อน	<u>pleuai</u> **lawn jawn**	stark naked
เป่า	<u>pao</u>	blow v.
เป่า นก หวีด	<u>pao</u> *nOk* <u>weed</u>	whistle v. (with a whistle)
เป่า โป่ง	<u>pao</u> pO:ng	blow up, inflate
เป้า	**pao**	target n.
เปาะ เปี๊ยะ	**paw pia**	spring roll
เปิด	<u>peuh:t</u>	turn on, open v.
เปิด	<u>peuh:t</u>	open v.
เปิด เผย	<u>peuh:t</u> *pheuh:i*	candid, open, frank adj.
เปิด สวิตช์	<u>peuh:t</u> sa**wit**	switch on
เปียก	<u>piak</u>	wet adj.
เปียนโน	pianO:	piano

เปื้อน	**peuan**	soiled *adj.*
เปื้อน น้ำ มัน	**peuan** ***nam*** man	fatty, greasy *adj.*
เปื้อน สกปรก	**peuan** sOkaprOk	soil *v.*
แป้ง	**pae:ng**	flour *n.*
แป้ง	**pae:ng**	powder *n.*
แป้ง สำหรับ เด็ก	**pae:ng** *sam*rap dek	baby powder
แปด	pae:t	eight
แป้น ดีด	**pae:n** deet	key, push button
แป้น อักษร บน พิมพ์ ดีด	**pae:n** agsaw:n bOn phim deet	keyboard
แปรง	prae:ng	brush *n.*
แปรง	prae:ng	brush *v.*
แปรง ฟัน	prae:ng fan	brush the teeth
แปรง ปัด เสื้อ	prae:ng pat **seua**	clothes brush
แปรง ไฟ ฟ้า	prae:ng fai ***fa:***	fuse box
แปรง สี ฟัน	prae:ng *see* fan	toothbrush *n.*
แปล	plae:	translate *v.*
แปล ยวน	plae: yuan	hammock
แปลก	plae:k	strange *adj.*
แปลก ใจ	plae:k jai	marveled *v.*
แปลก ใจ	plae:k jai	surprised *adj.*
โปรตีน	prO:teen	protein
โปรย	prO:i	strew *v.*, sprinkle *v.*
ไป	pai	go *v.*
ไป กลับ	pai glap	round trip
ไป เที่ยว	pai **thio**	going out
ไป มา	pai ma:	back and forth
ไป เยี่ยม	pai **yiam**	visit *v.*
ไป หา	pai *ha:*	visit *v.*
ไป ให้ พ้น	pai **hai** ***phOn***	Go away!
ไป ไหน	pai *nai*	Where are you going?
ไป เอา มา	pai ao ma:	fetch *v.*
ไป เอา มา	pai ao ma:	pick up
ไปรษณีย์ อากาศ	praisanee a:ga:t	airmail
ไปรษณียบัตร	praisanee ***ya***bat	postcard

ผ

ผง ซัก ฟอก	phOng ***sak*** **faw:k**	washing powder *n.*
ผด	phOt	rash, skin rash
ผม	*phOm*	hair
ผม	*phOm*	I, me (for men)
ผม	*phOm*	me, I (for men)

ผม ทอง	*phOm* thaw:ng	blond
ผม ร่วง	*phOm* **ruang**	loss of hair
ผล	*phOn*	success *n.*
ผล ลัพธ์	*phOn* **lap**	result *n.*
ผล แอปเปิ้ล	*phOn* ae**pen**	apple
ผลไม้	*phOn*la**ma:i**	fruit
ผละ งาน	<u>phla</u> nga:n	strike *v.*
ผลัก	<u>phlak</u>	push away *v.*
ผลัด	<u>phlat</u>	defer
ผลาญ	*phla:n*	waste *v.*
ผลิ	<u>phli</u>	sprout *v.*
ผลิต	pha<u>lit</u>	produce *v.*, manufacture *v.*
ผลึก	<u>phleuk</u>	crystal
ผสม	pha*sOm*	mix *v.*
ผสม	pha*sOm*	blend *v.*, mix *v.*
ผสม น้ำ	phra*sOm* **na:m**	dilute
ผ่อน คลาย	<u>phawn</u> khla:i	relax *v.*
ผอม	*phaw:m*	slim *adj.*
ผอม	*phaw:m*	thin *adj.* (for persons or animals)
ผัก	<u>phak</u>	vegetable *n.*
ผัก กาด หอม	<u>phak</u> <u>ga:t</u> haw:m	lettuce
ผัก ชี	<u>phak</u> chee	coriander
ผัด	<u>phat</u>	fry *v.*
ผัน แปร	*phan* prae:	change *v.*
ผัว	*phua*	husband
ผัว เมีย	*phua* mia	married couple
ผ่า	<u>pha:</u>	cut, slice *v.*
ผ้า	**pha:**	cloth
ผ้า กัน เปื้อน	**pha:** gan **peuan**	apron
ผ้า คลุม ศีรษะ	**pha:** khloom *see*<u>sa</u>	hood
ผ้า เช็ด ตัว	**pha:** *chet* tua	towel *n.*
ผ้า เช็ด หน้า	**pha:** *chet* na:	handkerchief
ผ้า ใบ	**pha:** bai	canvas
ผ้า ปิด หน้า	**pha:** <u>pit</u> na:	veil *n.*
ผ้า ปู โต๊ะ	**pha:** poo: *tO*	tablecloth *n.*
ผ้า ปู ที่ นอน	**pha:** poo: **thee** naw:n	sheet *n.*
ผ้า ฝ้าย	**pha:** fa:i	cotton *n.*
ผ้า พัน คอ	**pha:** phan khaw:	scarf *n.*
ผ้า พัน แผล	**pha:** phan *phlae:*	bandage *n.*
ผ้า พัน แผล	**pha:** phan *phlae:*	gauze, bandage
ผ้า ใย สัง เคราะห์	**pha:** yai *sang* **khraw**	synthetic *n.*
ผ้า ห่ม	**pha:** <u>hOm</u>	blanket
ผ้า ห่ม ไฟ ฟ้า	**pha:** <u>hOm</u> fai *fa:*	electric blanket
ผ้า ไหม	**pha:** *mai*	silk *n.*

ผ้า อนา มัย	**pha:** ana: mai	sanitary towel
ผ้า อ้อม	**pha: aw:m**	baby's napkin, diaper
ผ่าน	pha:n	pass *v.*
ผ่าน ข้าม	pha:n **kha:m**	across
ผาย ลม	pha:i lOm	fart *v.* (polite)
ผิง	*phing*	lean *v.*
ผิด	phit	wrong *adj.*
ผิด กฎ หมาย	phit gOt *ma:i*	illegal
ผิด กฎ หมาย	phit gOt *ma:i*	violate *v.* (the law)
ผิด หวัง	phit *wang*	disappointed *adj.*
ผิว	*phio*	skin *n.*
ผิว ปาก	*phio* pa:k	whistle *v.* (with the mouth)
ผิว หนัง เกรียม แดด	*phio nang* griam dae:t	sunburn *n.*
ผี	*phee*	ghost *n.*
ผี เข้า	*phee* **khao**	possessed
ผี ดูด เลือด	*phee* doo:t **leuat**	vampire
ผี พุง ไต้	*phee* phoong **ta:i**	shooting star, meteor
ผี เสื้อ	*phee* **seua**	butterfly *n.*
ผี อำ	*phee* am	nightmare *n.*
ผึ่ง ลม	pheung lOm	air *v.*
ผึ้ง	**pheung**	bee
ผุ พัง	phoo phang	rotten *adj.*
ผู้ ร้าย ย่อง เบา	**phoo: *rai* yawng** bao	burglar, thief
ผู้ กล่าว ประกาศ	**phoo:** gla:o praga:t	announcer
ผู้ กำกับ ภาพยนตร์	**phoo:** gamgap **pha:p**phayOn	director (of a film)
ผู้ ขาย	**phoo:** *kha:i*	seller, vendor
ผู้ แข็ง ขัน	**phoo:** *khaeng khan*	competitor
ผู้ คลั่ง	**phoo: khlang**	fanatic (person)
ผู้ จัด การ	**phoo:** jat ga:n	manager, chief
ผู้ จัด การ	**phoo:** jat ga:n	director
ผู้ ชนะ	**phoo:** cha***na***	winner
ผู้ ช่วย	**phoo: chuay**	assistant *n.*
ผู้ ชาย	**phoo:** cha:i	man *n.*
ผู้ ชาย ขาย ตัว	**phoo:** cha:i *kha:i* tua	male prostitute
ผู้ ชาย แมง ดา	**phoo:** cha:i mae:ng da:	pimp
ผู้ เช่า	**phoo: chao**	tenant *n.*
ผู้ เชี่ยว ชาญ	**phoo: chio** cha:n	expert *n.*
ผู้ ซื้อ	**phoo: *seu:***	buyer
ผู้ ซื้อ	**phoo: *seu:***	customer
ผู้ ดู แล	**phoo:** doo: lae:	attendant, warder
ผู้ โดย สาร	**phoo:** dO:i *sa:n*	passenger
ผู้ ต้อง สง สัย	**phoo: tawng** *sOng sai*	suspect *n.*
ผู้ ต้อง หา	**phoo: tawng** *ha:*	accused, the
ผู้ ตัด สิน	**phoo:** tat *sin*	referee

ผู้ แต่ง	phoo: <u>taeng</u>	author
ผู้ ทำ ปลอม	phoo: tham plaw:m	counterfeiter
ผู้ ทิ้ง หน้า ที่	phoo: *thing* **na: thee**	deserter *n.*
ผู้ แทน ราษฎร	phoo: thae:n ra:tsataw:n	Member of Parliament
ผู้ นำ	phoo: nam	leader
ผู้ ประดิษฐ์	phoo: pradit	inventor
ผู้ ป้อง กัน	phoo: pawng gan	protector *n.*
ผู้ เป็น โรค หัว ใจ	phoo: pen r**O:k** *hua* jai	heart sick person
ผู้ ผลิต	phoo: pha<u>lit</u>	producer
ผู้ ฝึก งาน	phoo: feuk nga:n	trainee, apprentice
ผู้ พิมพ์ โฆษณา	phoo: phim khO:sana:	publisher
ผู้ มี ส่วน ร่วม ด้วย	phoo: mee <u>suan</u> **ruam duay**	business partner
ผู้ เย็บ ปก	phoo: *yep* p<u>Ok</u>	bookbinder
ผู้ ร่วม มือ	phoo: ruam meu:	helper, co-operator
ผู้ ร้อง ทุกข์	phoo: *raw:ng* <u>thook</u>	complainant *n.*
ผู้ รักษา ประตู	phoo: rak*sa*: <u>pratoo:</u>	goalkeeper
ผู้ รับ ประกัน ภัย	phoo: rap **pragan phai**	insurance agent
ผู้ รับ เหมา	phoo: rap *mao*	supplier
ผู้ รับ เหมา ก่อ สร้าง	phoo: rap *mao* <u>gaw:</u> **sa:ng**	building contractor
ผู้ ร้าย	phoo: *ra:i*	culprit
ผู้ เริ่ม ต้น	phoo: reuh:m tOn	beginner
ผู้ ลัก พา หนี	phoo: *lak* pha: *nee*	kidnapper
ผู้ ลัก ลอบ หนี ภาษี	phoo: *lak* law:p *nee* pha:*see*	smuggler
ผู้ ส่ง	phoo: sOng	sender
ผู้ สมัคร รับ เลือก	phoo: sa<u>mak</u> **rap** leuang	candidate
ผู้ สอบ สวน	phoo: saw:p *suan*	researcher
ผู้ หญิง	phoo: ying	woman *n.*
ผู้ ใหญ่	phoo: <u>yai</u>	adult *n.*
ผู้ ใหญ่	phoo: <u>yai</u>	personality
ผู้ ใหญ่ บ้าน	phoo: <u>yai</u> **ba:n**	village chief
ผู้ อพยพ	phoo: Opha*yOp*	refugee
ผู้ อำ นวย การ	phoo: am nuay ga:n	director
ผูก มัด	<u>phoo:k</u> **mat**	fetter *v.*
เผ็ด	<u>phet</u>	hot (taste)
เผย แพร่	*pheuh:i* **phae:**	publish *v.*
เผ่า พันธุ์	*phao* phan	lineage, race
เผา ไหม้	*phao* **mai**	burn *v.t.*
แผ่	<u>phae:</u>	spread, expand *v.*
แผง หน้า ปัทม์ ตอน หน้า รถ	*phae:ng* **na:** path taw:n **na:** *rOt*	dashboard
แผน ที่	*phae:n* **thee**	map *n.*
แผน ที่ โลก	*phae:n* **thee lO:k**	atlas
แผ่น ดิน ไหว	<u>phaen</u> din *wai*	earthquake
แผ่น ประกาศ	<u>phaen</u> <u>praga:t</u>	placard, poster
แผ่น เสียง	<u>phaen</u> *siang*	record, disk *n.*

| แผล ไฟ ไหม้ | *phae:* fai **mai** | burn (wound) |
| โผล่ | phlO: | emerge |

ฝ

ฝน	*fOn*	rain *n.*
ฝน ตก	*fOn* tOk	rain *v.*
ฝน แล้ง	*fOn* **lae:ng**	drought
ฝรั่ง	fa<u>rang</u>	European
ฝรั่ง	fa<u>rang</u>	guava
ฝัก	<u>fak</u>	pod, seed vessel
ฝัก ข้าว โพด	<u>fak</u> **kha:o phO:t**	corn-cob
ฝัก บัว	<u>fak</u> bua	shower *n.*
ฝัง	*fang*	bury *v.*
ฝัง ไว้ ใต้ ดิน	*fang* wai **ta:i** din	bury *v.*
ฝั่ง	<u>fang</u>	shore, coast
ฝั่ง	<u>fang</u>	bank, shore
ฝัน	*fan*	dream
ฝา	*fa:*	lid, cover *n.*
ฝา กระโปรง หน้า	*fa:* graprO:ng **na:**	bonnet (from a car)
ฝา ท่อ ระบาย น้ำ	*fa:* **thaw:** *ra*ba:i *na:m*	duct cover
ฝา ผนัง	*fa:* pha*nang*	wall *n.*
ฝา แฝด	*fa:* <u>fae:t</u>	twins
ฝา ระแนง	*fa:* *ra*nae:ng	lath
ฝ่า เท้า	<u>fa:</u> ***tha:o***	sole (of the foot)
ฝ่า มือ	<u>fa:</u> meu:	palm (of the hand)
ฝาก	<u>fa:k</u>	entrust *v.*
ฝาก ข้อ ความ	<u>fa:k</u> **khaw:** khwa:m	leave a message
ฝาก เงิน	<u>fa:k</u> ngeuhn	pay in
ฝิ่น	<u>fin</u>	opium *n.*
ฝี ดาษ	*fee* <u>da:t</u>	smallpox
ฝี มือ	*fee* meu:	handicraft
ฝึก ซ้อม	<u>feuk</u> ***saw:m***	train *v.*
ฝึก หัด	<u>feuk</u> hat	practice *v.*
ฝุ่น	<u>foon</u>	dust *n.*
ฝูง	*foo:ng*	flock, herd
ฝูง	*foo:ng*	troop, group *n.*
เฝ้า	**fao**	guard *v.*
ไฝ	*fai*	mole (beauty spot)

พจนา นุ กรม	*phO*jana: noo grOm	lexicon
พจนา นุ กรม	*phO*jana: noo grOm	dictionary *n.*
พ่น	**phOn**	spray *v.*
พนัก งาน	pha<u>nak</u> nga:n	employee *n.*
พนัก งาน เก็บ เงิน	pha<u>nak</u> nga:n <u>gep</u> ngeuhn	cashier
พนัน	phanan	bet *v.*
พบ	*phOp*	meet *v.*
พบ (กับ)	*phOp* (<u>gap</u>...)	meet (with...)
พม่า	phra**ma:**	Burma
พยัก	pha*yak*	nod *v.*
พยัญ ชนะ	phayan cha*na*	alphabet
พยัญ ชนะ	phayan cha*na*	consonant
พยา กรณ์	phaya: gaw:n	forecast *v.*
พยา กรณ์ อากาศ	phaya: gaw:n a:<u>ga:t</u>	weather forecast
พยางค์	phaya:ng	syllable
พยาธิ	pha**ya:t**	worm (parasitic worm)
พยาน	phaya:n	witness *n.*
พยายาม	phaya:ya:m	try *v.*
พร สวรรค์	phaw:n sa*wan*	talent
พรม	phrOm	carpet
พรม เช็ด เท้า	phrOm *chet tha:o*	doormat
พรม น้ำ	phrOm *na:m*	sprinkle *v.* (with water)
พรรค	*phrak*	party (political)
พรรค นาซี	*phrak* na:see	Nazi
พรรณ นา	phan na na:	describe *v.*
พร้อม	*phraw:m*	ready *adj.*, prepared *adj.*
พระ	*phra*	monk
พระ	*phra*	pastor
พระ จันทร์ วัน เพ็ญ	*phra* jan wan phen	full moon
พระ เจ้า	*phra* ja:o	God
พระ พุทธ เจ้า	*phra* <u>phoo</u>*tha* ja:o	Buddha
พระ ราช วัง	*phra rat*cha wang	palace, royal palace
พระ เสาร์	*phra sao*	Saturn
พระ อาทิตย์ ขึ้น	*phra* a:*thit* kheun	sunrise *n.*
พระ อาทิตย์ ตก	*phra* a:*thit* <u>tOk</u>	sunset *n.*
พระ เอก	*phra* <u>e:k</u>	hero
พร้า หวด	*phra:* <u>huat</u>	scythe
พราน	phra:n	hunt *v.*
พริก	*phrik*	chili
พริก ไทย	*phrik* thai	pepper
พรุ่ง นี้	**phroong** *nee*	tomorrow
พรุ่ง นี้ เช้า	**phroong** *nee cha:o*	tomorrow morning
พฤกษ ศาสตร์	phreuk <u>sa:t</u>	botany
พฤศจิกา ยน	phreu<u>sa</u>jiga: yOn	November

พฤษภา คม	phreusapha: khOm	May
พล เมือง	phOnla meuang	population *n.*
พลัง	phalang	energy, power
พลัง งาน ปรมาณู	phalang nga:n parama:noo:	atomic energy
พลัง ไฟ ฟ้า	phalang fai ***fa:***	electric power
พลัด พราก	**phlat pra:k**	separated *adj.*
พลับ พลึง	**phlap** phleung	lily
พลั่ว	**phlua**	shovel *n.*
พลาด	**phla:t**	miss *v.* (bus, train ...)
พลาสติก	***phla:s*tik**	plastic *n.*
พลิก	***phlik***	turn *v.* (over a page)
พลุ	***phloo***	rocket, missile *n.*
พลู	phloo:	betel leaf
พวก เป็ด ไก่	**phuak** pet gai	poultry
พวง มาลัย	phuang ma:lai	steering wheel
พ่วง	**phuang**	tow away
พหูพจน์	phahoo: ***phOt***	plural
พอ	phaw:	enough, adequate
พอ ใจ	phaw: jai	satisfied *adj.*
พอ ใจ	phaw: jai	content *adj.* (satisfied)
พอ ใช้ จ่าย	phaw: ***chai*** ja:i	sufficient *adj.*
พอ ดี	phaw: dee	fit *adj.*
พ่อ	**phaw:**	father *n.*
พ่อ ครัว	**phaw:** khrua	cook
พ่อ ค้า	**phaw: *kha:***	merchant
พ่อ ค้า	**phaw: *kha:***	trader *n.*
พ่อ ค้า ขาย เหมา	**phaw: *kha:*** *kha:i mao*	wholesaler
พ่อ ค้า เพชร	**phaw: *kha: phet***	jeweler
พ่อ ค้า ย่อย	**phaw: *kha:* yaw:i**	retailer
พ่อ ตา	**phaw:** ta:	father-in-law
พ่อ แม่	**phaw: mae:**	parents
พ่อ เลี้ยง	**phaw: *liang***	stepfather
พ่อ หม้าย	**phaw: ma:i**	widower *n.*
พัก	***phak***	rest *v.*
พัก เที่ยง	***phak* thiang**	lunch break
พัก ร้อน	***phak raw:n***	holiday *n.*
พัก ไว้	***phak wai***	suspend *v.*
พัก อยู่	***phak*** yoo:	stay, live
พัง พอน	phang phaw:n	mongoose
พัง ลง	phang lOng	collapse *v.*
พัฒนา	***phat***thana:	develop *v.*
พัด	***phat***	fan *v.*
พัด ลม	***phat*** lOm	fan, electric fan *n.*
พัน	phan	coil *v.*

พัน	phan	thousand
พัน แผล	phan *phlae:*	bandage v.
พับ	***phap***	fold v.
พับ ขึ้น	***phap*** kheun	roll up
พัสดุ เก็บ เงิน ปลาย ทาง	***phasa***doo gep ngeuhn pla:i tha:ng	C.O.D. collect on delivery
พา ให้ เสีย คน	pha: **hai** *sia* khOn	seduce (to a crime)
พาด	***pha:t***	lean v.
พาย	pha:i	paddle v.
พาย	pha:i	oar
พายุ	pha:***yoo***	thunderstorm
พายุ แรง	pha:***yoo*** rae:ng	hurricane
พายุ หิมะ	pha:***yoo*** **hi***ma*	snowstorm
พิ การ	***phi*** ga:n	physically handicapped
พิ นาศ	***phi na:t***	disaster
พิ พิธ ภัณฑ์	***phi phit***tha phan	museum n.
พิ สูจน์ หลัก ฐาน	***phi*** <u>soo:t</u> <u>lak</u> *tha:n*	identify v.
พิมพ์	phim	print v.
พิมพ์ ดีด	phim <u>deet</u>	type v., typewrite v.
พิมพ์ ผิด	phim <u>phit</u>	misprint
พิศวาท	***phit***sa<u>wa:t</u>	loveplay
พิเศษ	***phise:t***	special *adj.*
พิษ แดด	***phit*** <u>dae:t</u>	heatstroke
พิษ แดด	***phit*** <u>dae:t</u>	sunstroke n.
พี ชคณิต	***phee cha***kha***nit***	algebra
พี่	***phee***	siblings (older)
พี่ เขย	**phee** *kheuh:i*	brother-in-law (older)
พี่ ชาย	**phee** cha:i	brother (older)
พี่ น้อง	**phee** *naw:ng*	siblings
พี่ บุญ ธรรม	**phee** boon tham	stepbrother
พี่ สะใภ้	**phee** <u>sa</u>***phai***	sister-in-law (older)
พี่ สาว	**phee** *sa:o*	sister (older)
พึ่ง	***pheuhng***	depend v.
พืช	***pheu:t***	plant *n.*
พื้น	***pheu:n***	floor, surface
พื้น ที่	***pheu:n*** thee	surface n.
พื้น เมือง	***pheu:n*** meuang	local, native
พื้น ลาด	***pheu:n*** la:t	slope
พุง พลุ้ย	phoong ***phlooi***	fat paunch
พุทธ มา มกะ	***phootha*** ma: ***maga***	Buddhist
พุทธศักราช	***phootha***<u>sagara:t</u>	Buddhist era
พุ่ม	**phoom**	thicket
พุ่ม	**phoom**	shrubbery
พุ่ม ไม้	phoom ***ma:i***	bush *n.*
พู่ กัน	<u>phoo:</u> gan	brush, paint brush

พูด	**phoo:t**	say *v.*
พูด	**phoo:t**	speak *v.*
พูด เกิน ความ เป็น จริง	**phoo:t** geuh:n khwa:m pen ching	overstate *v.*
พูด จา ปาก หวาน	**phoo:t** ja: <u>pa:k</u> *wa:n*	flirt *v.*
พูด ติด อ่าง	**phoo:t** <u>tit</u> <u>a:ng</u>	stutter *v.*
พูด ไถล	**phoo:t** tha*lai*	excuse
พูด พึม พำ	**phoo:t** pheunm pham	mumble *v.*
พูด มาก	**phoo:t ma:k**	talkative *v.*
พูด ไม่ ออก	**phoo:t mai** <u>aw:k</u>	speechless
พูด เล่น	**phoo:t len**	joke *v.*
พูด เสียง ซุบ ซิบ	**phoo:t** *siang **soop sip***	lisp *v.*, whisper *v.*
เพชฌ ฆาต	*phet*cha **kha:t**	executioner
เพชร	***phet***	diamond *n.*
เพชร พลอย	***phet*** phlaw:i	precious stone
เพ ดาน	phe: da:n	ceiling
เพ ดาน	phe: da:n	palate
เพราะ	***phraw***	polite *adj.*
เพราะ ว่า	***phraw* wa:**	because
เพลง	phle:ng	song *n.*
เพลง ชาติ	phle:ng **cha:t**	national anthem
เพลง สวด	phle:ng <u>suat</u>	psalm
เพลี่ยง พล้ำ	**phliang** *phlam*	hatch out
เพศ	**phe:t**	sex *n.*
เพศ ศึก ษา	**phe:t** <u>seuk</u> *sa:*	study of sex
เพศ สัมพันธ์	**phe:t** *sam*phan	sexual intercourse
เพาะ ชำ	*phaw* cham	tree nursery
เพิ่ม	**pheuh:m**	increase *v.*, add to
เพิ่ม	**pheuh:m**	add to *v.*
เพิ่ม	**pheuh:m**	additional
เพิ่ม กำลัง	**pheuh:m** gamlang	strengthen *v.*
เพิ่ม สิบ เท่า	**pheuh:m** <u>sip</u> **thao**	increase tenfold
เพิ่ม ให้ ครบ	**pheuh:m hai khrOp**	complete *v.*
เพียง	phiang	only
เพื่อ	**pheua**	for, in order to
เพื่อ ว่า	**pheua wa:**	so that, for that
เพื่อน	**pheuan**	friend
เพื่อน เขียน จดหมาย	**pheuan** *khian* <u>jOtma:i</u>	pen friend
เพื่อน บ้าน	**pheuan ba:n**	neighbour
เพื่อน ร่วม งาน	**pheuan ruam** nga:n	work colleague
เพื่อน ร่วม งาน	**pheuan ruam** nga:n	colleague
แพ	phae:	raft *n.*
แพ ชูชีพ	phae: choo:**cheep**	lifeboat
แพ้	***phae:***	lose *v.* (a game)
แพง	phae:ng	expensive

THAI - ENGLISH

แพทย์ เฉพาะ โรค สตรี	**phae:t** cha***phaw*** **rO:k** satree	gynecologist
แพนเค็ก	phae:n***khek***	pancake
แพะ	***phae***	goat
โพธิ์ ดำ	phO: dam	spade (in the pack of cards)
โพธิ์ แดง	phO: dae:ng	hearts (in the pack of cards)
โพรง	phrO:ng	hollow *adj.*
ไพ่ ควีน	**phai** khween	queen (in the pack of cards)
ไพ่ ป๊อก	**phai** ***pawk***	jack (in the pack of cards)
ไพ เราะ	phai ***raw***	melodious, sweet-sounding
ไพ ลิน	phai lin	sapphire

ฟ

ฟก ช้ำ	***fOk cham***	bruise
ฟก ช้ำ	***fOk cham***	hematoma
ฟรี	free	free
ฟอง	faw:ng	bubble
ฟอง น้ำ	faw:ng ***na:m***	lather
ฟอง น้ำ	faw:ng ***na:m***	sponge *n.*
ฟอง อากาศ	faw:ng a:ga:t	air bubble
ฟ้อง	***faw:ng***	accuse
ฟัก	***fak***	pumpkin
ฟัง	fang	listen *v.*
ฟัง ดนตรี	fang dOntree	listen to the music
ฟัง นี่	fang **nee**	listen!
ฟัน	fan	tooth, set of teeth
ฟัน ดาบ	fan da:p	fence *v.* (sport)
ฟัน ปลอม	fan plaw:m	dentures
ฟัน ผุ	fan phoo	tooth decay
ฟ้า	***fa:***	sky *n.*
ฟ้า ผ่า	***fa:*** pha:	thunder
ฟ้า แลบ	***fa:*** **laep**	lightning, flash *v.*
ฟาง	fa:ng	straw *n.*
ฟาร์ม	fa:m	farm *n.*
ฟืน	feu:n	firewood
ฟื้น	***feu:n***	recover *v.*
ฟุ้ง เฟ้อ	***foong feuh:***	extravagant *adj.*
ฟุตบอล	***foot***baw:n	football, soccer
ฟูก	**foo:k**	mattress *n.*
เฟอนิเจอร์	feuh:ni**jeuh:**	furniture
เฟือง	feuang	gearwheel

เฟือง จักร ขับ หมุน	feuang jak khap moon	gearbox
แฟ ชั่น	fae: chan	fashion n.
แฟน	fae:n	friend, fan
แฟ้ม	fae:m	file, folder
แฟลช	flaesch	flashlight n.
ไฟ	fai	fire, flame, light
ไฟ	fai	light n., flame n.
ไฟ โฆษณา	fai khO:sana:	illumination advertisement
ไฟ ฉาย	fai cha:i	flashlight n., torch n.
ไฟ ฉาย	fai cha:i	torch n., flashlight n.
ไฟ ฉาย เวที	fai cha:i we:thee	footlights
ไฟ แช็ค	fai chaek	lighter n.
ไฟ ถนน	fai thanOn	street lamp
ไฟ ท้าย	fai tha:i	taillight
ไฟ เบรก	fai bre:k	stop light
ไฟ ป่า	fai pa:	forest fire
ไฟ ฟ้า	fai fa:	electricity
ไฟ ฟ้า แรง สูง	fai fa: rae:ng soo:ng	high voltage
ไฟ เลี้ยว	fai lio	indicator
ไฟ สะท้อน แสง	fai sathaw:n sae:ng	reflector
ไฟ หน้า รถ	fai na: rOt	headlight

ภ

ภรรยา	phanraya:	wife n.
ภัตตาคาร	phatta:kha:n	restaurant (large)
ภาค	pha:k	country part
ภาค กลาง	pha:k gla:ng	central part
ภาค ตะวัน ตก	pha:k tawan tOk	West
ภาค ตะวัน ออก	pha:k tawan aw:k	east part
ภาค ใต้	pha:k ta:i	South
ภาค เรียน	pha:k rian	semester
ภาค เหนือ	pha:k neua	Northern region
ภาค อีสาน	pha:k eesa:n	northeast Thailand
ภาพ การ์ ตูน ล้อ เลียน	pha:p ga:too:n law: lian	caricature, a cartoon
ภาพ เขียน	pha:p khian	drawing
ภาพ จำ ลอง	pha:p jam law:ng	conception, print
ภาพ สี น้ำ	pha:p see na:m	aquarelle n. (painting)
ภาพ สี น้ำ มัน	pha:p see nam man	painting
ภาพ สี น้ำ มัน	pha:p see nam man	oil painting
ภาระ	pha:ra	duty, responsibility
ภาระ หนัก	pha:ra nak	burden v.

THAI - ENGLISH

ภาษา	pha:sa:	language
ภาษา ตลาด	pha:sa: tala:t	colloquial language
ภาษา ต่าง ประเทศ	pha:sa: ta:ng prathe:t	foreign language
ภาษา ท้อง ถิ่น	pha:sa: thaw:ng thin	dialect
ภาษา ลาติน	pha:sa: latin	Latin
ภาษา อังกฤษ	pha:sa: ankgrit	English
ภาษี	pha:see	tax *n.*
ภาษี รายได้	pha:see ra:ida:i	income tax
ภาษี ศุลกา กร	pha:see soonlaga: gaw:n	customs fee
ภาษี สิน ค้า เข้า	pha:see sin kha: khao	import duty
ภู มิ ศาสตร์	phoo:mi sa:t	geography
ภูเขา	phoo:khao	mountain
ภูเขา น้ำ แข็ง	phoo:khao nam khaeng	iceberg *n.*
ภูเขา ไฟ	phoo:khao fai	volcano *n.*
ภูเขา ไฟ ระเบิด	phoo:khao fai rabeuh:t	volcanic eruption
ภูมิ ใจ	phoo:m jai	proud *adj.*

ม

มกรา คม	magara: khOm	January
มง กุฎ	mOng goot	crown
มด	*mawt*	ant
มด ลูก	*mOt* loo:k	womb
มรกต	maw:ragOt	emerald *n.*
มรกต ตะวัน ตก	maw:ragOt tawan tOk	beryl
มรดก	maw:radOk	inheritance *n.*
มวน	muan	roll up *v.*
ม้วน	*muan*	roll up
มวย	muay	boxing
มหา วิทยาลัย	maha: withaya:lai	university *n.*
มหา เศรษฐี	maha: se:tthee	multimillionaire
มหา สมุทร	maha: samoot	ocean
มอง	maw:ng	look *v.*, look at
มอง ดู	maw:ng doo:	look *v.*, look at
มอง ดู	maw:ng doo:	watch *v.* (look at)
มอง ไม่ เห็น	maw:ng mai hen	invisible
มอง เห็น	maw:ng hen	visible
มอง เห็น ทะลุ	maw:ng hen thaloo	transparent *adj.*
มอเตอร์ หมุน เครื่อง ยนต์	maw:teuh: moon khreuang yOn	starter (for car, motorbike)
มอเตอร์ไซค์	maw:teuh:sai	motorcycle
มอบ	**maw:p**	transfer *v.*
มอบ หมาย	**maw:p** ma:i	assign *v.*
มอบ ให้	**maw:p hai**	commit, assign, entrust *v.*

มอร์ฟีน	maw:feen	morphine
มะขาม	*makha:m*	tamarind
มะเขือเทศ	*makheu:a*the:t	tomato
มะเดื่อ	*ma*deu:a	fig
มะนาว	*mana:o*	lime, lemon
มะนาว	*mana:o*	lemon
มะพร้าว	*maphra:o*	coconut
มะม่วง	*ma*muang	mango
มะรืน นี้	*mareu:n nee*	day after tomorrow
มะละกอ	*mala*gaw:	papaya
มัก จะ	*mak* ja	often
มัก ได้	*mak* da:i	greedy, selfish
มัง กร	mang gaw:n	dragon
มังคุด	mang*khoot*	mangosteen
มัด	*mat*	tie up, bind v.
มัด	*mat*	rope v.
มัด ปาก	*mat* pa:k	gag v.
มัธยม	*ma*thayOm	secondary
มัน ทอด	man **thaw:t**	fried potatoes
มัน เทศ บด	man **the:t** bOt	mashed potatoes
มัน ฝรั่ง	man fa*rang*	potato
มัน สมอง พิ การ	man sa*maw:ng* **phi** ga:n	brain death
มั่น	**man**	secure *adj.*
มัว	mua	dim, unclear
มัสตาร์ด	**mas**ta:t	mustard
มา	ma:	come v., arrive v.
มา จาก	ma: ja:k	come from
มา ถึง	ma: *theung*	arrive v. (coming)
มา รับ	ma: *rap*	pick up (someone)
ม้า	**ma:**	horse
ม้า ขาว	**ma:** *kha:o*	white horse
ม้า นั่ง	**ma:** *nang*	stool *n.*
ม้า น้ำ	**ma:** *na:m*	sea-horse
ม้า ลาย	**ma:** la:i	zebra
มาก	**ma:k**	many *adj.*
มาก	**ma:k**	much, lots of
มาก	**ma:k**	a lot, many, lots of
มาก มาย	**ma:k** ma:i	a lot of
มาตรา วัด ทาง ยาว	ma:tra: *wat* tha:ng ya:o	linear measure
ม่าน	**ma:n**	curtain *n.*
ม่าน เกล็ด	**ma:n** glet	curtain blinds, venetian blinds
ม่าน หน้า ต่าง	**ma:n** na: ta:ng	window curtain
ม้าม	**ma:m**	spleen *n.*
มายองเนส	ma:yaw:ng*ne:s*	mayonnaise

มารยาท	ma:ra**ya:t**	decency
มาเลเซีย	ma:le:sia	Malaysia
มิ ฉะ นั้น	mi chan ***nan***	otherwise
มิถุนา ยน	mithoona: yOn	June
มิลิกรัม	miligram	milligram
มิลิเมตร	mili***me:t***	millimetre
มี	mee	have
มี ค่า	mee **kha:**	valuable *adj.*
มี ชีวิต อยู่	mee chee***wit*** yoo:	alive
มี ชื่อ เสียง โด่ง ดัง	mee **cheu:** *siang* dO:ng dang	famous
มี ท้อง	mee ***thaw:ng***	pregnant
มี ประโยชน์	mee prayO:t	useful *adj.*
มี พิษ	mee ***phit***	poisonous *adj.*
มี ลาย เป็น ริ้วๆ	mee la:i pen ***rio rio***	striped *adj.*
มี หน้า มี ตา	mee **na:** mee ta:	distinguished
มี หนาม	mee *na:m*	thorny *adj.*
มี อิทธิ พล	mee i***thi*** phOn	influential *v.*
มี แอร์	mee ae:r	air-conditioned
มีด	**meet**	knife *n.*
มีด โกน หนวด	**meet** gO:n nuat	razor
มีด พก	**meet** ***phOk***	jackknife
มีนา คม	meena: khOm	March
มึง	meung	you (impolite)
มืด	**meu:t**	dark *adj.*
มือ	meu:	hand *n.*
มุก	***mook***	pearl *n.*
มุ้ง	***moong***	mosquito net
มุม	moom	corner
มุม	moom	angle *n.*
มูล สัตว์	moo:n sat	manure
เมฆ	**me:k**	cloud *n.*
เมตร	***me:t***	metre
เมื่น	men	menstruation (colloq.)
เม่น	**men**	hedgehog
เมล็ด	ma***let***	seed *n.*
เมล็ด	ma***let***	grain *n.*
เมล็ด กาแฟ	ma***let*** ga:fae:	coffee bean
เมล็ด ข้าว	ma***let*** **kha:o**	rice grain
เมล็ด พืช	ma***let*** **pheu:t**	grain *n.*
เมษา ยน	me:*sa:* yOn	April
เมา	mao	drunk *v.*
เมา คลื่น	mao **khleu:n**	seasick *adj.*
เมีย	mia	wife *n.*
เมีย น้อย	mia ***naw:i***	concubine, mistress

เมีย น้อย	mia *naw:i*	mistress, concubine
เมื่อ	**meua**	as
เมื่อ ก่อน	**meua** <u>gaw:n</u>	previously, in the past
เมื่อ ก่อน	**meua** <u>gaw:n</u>	before, earlier
เมื่อ กี้	**meua gee**	just now
เมื่อ เช้า นี้	**meua** *cha:o nee*	morning, this morning
เมื่อ วาน ซืน	**meua** wa:n seu:n	day before yesterday
เมื่อ วาน นี้	**meua** wa:n *nee*	yesterday
เมือง	meuang	city
เมือง	meuang	town n.
เมือง ขึ้น	meuang **kheun**	colony
เมือง ร้อน	meuang *raw:n*	tropical
เมือง หลวง	meuang *luang*	capital, capital city
เมื่อไร	**meua**rai	when
แม่	**mae:**	mother
แม่ ไก่	**mae:** gai	hen
แม่ โขง	**mae:** *khO:ng*	Mekong (river and whiskey)
แม่ ครัว	**mae:** khrua	cook (woman)
แม่ ค้า	**mae:** *kha:*	merchant (woman)
แม่ ค้า	**mae:** *kha:*	business woman
แม่ ชี	**mae:** chee	nun
แม่ น้ำ	**mae:** *na:m*	river n.
แม่ บ้าน	**mae:** ba:n	housewife
แม่ มด	**mae:** *mOt*	witch n.
แม่ ยาย	**mae:** ya:i	mother-in-law
แม่ แรง	**mae:** rae:ng	lever
แม่ เลี้ยง	**mae:** *liang*	foster mother
แม่ เลี้ยง	**mae:** *liang*	stepmother n.
แม่ หม้าย	**mae:** *ma:i*	widow n.
แม่ เหล็ก	**mae:** <u>lek</u>	magnet n.
แม้ กระนั้น	*mae:n* <u>gra</u>nan	even, even when
แม้ ว่า	*mae:n* **wa:**	though, although, even though *conj.*
แมง กะพรุน	mae:ng gaphroon	jellyfish n.
แมง ป่อง	mae:ng <u>pawng</u>	scorpion
แมง มุม	mae:ng moom	spider n.
แม่น	**maen**	precise
แมลง	malae:ng	insect n.
แมลง	malae:ng	beetle
แมลง ต่อย	malae:ng <u>taw:i</u>	insect bite
แมลง ตัว อ่อน	malae:ng tua <u>aw:n</u>	larva
แมลง เต่า ทอง	malae:ng tao thaw:ng	ladybird
แมลง ปอ	malae:ng paw:	dragonfly
แมลง ภู่	malae:ng **phoo:**	bumblebee
แมลง มอด	malae:ng **maw:t**	moth

แมลง วัน	malae:ng wan	fly (animal)
แมลง สาบ	malae:ng sa:p	cockroach
แมว	mae:o	cat, pussy
แมว ตัว ผู้	mae:o tua **phoo:**	tomcat
แมว น้ำ	mae:o ***na:m***	seal *n.* (animal)
โม โห	mO: *hO:*	angry
โมง	mO:ng	o'clock
ไม่	**mai**	no
ไม่	**mai**	not
ไม่ มี เลย	**mai** mee leuh:i	don't have
ไม่ ... เลย	**mai** ... leuh:i	have never ...
ไม่ เกี่ยว ข้อง	**mai** gio **khawng**	impartial
ไม่ เคย เลย	**mai** kheuh:i leuh:i	never before
ไม่ เคลื่อน ไหว	**mai khleuang** *wai*	motionless
ไม่ จริง	**mai** jing	untrue *adj.*
ไม่ จำ เป็น	**mai** jam pen	unnecessary
ไม่ ชัด	**mai** ***chat***	blurred, indistinct
ไม่ ซื่อ ตรง ต่อ หน้า ที่	**mai seu:** trOng taw: **na: thee**	corruptible
ไม่ ซื่อ สัตย์	**mai seu:** sat	disloyal *adj.*
ไม่ ได้	**mai da:i**	cannot
ไม่ ได้	**mai da:i**	impossible
ไม่ ได้ ดั่ง ใจ	**mai da:i** dang jai	unintentional *adj.*
ไม่ ตรง	**mai** trOng	unstraight *adj.*
ไม่ แตก	**mai** tae:k	unbreakable *adj.*
ไม่ น่า เชื่อ	**mai na: cheua**	incredible
ไม่ นุ่ง ผ้า	**mai noong pha:**	undressed *adj.*
ไม่ แน่ ใจ	**mai nae:** jai	uncertain
ไม่ บรรลุ นิติ ภาวะ	**mai** banloo ***ni***ti pha:***wa***	minor, not of legal age
ไม่ ประสงค์ บอก นาม	**mai** pra*sOng* baw:k na:n	anonymous
ไม่ เป็น ภัย	**mai** pen phai	harmless
ไม่ เป็น ระเบียบ	**mai** pen ***ra***biap	untidy
ไม่ เป็น ไร	**mai** pen rai	never mind
ไม่ พอ ใจ	**mai** phaw: jai	dissatisfied
ไม่ มี ค่า	**mai** mee **kha:**	worthless
ไม่ มี เงิน	**mai** mee ngeuhn	don't have the money
ไม่ มี ที่ ติ	**mai** mee **thee** ti	perfect
ไม่ มี โทษ	**mai** mee **thO:t**	innocent
ไม่ มี ปฏิ กริ ยา	**mai** mee pati gi***ri*** ya:	passive
ไม่ มี ภัย	**mai** mee phai	harmless
ไม่ มี ไม ตรี จิต	**mai** mee mai tree jit	unfriendly *adj.*
ไม่ มี สี	**mai** mee *see*	colourless
ไม่ มี หยุด	**mai** mee yoot	non-stop
ไม่ มี หัว ใจ	**mai** mee *hua* jai	heartless
ไม่ รู้ ตัว	**mai** ***roo:*** tua	unconscious *adj.*

ไม่ รู้ หนังสือ	**mai** ***roo:*** *nang seu:*	illiterate
ไม่ เรียบ ร้อย	**mai** riap ***raw:i***	disorderly
ไม่ เลย	**mai** leuh:i	never
ไม่ ไว้ ใจ	**mai** ***wai*** jai	distrust *v.*
ไม่ สบาย ใจ	**mai** saba:i jai	unhappy
ไม่ สม่ำ เสมอ	**mai** samam sa*meuh:*	irregular
ไม่ สะดวก	**mai** satuak	uncomfortable
ไม่ สามารถ	**mai** *sa:* **ma:t**	incapable
ไม่ สามารถ เอา ชนะ ได้	**mai** *sa:* **ma:t** ao ***chana*** **da:i**	invincible
ไม่ สำ คัญ	**mai** *sam*khan	unimportant *adj.*
ไม่ สุภาพ	**mai** soo**pha:p**	impolite
ไม่ เสีย ภาษี	**mai** *sia* pha:*see*	duty-free
ไม่ ใส่	**mai** sai	without
ไม่ อยุ่	**mai** yoo:	absent
ไม่ อยู	**mai** yoo:	away, not in, gone, absent
ไม่ เอา ใจ ใส่	**mai** ao jai sai	careless, not interested
ไม้	***ma:i***	wood *n.*
ไม้ กระดาน	***ma:i*** grada:n	plank *n.*
ไม้ กวาด	***ma:i*** gua:t	broom
ไม้ ขน ไก่	***ma:i*** khOn gai	feather duster
ไม้ ขีด	***ma:i*** kheet	match *n.*, matchstick *n.*
ไม้ แคะ หู	***ma:i khae*** *hoo:*	cotton bud
ไม้ จิ้ม ฟัน	***ma:i*** **jim** fan	toothpick *n.*
ไม้ บรร ทัด	***ma:i*** ban ***that***	ruler *n.*
ไม้ ไผ่	***ma:i*** phai	bamboo
ไม้ มะ เกลือ	***ma:i ma*** gleu:a	ebony
ไม้ ยัน	***ma:i*** yan	crutch
ไม้ สัก	***ma:i*** sak	teak, teakwood
ไม้ เสียบ	***ma:i*** siap	skewer
ไม้ หนีบ ราว ผ้า	***ma:i*** neep ra:o **pha:**	clothes peg

ย

ยก	***yOk***	raise *v.*, lift *v.*
ยก ขึ้น	***yOk*** **kheun**	lift, lift up *v.*
ยก ขึ้น	***yOk*** **kheun**	pick up, lift *v.*
ยก ทรง	***yOk*** sOng	brassiere, bra
ยก โทษ	***yOk*** **thO:t**	forgive *v.*
ยก โทษ ให้	***yOk*** **thO:t hai**	pardon *v.*
ยก โทษ ให้	***yOk*** **thO:t hai**	forgive *v.*
ยก มือ ขึ้น	***yOk*** meu: **kheun**	raise a hand
ยก ให้	***yOk*** **hai**	give, bestow, devise *v.*

ยติ ภังค์	***ya***ti phang	hyphen *n.*
ยติ ภังค์	***ya***ti phang	dash
ยวน ตา	yuan tha:	fascinating
ยอ	yaw:	flatter *v.*
ย่อ	**yaw:**	abbreviate *v.*
ย่อ ท้อ	**yaw: *thaw:***	discouraged *adj.*
ย่อ ลง	**yaw:** lOng	shorten *v.*
ยอด เขา	**yaw:t** *khao*	mountain peak
ยอด ต้น ไม้	**yaw:t tOn *ma:i***	tree peak
ยอด สูง สุด ภูเขา	**yaw:t** *soo:ng* sood phoo:*khao*	peak
ยอม แพ้	yaw:m ***phae:***	give up
ยอม แพ้	yaw:m ***phae:***	surrender *v.*, to give up
ยอม รับ	yaw:m ***rap***	accept
ย่อม เยา	**yawm** yao	cheap *adj.*
ย้อม สี	***yaw:m*** *see*	dye *v.* (colour)
ย่อย	**yoi**	digest *v.*
ย่อย ไม่ ได้	**yoi mai da:i**	indigestible
ยัง	yang	still *adj.*, yet
ยัง ไง	yang ngai	how
ยัง ไม่	yang **mai**	not yet
ยัง เยาว์	yang yao	minor, under age
ยัด	***yat***	stuff *v.*
ยั่วยวน	**yua**yuan	seductive
ยั่วยุ	**yua**yoo	provoke
ยา	ya:	medicine *n.*
ยา แก้	ya: **gae:**	medication *n.*
ยา แก้ ปวด	ya: **gae:** puat	painkiller
ยา แก้ พิษ	ya: **gae: *phit***	antidote
ยา คุม (กำ เนิด)	ya: khoom (gam neuh:t)	antibaby pill
ยา ฆ่า แมลง	ya: **kha:** malae:ng	insecticide *n.*
ยา ดับ กลิ่น	ya: dap glin	deodorant *n.*
ยา ทา	ya: tha:	ointment
ยา ทา ไฟ ลวก	ya: tha: fai **luak**	burn ointment
ยา ทา เล็บ	ya: tha: ***lep***	nail varnish
ยา ทำ ให้ อาเจียน	ya: tham **hai** a:jian	emetic
ยา นอน หลับ	ya: naw:n lap	sleeping pill
ยา นัตถุ์	ya: ***nat***	snuff *n.*
ยา เบื่อ หนู	ya: beua *noo:*	rat poison
ยา ปฏิชีวนะ	ya: pathicheewa***na***	antibiotic
ยา ผง ฆ่า แมลง	ya: *phOng* **kha:** malae:ng	louse poison powder
ยา พิษ	ya: ***phit***	poison *n.*
ยา เม็ด	ya: ***met***	pill
ยา ระ งับ	ya: ***ra ngap***	tranquilizer
ยา ระบาย	ya: ***ra***ba:i	laxative

ยา รักษา โรค	ya: *raksa:* **rO:k**	cure, medicine *n.*
ยา ลด ไข้	ya: *lOt* **khai**	influenza pill
ยา ล้าง ท่อ น้ำ	ya: *la:ng* **thaw:** *na:m*	drain cleaner
ยา ล้าง เล็บ	ya: *la:ng* **lep**	nail-varnish remover
ยา สลบ	ya: sa<u>lO</u>p	anesthetic *n.*
ยา สี ฟัน	ya: *see* **fan**	toothpaste *n.*
ยา สูบ	ya: <u>soo:</u>p	tobacco *n.*
ยา เสพ ติด	ya: <u>se:</u>p <u>tit</u>	drug
ยา หยอด ตา	ya: <u>yaw:t</u> **ta:**	eyedrops
ย่า	**ya:**	grandmother (paternal)
ย่า ทวด	**ya:** *thuat*	great-grandmother
ยาก	**ya:k**	difficult
ยาง	ya:ng	rubber
ยาง	ya:ng	tyre *n.*
ยาง	ya:ng	caoutchouc
ยาง แตก	ya:ng <u>tae:</u>k	flat (flat tyre)
ยาง มะ ตอย	ya:ng *ma* **taw:i**	asphalt
ยาง รถ ชนิด ใช้ อัด ลม	ya:ng *rOt chanit* chai <u>at</u> lOm	pneumatics
ยาง ลบ	ya:ng *lOp*	eraser, rubber *n.*
ยาง เหนียว	ya:ng *nio*	resin
ย่าง	**ya:ng**	grilled
ย่าง	**ya:ng**	grill *v.*
ย่าง	**ya:ng**	roast *v.*
ยาน อวกาศ	ya:n awa<u>ga:t</u>	spacecraft, spaceship
ย่าน	**ya:n**	quarter (residential quarter)
ย่าน คน จน	**ya:n** khOn jOn	poor quarter
ย่าน ธุรกิจ	**ya:n** *thoora*<u>git</u>	business quarter
ยาม ตรวจ	ya:m <u>truat</u>	patrol
ยาย	ya:i	grandmother (maternal)
ย้าย (ที่ อยู่)	*ya:i* (**thee** <u>yoo:</u>)	move (house)
ยาว	ya:o	long *adj.* (in size)
ยำ สลัด	yam sa<u>lat</u>	salad
ย่ำค่ำ	**yamkham**	dusk *n.*
ยิง	ying	shoot *v.*
ยิง	ying	fire *v.* (a gun)
ยิง ฟัน	ying fan	grin *v.*
ยิน ดี	yin dee	delight *v.*
ยิปซี	*yip*see	gypsy
ยิ้ม	*yim*	smile *v.*
ยี่ สิบ	yee <u>sip</u>	twenty
ยี่ ห้อ	**yee haw:**	brand, trade
ยึด ทรัพย์	*yeut sap*	confiscate *v.*, seize *v.*
ยืด	**yeu:t**	extend
ยืด ตัว	**yeu:t** tua	stretch *v.* (oneself)

ยืด เวลา	yeu:t we:la:	extend (time)
ยืด หยุ่น	yeu:t yoon	elastic
ยืน	yeu:n	stand v.
ยืน ยัน ด้วยกัน ให้ คำ สาบาน	yeu:n yan duay ga:n hai kham sa: ba:n	swear v.
ยื่น	yeu:n	apply v.
ยื่น	yeu:n	submit v.
ยื่น ฟ้อง	yeu:n faw:ng	sue v.
ยืม	yeu:m	borrow v.
ยืม (เงิน)	yeu:m (ngeuhn)	borrow (money)
ยุค หิน	yook hin	Stone Age
ยุง	yoong	mosquito
ยุ่ง	yoong	busy adj.
ยุ่ง	yoong	confusing
ยุ่ง เหยิง	yoong yeuh:ng	untidy
ยุ้ง ฉาง	yoong cha:ng	barn
ยุติ ธรรม	yooti tham	fair adj.
ยุติ ธรรม	yooti tham	justice n.
ยุบยิบ	yoop yip	fussy adj.
ยุโรป	yoorO:p	Europe
ยูนิคอรน์	yoo:nikhawn	unicorn n.
เยซู	ye:soo:	Jesus
เย็น	yen	cold adj.
เย็น ลง	yen lawng	cool off
เย็น วัน นี้	yen wan nee	evening, this evening
เย็บ	yep	sew v.
เย็บ ติด กัน	yep tit gan	sew up v.
เยอรมัน	yeuhraman	German
เยอะ	yeuh	a lot of, many, lots of
เยาวชน	yaowachOn	youth (polite)
เยี่ยว	yio	piss v. (impolite)
เยื่อบุ	yeuaboo	membrane
แย่	yae:	hopeless adj.
แยก	yae:k	separate v.
แยก	yae:k	separated
แยก กัน ไม่ ได้	yae:k gan mai da:i	inseparable
แยก ออก	yae:k aw:k	dismantle v.
แยก ออก จาก กัน	yae:k aw:k ja:k gan	separate v.
แยม	yae:m	jam
โยน	yO:n	throw v.

รด	*rOt*	pour *v.*
รด น้ำ	*rOt na:m*	pour water *v.*
รด น้ำ มนต์	*rOt nam* mOn	bless someone with holy water
รถ	*rOt*	vehicle *n.*
รถ เข็น	*rOt khen*	trolley *n.*
รถ เข็น	*rOt khen*	luggage trolley
รถ ติด	*rOt* tit	traffic jam
รถ ถัง	*rOt thang*	tank (military vehicle)
รถ ทัวร์	*rOt thua*	bus, tour coach
รถ แท็กซี่	*rOt thaeksee*	taxi *n.*
รถ บด ถนน	*rOt bOt* thanOn	steamroller
รถ บรร ทุก	*rOt* ban *thook*	truck *n.*
รถ พ่วง	*rOt phuang*	trailer
รถ พ่วง ข้าง	*rOt phuang kha:ng*	side-car
รถ ไฟ	*rOt* fai	train *n.*, railway *n.*
รถ ไฟ ใต้ ดิน	*rOt* fai ta:i din	underground, subway *n.*
รถ เมล์	*rOt me:*	bus *n.*
รถ ยนต์	*rOt* yOn	car
รถ เลื่อน	*rOt leuan*	sledge
รถ สอง แถว	*rOt saw:ng thae:o*	minibus
รถ เสบียง	*rOt sabiang*	dining car
รถ เสีย	*rOt sia*	breakdown (car)
รถ หลังคา เปิด ปิด ได้	*rOt* langkha: peuh:t pit *da:i*	convertible
รบ กวน	*rOp* guan	bother *v.*
รบ กวน	*rOp* guan	annoy *v.*, disturb *v.*
ร่ม	*rOm*	umbrella *n.*
ร่ม กัน ฝน	*rOm* gan *fOn*	umbrella *n.*
ร่ม ชู ชีพ	*rOm* choo: *cheep*	parachute *n.*
รวง ข้าว	ruang *kha:o*	ear (plant)
รวม กัน	ruam gan	altogether
ร่วม อยู่ ด้วย	ruam *yoo: duay*	inclusive
รวย	ruay	rich *adj.*
รส	*rOt*	flavor *n.*
รส	*rOt*	taste *n.*
รหัส	ra-hat	code *n.*
รหัส ไปรษณีย์	ra-hat praisanee	postcode
รอ	raw:	wait *v.*
รอ สักครู่	raw: sakkhroo:	moment, wait a moment
รอง เท้า	raw:ng *tha:o*	shoe, footgear
รอง เท้า แตะ	raw:ng *tha:o* tae	slipper
รอง เท้า แตะ	raw:ng *tha:o* tae	sandal
รอง เท้า วิ่ง น้ำ แข็ง	raw:ng *tha:o* wing *nam* khaeng	skate, ice-skate
รอง เท้า หุ้ม ข้อ	raw:ng *tha:o* hoom khaw:	boot (shoe)
ร่อง ผัก	**rawng** phak	bed (in the garden)

ร้อง	*raw:ng*	cry v.
ร้อง ทุกข์	*raw:ng thook*	complain v.
ร้อง เพลง	*raw:ng phle:ng*	sing v.
ร้อง เพลง ให้ ฟัง	*raw:ng* phle:ng **hai** fang	sing to
ร้อง ไห้	*raw:ng ha:i*	cry v., weep v.
รอด ชีวิต	raw:t chee*wit*	survive v.
ร่อน ลง	**rawn lOng**	landing
ร้อน	*raw:n*	hot
ร้อน ใจ	*raw:n* jai	worried adj.
รอบ สุด ท้าย	**raw:p** <u>soot</u> *tha:i*	final
รอบๆ	**raw:p raw:p**	around
รอย แตก	raw:i <u>tae:k</u>	crack n.
รอย นิ้ว มือ	raw:i *nio meu:*	fingerprint
รอย บวม	raw:i buam	inflammation n.
รอย บาก	raw:i <u>ba:k</u>	mark, groove n.
รอย เปื้อน	raw:i **peuan**	spot n.
รอย แผล เป็น	raw:i *phlae:* pen	scar n.
รอย พับ	raw:i **phap**	perforated
รอย รั่ว	raw:i **rua**	leak n.
รอย ร้าว	raw:i *ra:o*	crack n.
รอย หัก	raw:i <u>hak</u>	fracture (of a bone)
ร้อย	*raw:i*	hundred
ร้อย ละ	*raw:i la*	percent
ระฆัง	*ra*khang	bell
ระบาย	*ra*ba:i	paint v.
ระบาย น้ำ	*ra*ba:i *na:m*	drain v.
ระบาย ลม	*ra*ba:i lOm	ventilate v.
ระบำ	*ra*bam	ballet
ระเบิด	*ra*<u>beuh:t</u>	explode v.
ระเบิด	*ra*<u>beuh:t</u>	burst v.
ระเบิด ขึ้น	*ra*<u>beuh:t</u> **kheun**	erupt v.
ระเบิด ปรมาณู	*ra*<u>beuh:t</u> parama:noo:	atomic bomb
ระเบียง	*ra*biang	balcony
ระมัด ระวัง	*ramat ra*wang	circumspect v.
ระมัด ระวัง	*ramat ra*wang	careful v.
ระยะ ห่าง กัน	*raya* <u>ha:ng</u> gan	distance n.
ระวัง	*ra*wang	beware v.
ระวาง	*ra*wa:ng	freight, cargo n.
ระเหย	*raheuh:i*	evaporate v.
ระเหย กลาย เป็น ไอ	*raheuh:i* gla:i pen ai	evaporate v.
รัก	**rak**	love v.
รักษา	*raksa:*	cure v.
รักษา	*raksa:*	heal v.
รักษา	*raksa:*	care v.

รักษา ได้	***raksa:*** **da:i**	curable
รักษา ไม่ ได้	***raksa:*** **mai da:i**	incurable
รัง	rang	nest *n.*
รัง ไข่	rang khai	ovary
รัง ดุม	rang doom	buttonhole
รัง นก	rang ***nOk***	bird's nest
รัง นก นาง แอ่น	rang ***nOk*** na:ng aen	swallow's nest
รัง ผึ้ง	rang **pheung**	beehive *n.*
รัง รัก	rang ***rak***	love nest
รัง สี	rang *see*	radioactivity
รัฐ	***rat***	state *n.*
รัฐ บาล	***rat***tha ba:n	government
รัฐ บาล สหพัน ธรัฐ	***rat***tha ba:n sahaphan ta***rat***	federal government
รัฐ มนตรี	***rat***tha mOntree	minister
รัฐ มนตรี การ คลัง	***rat***tha mOntree ga:n khlang	minister of finance
รัฐ มนตรี ว่า การ ยุติ ธรรม	***rat***tha mOntree **wa:** ga:n yooti tham	minister of justice
รัฐ สภา	***rat***tha sapha:	parliament
รัด เข็ม ขัด	***rat*** *khem* khat	tighten *v.*
รับ	***rap***	received, accept
รับ	***rap***	admit *v.*
รับ เก็บ ไว้	***rap*** gep ***wai***	keep, hold *v.*
รับ ใช้	***rap chai***	serve *v.*
รับ ประกัน	***rap*** pragan	insure *v.*
รับ ประทาน อาหาร เช้า	***rap*** pratha:n a:*ha:n* ***cha:o***	breakfast *v.*, have breakfast
รับ ผิด ชอบ	***rap*** phit **chaw:p**	responsible
รับ มรดก	***rap*** mawradOk	inherit *v.*
รับ รอง	***rap*** raw:ng	certify *v.*
รับ รู้	***rap roo:***	recognize
รับ เลี้ยง เป็น ลูก	***rap liang*** pen **loo:k**	adopt
รับ สาย	***rap*** *sa:i*	pick up (phone)
รั้ว	***rua***	fence, hedge *n.*
รั้ว ต้น ไม้	***rua*** **tOn** ***ma:i***	hedge
รัศมี	***ra****samee*	radius
รา	ra:	mildew
รา	ra:	fungus
รา	ra:	mould
ร่า เริง	**ra:** reuh:ng	cheerful
ราก	**ra:k**	root *n.*
ราก ฐาน	**ra:k** tha:n	foundation
ราคา	ra:kha:	cost, price *n.*
ราคา	ra:kha:	price *n.*
ราคา เท่าไร	ra:kha: **thao**rai	how much costs
ราง	ra:ng	railing *n.*
ราง	ra:ng	rail *n.*

ราง น้ำ	ra:ng *na:m*	gutter
ราง วัล	ra:ng wan	reward *n.*
ร่าง กาย	**ra:ng** ga:i	body
ร่าง กาย ท่อน บน	**ra:ng** ga:i thawn bOn	upper body
ร่าง พระ ราช บัญญัติ	**ra:ng** *phra* **ra:cha** banyat	draft bill
ร้าง	**ra:ng**	deserted *adj.*
ราช การ ลับ	**ra:**cha ga:n *lap*	secret service
ราชินี	ra:*chi*nee	queen
ร้าน	**ra:n**	store *n.*
ร้าน	**ra:n**	shop *n.*
ร้าน ขาย ยา	**ra:n** kha:i ya:	drug store
ร้าน ขาย ยา	**ra:n** kha:i ya:	pharmacy *n.*
ร้าน ขาย เหล้า	**ra:n** kha:i **lao**	pub
ร้าน สาขา	**ra:n** sa:kha:	branch (of a company)
ร้าน อาหาร	**ra:n** a:*ha:n*	restaurant *n.*
ราบ	**ra:p**	flat, even *adj.*
ราย การ สิ่ง ของ ต่างๆ	ra:i ga:n sing *khaw:ng* <u>tang</u> <u>tang</u>	inventory
ราย งาน	ra:i nga:n	report *n.*
ราย จ่าย	ra:i <u>ja:i</u>	expenditure, expense
ราย ชื่อ	ra:i **cheu:**	list (of names)
ราย ชื่อ อาหาร	ra:i **cheu:** a:*ha:n*	menu
ราย ได้	ra:i **da:i**	earnings
ราว ตาก ผ้า	ra:o <u>ta:k</u> **pha:**	clothesline
ราว บันได	ra:o bandai	banister
ราศี กรกฎ	ra:*see* gawrag<u>Ot</u>	Cancer
ราศี กันย์	ra:*see* gan	Virgo
ราศี กุมภ์	ra:*see* goom	Aquarius
ราศี ตุลย์	ra:*see* toon	Libra
ราศี ธนู	ra:*see* thanoo:	Sagittarius
ราศี พฤศ จิก	ra:*see* **phreut**sa <u>jik</u>	Scorpio
ราศี พฤษภ	ra:*see* **phreuk**	Taurus
ราศี มัง กร	ra:*see* mang gaw:n	Capricorn
ราศี มีน	ra:*see* meen	Pisces
ราศี เมถุน	ra:*see* me:*thoon*	Gemini
ราศี เมษ	ra:*see* me:t	Aries
ราศี สิงห์	ra:*see* sing	Lion (horoscope)
รำ มะ นาด	ram *ma* **na:t**	parodontosis
ริด สี ดวง	*rit* see duang	hemorrhoids
ริน	rin	pour *v.*
ริบ บิ้น	*rip* **bin**	ribbon *n.*
ริม	rim	edge *n.*
ริม ฝี ปาก	rim *fee* <u>pa:k</u>	lips
ริม ฝี ปาก บน	rim *fee* <u>pa:k</u> bOn	upper lip
ริม ฝี ปาก ล่าง	rim *fee* <u>pa:k</u> la:ng	lower lip

ริ้ว รอย	*rio* raw:i	wrinkle
รีด	**reet**	iron *v.*, press *v.*(clothes)
รีด ไถ	**reet** *thai*	extort *v.*
รีด นม	**reet** nOm	milk *v.*
รีบ	**reep**	hurry
รีบ ด่วน	**reep** <u>duan</u>	rush *v.*
รีๆ รอๆ	ree ree raw: raw:	queue
รุ้ง กิน น้ำ	*roong* gin *na:m*	rainbow
รู	roo:	hole *n.*
รู ขน	roo: *khOn*	pore
รู จมูก	roo: jamoo:k	nostril
รู้	*roo:*	know
รู้ จัก	*roo:* <u>jak</u>	know
รู้ ตัว	*roo:* tua	conscious
รู้ สึก	*roo:* <u>seuk</u>	feel
รู้ สึก ไว	*roo:* <u>seuk</u> wai	sensible *adj.*
รู้ สึก สัง หรณ์	*roo:* <u>seuk</u> *sang haw:n*	premonition *v.*
รู้ สึก เสีย ใจ	*roo:* <u>seuk</u> *sia* jai	regret
รูป	**roo:p**	picture
รูป กรวย เหลี่ยม	**roo:p** gruay <u>liam</u>	pyramid
รูป ไข่	**roo:p** <u>khai</u>	oval
รูป ถ่าย	**roo:p** <u>tha:i</u>	photograph *n.*
รูป ปั้น	**roo:p pan**	image, statue
รูเล็ต	roo:<u>let</u>	roulette
เรขา คณิต	re:*kha:* kha*nit*	geometry
เร่ง	**reng**	speed up
เรณู	re:noo:	pollen
เรดาร์	re:**da:**	radar
เร็ว	re-oo	fast, quick *adj.*
เรอ	reuh:	belch *v.*
เรา	rao	us
เรา	rao	we
เร้า ใจ	*rao* jai	encourage *v.*
เริ่ม	**reuh:m**	begin *v.*, start *v.*
เริ่ม	**reuh:m**	start *v.* (begin)
เรียก	**riak**	call *v.*
เรียก ว่า	**riak wa:**	designate, call
เรียก ว่า	**riak wa:**	called
เรียก ว่า	**riak wa:**	address *v.*, call *v.*
เรียน	rian	learn *v.*
เรียน	rian	study *v.*
เรียน จบ ชั้น	rian <u>jOp</u> *chan..*	graduate *v.*
เรียบ	**riap**	smooth *adj.*, even
เรียบ ร้อย	*riap raw:i*	finished

เรียบ ร้อย	*riap raw:i*	neat, in order, tidy
เรียบ ร้อย	*riap raw:i*	neat, tidy
เรียบ เรียง	*riap* riang	compile, edit, compose *v.*
เรือ	reua	boat
เรือ	reua	ship *n.*
เรือ กล ไฟ	reua gOn fai	steamer
เรือ ของ โนอา	reua *khaw:ng* nO:a:	ark
เรือ จ้าง	reua *ja:ng*	ferryboat
เรือ แจว	reua jaeo	gondola
เรือ ดำ น้ำ	reua dam *na:m*	submarine *n.*
เรือ บด ขนาด เล็ก	reua <u>bOt</u> <u>khana:t</u> *lek*	dinghy
เรือ ใบ	reua bai	sailing boat
เรือ ยอร์ช	reua *yaw:t*	yacht *n.*
เรือ สำ เภา	reua *sam* phao	junk
เรือ อับ ปาง	reua <u>ap</u> pa:ng	shipwreck
เรื่อง	reuang	story *n.*
เรื่อง	reuang	case, story, subject
เรื่อง	reuang	subject, story
เรื่อง ของ ครอบ ครัว	reuang *khaw:ng* khraw:p khrua	family affair
เรื่อง ที่ เขียน ล้อ	reuang thee *khian law:*	parody
เรื่อง ร้อย แก้ว	reuang *raw:i* gae:o	essay *n.*
เรือด	reuat	bug, bedbug
เรือน ไม้	reuan *ma:i*	wooden house
แร่	rae:	ore *n.*
แร่	rae:	mineral
แร่เรเดี่ยม	rae:re:diam	radium
แรก	rae:k	first, former
แรก นา ขวัญ	rae:k na: *khwan*	harvest festival
แรง ม้า	rae:ng *ma:*	horsepower
แร้ง	*rae:ng*	vulture
แรด	rae:t	rhinoceros *n.*
โรค	rO:k	disease, illness *n.*
โรค กลัว น้ำ	rO:k glua *na:m*	rabies
โรค จิต	rO:k jit	mental disease
โรค เด็ก	rO:k <u>dek</u>	children's disease
โรค ติด ต่อ	rO:k <u>tit</u> <u>taw:</u>	infectious disease
โรค ติด ต่อ	rO:k <u>tit</u> <u>taw:</u>	contagious disease
โรค บิด	rO:k <u>bit</u>	dysentery
โรค ประสาท	rO:k <u>prasa:t</u>	nervous disease
โรค ปวด ตาม ข้อ	rO:k <u>puat</u> tha:m **khaw:**	rheumatism
โรค ผิว หนัง	rO:k *phio nang*	scabies
โรค ผู้ หญิง	rO:k **phoo:** *ying*	venereal disease
โรค มะเร็ง	rO:k *ma*re:ng	cancer
โรค ม้าม	rO:k *ma:m*	spleen disease

โรค ระบาด	rO:k *ra*<u>ba</u>:t	epidemic
โรค เรื้อน	rO:k *reuan*	leprosy
โรค ลัก ปิด ลัก เปิด	rO:k *la*ga <u>pit</u> *la*ga <u>peuh:t</u>	scurvy
โรค โล หิต จาง	rO:k lO: <u>hit</u> ja:ng	anemia
โรค ไส้ ติ่ง อักเสบ	rO:k sai <u>ting</u> agse:p	appendicitis
โรค หัด	rO:k <u>hat</u>	measles
โรค ห่า	rO:k <u>ha:</u>	plague
โรค หืด	rO:k <u>heu:t</u>	asthma
โรง งาน	rO:ng nga:n	factory
โรง ซ่อม	rO:ng **sawm**	workshop *n.*
โรง ทหาร	rO:ng tha*ha:n*	barracks
โรง ทอ ผ้า	rO:ng thaw: **pha:**	weaving mill
โรง ทำ ขนม ปัง	rO:ng tham kha*nOm* pang	bakery
โรง พยาบาล	rO:ng phaya:ba:n	hospital
โรง พิมพ์	rO:ng phim	printing office
โรง ไฟ ฟ้า	rO:ng fai *fa:*	electric power station
โรง ภาพยนตร์	rO:ng **pha:p**phayOn	cinema
โรง โม่ แป้ง	rO:ng **mO: pae:ng**	mill
โรง รถ	rO:ng *rOt*	garage
โรง รับ จำ นำ	rO:ng *rap* jam nam	pawnshop
โรง เรียน	rO:ng rian	school
โรง เรียน กิน นอน	rO:ng rian gin naw:n	boarding school
โรง เรียน ขับ รถ	rO:ng rian <u>khap</u> *rOt*	driving school
โรง เรียน ดัดสันดาน	rO:ng rian <u>dat</u>*san*da:n	reformatory
โรง เรียน ประถม	rO:ng rian <u>pra</u>*thOm*	primary school
โรง เรียน มัธยม	rO:ng rian **matha**yOm	secondary school
โรง เรียน อนุ บาล	rO:ng rian anoo ba:n	kindergarten
โรง เรียน อาชีว ศึก ษา	rO:ng rian a:chee*wa* <u>seuk</u> sa:	vocational school
โรง แรม	rO:ng rae:m	hotel
โรง ละคร	rO:ng lakhaw:n	theater
โรง เลี้ยง เด็ก กำพร้า	rO:ng *liang* <u>dek</u> gam*phra:*	orphanage
โรง หมอ	rO:ng *maw:*	clinic
โรง อาหาร	rO:ng a:*ha:n*	canteen
โรย แป้ง	rO:i **pae:ng**	powder *v.*
ไร้ การ ศึก ษา	*rai* ga:n <u>seuk</u> *sa:*	uneducated
ไร้ รส หมด กลิ่น	*rai rOt* <u>mOt</u> glin	insipid *adj.*

ฤ

ฤดู	*reu*doo:	season *n.*
ฤดู ใบ ไม้ ผลิ	*reu*doo: bai **ma:i** <u>phli</u>	spring *n.* (season)
ฤดู ใบ ไม้ ร่วง	*reu*doo: bai **ma:i** ruang	autumn
ฤดู ฝน	*reu*doo: *fOn*	rainy season

ฤดู ร้อน	***reu**doo: **raw:n***	summer *n.*
ฤดู หนาว	***reu**doo: na:o*	winter
ฤษี	reu:*see*	hermit

ล

ลง	lOng	go downwards
ลง	lOng	get off (bus train)
ลง ความ เห็นว่า เป็น โรค	lOng khwa:m *hen* **wa:** pen **rO:k**	diagnose *v.*
ลง ชื่อ	lOng **cheu:**	sign *v.*
ลง ทะเบียน	lOng ***tha***bian	register *v.*
ลง ทุน	lOng thoon	invest *v.*
ลง โทษ	lOng **thO:t**	sentence *v.*
ลง ยา	lOng ya:	enamel *v.*
ลด	***lOt***	reduce *v.*
ลด ราคา	***lOt*** ra:kha:	reduce *v.* (price)
ลด ราคา	***lOt*** ra:kha:	discount *v.*
ลด ลง	***lOt*** lOng	reduce *v.*
ลด อาวุธ	***lOt*** a:***woot***	disarm *v.*
ลด อาหาร	***lOt*** a:*ha:n*	fast *v.*
ล้น เหลือ	***lOn*** *leu:a*	effusive
ลบ	***lOp***	substract *v.*
ลบ	***lOp***	minus
ลบ ออก	***lOp*** aw:k	erase *v.*, wipe out
ลม	lOm	wind *n.*
ลม ทะเล	lOm ***tha***le:	breeze
ลม บ้า หมู	lOm **ba:** moo:	stroke *n.*
ลม พา ยุ	lOm pha: ***yoo***	storm *n.*
ลม แรง	lOm rae:ng	windy *adj.*
ล่ม	**lOm**	sink *v.*
ล้ม ลง	***lOm*** lOng	fall down
ล้ม เหลว	***lOm*** *le:-oo*	fail *v.*
ล่วง หน้า	**luang na:**	precede *v.*
ลวด	**luat**	wire rope
ล่อ	**law:**	allure
ล่อ	**law:**	lure *v.*
ล่อ หลอก	**law:** law:k	mislead *v.*, outwit *v.*
ล้อ รถ	law: ***rOt***	wheel *n.*
ล้อ เล่น	law: **len**	mock *v.*
ล้อ เลียน	law: lian	mock *v.*
ลอก	**law:k**	copy *v.*
ล็อค กุญแจ	***lawk*** goonjae:	lock *v.*

ลอง ชิม	law:ng chim	taste *v.*
ลอง ดู	law:ng doo:	try *v.*
ลอง ใส่	law:ng sai	try on
ลอตเตอรี่	**lawtteree**	lottery
ลอบ นำ	**law:p** nam	smuggle *v.*
ล้อม รอบ	***law:m*** **raw:p**	surround *v.*
ล้อม รั้ว	***law:m rua***	fence *v.*
ละ ทิ้ง	***la thing***	desert *v.*, abandon *v.*
ละ เมิด	***la*** **meuh:t**	violate *v.*
ละ เมิด กฎ หมาย	***la*** **meuh:t** gOt *ma:i*	illegal
ละ ลาย	***la*** la:i	thaw *v.*
ละ ลาย	***la*** la:i	dissolve *v.*
ละ ลาย	***la*** la:i	melt *v.*
ละ เลย	***la*** leuh:i	neglect *v.*
ละ เว้น	***la wen***	spare *v.* (life)
ละ เว้น ให้	***la wen*** **hai**	give up
ละ ห้อย หา	***la*** **haw:i** *ha:*	lonesome
ละคร สัตว์	***lak***haw:n sat	circus
ลัก ไป เรียก ค่า ไถ่	***lak*** phai **riak kha:** thai	kidnap *v.*
ลัก ยิ้ม	***lak yim***	dimple
ลัก ษณะ	***lak*** sana	character
ลัทธิ คอม มิวนิสต์	***lathi*** khaw:m mionis	communism
ลัทธิ เผด็จ การ	***lathi*** phatet ga:n	dictatorship
ลับ	***lap***	secret *adj.*
ลับ	***lap***	sharpen *v.*
ลับ เฉพาะ	***lap*** cha***phaw***	confidential *adj.*
ลา	la:	donkey *n.*, ass *n.*
ลา ออก	la: aw:k	resign *v.*
ล่า เนื้อ	**la:** ***neua***	hunt *v.*
ล้า สมัย	***la:*** sa*mai*	old-fashioned
ล้า สมัย	***la:*** sa*mai*	outmoded
ล้า สมัย	***la:*** sa*mai*	dated, outdated *adj.*
ล้าง	***la:ng***	wash *v.*
ล้าง ออก	***la:ng*** aw:k	wash off *v.*
ลางๆ	la:ng la:ng	unclear *adj.*
ลาน	la:n	courtyard
ลาน บ้าน	la:n **ba:n**	terrace
ลาน บิน	la:n bin	runway
ล้าน	***la:n***	million
ล่าม	**la:m**	interpreter
ลาย	la:i	stripe *n.*
ลาย เซ็น	la:i sen	signature, autograph
ลาย มือ	la:i meu:	handwriting
ลาว	la:o	Laos

ลาวา	la:wa:	lava
ลำ คอ	lam khaw:	throat *n.*
ลำ ธาร	lam tha:n	stream *n.*, brook
ลำ ไส้	lam **sai**	intestine
ลำบาก	lam<u>ba</u>:k	arduous, difficult
ลำโพง	lamphO:ng	loudspeaker
ลิขสิทธิ์	*li*kha<u>sit</u>	patent, copyright
ลิขสิทธิ์	*li*kha<u>sit</u>	copyright
ลิง	ling	monkey
ลิง ทโมน	ling *tha*mO:n	baboon
ลิ้น	*lin*	tongue *n.*
ลิ้น ชัก	*lin* chak	drawer
ลิ้น ทะเล	*lin tha*le:	sole (fish)
ลิ้น ปี่	*lin*<u>pee</u>	breastbone
ลิปสติก	*lip*<u>satik</u>	lipstick
ลิฟต์	*lif*	lift (elevator)
ลิ้ม	*lim*	slurp *v.*
ลึก	*leuk*	deep *adj.* (water)
ลึก ลับ	*leuk lap*	mysterious
ลึงค์	leung	penis
ลื่น	*leu:n*	slip *v.*
ลื่น	**leu:n**	slippery *adj.*
ลืม	leu:m	forget *v.*
ลืม หมด	leu:m <u>mOt</u>	forget *v.*, unlearn *v.*
ลุก	*look*	erection
ลุก ขึ้น ยืน	*look* kheun yeu:n	stand up (from the chair)
ลุก พึบ พับ	*look* pheup phap	flicker *v.*
ลุก สว่าง จ้า	*look* sa<u>wa:ng</u> **ja:**	light up *v.*
ลุง	loong	uncle (older as father, mother)
ลูก	**loo:k**	child *n.* (son or daughter)
ลูก กบ	**loo:k** <u>gOp</u>	tadpole *n.*
ลูก กรง	**loo:k** grOng	balustrade, railing, grating
ลูก กรง หน้า ต่าง	**loo:k** grOng na: <u>ta:ng</u>	window grating
ลูก กระบอก	**loo:k** <u>grabaw:k</u>	cylinder
ลูก กระสุน ปืน	**loo:k** <u>gra</u>*soon* peu:n	bullet *n.*
ลูก กวาด	**loo:k** <u>gua:t</u>	candy, bonbon
ลูก กุญแจ	**loo:k** goonjae:	keyhole
ลูก แกะ	**loo:k** <u>gae</u>	lamb
ลูก ไก่	**loo:k** <u>gai</u>	chick
ลูก ขน ไก่	**loo:k** *khOn* <u>gai</u>	shuttlecock
ลูก ข่าง	**loo:k** <u>kha:ng</u>	top, pegtop
ลูก ขุน	**loo:k** <u>khoon</u>	juror
ลูก เขย	**loo:k** *kheuh:i*	son-in-law
ลูก ครึ่ง	**loo:k khreung**	half-breed

ลูก ความ	**loo:k** khwa:m	client
ลูก คู่	**loo:k khoo:**	chorus
ลูก คู	**loo:k khoo:**	refrain *n.*
ลูก ชาย	**loo:k** cha:i	son *n.*
ลูก ชิ้น	**loo:k *chin***	meatball
ลูก ตุ้ม	**loo:k toom**	pendulum
ลูก เต๋า	**loo:k** *tao*	dice *n.*, die *n.*
ลูก นัยน์ ตา	**loo:k** nai ta:	eyeball *n.*
ลูก บ๊วย	**loo:k *buay***	plum
ลูก บอล	**loo:k** baw:n	ball
ลูก บาศก์	**loo:k *ba:t***	cube
ลูก บิด	**loo:k** bit	knob, doorknob
ลูก บิด	**loo:k** bit	doorhandle
ลูก บุญ ธรรม	**loo:k** boon tham	stepson / daughter
ลูก ปืน	**loo:k** peu:n	bullet *n.*
ลูก พี่ ลูก น้อง	**loo:k phee loo:k *naw:ng***	cousin
ลูก ฟุตบอล	**loo:k *foot***baw:n	football, ball
ลูก ม้า	**loo:k *ma:***	foal
ลูก ระเบิด	**loo:k *ra***beuh:t	bomb *n.*
ลูก ระเบิด มือ	**loo:k *ra***beuh:t meu:	hand grenade
ลูก เรือ	**loo:k** reua	crew (ship)
ลูก วัว	**loo:k** wua	calf
ลูก ศร	**loo:k** *saw:n*	arrow
ลูก สะบ้า	**loo:k** sa**ba:**	knee-cap
ลูก สะใภ้	**loo:k** sa***phai***	daughter-in-law
ลูก สาว	**loo:k** *sa:o*	daughter
ลูก สูบ	**loo:k** soo:p	cylinder
ลูก หมา	**loo:k** *ma:*	puppy, pup
ลูก หมู	**loo:k** *moo:*	piglet
ลูก หิน	**loo:k** *hin*	marble (small ball)
ลูก เห็บ	**loo:k** hep	hail *n.*
ลูก เห็บ ตก	**loo:k** hep tOk	hail *v.*
ลูก เหม็น	**loo:k** *men*	mothball
ลูก อ่อน	**loo:k** aw:n	baby *n.*
ลูบ คลำ	**loo:p** khlam	feel for
ลูบ ไล้	**loo:p *lai***	stroke *v.*
เล็ก	***lek***	little (small)
เล็ก	***lek***	small *adj.*
เล็ก นิด เดียว	***lek nit*** dio	tiny *adj.*
เลข	**le:k**	number, figure
เลข คณิต คิด ใน ใจ	**le:k** kha***nit khit*** nai jai	mental arithmetic
เลข ที่	**le:k thee**	house number
เลข ที่ บัญชี	**le:k thee** banchee	account number
เล็ง	leng	aim *v.* (with a weapon)

เล็ด ลอด	*let* law:t	escape *v.*
เล็ด ลอด เข้า ไป	*let* law:t khao pai	sneak in
เล่น	len	play *v.*
เล่น กล	len gOn	juggle *v.*
เล่น กีฬา	len geela:	play sport *v.*
เล่น ดนตรี	len dOntree	play music *v.*
เล่น ลูก หิน	len loo:k *hin*	play marble
เลนส์	le:n	lens
เล็บ	*lep*	fingernail
เลว	le:-oo	bad *adj.*
เลว มาก	le:-oo ma:k	very bad
เลอะเทอะ	*leuhtheuh*	stained *adj.*
เล่า	lao	tell *v.* (a story)
เล่า นิทาน	lao *ni*tha:n	story, tell a story
เลิก	leuh:k	give up, quit, end
เลิก	leuh:k	quit, stop
เลิก	leuh:k	end *v.*
เลีย	lia	lick *v.*
เลี้ยง	*liang*	invite *v.*
เลี้ยง	*liang*	feed *v.*
เลียน แบบ	lian <u>bae:p</u>	imitate *v.*, mimic *v.*
เลี้ยว	*lio*	turn *v.* (left, right)
เลือก	leu:ak	choose *v.*
เลือก หา	leu:ak *ha:*	select *v.*
เลือด	leuat	blood
เลือด น้อย	leuat *naw:i*	anemic
เลือด ระ ดู	leuat *ra* doo:	menstruation
เลือด ไหล	leuat *lai*	bleed *v.*
เลื่อน	leuan	move *v.*
เลื่อย	leuai	saw *v.*
เลื่อย ออก	leuai <u>aw:k</u>	saw *v.*
แลก (เงิน)	lae:k (ngeuhn)	exchange (money)
แลก กัน	lae:k gan	exchange
แลก เปลี่ยน	lae:k <u>plian</u>	change, exchange
แลก เปลี่ยน	lae:k <u>plian</u>	convert *v.*
แล่น เกย ฝั่ง	laen geuh:i <u>fang</u>	run aground (a ship)
แล่น เรือ	laen reua	sail *v.*
แล้ว	*lae:o*	finished, done, over *adj.*
แล้ว	*lae:o*	already
แล้ว ก็	*lae:o* gaw:	and then
แล้ว หรือ ยัง	*lae:o reu:* yang	yet or not?
และ	*lae*	and
โลก	lO:k	earth (planet)
โลก	lO:k	world *n.*

โลก พระอังคาร	lO:k phra angkha:n	Mars
โล่ง ใจ	lO:ng jai	relief
โลน	lO:n	crab n. (insect)
โลภ มาก	lO:p ma:k	avaricious adj.
โลหะ	lO:ha	sheet steel
โลหะ	lO:ha	metal
โลหะ โครเมี่ยม	lO:ha khrO:miam	chrome
ไล่	lai	chase v.
ไล่	lai	chase away (an animals)
ไล่ ออก	lai aw:k	dismiss v.

ว

วง กลม	wOng glOm	circle n.
วง จร	wOng jOn	electric circuit
วง ดุริ ยางค์	wOng doori ya:ng	orchestra
วง เล็บ	wOng lep	bracket, parenthesis
วง เวียน	wOng wian	compasses n.
วน	wOn	circle v.
วน อุทยาน	wana oothya:n	national park
วอลเลย์ บอล	wawnle: baw:n	volleyball n.
วัณ โรค	wana rO:k	tuberculosis
วัด	wat	temple n.
วัด ขนาด	wat khana:t	measure v., gauge v.
วัตต์	wat	watt n.
วัตถุ	watthoo	material
วัตถุ ดิบ	watthoo dip	raw material
วัตถุ ระเบิด	watthoo rabeuh:t	explosive
วัตถุ ศิลป	watthoo sinlapa	objet d'art
วัน	wan	day
วัน เกิด	wan geuh:t	birthday
วัน จันทร์	wan jan	Monday
วัน ฉลอง	wan chalaw:ng	anniversary n.
วัน ที่	wan thee	date n.
วัน ที่ ระลึก	wan thee raleuk	memory day
วัน นี้	wan nee	today
วัน พฤหัส	wan phareuhat	Thursday
วัน พุธ	wan phoot	Wednesday
วัน ละ	wan la	daily adj.
วัน เวย์	wan we:	one-way street
วัน ศุกร์	wan sook	Friday
วัน เสาร์	wan sao	Saturday

วัน หยุด	wan <u>yoot</u>	holiday *n.*
วัน หยุด	wan <u>yoot</u>	day off
วัน อังคาร	wan angkha:n	Tuesday
วัน อาทิตย์	wan a:***thit***	Sunday
วัน อีสเตอร์	wan ***ees*****teuh:**	Easter
วัย รุ่น	wai **roon**	puberty
วัว ควาย	wua khwa:i	cattle
วัว ตัว ผู้	wua tua **phoo:**	ox
วัว ตัว ผู้	wua tua **phoo:**	bull
วาง	wa:ng	put *v.*, place *v.*
วาง โครง การ	wa:ng khrO:ng ga:n	plan *v.*
วาง ยา พิษ	wa:ng ya: ***phit***	poison *v.*
วาง ยา สลบ	wa:ng ya: sa<u>lOp</u>	anesthetize *v.*
วาง ลง	wa:ng lOng	put down
ว่าง	**wa:ng**	free, empty
ว่าง งาน	**wa:ng** nga:n	unemployed *adj.*
ว่าง เปล่า	**wa:ng** <u>plao</u>	empty *adj.*
วาด เขียน	**wa:t** *khian*	draw *v.*
ว่าย น้ำ	**wa:i** ***na:m***	swim *v.*
วาว	wa:o	glimmering, flashing *adj.*
ว่าว	**wa:o**	kite *n.*
วาสลีน	wa:salin	Vaseline *n.*
วิก ผม	***wik*** *phOm*	wig
วิ่ง	**wing**	run *v.*
วิ่ง ตาม	**wing** ta:m	run after
วิ่ง บน น้ำ แข็ง	**wing** bOn ***nam*** *khaeng*	skating, ice-skating
วิจัย	***wi***jai	analysis
วิชา ฟิสิกส์	***wi***cha: ***fi***sik	physics
วิต ถาร	***wi***ta *tha:n*	perverse
วิตามิน	***wi***ta:min	vitamin *n.*
วิทยการ	***wi***thaya: ga:n	science *n.*
วิทยาลัย	***wi***thaya:lai	college
วิทยุ	***wi***tha***yoo***	radio
วิทยุ เทป	***wi***tha***yoo*** the:p	radio cassette recorder
วิธี เขียน	***wi***thee *khian*	method of writing
วิธี ใช้	***wi***thee ***cha:i***	instructions, directions for use
วินาที	***wi***na:thee	second (1/60 of a minute)
วิปัสสนา	***wi***<u>pat</u>sana:	meditation
วิสา หกิจ	wisa: ha<u>git</u>	enterprise
วีซ่า	wee**sa:**	visa
วุ้น	***woon***	jelly
เวท มนต์	**we:t** mOn	magic *adj.*
เวที	we:thee	stage *n.* (for acting)
เว้น	***wen***	skip *v*, omit

เวลา	we:la:	if
เวลา	we:la:	time *n.*
เวลา เย็น	we:la: yen	evening
เวลา ว่าง	we:la: **wa:ng**	leisure
เว้า	*wa:o*	concave
เวียน หัว	wian *hua*	dizzy, to feel giddy
แว่น ขยาย	**waen** kha*ya:i*	magnifying glass
แว่น ดำ น้ำ	**waen** dam *na:m*	diving mask
แว่น ตา	**waen** ta:	eyeglass, glasses
แว่น ตา กัน แดด	**waen** ta: gan <u>dae:t</u>	sunglasses *n.*
โวลต์	*wO:n*	volt *n.*
ไว้ ใจ	*wai* jai	trust *v.*
ไว้ ใจ ได้	*wai* jai **da:i**	reliable *adj.*
ไว้ ทุกข์	*wai thook*	mourn *v.*
ไว ไฟ	wai fai	inflammable *adj.*
ไวยา กรณ์	waiya gaw:n	grammar *n.*
ไวโอลีน	waiO:lin	violin

ศ

ศตวรรษ	sata*wat*	century
ศพ	<u>sOp</u>	corpse
ศพ อาบ ยา ไม่ ให้ เน่าเปื่อย	<u>sOp</u> a:p ya: **mai hai nao** <u>peuai</u>	mummy
ศอก	<u>saw:k</u>	ell
ศัตรู	sa<u>troo:</u>	enemy
ศาล	*sa:n*	court
ศาสตรา จารย์	<u>sa:ttra:</u> ja:n	professor
ศาสนา	<u>sa:tsa</u>*na:*	religion *n.*
ศาสนา พุทธ	<u>sa:tsa</u>*na:* **phoot**	Buddhism
ศิลป	*sin*lapa	art
ศึกษา	seuk*sa:*	education
ศูนย์	*soo:*n	zero
เศรษฐี	se:t*thee*	millionaire
เศร้า ใจ	**sao** jai	sad *adj.*
เศษ กระจก	<u>se:t</u> <u>grajOk</u>	glass splinter
เศษ กระดาษ	<u>se:t</u> <u>grada:t</u>	note, slip of paper
เศษ ขนม ปัง	<u>se:t</u> kha*nOm* pang	bread rag
เศษ ผ้า	<u>se:t</u> **pha:**	rag, cloth *n.*
เศษ มนุษย์	<u>se:t</u> ma*noot*	scum of the society
เศษ เหล็ก	<u>se:t</u> <u>lek</u>	scrap metal

สกปรก	sOkaprOk	dirty adj.
สกี	sagee	ski
ส่ง	sOng	send v.
ส่ง	sOng	deliver v.
ส่ง จดหมาย	sOng jOtma:i	envelope
ส่ง ถึง	sOng theung	send to
ส่ง ท้าย ปี เก่า	sOng tha:i pee gao	New Year's Eve
ส่ง ไป	sOng pai	send to
ส่ง ไป ให้	sOng pai hai	send to
ส่ง สัญ ญาณ	sOng san ya:n	signal v.
ส่ง ให้	sOng hai	deliver v., supply v.
ส่ง ออก	sOng aw:k	export v.
สง คราม	sOng khra:m	war n.
สง สัย	sOng sai	doubt v.
สง สัย	sOng sai	suspect v.
สง สาร	sOng sa:n	pity v.
สง สาร	sOng sa:n	pity, have pity
สงบ	sangOp	calm, still
สงวน ไว้	sanguan wai	preserve v.
สด	sOt	fresh adj.
สด ชื่น	sOt cheu:n	fresh (feeling)
สตอเบอรี่	sataw:beuh:ree	strawberry
สติ ฟั่น เฟือน	sati fan feuan	mentally disturbed
สติ๊ก เกอร์	satikgeuh:r	label
สถา บัน	satha: ban	institute
สถา ปนิก	satha: panik	architect
สถาน การณ์	satha:na ga:n	situation
สถาน ที่ เกิด อุบัติเหตุ	satha:n thee geuh:t oobattihe:t	scene of accident
สถาน ที่ เผา ศพ	satha:n thee phao sOp	crematory
สถาน ทูต	satha:n thoo:t	embassy n.
สถานี	satha:nee	station n., stop
สถานี ปลาย ทาง	satha:nee pla:i tha:ng	terminus
สถานี รถ ไฟ	satha:nee rOt fai	railway station
สถานี รถ ไฟ กลาง	satha:nee rOt fai gla:ng	central station
สถานี รถ ไฟ ใต้ ดิน	satha:nee rOt fai ta:i din	underground stop
สถานี วิทยุ	satha:nee withayoo	radio station
สถานี อวกาศ	satha:nee awaga:t	space station
สน ใจ	sOn jai	interest, to be interested in
สนธิ สัญญา	sOnthi sanya:	treaty n.
ส้น เท้า	sOn tha:o	heel
สนับ สนุน	sanap sanoon	sponsor v.
สนาม กอล์ฟ	sana:m gawf	golf course
สนาม บิน	sana:m bin	airport
สนาม ฟุตบอล	sana:m footbaw:n	football pitch

สนาม หญ้า	sa*na:m* **ya:**	lawn, grass
สนาม หญ้า	sa*na:m* **ya:**	meadow n.
สนิม	sa*nim*	rust *n.*
สนิท สนม	sa*nit* sa*nOm*	intimate
สนุก	sa<u>nook</u>	funny
สนุก	sa<u>nook</u>	amusing
สนุกเกอร์	sa<u>nook</u>-geuh:	snooker
สบาย	<u>sa</u>ba:i	comfortable
สบาย	saba:i	well *adj.*
สบาย ใจ	saba:i jai	happy *adj.*
สบาย ดี	saba:i dee	healthy
สบู่	sa<u>boo</u>:	soap *n.*
สปอต ไลท์	<u>spaw:t</u> **lai**	spotlight
สม ดุล กัน	*sOm* doon gan	balance *adj.*
สมบู รณาญา สิทธิ ราช	*sOm*boo: *ra*na:ya: si*thi* **ra:t**	absolutism
สมมุติ	*sOm***moot**	suppose *v.*
ส้ม	**sOm**	orange
ส้ม ตำ	**sOm** tam	papaya salad
ส้ม โอ	**sOm** O:	grapefruit
สมอ เรือ	sa*maw:* reua	anchor *n.*
สมอง	sa*maw:ng*	brain
สมัคร (งาน)	sa<u>mak</u> (nga:n)	apply (for work)
สมัย ใหม่	sa*mai* <u>mai</u>	modern *adj.*
สมา คม	sama: khOm	association
สมาชิก รับ หนังสือ	sama*chik rap nang seu:*	subscriber (books, newspaper)
สมุด	sa<u>moot</u>	notebook, exercise book
สมุด	sa<u>moot</u>	book, exercise book
สมุด เช็ค	sa<u>moot</u> *chek*	cheque book
สมุด โทรศัพท์	sa<u>moot</u> thO:ra<u>sap</u>	telephone directory
สมุด บันทึก	sa<u>moot</u> ban*theuk*	diary
สมุด บันทึก	sa<u>moot</u> ban*theuk*	notebook, notepad
สมุด ภาพ	sa<u>moot</u> **pha:p**	picture book
สมุด ออม สิน	sa<u>moot</u> aw:m *sin*	savings bank book
สมุน ไพร	sa*moon* phrai	medicinal herb
สมุน ไพร	sa*moon* phrai	tops *n.*
สยด สยอง	sa*yOt* sa*yaw:ng*	horrible
สรรพ นาม	sapha na:m	pronoun
สร้อย ข้อ มือ	**soi khaw:** meu:	bracelet
สร้อย ไข่ มุก	**soi** <u>khai</u> *mook*	pearl necklace
สร้อย คอ	**soi** khaw:	necklace
สระ	<u>sara</u>	vowel *n.*
สระ ผม	<u>sa</u> *phOm*	wash hair *v.*
สระ ว่าย น้ำ	<u>sa</u> *wa:i na:m*	swimming pool
สร้าง ใหม่	**sa:ng** <u>mai</u>	re-build

สลัก	salak	engrave v.
สลัก	salak	bolt n./v.
สลัด ออก	salat aw:k	shake off
สลับ ซับ ซ้อน	salap *sap saw:n*	complicated
สวด	suat	pray v.
สวน	*suan*	garden n.
สวน	*suan*	plantation
สวน จระเข้	*suan* jaw:**rakhe:**	crocodile farm
สวน ยาง	*suan* ya:ng	rubber plantation
สวน สัตว์	*suan* sat	zoo
สวน สัตว์ น้ำ	*suan* sat *na:m*	aquarium
ส่วน	suan	part n.
ส่วน ตัว	suan tua	private adj., personal
ส่วน แบ่ง	suan baeng	share, participation
ส่วน ผสม	suan pha*sOm*	ingredients
สวม	*suam*	wear v.
สวม	*suam*	put on (clothing)
สวม หน้า กาก	*suam* **na:** ga:k	mask v., put on a mask
ส้วม	**suam**	toilet n.
สวย	*suay*	pretty adj.
สวย	*suay*	beautiful
สวรรค์	sa*wan*	heaven n.
สวรรค์	sa*wan*	paradise
สวัสดี	sa*watee*	welcome!
สวัสติกะ	sa*wattiga*	swastika
สว่าง	sa*wa:ng*	bright (light)
สว่าน	sa*wa:n*	drill n. (tool)
สวิตช์	sa***wit***	switch
สห กรณ์	saha gaw:n	association
สห ภาพ แรง งาน	saha **pha:p** rae:ng nga:n	union, labor union
สอง	*saw:ng*	two
สอง สาม	*saw:ng sa:m*	some, a few
ส่อง สว่าง	sawng sa*wa:ng*	shine v.
ส่อง แสง	sawng *sae:ng*	shine v.
สอด แนม	saw:t nae:m	spy v.
สอน	*saw:n*	teach v.
สอน ให้ รู้ จัก	*saw:n* **hai roo:** jak	inform v.
สอบ	saw:p	examine, test v.
สอบ สวน	saw:p *suan*	investigate v.
ส้อม	**sawm**	fork
สะกด	sagOt	spell v.
สะกด จิต	sagOt jit	hypnotize v.
สะเก็ด แผล	saget *phlae:*	crust (on a wound)
สะดวก	saduak	convenient adj.

THAI - ENGLISH

สะดวก	saduak	easy (convenient)
สะดือ	sateu:	navel
สะดุด	satoot	stumble *v.*
สะบัก	sabak	shoulder blade
สะพาน	sapha:n	bridge *n.*
สะพาน ยก	sapha:n ***yOk***	suspension bridge
สะสม	sa*sOm*	collect *v.* (stamps ..)
สะอาด	sa-a:t	clean *adj.*
สะอึกสะอื้น	sa-euk-sa-**eu:n**	sob *v.*
สัก	sak	tattoo *v.*
สั่ง	sang	order *v.*, command *v.*
สั่ง สิน ค้า เข้า มา	sang sin ***kha:*** **khao** ma:	import *v.*
สัง กะสี	sang ga*see*	zinc
สัง เกต	sang ge:t	observe *v.*
สัง เกต เห็น	sang ge:t *hen*	notice *v.*
สัญชาต ญาณ	*san***cha:t** taya:n	instinct
สัญชาติ	*san***cha:t**	nationality
สัญญาณ	*san*ya:n	distress signal
สัญญาณ	*san*ya:n	signal *n.*
สัญญา	*san*ya:	agreement
สัญญา	*san*ya:	promise *v.*
สัญญา เช่า	*san*ya: **chao**	lease, hire contract
สัญญาณ ไฟ	*san*ya:n fai	traffic light *n.*
สัญลักษณ์	*san*ya ***lak***	symbol *n.*
สัตว์	sat	animal
สัตว์ เลี้ยง	sat ***liang***	pet, domestic animal
สันหลัง มือ	*sanlang* meu:	hand, back of the hand
สันตะ ปาปา	*san**ta*** pa:pa:	pope
สั่น	san	ring a bell
สั่น สะเทือน	san satheuan	vibrate *v.*
สั้น	**san**	short, brief
สับ เปลี่ยน	sap plian	replace *v.*
สับปะรด	sappa***rOt***	pineapple
สัปดาห์	sapda:	week *n.*
สัม ผัส	*sam* phat	touch *v.*
สัมมนา	*sam*mana:	seminar *n.*
สัมฤทธิ์	***samlit***	bronze *n.*
ส่า	sa:	yeast *n.*
สา วก	*sa:* ***wOk***	disciple, follower
สา หร่าย	*sa:* ra:i	sea weed, alga
สาก	sa:k	pestle *n.*
สาน	*sa:n*	weave *v.*
สาบาน	*sa:*ba:n	swear *v.*
สาป แช่ง	sa:p **chaeng**	curse *v.*

สาม	sa:m	three
สาม ครั้ง	sa:m *khrang*	three times
สาม ล้อ	sa:m *law:*	tricycle *n.*
สาม เหลี่ยม	sa:m <u>liam</u>	triangle *n.*
สามารถ	sa:**ma:t**	capable, able
สามี	sa:mee	husband
สาย	sa:i	wire *n.*
สาย	sa:i	cable *n.*
สาย	sa:i	cord, cable *n.*
สาย	sa:i	route, line
สาย	sa:i	late (not on time)
สาย การ บิน	sa:i ga:n bin	airline
สาย ชนวน	sa:i chanuan	fuse
สาย ตา สั้น	sa:i ta: **san**	shortsighted
สาย เบ็ด	sa:i **bet**	fishing line
สาย พาน	sa:i **pha:**n	V-belt
สาย ฟ้า แลบ	sa:i *fa: laep*	lightning *n.*
สาย ยาง	sa:i ya:ng	hose
สาย โยง กาง เกง	sa:i yO:ng ga:ng ge:ng	suspenders *n.*
สาย ล่อ ฟ้า	sa:i *law: fa:*	lightning conductor
สาย ลับ	sa:i *lap*	agent (007)
สาย ลับ	sa:i *rap*	commissar
สาย สะ ดือ	sa:i <u>sa</u> deu:	umbilical cord
สาย อากาศ	sa:i a:<u>ga:</u>t	aerial
สาย อากาศ	sa:i a:<u>ga:</u>t	antenna
สาย อากาศ ภาย ใน บ้าน	sa:i a:<u>ga:</u>t pha:i nai **ba:**n	indoor aerial
สาร บัญ	sa:**ra** ban	table of contents
สาร ภาพ	sa:**ra pha:**p	confess *v.*
สาร ภาพ รัก	sa:**ra pha:**p *rak*	declaration of love
สาร หนู	sa:n *noo:*	arsenic
สาลี่	sa:**lee**	pear
สาว	sa:o	young (girl, lady)
สาว	sa:o	maiden
สาว ใช้ ประจำ ห้อง	sa:o *cha:*i pra**jam hawng**	chambermaid
สาวก ผู้ เผย แพร่ ลัทธิ	sa:**wawk phoo:** *pheuh:*i **phrae:** *lathi*	apostle
สำ เนา	sam nao	copy *n.*
สำ เนียง	sam niang	pronunciation
สำ ลัก	sam *lak*	suffocate
สำคัญ	sam*khan*	important *adj.*
สำนัก งาน	samnak nga:n	office
สำนัก งาน ท่อง เที่ยว	samnak nga:n **thawng thio**	tourist office
สำนัก งาน ทะ เบียน	samnak nga:n *tha*bian	Registration Office
สำนัก พิมพ์	samnak phim	print office
สำนัก งาน พาณิชย์ จังหวัด	samnak nga:n phan*it* **jang***wat*	chamber of commerce

สำลี	*sam*lee	cotton wool
สำหรับ	*sam*rap	for
สิ่ง ขัด ถู	sing khat *thoo:*	grater
สิ่ง ตอบ แทน	sing taw:p ***thae:n***	reward *n.*
สิ่ง ตี พิมพ์	sing tee phim	printed matter
สิ่ง ทอ	sing thaw:	fabric *n.*
สิ่ง ทำ ลาย เชื้อ โรค	sing tham la:i ***cheua*** **rO:k**	disinfectant
สิ่ง ที่ เชื่อม หรือ บัดกรี	sing **thee cheuam** *reu:* batgree	soldering iron
สิ่ง ที่ ใช้ หนีบ หรือ กลัด	sing **thee** chai neep *reu:* glat	clamp, clip
สิ่ง ที่ มี อยู่ ข้าง ใน	sing **thee** mee yoo: **kha:ng** nai	contents
สิ่ง ประกัน	sing pragan	bail *n.*,security object
สิ่ง ประกัน	sing pragan	pawn *n.*
สิ่ง แวด ล้อม	sing **wae:t** ***law:m***	environment
สิ่ง อัศจรรย์	sing atsajan	miracle, phenomenon
สิงโต	*sing*tO:	lion
สิงหา คม	*singha:* khOm	August
สิทธิ	sit***thi***	right *n.* (to do something)
สิน ค้า	*sin* ***kha:***	goods *n.*
สิน ค้า เข้า	*sin* ***kha:*** **khao**	imports
สิน ค้า ที่ ผลิต	*sin* ***kha:*** **thee** phalit	product
สิน ค้า ราคา พิเศษ	*sin* ***kha:*** ra:kha: ***phi***se:t	special offer
สิน ค้า ออก	*sin* ***kha:*** aw:k	exports *n.*
สิน เชื่อ	*sin* **cheua**	credit *n.*
สิน บน	*sin* bOn	bribery
สิน สมรสเดิม ของ ฝ่าย หญิง	*sin sOm* ***rOt***deuh:m *khaw:ng* fa:i *ying*	dowry
สิ้น สุด	**sin** soot	conclude
สิบ	sip	ten
สิบ สอง	sip *saw:ng*	twelve
สิบ เอ็ด	sip et	eleven
สิว	*sio*	acne *n.*
สิว	*sio*	pimple
สิ่ว	sio	chisel
สี	*see*	colour
สี	*see*	paint *n.*
สี กากี	*see* ga:gee	beige
สี ขาว	*see kha:o*	white
สี เขียว	*see khio*	green
สี ชม พู	*see* chOm phoo:	pink
สี ซอ	*see* saw:	violin, play a violin v.
สี ดำ	*see* dam	black
สี แดง	*see* dae:ng	red
สี เทา	*see* thao	grey
สี น้ำ	*see* ***na:m***	water color
สี น้ำ เงิน	*see* ***nam*** ngeuhn	dark blue

สี น้ำ ตาล	*see* ***nam*** ta:n	brown
สี ฟ้า	*see* ***fa:***	blue
สี ฟ้า	*see* ***fa:***	light blue
สี ม่วง	*see* **muang**	purple
สี ม่วง	*see* **muang**	violet
สี ส้ม	*see* **sOm**	orange (color)
สี เหลือง	*see leuang*	yellow
สี่	see	four
สี่ แยก	see **yae:k**	crossroads
สี่ เหลี่ยม ผืน ผ้า	see liam pheu:n **pha:**	rectangle
สุ ภาษิต	soo pha:sit	proverb
สุก	sook	ripe *adj.*
สุก ก่อน ห่าม	sook gaw:n ha:m	precocious
สุก เกิน ไป	sook geuh:n pai	overripe
สุข	sook	healthy
สุขภาพ	sookha**pha:p**	health *n.*
สุขภาพ ดี มาก	sookha**pha:p** dee **ma:k**	thoroughly healthy
สุขา	soo*kha:*	toilet *n.*
สุนัข	soo***nak***	dog
สุภาพ	soo**pha:p**	polite *adj.*
สุริย คราส	soo*ri*ya **khra:t**	solar eclipse
สุเหร่า	soorao	mosque
สูง	*soo:ng*	high, tall *adj.*
สูง	*soo:ng*	tall *adj.*
สูง ชัน	*soo:ng* chan	steep *adj.*
สูง สุด	*soo:ng* soot	maximal
สูติบัตร	soo:tibat	birth certificate
สูญ พันธุ์	*soo:n* phan	extinct
สูตร	soo:t	formula
สูตร คูณ	soo:t khoo:n	multiplication table
สูท	soo:t	suit *n.*
สูบ	soo:p	smoke *v.*
สูบ (น้ำ)	soo:p (***na:m***)	pump *v.*
สูบ บุหรี่	soo:p booree	smoke cigarettes
เส แสร้ง	se: **sae:ng**	pretend *v.*, dissemble *v.*
เส้น ชีพ จร	**sen cheep**ha jaw:n	artery
เส้น ชีวิต	**sen** chee***wit***	life line
เส้น ด้าย	**sen da:i**	yarn *n.*
เส้น ประสาท	**sen** prasa:t	nerve
เส้น ผ่า ศูนย์ กลาง	**sen** pha: *soo:n* gla:ng	diameter
เส้น เลือด	**sen leuat**	blood vessel
เส้น เลือด ขอด	**sen leuat** khaw:t	varicose vein
เส้น เลือด ดำ	**sen leuat** dam	vein *n.*
เส้น เลือด แดง	**sen leuat** dae:ng	artery

เส้น ศูนย์ สูตร	**sen** *soo:n* <u>soo:t</u>	equator
เสนอ	sa*neuh:*	suggest *v.*
เสบียง	sabiang	provision
เสมอ	sa*meuh:*	always
เสร็จ	<u>set</u>	finish, complete *adj.*
เสรี ภาพ ทาง ศาสนา	se:ree **pha:p** tha:ng <u>sa:tsa</u>*na:*	religious freedom
เสรี ภาพ ของ หนัง สือ พิมพ์	se:ree **pha:p** *khaw:ng nang seu:* phim	press freedom
เสลด	sa<u>le:t</u>	slime, mucus
เสา	*sao*	post, pole *n.*
เสา โคม ไฟ	*sao* khO:m fai	lamppost
เสีย	*sia*	defective
เสีย	*sia*	broken
เสีย	*sia*	spoiled *adj.*
เสีย ใจ	*sia* jai	regret
เสีย ใจ	*sia* jai	I am sorry.
เสีย ใจ	*sia* jai	sorry
เสีย สติ	*sia* sa<u>ti</u>	insane
เสีย หาย	*sia* ha:i	damaged *adj.*
เสียง	*siang*	sound *n.*
เสียง	*siang*	noise
เสียง	*siang*	tone, sound *n.*
เสียง ดัง	*siang* dang	noise
เสียง สะท้อน	*siang* sa*thaw:n*	echo
เสียง แหบ	*siang* <u>hae:p</u>	hoarse *adj.*
เสียง อึกทึก	*siang* euga*theuk*	sound of laughter
เสี่ยง	<u>siang</u>	risk *v.*
เสียง	*siang*	voice *n.*
เสี่ยง ภัย	<u>siang</u> phai	adventure
เสียม	*siam*	spade *n.*
เสียว	*sio*	orgasm
เสือ	*seua*	tiger
เสือ ดาว	*seua* da:o	leopard
เสือ ดำ	*seua* dam	panther
เสื่อ	<u>seua</u>	mat
เสื้อ	**seua**	blouse
เสื้อ	**seua**	shirt *n.*
เสื้อ กัน เปื้อน	**seua** gan **peuan**	smock *n.*
เสื้อ กัน หนาว	**seua** gan *na:o*	anorak, parka
เสื้อ กาง เกง ชั้น ใน	**seua** ga:ng ge:ng *chan* nai	underwear *n.*
เสื้อ กาง เกง นอน	**seua** gang ge:ng naw:n	pyjamas
เสื้อ ชั้น นอก	**seua** *chan* naw:k	jacket *n.*
เสื้อ ชู ชีพ	**seua** choo: **cheep**	life jacket
เสื้อ นอก	**seua** naw:k	coat *n.*
เสื้อ ผ้า	**seua** pha:	clothes *n.*

เสื้อ ผ้า	**seua pha:**	clothing
เสื้อ ยืด	**seua yeu:t**	T-shirt
เสื้อ ยืด ชั้น ใน	**seua yeu:t chan nai**	vest *n.*
แส้	**sae:**	whip *n.*
แสก ผม	sae:k *phOm*	parting (of the hair)
แสง จันทร์	*sae:ng* jan	moonlight
แสง เทียน	*sae:ng* thian	candlelight
แสดง ความ ยิน ดี	satae:ng khwa:n yin dee	congratulate *v.*
แสดง คุณวุฒิ	satae:ng khoon na*woot*	qualify *v.*
แสดง ให้ ดู	satae:ng **hai** doo:	show *v.*, demonstrate *v.*
แสตมป์	satae:m	stamp *n.*
แสน	*sae:n*	hundred thousand
แสม	samae:	mangrove
แสร้ง	**sae:ng**	simulate *v.*
แสลง	sa*lae:ng*	unhealthy *adj.*
โสด	sO:t	single *adj.*, unmarried
โสเภณี	sO:phe:nee	prostitute *n.*
โสเภณี	sO:phe:nee	whore
ใส	*sai*	clear (transparent)
ใส่	sai	wear *v.*
ใส่ กุญแจ	sai goonjae:	lock *v.*
ใส่ เกลือ	sai gleua	salt *v.*
ใส่ เกลือ มาก เกิน ไป	sai gleua **ma:k** geuh:n bai	oversalt
ใส่ เครื่อง เทศ	sai **khreuang the:t**	spice *v.*
ใส่ น้ำ ตาล	sai *nam* ta:n	sugar *v.*
ไส้ กรอก	**sai** graw:k	sausage
ไส้ กรอก เนื้อ ตับ	**sai** graw:k *neua* tap	liver sausage
ไส้ เดือน	sai deuan	earthworm
ไส้ ติ่ง	**sai** ting	appendix (med.)
ไส้ เทียน	**sai** thian	candlewick
ไส้ ศึก	sai seuk	spy

ห

หก	hOk	six
หงส์	hO:ng	swan *n.*
หงุด หงิด	ngoot ngit	irritable, moody *adj.*
หญ้า	**ya:**	grass
หญ้า รก	**ya:** *rOk*	weed
หญ้า แห้ง	**ya: haeng**	hay
หญิง	*ying*	feminine
หญิง ทำ ความ สะ อาด	*ying* tham khwa:m sa-a:t	cleaning lady

หด	<u>hOt</u>	shrink *v.*
หน ทาง	*hOn* ta:ng	way, route *n.*
หนวด	<u>nuat</u>	moustache
หน่วย	<u>nuay</u>	unit *n.*
หน่วย ไฟฟ้า ลบ	<u>nuay</u> fai *fa: lOp*	electron
หน่อ ไม้ ฝรั่ง	<u>naw:</u> *mai* far<u>ang</u>	asparagus
หนอง	*naw:ng*	pus
หนอง ใน	*naw:ng* nai	gonorrhea
หนอน	*naw:n*	worm
หนัก	<u>nak</u>	heavy
หนัง	*nang*	film, movie
หนัง	*nang*	leather
หนัง จระเข้	*nang* jaw:*rakhe:*	crocodile leather
หนัง ตะลุง	*nang* ta<u>loong</u>	shadow play *n.*
หนัง ตา	*nang* ta:	eyelid *n.*
หนัง โป๊	*nang pO:*	porn movie
หนัง สัตว์	*nang* <u>sat</u>	leather
หนัง สือ	*nang* seu:	book *n.*
หนัง สือ กฎ หมาย	*nang seu:* <u>gOt</u> *ma:i*	code of law
หนัง สือ คู่ มือ	*nang seu:* **khoo:** meu:	manual *n.* (book)
หนัง สือ เดินทาง	*nang seu:* deuh:ntha:ng	passport
หนัง สือ แนะ นำ	*nang seu:* **nae** nam	letter of recommendation
หนัง สือ โป๊	*nang seu: pO:*	porn magazine
หนัง สือ พิมพ์	*nang seu:* phim	newspaper
หนัง สือ เรขา คณิต	*nang seu:* re:*kha:* kha**nit**	arithmetic book
หนัง หัว	*nang hua*	scalp *n.*
หน้า	**na:**	face
หน้า	**na:**	next...
หน้า	**na:**	side *n.*
หน้า	**na:**	before, in front of
หน้า กาก	**na:** <u>ga:k</u>	mask *n.*
หน้า กาก ป้อง กัน ไอ พิษ	**na:** <u>ga:k</u> paw:ng gan ai *phit*	gas mask
หน้า แข้ง	**na: khaeng**	shin *n.*
หน้า แข้ง	**na: khaeng**	lower leg
หน้า ด้าน	**na: da:n**	shameless
หน้า ต่าง	**na:** ta:ng	window *n.*
หน้า บึ้ง	**na: beung**	sullen, grave *adj.*
หน้า ผา	**na: pha:**	cliff
หน้า ผาก	**na: pha:k**	forehead
หน้า แล้ง	**na:** *lae:ng*	dry season
หน้า สืบ พันธุ์	**na:** <u>seup</u> phan	mating season
หนาม	*na:m*	thorn *n.*
หนาม	*na:m*	prickle, bur
หนาว	*na:o*	cold *adj.*

หนาว จน ตัว แข็ง	*na:o* jOn tua *khaeng*	freeze to death
หนี	*nee*	escape *v.*
หนี	*nee*	flee *v.*, runaway
หนี ไป	*nee* pai	flee *v.*
หนี ไป	*nee* pai	runaway *v.*
หนึ่ง	neung	one
หนึ่ง ครั้ง	neung ***khrang***	once
หนึ่ง ใน สาม	neung nai *sa:m*	third (1\3)
หนึ่ง ใน สี่	neung nai see	quarter (1/4)
หนึ่ง พัน	neung phan	one thousand
หนึ่ง ร้อย	neung ***raw:i***	one hundred
หนุ่ม	noom	young (man)
หนุ่ม สาว	noom *sa:o*	youth
หนู	*noo:*	mouse, rat
หนู	*noo:*	rat *n.*
หมด กำลัง	mOt gamlang	weakened
หมด สติ	mOt sati	unconscious *adj.*
หมด อายุ	mOt a:***yoo***	invalid
หมวก กัน น๊อค	muag gan ***nawk***	crash-helmet
หมอ	*maw:*	doctor
หมอ ดู	*maw:* doo:	fortune-teller
หมอ ตา	*maw:* ta:	eye specialist, ophthalmologist
หมอ เถื่อน	*maw:* theuan	quack
หมอ ผ่า ตัด	*maw:* pha: tat	surgeon *n.*
หมอ ฟัน	*maw:* fan	dentist
หม้อ กรอง อากาศ	**maw:** graw:ng a:ga:t	air filter
หม้อ น้ำ	**maw: *na:m***	radiator (at the engine)
หม้อ แบตเตอรี่	**maw:** baette**ree**	accumulator
หม้อ แปลง	**maw:** plae:ng	transformer
หม้อ หุง ข้าว ไฟ ฟ้า	**maw:** *hoong* **kha:o** fai ***fa:***	rice cooker
หมอก	maw:k	fog, mist *n.*
หมอน	*maw:n*	pillow
หมอย	*maw:i*	pubic hair
หมัก เค็ม	mag khem	pickle *v.*, salt *v.*
หมัด	mat	flea *n.* (insect)
หมัน	*man*	infertile
หมั้น	**man**	engaged
หมา	*ma:*	dog
หมา จิ้ง จอก	*ma:* **jing** jaw:k	fox
หมา ป่า	*ma:* pa:	wolf
หมาก	ma:k	betel nut
หมาก ฝรั่ง	ma:k farang	chewing gum
หมาก รุก	ma:k **rook**	chess
หมาด	ma:t	moist *adj.*

หม้าย	**ma:i**	widowed
หมาย ค้น	*ma:i* **khOn**	house warrant
หมาย จับ	*ma:i* jap	warrant of arrest
หมาย เลข	*ma:i* **le:k**	number
หมี	*mee*	bear (animal)
หมี ขาว	*mee kha:o*	polar bear
หมี สำหรับ เด็ก	*mee sam*rap dek	teddy bear
หมื่น	meu:n	ten thousand
หมุน	*moon*	turn *v.* (spin)
หมุน	*moon*	rotate *v.*
หมู	*moo:*	pig
หมู ตัว เมีย	*moo:* tua mia	sow *n.*, hog
หมู ป่า	*moo:* pa:	wild boar
หมู่ บ้าน	moo: **ba:n**	village
หยก	yOk	jade *n.*
หยด	yOt	drop *n.*
หยด	yOt	drop *v.*
หยาก ไย่	ya:k yai	cobweb
หยาด	ya:t	drop *v.*
หยาบ คาย	*ya:p* kha:i	vulga *adj.*
หยิก	yik	pinch *v.*
หยุด	yoot	Stop!
หยุด	yoot	disturb *v.*
หรือ	*reu:*	or
หลง ทาง	*lOng* tha:ng	get lost
หลง ผิด	*lOng* phit	err *v.*
หลง รัก	*lOng* ***rak***	love, in love
หลง ลืม	lOng leu:m	forget *v.*
หลบ หลีก	lOp leek	avoid, to get out of the way
หลวม	*luam*	loose *adj.*
หล่อ	law:	cast *v.*
หล่อ	law:	handsome
หล่อ หลอม	law: *law:m*	smelt *v.*
หลอก ลวง	law:k luang	deceive *v.*
หลอก ลวง ผู้ หญิง	law:k luang **phoo:** *ying*	seduce (a woman)
หลอด	law:t	tube *n.*
หลอด ดูด	law:t doo:t	drinking straw
หลอด ไฟ ฟ้า	law:t fai ***fa:***	light bulb
หลอด ลม	law:t lOm	windpipe
หลัก เขต	lak khe:t	boundary stone
หลัก ฐาน	lak *tha:n*	evidence *n.* (proof)
หลัก ฐาน	lak *tha:n*	proof *n.* (evidence)
หลัก สูตร	lak soo:t	course
หลัง	*lang*	back (of the body)

หลัง โกง	*lang* gO:ng	hump
หลัง คา	*lang* kha:	roof, housetop *n.*
หลัง คา มุง กระเบื้อง	*lang* kha: moong <u>gra**beuang**</u>	tile roof
หลัง จาก	*lang* <u>ja:k</u>	after
หลัง จาก	*lang* <u>ja:k</u>	after that, later on
หลัง จาก นั้น	*lang* <u>ja:k</u> ***nan***	afterwards
หลัง จาก นี้	*lang* <u>ja:k</u> ***nee***	afterwards, after this
หลับ	<u>lap</u>	sleep *v.*
หลับ ไป	<u>lap</u> pai	fall asleep
หลับ สนิท	<u>lap</u> sa<u>nit</u>	deep sleep
หลาน	*la:n*	grandchild
หลาน ชาย	*la:n* cha:i	nephew
หลาน สาว	*la:n* sa:o	niece *n.*
หลาย	*la:i*	several *adj.*, many
หลาย	*la:i*	many *adj.*
หลาย คน	*la:i* khOn	many people
หลาย ครั้ง	*la:i* ***khrang***	many times
หลาย สี	*la:i see*	coloured
หลีก เลี่ยง	<u>leek</u> **liang**	avoid *v.*
หลุด	<u>loot</u>	fall off
หลุม ฝัง ศพ	*loom fang* <u>sOp</u>	grave, tomb
ห่วง	<u>huang</u>	worried *adj.*
หวัง ว่า	*wang* **wa:**	hope that
หวาน	*wa:n*	sweet *adj.*
หว่าน	<u>wa:n</u>	sow *v.*
หวี	*wee*	comb *n.*
หวี	*wee*	comb *v.*
ห่อ	<u>haw:</u>	wrap *v.*
ห่อ	<u>haw:</u>	parcel, packet
หอ การ ค้า	haw: ga:n kha:	chamber of commerce
หอ คอย	haw: khaw:i	tower *n.*
หอ ดู ดาว	haw: doo: da:o	observatory
ห้อ เลือด	**haw: leuat**	contusion *n.*
ห้อง	**hawng**	room
ห้อง เก็บ ของ	**hawng** <u>gep</u> *khaw:ng*	storeroom *n.*
ห้อง ครัว	**hawng** khrua	kitchen
ห้อง คู่	**hawng khoo:**	double room
ห้อง เด็ก	**hawng** <u>dek</u>	children's room
ห้อง เดี่ยว	**hawng** <u>dio</u>	single room
ห้อง ใต้ ดิน	**hawng da:i** din	bunker, shelter
ห้อง ใต้ ถุน	**hawng ta:i** thoon	basement
ห้อง โถง	**hawng *thO:ng***	hall
ห้อง นอน	**hawng** naw:n	bedroom
ห้อง น้ำ	**hawng *na:m***	bathroom, bath

ห้อง น้ำ	**hawng** *na:m*	lavatory *n.*
ห้อง น้ำ	**hawng** *na:m*	toilet *n.*
ห้อง ใน รถ ไฟ	**hawng** nai *rOt* fai	compartment (in a train)
ห้อง ผลัด ผ้า	**hawng** phlat **pha:**	changing cubicle
ห้อง รับ แขก	**hawng** *rap* khae:k	living room
ห้อง เรียน	**hawng** rian	classroom
ห้อง เล็กๆ	**hawng** *lek lek*	cabin
ห้อง แล็บ	**hawng** lep	lab
ห้อง สมุด	**hawng** samoot	library
ห้อง สำหรับ เพาะ ต้น ไม้	**hawng** *samrap phaw* tOn *ma:i*	hothouse
หอบ	haw:p	gasp *v.*
หอม	*haw:m*	smell *v*
หอม ใหญ่	*haw:m* yai	onion
หอย โข่ง	*haw:i* khO:ng	snail *n.*
หอย นาง รม	*haw:i* na:ng rOm	oyster
หัก	hak	break *v.*, burst *v.*
หัก หลัง	hak *lang*	betrayed
หัด ให้ เชื่อง	hat **hai cheuang**	tame *v.*
หัน กลับ	*han* glap	turn around (something)
หัน ไป	*han* pai	turn away
หัน หลัง กลับ	*han lang* glap	turn around
หัว	*hua*	head
หัว กระโหลก	*hua* gralO:k	skull *n.*
หัว เข็ม ขัด	*hua* khem khat	belt buckle
หัว เข่า	*hua* khao	knee
หัว แข็ง	*hua* khaeng	stubborn
หัว ใจ	*hua* jai	heart *n.*
หัว ใจ เต้น	*hua* jai **ten**	palpitation
หัว ใจ วาย	*hua* jai wa:i	heart attack
หัว ใจ หยุด	*hua* jai yoot	heart failure
หัว ใจ อ่อน	*hua* jai aw:n	cardiac insufficiency
หัว ดื้อ	*hua* **deuh:**	obstinate, stubborn
หัว เทียน	*hua* thian	spark plug *n.*
หัว นม	*hua* nOm	nipple
หัว นม	*hua* nOm	teat, nipple *n.*
หัว ฝี	*hua* fee	abscess *n.*
หัว แม่ มือ	*hua* **mae:** meu:	thumb
หัว เราะ	*hua* raw	laugh *v.*
หัว เราะ คิกๆ	*hua* **raw khik khik**	giggle *v.*
หัว เรือ	*hua* reua	bow, nose
หัว ล้าน	*hua* **la:n**	bald head
หัว สมอง สะเทือน	*hua* samaw:ng satheuan	brain concussion
หัว สูบ	*hua* soo:p	valve *n.*
หัว เสียบ	*hua* siap	plug

หัว หน้า กอง	*hua* **na:** gaw:ng	head of department
หัว หน้า รัฐ บาล	*hua* **na:** ***rad***tha ba:n	head of the government
หา	*ha:*	search *v.*
หา ที่ ตั้ง	*ha:* **thee tang**	take a bearing
ห้า	**ha:**	five
หาง	*ha:ng*	tail *n.*
หาง เปีย	*ha:ng* pia	plait, pigtail
ห้าง สรรพ สิน ค้า	**ha:ng** sapa *sin* ***kha:***	department store
หาด	ha:t	beach *n.*
ห่าน	ha:n	goose
หาม	*ha:m*	bear, carry *v.*
ห้าม	**ha:m**	forbid *v.*
ห้าม	**ha:m**	prohibit *v.*
ห้าม	**ha:m**	ban, forbid *v.*
ห้าม เข้า	**ha:m khao**	no entry!
ห้าม จับ	**ha:m** jap	Don't touch !
ห้าม ล้อ เวลา ฉุก เฉิน	**ha:m** ***law:*** we:la: chook *cheuh:n*	emergency brake
หาย	*ha:i*	recover *v.*
หาย	*ha:i*	lose *v.* (something)
หาย	*ha:i*	disappear *v.*
หาย ใจ	*ha:i* jai	breath *n.*
หาย ใจ	*ha:i* jai	breathe *v.*
หาย ใจ ขัด	*ha:i* jai khat	breath difficulty
หาย ใจ เข้า	*ha:i* jai **khao**	inhale *v.*
หาย ใจ ออก	*ha:i* jai aw:k	exhale
หายนะ	*ha:i*ya***na***	disaster
หาร	*ha:n*	divide *v.*
หาว	*ha:o*	yawn *v.*
หิ้ง ที่ วาง ของ	**hing thee** wa:ng *khaw:ng*	rack
หิ่ง ห้อย	hing **haw:i**	glow-worm
หิน	*hin*	stone *n.*
หิน เขี้ยว หนุ มาน	*hin* **khio** hanoo ma:n	quartz
หิน ชนวน	*hin* chanuan	slate *n.*
หิน ปูน	*hin* poo:n	limestone
หิน ปูน	*hin* poo:n	tartar *n.*
หิน ผา	*hin pha:*	rock, stone
หิน ย้อย	*hin* ***yaw:i***	stalactite
หิน ลับ มีด	*hin* ***lap*** **meet**	whetstone
หิน โส โครก	*hin* sO: ***khrO:k***	reef
หิน อ่อน	*hin* aw:n	marble
หิมะ	hi***ma***	snow *n.*
หิมะ ตก	hi***ma*** tOk	snow *v.*
หิ้ว	**hio**	carry, hold *v.*
หิว ข้าว	*hio* **kha:o**	hungry *adj.*

หิว น้ำ	*hio* ***na:m***	thirsty *adj.*
หี	*hee*	vulva *n.*
หี	*hee*	vagina
หีบ	heep	box (with lock)
หีบ เงิน	heep ngeuhn	cashbox
หีบ เพลง ปาก	heep phle:ng pa:k	mouth organ
หีบ ศพ	heep sOp	coffin
หึง	*heung*	jealous *v.*
หืด	heu:t	asthma
หืด หอบ	heu:t haw:p	asthma attack
หุ่น	hoon	model (doll)
หุ่น กระบอก	hoon grabaw:k	punch theater
หุ่น กระบอก	hoon grabaw:k	marionette
หุ่น ยนต์	hoon yOn	robot
หุ้น	**hoon**	share *n.* (fin.)
หุ้น	**hoon**	shareholder
หุ้น	**hoon**	partner, associate
หุ้น ส่วน จำ กัด	**hoon** suan jam gat	limited partnership
หุบ เขา	hoop *khao*	valley *n.*
หุ้ม เกาะ	**hoom** graw	armoured *adj.*
หู	*hoo:*	handle, ear
หู	*hoo:*	ear (of the body)
หู ตึง	*hoo:* teung	hard of hearing
หู เบา	*hoo:* bao	credulous
หู ฟัง	*hoo:* fang	headphones, earphone
หู หนวก	*hoo:* nuak	deaf *adj.*
หูก	hoo:k	loom
หูด	hoo:t	wart *n.*
เหงา	*ngao*	lonely
เหงื่อ	ngeua	sweat *n.*
เหงื่อ แตก	ngeua tae:k	sweat *v.*
เหงือก ปลา	ngeuak pla:	gill
เหงือก ฟัน	ngeuak fan	gums
เห็ด	het	mushroom
เหตุ การณ์	he:t ga:n	event
เหตุ ผล ที่ หย่า	he:t *phOn* **thee** ya:	divorce reason
เหตุ ร้าย แรง	he:t ***ra:i*** rae:ng	disaster
เห็น	*hen*	see *v.*
เห็น แก่ ตัว	*hen* gae: tua	egoistic *adj.*
เห็น ด้วย	*hen* **duay**	agree with
เหนียว	*nio*	sticky *adj.*
เหนือ	*neua*	above, northern
เหนื่อย	neuai	exhausted
เหนื่อย	neuai	tired *adj.*

เห็บ	hep	tick *n.* (insect)
เหม็น	*men*	stink *v.*
เหมาะ	maw	suitable *adj.*
เหมาะ สม	maw *sOm*	appropriate
เหมือน กัน	*meuan* gan	identical
เหยียด	yiat	stretch out
เหยี่ยว	*yio*	falcon
เหยื่อ	yeu:a	bait *n.*
เหรียญ	*rian*	coin
เหรียญ ตรา	*rian* tra:	medal
เหรียญ ห้า บาท	*rian* **ha:** ba:t	five baht coin
เหล็ก	lek	iron, steel
เหล็ก กล้า	lek **gla:**	steel
เหล็ก เกือก ม้า	lek kheuak ***ma:***	horseshoe
เหล็ก ใน	lek nai	sting *n.*
เหลน	*le:n*	great-grandchild
เหลว	*le:-oo*	liquid *adj.*
เหล้า	**lao**	alcohol
เหล้า รัม	**lao** ram	rum (alcohol)
เหล้า องุ่น	**lao** a-ngoon	wine
เหลา ให้ แหลม	*lao* **hai** *lae:m*	sharpen point *v.*
เหลือ ที่ จะ พรรณนา	leu:a **thee** ja phanana:	indescribable
เหลือ อยู่	leu:a yoo:	remain
เหว	*he:-oo*	abyss
เหว	*he:-oo*	gorge
เหา	*hao*	louse *n.* (insect)
เห่า	hao	bark *v.* (as a dog)
แห	*hae:*	fishing net
แห้ง	**haeng**	dry *adj.*
แหนบ	nae:p	tweezers *n.*
แหล่ง เสื่อม โทรม	laenk seuam sO:m	slum
แหลม	*lae:m*	peninsula
แหลม	*lae:m*	sharp, pointed *adj.*
แหวน	*wae:n*	ring *n.* (for the finger)
แหวน แต่ง งาน	*wae:n* taeng nga:n	wedding ring
แหวน เพชร	*wae:n* ***phet***	diamond ring
แหวน หมั้น	*wae:n* **man**	engagement ring
โหดร้าย	hO:t ***ra:i***	wild *adj.*
โหร	*hO:n*	astrologer
โหรา ศาสตร์	hO:**ra:** sa:t	astrology
โหล	*lO:*	dozen
ให้	**hai**	to, in order to, so that
ให้	**hai**	confer *v.*
ให้	**hai**	for

ให้	**hai**	give *v.*
ให้	**hai**	bestow *v.*
ให้	**hai**	allow *v.*
ให้	**hai**	let *v.*
ให้ ความ เห็น	**hai** khwa:m *hen*	advise *v.*
ให้ คำ แนะ นำ	**hai** kham *nae* nam	advise *v.*
ให้ เช่า	**hai chao**	rent out
ให้ เช่า	**hai chao**	rent *v.*
ให้ เปล่า	**hai** pla:o	free, give away for free
ให้ ราง วัล	**hai** ra:ng wan	reward *v.*
ให้ รู้ จัก	**hai** *roo:* jak	introduce *v.*
ให้ สิน บน	**hai** *sin* bOn	bribe *v.*
ให้ แสง เข้า มาก เกิน ไป	**hai** *sae:ng* **khao ma:k** geuh:n pai	overexpose *v.*
ให้ อภัย	**hai** aphai	excuse *v.*
ให้ อากาศ ถ่าย เท	**hai** a:ga:t tha:i the:	ventilate (a room)
ให้ อาหาร	**hai** a:*ha:n*	feed *v.*
ใหญ่	yai	big, large
ใหม่	mai	new *adj.*, fresh
ไหล	*lai*	flow *v.*
ไหม	*mai*	interrogative, silk
ไหม้	**mai**	burn *v.i.*
ไหล่	lai	shoulder *n.*
ไหล ออก มา	*lai* aw:k ma:	drain
ไหล ออก มา	*lai* aw:k ma:	outlet
ไหวพริบ	*wai***phrip**	intelligent *adj.*

อ

อก	Ok	chest
อกตัญ ญู	agatan yoo:	ungrateful *adj.*
อคติ	a*kha*ti	prejudice
องุ่น	a-ngoon	grape
องุ่น แห้ง	a-ngoon **haeng**	raisin
อด ทน	Ot thOn	patient *adj.*
อด ทน	Ot thOn	endure, bear, patient *adj.*
อด อาหาร	Ot a:ha:n	starve *v.*
อดีต กาล	adeeta ga:n	past
อธิบาย	a*thi*ba:i	explain *v.*
อ้น	**awn**	marmot
อนาคต	ana:*khOt*	future *n.*
อนาธิปไตย	ana:*thip* patai	anarchy
อนามัย	ana:mai	hygiene
อนุญาต	anooya:t	permission *n.*

อนุญาต	anoo**ya:t**	permit *v.*
อนุญาต	anoo**ya:t**	allow *v.*, permit *v.*
อนุมัติ	anoo***mat***	approve *v.*
อนุสาวรีย์	anoosa:waree	monument, statue
อบ	Op	bake *v.*
อบ	Op	baked
อบ รม	Op rOm	teach, train *v.*
อบ อ้าว	Op **a:o**	sultry *adj.*
อบ อุ่น	Op oon	warm *adj.*
อพยพ	Opa*y**Op***	emigrate *v.*
อพยพ	Opa*y**Op***	evacuate
อพยพ เข้า มา	Opa*y**Op*** **khao** ma:	immigrate *v.*
อม	Om	suck *v.*
อมต	amata	immortal
อย่า	ya:	no, not, do not
อย่า	ya:	divorce *v.*
อยาก	ya:k	want *v.*
อยาก ได้ (ผู้ หญิง)	ya:k **da:i** (**phoo:** *ying*)	desire (a woman)
อยาก รู้ อยาก เห็น	ya:k ***roo:*** ya:k *hen*	curious *adj.*
อย่าง	ya:ng	type, kind, sort
อย่าง ไร	ya:ng rai	how
อยู่	yoo:	present *adj.* (not absent)
อยู่	yoo:	stay, to be
อร่อย	araw:i	delicious
อร่อย	araw:i	tasty
อ้วก	**uak**	throw up (colloq.)
อวกาศ	awaga:t	vacuum
อวด ดี	uat dee	arrogant *adj.*
อ้วน	**uan**	fat *adj.*
อวัยวะ	awaya***wa***	organ (of the body)
อวัยวะ สืบ พันธุ์	awaiya***wa*** seu:p phan	genitals
อวัยวะ เพศ	awaiya***wa*** **phe:t**	genitals
อสัง หา ริม ทรัพย์	a*sang ha:* rim ma***sap***	immovable property
อสุจิ	asooji	sperm
อสุจิ ไหล	asooji *lai*	ejaculation
อหิ วาต์	a-hi wa:	cholera
อ้อ	**aw:**	reed
ออก	aw:k	leave *v.*
ออก เดิน ทาง	aw:k deuh:n tha:ng	depart *v.*
ออก ตรวจ	aw:k truat	patrol *v.*
ออก เสียง ลง คะแนน	aw:k *siang* lOng ***kha***nae:n	vote *v.*
ออก อากาศ	aw:k a:ga:t	radio *v.*, send out
ออกซิเจน	awgsije:n	oxygen
อ่อน	aw:n	soft *adj.*

อ่อน นุ่ม	aw:n **noom**	soft *adj.*, gentle
อ่อน นุ่ม	aw:n **noom**	downy
อ่อน เพลีย	aw:n phlia	weakened, flagged *adj.*
อ่อน แอ	aw:n ae:	weak *adj.*, feeble *adj.*
ออนซ์	aw:n	ounce
อ้อม ไป	**aw:m** pai	detour *v.*
อ้อย	**aw:i**	sugarcane
ออสเตรเลีย	***aw:s***tre:lia	Australia
ออสเตรีย	***aw:s***tria	Austria
อะไร	arai	what
อะไหล่	alai	spare part
อัจฉริยะ	ajari***ya***	genius
อัญ ประกาศ	anya praga:t	quotation marks
อัณฑะ	an***tha***	testicles *n.*
อัด (แบตเตอรี่)	at (baette**ree**)	charge *v.* (battery)
อัด เสียง	at *siang*	record (on tape)
อัตโนมัติ	adtanO:**mat**	automat
อัตโนมัติ	adtanO:**mat**	automatic
อัตรา เร็ว สูง สุด	atra: re-oo *soo:ng* soot	top speed
อัตวินิ บาต กรรม	atawi***ni*** ba:t gam	suicide
อัน	an	piece
อัน ไหน	an *nai*	which one
อันตราย	antara:i	dangerous
อับเฉา	ap*chao*	ballast
อัมพาต	ama**pha:t**	paralysis (by accident)
อัลบั้ม	ala**bam**	album
อา	a:	uncle (younger as father, mother)
อา ศัย	a: *sai*	live, reside
อาการ แทรก	a:ga:n **sae:k**	side effect
อาการ ปวด หลังจากคลอดลูก	a:ga:n puat *lang*ja:k **khlaw:t loo:k**	aftermath, afterpains
อาการ โล หิต เป็น พิษ	a:ga:n lO: hit pen ***phit***	blood poisoning
อากาศ	a:ga:t	climate
อากาศ	a:ga:t	air
อากาศ	a:ga:t	weather *n.*
อากาศ ไม่ ดี	a:ga:t **mai** dee	tempest *n.*
อากาศ เสีย	a:ga:t *sia*	air pollution
อากาศ โอโซน	a:ga:t O:sO:n	ozone
อาคาร	a:kha:n	building (of stone)
อ่าง	a:ng	basin
อ่าง ล้าง มือ	a:ng ***la:ng*** meu:	washbasin *n.*
อ่าง อาบ น้ำ	a:ng a:p ***na:m***	bathtub
อาจ จะ	a:t ja	possibly
อาจ จะ	a:t ja	maybe
อาจารย์	a:ja:n	university lecturer

อาเจียน	a:jian	vomit *v.*
อาช ญา กร	a:cha ya: gaw:n	criminal
อาช ญา กรรม	a:cha ya: gam	crime, criminality
อาชีพ	a:**cheep**	profession
อาณา เขต	a:na: khe:t	boundary
อาทิตย์	a:***thit***	sun *n.*
อาทิตย์	a:***thit***	week *n.*
อาน	a:n	saddle
อ่าน	a:n	read *v.*
อาบ แดด	a:p dae:t	sunbathe *n.*
อาบ น้ำ	a:p ***na:m***	shower *v.*, have a shower
อาบ น้ำ	a:p ***na:m***	bath *v.*, have a bath
อายุ	a:***yoo***	age *n.*
อายุร เวท	a:***yoora*** **we:t**	therapy *n.*
อารมณ์	a:rOm	feeling, mood
อารมณ์	a:rOm	mood
อารมณ์	a:rOm	emotion, feeling, mood
อารมณ์ ขบ ขัน	a:rOm khOp *khan*	humour
อ่าว	a:o	gulf, bay
อ่าว ไทย	a:o thai	Gulf of Thailand
อาวุธ	a:***woot***	weapon *n.*, arms
อาวุธ ปรมาณู	a:***woot*** parama:noo:	nuclear weapons
อาวุธ ยุทธ ภัณฑ์	a:***woot yoo***tha phan	ammunition
อาศัย	a:*sai*	inhabit
อาหาร	a:*ha:n*	meal
อาหาร	a:*ha:n*	food
อาหาร กลาง วัน	a:*ha:n* gla:ng wan	lunch
อาหาร จุก คอ	a:*ha:n* jook khaw:	swallow the wrong way
อาหาร เช้า	a:*ha:n* **cha:o**	breakfast
อาหาร ทะเล	a:*ha:n* ***tha***le:	seafood
อาหาร ว่าง	a:*ha:n* **wa:ng**	snack
อำ พัน	am phan	amber
อำ ลา	am la:	farewell
อำนาจ ความ ดึงดูด	am**na:t** khwa:m deung doo:t	power of attraction
อำนาจ เต็ม	am**na:t** tem	full power
อำนาจ นิติ บัญญัติ	am**na:t** ***ni***ti banyat	legislative power
อำนาจ บริหาร	am**na:t** baw*riha:n*	executive
อำเภอ	ampheuh:	district
อิจ ฉา	it *cha:*	envious , jealous
อิฐ	it	brick
อิทธิ พล	i***thi*** phOn	influence *n.*
อินท ผลัม	intha phalam	date palm
อินทรีย์	insree	organism
อิ่ม	im	full (after eating)

อิสระ	isara	independent
อิสลาม	isala:m	Islam
อี ดอก	ee daw:k	whore (insulting word for a woman)
อี สุก อี ใส	ee sook ee *sai*	chickenpox
อีก	eek	again
อีก	eek	more
อีก สอง วัน	eek *saw:ng* wan	in two days
อียิปต์	eeyip	Egypt
อึก	euk	hiccup
อึ่ง อ่าง	eu:ng a:ng	bullfrog
อื่น	eu:n	other
อื่น	eu:n	another
อุ้ง เท้า	**oong *tha:o***	paw
อุจาด	ooja:t	immoral
อุจาด	ooja:t	obscene
อุณห ภูมิ	oonaha phoo:m	temperature *n.*
อุด	oot	plug *v.*, cork *v.*
อุด หนุน	oot *noon*	support *v.*
อุดมคติ	oodOmkhati	ideal
อุต สาห กรรม	oota sa:ha gam	industry
อุทยาน	oo***tha***ya:n	park *n.*
อุ่น ไฟ	oon fai	warm up
อุ่นๆ	oon oon	lukewarm
อุบัติเหตุ รถ ยนต์	oobattihe:t ***rOt*** yOn	car accident
อุ้ม	**oom**	hold *v.*
อุโมงค์	oo-mO:ng	tunnel *n.*
อู่ ต่อ เรือ	oo: taw: reua	shipyard
อู่ เรือ	oo: reua	dock
อูฐ	oo:t	camel
อู้อี้	**oo:-ee**	mumble *v.*
เอก พจน์	e:ga ***phOt***	singular
เอก ราช	e:ga **ra:t**	independent (political)
เอ็กซ์เรย์	***ek***sare:	X-rays
เอกสาร	e:ga*sa:n*	document
เอกสาร สำคัญ	e:ga*sa:n sam*khan	documents (important-)
เอกสิทธิ์	e:gasit	monopoly
เอง	e:ng	oneself
เอ็ด ตะโร	et tarO:	shout, scold *v.*
เอ็น	en	tendon, sinew *n.*
เอน หลัง	e:n *lang*	lean back
เอา	ao	take *v.*
เอา กลับ มา	ao gap ma:	return, bring back
เอา คืน	ao kheun	take back
เอา ชนะ	ao cha***na***	beat, win *v.*

เอา ตะไบ ถู	ao tabai *thoo:*	file *v.*
เอา ไป ทิ้ง	ao pai ***thing***	get rid off
เอา มา	ao ma:	bring *v.*, fetch *v.*
เอา มา	ao ma:	fetch *v.*
เอา ออก	ao aw:k	remove *v.*
เอา ออก ไป	ao aw:k pai	clear away
เอียง ไป	iyang pai	slope *v.*
เอื้อ เฟื้อ เผื่อ แผ่	**eua *feua*** pheua phae:	generous *adj.*
เอื้อ เฟื้อ เผื่อ แผ่	**eua *feua*** pheua phae:	kind *adj.*, to be kind
เอื้อม ถึง	**euam** *theung*	reach *v.*
แอบ	ae:p	hide *v.*
แอบ ทำ	ae:p tham	conceal
แอบ ฟัง มา	ae:p fang ma:	eavesdrop on
แอปริคอท	***aep*pri*khawt***	peach
แอมแปร์	ae:mpae:	ampere
แอร์โฮสเตส	ae:hO:sthe:t	stewardess
แอสไพริน	aespairin	aspirin
โอกาส	O:ga:t	chance
โอชา รส	O:cha: ***rOt***	delicious, tasty
โอน	O:n	transfer *v.*
โอปอล	O:paw:l	opal
โอ้เอ้	**O:e:**	dawdle *v.*
ไอ	ai	vapour
ไอ	ai	cough *v.*
ไอ กรน	ai grO:n	whooping cough
ไอ น้ำ	ai ***na:m***	steam *n.*
ไอ เสีย	ai *sia*	exhaust fume
ไอ เสีย	ai *sia*	waste gas
ไอ เสีย	ai *sia*	exhaust
ไอศครีม	aisakhreem	ice cream
ไอโอดีน	aiO:din	iodine

ฮ

ฮอร์โมน	haw:mO:n	hormone
ฮิส ทีเรีย	***his*** theeria	hysteria *n.*
เฮลิคอพเตอร์	**he:*li*khawpteuh:**	helicopter
แฮม	haem	ham
ไฮโดรเจน	haidrO:jen	hydrogen

Numbers

0	๐	*soo:n* ศูนย์		11	๑๑	<u>sip</u> <u>et</u> สิบ เอ็ด
1	๑	<u>**neung**</u> หนึ่ง		12	๑๒	<u>sip</u> *saw:ng* สิบ สอง
2	๒	*saw:ng* สอง		13	๑๓	<u>sip</u> *sa:m* สิบ สาม
3	๓	*sa:m* สาม		:		
4	๔	<u>see</u> สี่		20	๒๐	**yee** <u>sip</u> ยี่ สิบ
5	๕	**ha:** ห้า		21	๒๑	**yee** <u>sip</u> <u>et</u> ยี่ สิบ เอ็ด
6	๖	<u>hOk</u> หก		:		
7	๗	<u>jet</u> เจ็ด		30	๓๐	*sa:m* <u>sip</u> สาม สิบ
8	๘	<u>pae:t</u> แปด		:		
9	๙	**ga:o** เก้า		100	๑๐๐	(<u>neung</u>) ***raw:i*** [หนึ่ง] ร้อย
10	๑๐	<u>sip</u> สิบ		200	๒๐๐	*saw:ng **raw:i*** สอง ร้อย

1.000	๑๐๐๐	(<u>neung</u>) phan	[หนึ่ง] พัน
10.000	๑๐๐๐๐	(<u>neung</u>) <u>meu:n</u>	[หนึ่ง] หมื่น
100.000	๑๐๐๐๐๐	(<u>neung</u>) sae:n	[หนึ่ง] แสน
1.000.000	๑๐๐๐๐๐๐	(<u>neung</u>) ***la:n***	[หนึ่ง] ล้าน

Example:

262   *saw:ng **raw:i*** <u>hOk</u> <u>sip</u> *saw:ng*

764531   <u>jet</u> *sae:n* <u>hOk</u> <u>meu:n</u> <u>see</u> phan **ha:** ***raw:i*** *sa:m* <u>sip</u> <u>et</u>

1035099   <u>neung</u> ***la:n*** *sa:m* <u>meu:n</u> **ha:** phan **ga:o** <u>sip</u> **ga:o**

Days, Months and Seasons

Monday	wan jan	วัน จันทร์
Tuesday	wan angkha:n	วัน อังคาร
Wednesday	wan *phoot*	วัน พุธ
Thursday	wan pha*reu*hat	วัน พฤหัส
Friday	wan <u>sook</u>	วัน ศุกร์
Saturday	wan *sao*	วัน เสาร์
Sunday	wan a:*thit*	วัน อาทิตย์

January	magara: khOm	มกรา คม
February	goompha: phan	กุมภา พันธ์
March	meena: khOm	มีนา คม
April	me:*sa:* yOn	เมษา ยน
May	<u>phreu</u>sapha: khOm	พฤษภา คม
June	mithoona: yOn	มิถุนา ยน
July	garagada: khOm	กรกฎา คม
August	*singha:* khOm	สิงหา คม
September	ganya: yOn	กันยา ยน
October	toola: khOm	ตุลา คม
November	<u>phreu</u>sajiga: yOn	พฤศจิกา ยน
December	thanwa: khOm	ธันวา คม

season	*reu*doo:	ฤดู
spring	*reu*doo: bai *ma:i* <u>phli</u>	ฤดู ใบ ไม้ ผลิ
summer	*reu*doo: *raw:n*	ฤดู ร้อน
autumn	*reu*doo: bai *ma:i* **ruang**	ฤดู ใบ ไม้ ร่วง
winter	*reu*doo: *na:o*	ฤดู หนาว
rainy season	*reu*doo: *fOn*	ฤดู ฝน

Classifiers

an	อัน	Miscellaneous, small objects
ba:n	บาน	Doors, windows, mirrors, screens, etc.
bai	ใบ	Round hollow objects, hads, cushions, cups, bowls, etc.
bOt	บท	Lessons, verses, etc.
duang	ดวง	Stars, lamps, lights, stamps, medals, etc.
faw:ng	ฟอง	Eggs
kha:ng	ข้าง	Arm, leg, for one piece of a pair
khabuan	ขบวน	Processions, trains, convoys, etc.
khan	คัน	Vehicles
khOn	คน	Persons
khuat	ขวด	Bottles
khoo:	คู่	Pairs of animals, persons or things
lam	ลำ	Boat, aeroplanes
lang	หลัง	Houses, rafts
lem	เล่ม	Books, knives, forks, spoons
loo:k	ลูก	Children, small round fruit, keys, etc.
phaen	แผ่น	Flat objects, sheets of paper, boards, records, etc.
phle:ng	เพลง	song
*phe*u:*n*	ผืน	Carpets, towels, clothes, etc.
reuang	เรื่อง	Stories, subject matter of books or films
roo:p	รูป	Pictures, statures, etc.
sa:i	สาย	Rails, roads, string, belts, ropes, airlines, etc.
sen	เส้น	Strings, ropes, hairs, etc.
saw:ng	ซอง	Cigarrette packs, etc.
tOn	ต้น	Trees
chabap	ฉบับ	Documents, letters, newpapers, etc.
tua	ตัว	Animals, tables, chairs, coats
wOng	วง	Rings